隋文帝大传

梁满仓 著

大传

中华书局

图书在版编目(CIP)数据

隋文帝大传/梁满仓著. —北京:中华书局,2016.10
ISBN 978 - 7 - 101 - 11914 - 5

Ⅰ.隋…　Ⅱ.梁…　Ⅲ.杨坚(541~604)–传记
Ⅳ.K827＝41

中国版本图书馆 CIP 数据核字(2016)第 142181 号

书　　名	隋文帝大传
著　　者	梁满仓
责任编辑	陈　虎
出版发行	中华书局
	(北京市丰台区太平桥西里 38 号　100073)
	http://www.zhbc.com.cn
	E - mail:zhbc@ zhbc.com.cn
印　　刷	北京瑞古冠中印刷厂
版　　次	2016 年 10 月北京第 1 版
	2016 年 10 月北京第 1 次印刷
规　　格	开本/710×1000 毫米　1/16
	印张 19¼　字数 300 千字
印　　数	1 - 4000 册
国际书号	ISBN 978 - 7 - 101 - 11914 - 5
定　　价	45.00 元

目　录

前　言

　　人物传记难写,历史人物传记更难写。

　　人物传记的撰写对象是真实存在过的人,不是小说中可以凭想象、任意虚构的艺术形象,所以真实性是人物传记的基本要求。然而仅仅真实只是人物的照片,只有把人物写得有血有肉、生动丰满,才能使人物活灵活现地站立在读者面前。

　　真实、丰满、生动、鲜活,同样是写历史人物传记的要求,要做到这些,其难度要超过一般人物传记。

　　能否做到真实,最根本的是方法问题。实事求是地评价历史人物的是与非、善与恶、美与丑、功与过,不虚美,不隐恶,是主流史学界一贯坚持的传统。然而一段时间以来,出现了一种与之相反的倾向:不虚美变成了无限美化;不隐恶变成了放大缺点甚至妖魔化。于是民族英雄变成了历史罪人,民族败类变成了真善美的化身。是他们发现了能够颠倒是非善恶的新材料吗?也不尽然,据说某些此类著作所用材料,还都是大家都使用的正史材料。能达到这种效果,除了用自己的主观意志解释材料,根据自己的好恶联系材料,根据预先的设想剪辑材料,真想不出还能有什么其他方法。用这种充满主观色彩的方法写出的人物传记,由于标新立异,很能吸引一些人的眼球,使求真求实的传统受到一定程度的冲击。笔者思想保守,不喜欢这种标新立异,甚至对此有些不以为然。在为一个朋友著作所写序言中笔者曾这样写道:

　　　　文人相交,往往以文为媒,通过文章认识其人。我和郭清华先生的交往,却是先从不经意的交谈开始的。那是2007年在浙江兰溪召开的中国三国文化及第十五届诸葛亮学术研讨会的招待晚宴上,我和郭先生被安排在同一个饭桌,又是比邻而坐。席间不免谈起了诸葛亮,他对社会上刮起的一股否定、诋毁诸葛亮的风气很不以为然,甚至有些愤慨。给我印象最深的一句话是:"如果连这样一位优秀的历史人物都要否定,那么我们民族的历史上还有好人没有?"我研究诸葛亮多年,对诸葛亮也是充满了崇敬之情,因此,不免产生惺惺相惜之感。

这也反映了笔者对评价历史人物的态度。笔者一直认为,评价历史人物,应当把他放到历史坐标中纵、横两个方向去观察。纵的方向即历史人物所处的时代在整个历史长河中的地位;横的方向即历史人物比同时代人突出的作为。用这种方法观察杨坚,我们可以说,杨坚所处的时代,结束了分裂再次统一,北方民族高度融合,南北文化水乳交融,经济、政治、文化制度频频创新,是中华民族发展史上重要的时期。杨坚可以说是那个时代的佼佼者。诚然,我们可以指出杨坚个人品质的严重缺陷,如天性沉猜、独断专行,在律外另立酷法,在代周过程中血腥屠杀。然而不能因为这些就否定其历史上的贡献。只有坚持实事求是才能反映真实的历史人物,这也是笔者撰写《隋文帝大传》的方法和观点。这次中华书局决定将《隋文帝大传》收入《中华帝王传记》系列丛书中,笔者欣然同意,认为这也是为提倡、坚持实事求是的研究方法尽自己的一点绵薄之力。

详细地占有资料,是将历史人物写得丰满的前提。写历史人物,就像考古学家恢复出土的陶器器物一样。首先,出土的陶器绝不是一件完整的器物,而是一堆散落混杂的碎片。碎片搜集的越多,所恢复的器物越完整。写历史人物传记也是如此。笔者在撰写《隋文帝大传》时,不是仅仅看完《隋书·高祖纪》就完了,而是把《隋书》中所有与杨坚有关的材料搜集起来,这包括了《北狄列传·突厥传》《长孙览传》《王劭传》《外戚列传》《艺术列传》《李穆传》《梁睿传》《皇甫绩传》《柳裘传》《卢贲传》《李谔传》《窦荣定传》《源雄传》《豆卢勣传》《元谐传》《贺娄子干传》《长孙平传》《李圆通传》《陈茂传》《刘昉传》《郑译传》《高颎传》《王谊传》《元孝矩传》《李礼成传》《崔仲方传》《庞晃传》《宇文庆传》《郭荣传》《滕穆王杨瓒传》《崔彭传》《苏威传》《李德林传》《元景山传》《韦世康传》《杨素传》《韩擒虎传》《于仲文传》《柳庄传》《荣毗传》《郭衍传》《后妃列传》《牛弘传》《柳彧传》《王韶传》《元岩传》《循吏列传》《刘行本传》《赵绰传》《杨尚希传》《裴政传》《薛胄传》《苏孝慈传》《酷吏列传》《房陵王杨勇传》《秦孝王杨俊传》《薛道衡传》《贺若弼传》《宇文述传》《达奚长儒传》《列女列传》《慕容三藏传》《令狐熙传》《周法尚传》《何稠传》《史万岁传》《炀帝纪》《李景传》《袁充传》《王世积传》《庶人杨秀传》《裴肃传》《张衡传》《食货志》《五行志》《刑法志》《百官志》《地理志》《经籍志》等 80 余种材料。然而这还远远不够，《北史》中《宣皇后杨氏传》《山伟传》《薛修义传》《庚季才传》《隋文献皇后独孤氏传》《房陵王杨勇传》《秦王杨俊传》，《周书》中《武帝纪》《宣帝纪》《静帝纪》《齐王宇文宪传》《于翼传》《姚僧垣传》《卢辩传》《苏绰传》《颜之仪传》《司马消难传》《尉迟迥传》《韦孝宽传》《宇文孝伯传》《突厥传》《杨忠传》《独孤信传》《薛善传》等，都与杨坚有直接或间接的关系。《北齐书》《资治通鉴》《续高僧传》《太平御览》《全隋文》等书中，也有不少与杨坚有关系的材料。

　　把堆积如山的材料组织起来，如同考古学家恢复陶器。因为这些材料是分散、零碎、彼此不联系的。有些材料比较容易把它们串联起来，有些材料要经过反复比较研究才能找到彼此的联系，有些材料之间需要用逻辑推理的方法进行联系，如同考古复原陶器时补充陶片之间缺环的白泥。例如，关于杨坚的帝王之相，有几条看似彼此没有联系的材料。《太平御览》引《三国典略》中的记载：

　　　　周王轨以隋公杨坚相表殊异，因入侍宴，阳醉拨去坚帽，言曰："是何物头额?"帝谓之："虽大而却无所至也。"皇甫后见坚，又举手自拍其额。帝谓坚曰："皇后道公额也。"帝密使来和相坚，和诡对曰："坚相貌是守节忠臣，宜作总管、大将。作总管则能静肃一方，作大将则能全军破敌。"

《隋书·高祖纪上》有几条记载：

　　　　（杨坚）为人龙颜，额上有五柱入顶，目光外射，有文在手曰"王"。

　　　　明帝即位，授右小宫伯，进封大兴郡公。帝尝遣善相者赵昭视之，昭诡对曰："不过作柱国耳。"既而阴谓高祖曰："公当为天下君，必大诛杀而后定。善记鄙言。"

　　　　齐王宪言于帝曰："普六茹坚相貌非常，臣每见之，不觉自失。恐非人下，请早除之。"帝曰："此止可为将耳。"内史王轨骤言于帝曰："皇太子非社稷主，普六茹坚貌有反相。"帝不悦，曰："必天命有在，将若之何?"高祖甚惧，深自晦匿。

《隋书·艺术列传·来和传》记载：

建德四年五月,周武帝在云阳宫,谓臣曰:"诸公皆汝所识,隋公相禄何如?"臣报武帝曰:"隋公止是守节人,可镇一方。若为将领,阵无不破。"

把上述材料联系起来,可以得出这样几条结论:第一,从北周明帝宇文毓时起就有人不断利用杨坚的龙颜奇表作文章。第二,北周皇帝在这种不断的传言中渐渐对杨坚产生了怀疑。第三,也不断有人利用相面之术为杨坚作掩护。第四,杨坚在北周明帝至武帝时身处险恶的政治环境中。从这几条结论中,又产生一个问题:宇文护、宇文宪、王轨等人为什么要用杨坚的奇表加害于他? 根据这四条结论和一个问题,便撰写了本书第二章第二节的大部分情节。

为了使人物传记更加生动,《隋文帝大传》的写作,尽量把古文用现代白话表示,白话后面加上脚注,注明出处来源,以示白话所出的根据。除此之外,还把一些记载情节化。如《隋书·外戚列传·高祖外家吕氏传》记载:

高祖外家吕氏,其族盖微,平齐之后,求访不知所在。至开皇初,济南郡上言,有男子吕永吉,自称有姑字苦桃,为杨忠妻。勘验知是舅子,始追赠外祖双周为上柱国、太尉、八州诸军事、青州刺史,封齐郡公,谥曰敬,外祖母姚氏为齐敬公夫人。诏并改葬,于齐州立庙,置守冢十家。以永吉袭爵,留在京师。大业中,授上党郡太守,性识庸劣,职务不理。后去官,不知所终。

永吉从父道贵,性尤顽骏,言词鄙陋。初自乡里征入长安,上见之悲泣。道贵略无戚容,但连呼高祖名,云:"种末定不可偷,大似苦桃姊。"是后数犯忌讳,动致违忤,上甚耻之。乃命高颎厚加供给,不许接对朝士。

而在《隋文帝大传》中,将上述记载做了如下情节化处理:

杨坚的妻子独孤氏,是北周贵族的名门闺秀。但杨坚娶妻,是在其父杨忠功成名就之后,名门之子娶名门之女,理所当然。至于杨忠之妻,绝对不是什么名门之后。在杨坚的记忆里,只知道他母亲的娘家姓吕,是山东一带的人。北周武帝统一北方后,杨坚曾派人去山东打听其外祖父家的下落,但杳无音信。大约是在杨坚当上皇帝以后不久,一个自称是当今皇上亲戚的人被带到隋文帝面前。

"你叫什么名字?"杨坚问。

"吕永吉。"来人答。正与杨坚之母同姓。

"家居何方?"

"济南郡。"济南郡即今天山东济南,又一次与杨坚所记忆的事情相契合。

"你与我家何亲?"显然,杨坚的语气里减少了些许狐疑,多了几分想证实什么的成分。

"我姑姑是杨忠的夫人。"

"你姑姑姓甚名谁?"杨坚的追问更加急切。

"我姑姑姓吕,字苦桃。"

一切都被证实了。来人纵有包天之胆,前来冒认皇亲,也不可能将姓氏、家乡契合得如此准确,更不可能知道自己母亲的小字。来人是自己亲娘舅的儿子吕永吉。在进一步的勘验中,杨坚又知道了自己的外祖父叫吕双周,外祖母是姚氏,如今已经双双离世。另外,还有一个舅舅吕道贵依然健在。杨坚听说,急忙下旨将舅舅召进宫来。

甥舅相见,杨坚心里有说不出的苦涩。自己的外祖父虽被追封为上柱国、太尉、齐敬公,外祖母虽被追封为齐敬公夫人,但他们都已双双作古,没能活着享受这分荣华。如今自己已经是龙登九五,而外家却枝零叶落,一股悲凉之感袭来,不禁潸然泪下。谁知吕道贵由于家世寒微,没有教养,不知礼数,言语粗俗,举止莽撞。他见杨坚落泪,丝毫没有悲戚之容,反而嘻嘻哈哈地对当今至尊指名道姓。他端详了杨坚半天,最后竟说出这样一句话:"嗯!太像我苦桃姐姐了,一看就知道不是别人的种子。"

俗话说,娘亲舅大。吕道贵再粗鄙,毕竟是杨坚的亲娘舅,而且是唯一活在世上的舅舅。杨坚无法,只得让人一方面满足他一切物质需要,另一方面严禁他接触下臣,以免失了皇家的体面。杨坚的外家如此,说明其父辈的姻亲绝不是什么名门望族。

比较前后两段文字,后者显然可读性更强,但又没有脱离前者,因而没有杜撰之嫌。

撰写历史人物传记,又与考古学家复原出土陶器不完全等同。陶器是具体的死物,而人物是抽象的活形。把人物写活,就要深入到他的心理活动。《隋文帝大传》在很多地方都采用了心理分析的方法,如杨坚在相州立佛寺的描述:

　　杨坚下诏在相州战地立寺,其目的是要超度在平定尉迟迥战争中死去的亡灵,所超度的对象,既包括死事之忠臣,又包括悖逆之叛侣。

　　为什么杨坚在隋初百业待兴之际提出要在相州立寺?

　　在与突厥的战争、平定南陈战争中,死人可谓多矣,为什么杨坚没有立寺超度,而仅仅超度相州战场的亡灵?

　　杨坚在诏书中说得很轻松:相州之战时,自己只是在朝中任辅宰之职,看着兵民陷入战争的生死网罗,空有罪己之诚,而无能脱他们于苦海。似乎这些被涂炭的生灵,都是为大周的兴亡而去蹈兵刃之苦的。

　　其实,轻松只是假象,轻松的深处是难以忘却的沉重。

　　杨坚比谁都明白,三方之乱的兴起,不是为了别人,正是杨坚自己!

　　在平定三方之乱的战争中,相州战场历时最长,死人最多,也最残酷。

　　《隋书·五行志·夜妖》记载:“周大象二年,尉迥(即尉迟迥)败于相州。坑其党与数万人于游豫园。其处每闻鬼夜哭声。”

　　游豫园大屠杀,那是多么惨烈的一幕! 有关史籍是这样记载的:

　　　　初以隋运创临,天下未附,吴国公(当为蜀国公)蔚迥(即尉迥),周之柱臣,镇守河北,作牧旧都。闻杨氏御图,心所未允,即日聚结,举兵抗诏。官军一临,大阵摧解,收拥俘虏,将百万人。总集寺北游豫园中,明旦斩决。园墙有孔,出者纵之,至晓使断,犹有六十万人,并于漳河岸斩之。流尸水中,水为不流,血河一月。夜夜鬼哭,哀怨切人。

　　　　尉迟迥的起兵,完全是为了反对杨坚独揽北周的朝政;杨坚讨伐尉迟迥,也完全是为了巩固自己的地位。所以,数万人的死亡,包括忠臣和叛逆,全都与杨坚有关。对于忠臣的阵亡,杨坚自然痛心,对于叛军的死亡,杨坚也感到心中不安。当他听说游豫园附近夜中鬼哭时,对臣下说:“此段一诛,深有枉滥,贼止尉迥,余并被驱,当时恻隐,咸知此事。国初机候,不获纵之。可于游豫园南葛蓂山上立大慈寺,折三爵台以营之,六时礼佛加一拜,为园中枉死者。”这段话,足以反映出杨坚当时的心情,他在游豫园立寺,主要为园中枉死者。他希望通过立寺超度枉死者的亡灵,以使自己的沉重之心得到解脱。杨坚是个笃信佛教的人,从佛教立场出发,他想到无数为他战死的忠魂及被他杀死的屈死之鬼，决不会心安理得。更何况，围绕杨坚代周问题上被杀者，不止游豫园的枉死者，还有宇文氏宗族。他笃信佛教能使这些亡灵得以超度，正是由于这一点，当他修寺立塔普营功德时，也同时感到自己心灵得到了慰藉。

上述所有努力，都是一个目的：描绘出一个真实、丰满、生动、鲜活的杨坚形象。笔者在《诸葛亮大传》一书引言中曾说："随着中华民族的伟大复兴，我们应汲取其中之精要，即中华五千年光辉灿烂历史文明的深刻内涵，应当突破学术圈，步入人民群众的文化生活，从而提高全民族文化素质，增加民族凝聚力，发扬自强不息、艰苦奋斗及爱国主义等民族精神。为此，我们继承《史记》和《通鉴》的某些优良笔法，兼顾历史人物传记的学术性与可读性，研究性与普及性，理论性与通俗性，知识性与欣赏性，因而在撰写过程中，力求史论结合，深入浅出，雅俗共赏，生动形象，通达晓畅，史实与文采并重。这是一次尝试，是一次大胆而又谨慎的尝试。我们期待着方家指教。我们期待着读者评判。"

这也是本书的期待。

第一章
父祖之荫

周宣帝大象二年（580）是北周的多事之秋。

五月二十五日，宣帝宇文赟在天德殿寿终正寝。宣帝尸骨未寒，六月十日，相州（治所在今河北临漳县西南邺镇）总管尉迟迥发兵起事。

这犹如在欲开的锅底又加上一把火，一下子把水温推向沸点。平静的表面被彻底打破，代之而来的是沸腾、翻滚，是热能以一种强烈的形式释放。

继尉迟迥举兵之后，其侄青州（治所在今山东淄博）总管尉迟勤起兵响应。伯侄二人管辖内的卫州（治所在今河南汲县东北）、黎州（治所在今河南濮阳西）、洺州（治所在今河北永年东南）、贝州（治所在今河北清河西北）、赵州（治所在今河北隆尧附近）、冀州（治所在今河北冀县）、瀛州（治所在今河北河间）、沧州（治所在今河北盐山南）、青州、齐州（治所在今山东济南）、胶州（治所在今山东诸城）、光州（治所在今山东掖县）、莒州（治所在今山东沂水）等地，也如影随形般地追随着他们的总管。

荥州（治所在今河南沁阳东南）刺史宇文胄宣布与尉迟伯侄结盟。

申州（治所在今河南信阳）刺史李惠宣布加盟。

东楚州（治所在今江苏睢宁东）刺史费野利进宣布加盟。

潼州（治所在今安徽泗县）刺史曹孝远宣布加盟。

徐州（治所在今江苏徐州）总管司录席毗罗占据兖州（治所在今山东兖州）宣布加盟。

前东平郡（治所在今山东泰安东南）郡守毕义绪占据兰陵（治所在今山东枣庄南）宣布加盟。

洛阳（今河南洛阳附近）人梁康、邢流水等人也率万余人宣布加盟，并得到州治中王文舒的暗中支持。

一波未平，一波又起。七月二十六日，郧州（治所在今湖北安陆）总管司马消难起兵与朝廷对抗，他管辖下的九个州、八个镇也群起应之。

尉迟迥起事于东，司马消难举兵于南，由于这两个震源的作用，形成了一条北至商洛、南至江淮，东西绵延二千余里的震动带。一个叫兰雒州的少数民族首领带领这一地区的部族，南通北连，抗拒朝廷。

东、南两个震源似乎还不足以释放积蓄已久的能量，八月初七日，益州（治所在今四川成都）总管王谦也宣布与朝廷兵戎相见。他辖下的十八个州及附近的十个州，全部随其起事。

沙州（治所在今四川广元西北与甘肃交界处）氐人首领杨永安串联附近六个州起兵响应王谦。震荡从四川扩展到甘肃。

这一切的缘起，都是由于一个人、一件事。这个人就是北周的隋国公杨坚。这件事就是杨坚受周宣帝"遗诏"入朝"辅佐"八岁的周静帝。

杨坚是怎样取得辅佐地位的？为什么他的"入朝辅政"会激起如此轩然大波？

第一节　弘农杨氏

杨坚及其父祖所生活的时代，是十分讲究地望、家世的年代。

从东汉中叶起，一个家族几代人连续在朝中任高官的现象渐渐地多起来。汉章帝时，河南汝南(治所在今河南平舆北)一户姓袁的家族中，有一个叫袁安的人做了司空、司徒之类的大官。他的儿子袁敞又做了司空。袁敞的侄子袁汤又做了司空、太尉。他的儿子袁逢也官至司空，另一个儿子袁隗官至太尉。司空、太尉、司徒在当时号称"三公"，是中央政府中最高的行政长官。汝南袁氏四代人出了五个"三公"，这个姓族也就成了当时的著姓①。

斗转星移，当历史的册页飞快地掀过几百年从而把东汉变成魏晋南北朝时，这样的大族著姓已经遍布黄河上下、大江南北了。

他们都将自己的姓氏同地望紧紧地联在一起。如琅邪王氏、清河崔氏、博陵崔氏、范阳卢氏、赵郡李氏、荥阳郑氏、太原王氏、陈郡谢氏、颍川庾氏、谯国桓氏、河东裴氏、河南褚氏等等。

他们奉自己的地望为至宝，因为这是借以区分与别地别姓地位高下的凭据，是表明自己高贵于他人的标签。北魏宣武帝时，皇帝的叔叔元雍不幸死了妃子，妃子姓卢，娘家乃是当时北方的有名大姓范阳卢氏。元雍准备再娶，选中了崔显的妹妹，不料这门亲事却受到了皇帝的阻拦。皇帝认为，崔氏虽为北方名族，但崔显是博陵崔氏，地寒望劣，不能和范阳卢氏相提并论。如果娶崔氏为妃，就是降低了标准。元雍经过苦苦恳求，才获得了皇上的恩准。同样姓崔，清河崔要高于博陵崔②。北齐时，清河崔㥄就曾对范阳卢元明说："当今天下的高门大族，只有我和您两家才称得上，博陵崔氏、赵郡李氏哪里有资格和咱们并列！"③正因为地望对他们如此重要，以至于有人为争地望甚至搭上了自己的性命。北齐时，史官魏收奉皇上之命撰写《魏书》，记录北魏的历史。魏收撰史，史德不足，他曾指着那些平素与他不和的人说："他们算什么东西，竟敢与我不和？我手抬一抬可以让他们有上天之荣，手按一按可以让他们受入地之辱。"④如此写史，对于那些平素与魏收有睚眦之怨的人来说，他们的家世及祖宗荣耀将被作何种处理便可想而知。所以此史一出，众情讻讻，不少人指责它记载失实，骂它为"秽史"。有一个人名叫李庶，家本顿丘人氏，但被写为

---

① 《后汉书》卷 45《袁安传》。

② 《魏书》卷 21 上《献文六王列传·高阳王元雍传》。

③ 《北齐书》卷 23《崔㥄传》。

④ 《北齐书》卷 27《魏收传》。

梁国蒙人,其祖父李平在北魏朝明明做过中书令、尚书右仆射等大官,却被写成家世贫贱。李庶当然不满,并联合一些人状告魏收书史不直,要求杀掉魏收,改写《魏书》。不料魏收手眼通天,李庶不但告状未成,反被加上"谤史"之罪死于狱中。

这些世家大族都有自己的婚姻圈子,缔结婚姻的原则是门当户对。北魏时,博陵崔氏中有一个人叫崔巨伦,他有个妹妹是个残疾人,有一只眼是瞎的。尽管博陵崔氏在当时算得上名门望族,崔巨伦的妹妹聪明贤惠、有才有德,婚姻大事却始终不能解决。眼看她年龄一天比一天大,家里人十分着急,决定降低一下身价,把她嫁给门第稍低的家族。崔巨伦的姑姑此时早已在赵郡李氏族中作了多年媳妇,儿子也已经到了婚娶之龄。她听说侄女要屈身下嫁,坚决反对,硬是让侄女嫁到赵郡李氏家中作了自己的儿媳妇①。

这些世家大族都有值得向别人炫耀的辉煌的家族史。他们一般都是官宦世家,在朝中任高官者代有其人。

这些世家大族许多都有深远的家学渊源,他们或长于书法,或善于丹青,或为经学世家,或为书香门第。

注重地望、门第婚姻、官宦世家、代传家学,这些构成了魏晋南北朝时期世家大族的特征。

杨坚所出身的弘农杨氏,也是名门望族。

翻开《周书》《隋书》《北史》,这些记载着杨坚家族史的历史典籍,无一例外地记载着同样的史实。

> 杨忠,弘农华阴人也。小名奴奴。高祖元寿,魏初,为武川镇司马,因家于神武树颓焉。祖烈,龙骧将军、太原郡守。父祯,以军功除建远将军。属魏末丧乱,避地中山,结义徒以讨鲜于修礼,遂死之。保定中,以忠勋,追赠柱国大将军、少保、兴城郡公。

> 高祖文皇帝姓杨氏,讳坚,弘农郡华阴人也。汉太尉震八代孙铉,仕燕为北平太守。铉生元寿,后魏代为武川镇司马,子孙因家焉。元寿生太原太守惠嘏,嘏生平原太守烈,烈生宁远将军祯,祯生忠,忠即皇考也。皇考从周太祖起义关西,赐姓普六茹氏,位至柱国、大司空、隋国公。薨,赠太保,谥曰桓。

> 隋高祖文皇帝姓杨氏,讳坚,小名那罗延。本弘农华阴人也。震八世孙,燕北平太守铉,铉子元寿,魏初为武川镇司马,因家于神武树颓焉。元寿生太原太守惠嘏,嘏生平原太守烈,烈生宁远将军祯,祯生皇考忠。

---

① 《魏书》卷56《崔辩附崔巨伦传》。

三种记载，大同小异。

小异虽存，但弘农华阴人却三书同词。

白纸黑字，赫然在目，这不是普通的黑字。如果说历史是一块碑，它就是镌刻其上的碑文；如果说历史是一条河，它就是淌在其中的流水。一千多年来，它被一代又一代人认读，流过一代又一代人记忆的河床。

然而，当我们重读上述记载并考诸其他一些史实时，不能不提出这种问题：杨坚的家世与弘农杨氏究竟有什么关系呢？

如前所述，魏晋南北朝时的名门望族，十分讲究地望、婚姻、官宦、家学。如果用这四条衡量一下杨坚的家世，情形该是怎样的呢？

先看杨坚家的地望。

根据史书记载，杨坚是东汉太尉杨震的第十四世孙。杨震是弘农华阴人，史书上的确明明白白地记载着。但从杨坚上数六代，每一代人都有实实在在的记载。很可惜，从杨坚的六世祖杨铉再往上数八代至杨震，历史只能划一条虚线。杨坚家世只告诉我们，杨铉是杨震的八世孙，而这中间六世姓甚名谁，任何官职都虚无缥缈①。人们完全可以怀疑，这六世的虚线是人为制造的，如果将这六世确确凿凿地写出，那么杨铉以上的八代所指，可能不是弘农杨震，而可能是什么别的杨氏。

与杨坚为弘农杨氏的证据为虚相反，杨坚家族世居武川（今内蒙古呼和浩特西北）却证据确凿。史书上说，杨坚的六世祖杨铉任燕北平太守。杨铉又生杨元寿，北魏时为武川镇司马，从此子孙便世居此地。北平在今河北遵化附近，杨元寿怎么跑到荒远的武川镇去任司马呢？原来，杨铉任北平太守的燕，是十六国时期的后燕。397年，兴起于代北（今山西大同北）的北魏攻破后燕国都。以后又将许多后燕国的居民迁往代北。迁徙人口最多的一次竟达三十多万。杨铉从北平到武川，很可能与后燕灭亡、人口迁徙有关。从此世居武川，生儿育女。

再看杨坚家族的婚姻。

杨坚的妻子独孤氏，是北周贵族的名门闺秀。但杨坚娶妻，是在其父杨忠功成名就之后，名门之子娶名门之女，理所当然。至于杨忠之妻，绝对不是什么名门之后。在杨坚的记忆里，只知道他母亲的娘家姓吕，是山东一带的人。北周武帝统一北方后，杨坚曾派人去山东打听其外祖父家的下落，但杳无音信。大约是在杨坚当上皇帝以后不久，一个自称是当今皇上亲戚的人被带到隋文帝面前。

---

① 《隋书》卷1《高祖纪上》载：高祖文皇帝姓杨氏，讳坚，弘农郡华阴人也。汉太尉震八代孙铉，仕燕为北平太守。铉生元寿，后魏代为武川镇司马，子孙因家焉。元寿生太原太守惠嘏，嘏生平原太守烈，烈生宁远将军祯，祯生忠，忠即皇考也。皇考从周太祖起义关西，赐姓普六茹氏，位至柱国、大司空、隋国公。薨，赠太保，谥曰桓。

"你叫什么名字?"杨坚问。

"吕永吉。"来人答。正与杨坚之母同姓。

"家居何方?"

"济南郡。"济南郡即今天山东济南,又一次与杨坚所记忆的事情相契合。

"你与我家何亲?"显然,杨坚的语气里减少了些许狐疑,多了几分想证实什么的成分。

"我姑姑是杨忠的夫人。"

"你姑姑姓甚名谁?"杨坚的追问更加急切。

"我姑姑姓吕,字苦桃。"①

一切都被证实了。来人纵有包天之胆,前来冒认皇亲,也不可能将姓氏、家乡契合得如此准确,更不可能知道自己母亲的小字,来人就是自己亲娘舅的儿子吕永吉。在进一步的勘验中,杨坚又知道了自己的外祖父叫吕双周,外祖母是姚氏,如今已经双双离世。另外,还有一个舅舅吕道贵依然健在。杨坚听说,急忙下旨将舅舅召进宫来。

甥舅相见,杨坚心里有说不出的苦涩。自己的外祖父虽被追封为上柱国、太尉、齐敬公,外祖母虽被追封为齐敬公夫人,但他们都已双双作古,没能活着享受这分荣华。如今自己已经是龙登九五,而外家却枝零叶落,一股悲凉之感袭来,不禁潜然泪下。谁知吕道贵由于家世寒微,没有教养,不知礼数,言语粗俗,举止莽撞。他见杨坚落泪,丝毫没有悲戚之容,反而嘻嘻哈哈地对当今至尊指名道姓。他端详了杨坚半天,最后竟说出这样一句话:"嗯!太像我苦桃姐姐了,一看就知道不是别人的种子。"

俗话说,娘亲舅大。吕道贵再粗鄙,毕竟是杨坚的亲娘舅,而且是唯一一活在世上的舅舅。杨坚无法,只得让人一方面满足他一切物质需要,另一方面严禁他接触下臣,以免失了皇家的体面。杨坚的外家如此,说明其父辈的姻亲绝不是什么名门望族。

杨坚家族的仕宦情形如何呢?

杨坚的六世祖杨铉任后燕北平郡守,是中层的地方行政长官。后燕亡,被徙至代北,成为普通镇民。

杨坚的五世祖杨元寿,北魏时任武川镇司马,是军镇行政长官的高级幕僚。

杨坚的高祖杨惠嘏、曾祖杨烈,都是北魏的中层地方行政长官。

杨坚的祖父杨祯为北魏宁远将军,官在五品上。北魏末避乱于中山,可能连官也丢了。

杨坚的父亲杨忠十八岁时客居山东,官无一阶,职无一品。直到杨坚出生时,杨忠的官品与其父祖还不相上下。《隋书·高祖纪》这样记述杨坚出生时情形:

---

① 《隋书》卷79《外戚列传·高祖外家吕氏传》。

皇妣吕氏,以大统七年六月癸丑夜,生高祖于冯翊般若寺,紫气充庭。有尼来自河东,谓皇妣曰:"此儿所从来甚异,不可于俗间处之。"尼将高祖舍于别馆,躬自抚养。皇妣尝抱高祖,忽见头上角出,遍体鳞起。皇妣大骇,坠高祖于地。尼自外入见曰:"已惊我儿,致令晚得天下。"为人龙颜,额上有五柱入顶,目光外射,有文在手曰"王"。

大凡一个皇帝出生,史籍总要有一番神话般的渲染。抛开这种渲染不谈,关于杨坚出生的这段记载说明了一个事实:杨坚出生前后,杨忠并未在妻子儿女身边,他正在为宇文泰东拼西杀①,以至使其子生于寺中,养于女尼。这对高官勋贵来说是难以想象的。通过考察杨坚家族的仕宦可知,杨坚父辈祖先虽然任官,但少有高品级者。而且他们所任官职,都是自己奋斗的结果。这与当时那些平流进取坐致公卿的贵族高门不可同日而语。

最后再看看杨坚家族的遗风。

《隋书·高祖纪》对杨坚的记载有这样两句话:

> 天性沉猜,素无学术,好为小数,不达大体,故忠臣义士莫得尽心竭辞。
> ……
> 又不悦诗书,废除学校,唯妇言是用,废黜诸子。

史家记史,自有其尺度,他们对杨坚的记载也有褒有贬。我们之所以从史书洋洋洒洒的记载中选出这两句否定之言,意欲说明杨坚的家族没有世代传承的渊源家学。

杨坚十六岁时被北周太祖宇文泰所见,宇文泰第一个反应就是一声长叹说:"这个人的风度体魄,完全不像我们代北之人。"②

代北之人应该是什么样子?

代北人应该有塞外大漠般粗犷、豪放的性格。

代北人应该有草原上空雄鹰般矫健的体魄,他们跑能追上狂奔的骏马,射能拉开千石硬弓。

代北人起码应该像杨忠那样骁勇。杨忠在宇文泰帐下效力时,曾随从宇文泰外出狩猎。当时杨忠独自抓住一只猛兽,左手挟住其腰,右手揪住其舌,将其制服。杨忠因此获得了宇文泰送给他的"揜于"的小名③。

---

① 《周书》卷16《独孤信传》载:西魏大统七年,岷州刺史、赤水蕃王梁仚定举兵反,朝廷下诏独孤信率军讨伐。杨忠自西魏初一直跟随独孤信,这次也当随同前往。

② 《隋书》卷1《高祖纪上》。

③ 北方称猛兽为"揜于"。宇文泰因杨忠的勇壮,以此作为他的名字。

杨坚却不像代北人，也不像他的父亲。

然而，不像代北人，不也正说明杨坚及其父祖是地地道道的代北人吗？

骁勇、粗犷的代北世家，怎能传承温文尔雅的家学呢？

当我们考察了杨坚家族的地望、婚姻、仕宦、家学等方面后，不得不做出结论：杨坚家世与弘农杨氏无涉。

这对杨坚来说其实不算什么坏事。不是名门望族，他可以多一些寒门的勇敢，少几分贵族的怯懦；多一些寒门的明智，少几分贵族的迂腐；多一些寒门的积极进取，少几分贵族的抱残守缺；多一些寒门的生机勃勃，少几分贵族的暮气沉沉。

然而在一个讲究门阀地望的社会里，不是名门世族毕竟是个遗憾。如果杨坚是一个普通人，他可以和成千上万不是贵族的普通人一样，默默地生，默默地死，不敢有丝毫非分之望。杨坚不是普通人，他是开创一个朝代乃至一个时代的至高无上的真龙天子。岂有天下至尊没有可夸耀的门第之理？因此把天下至尊与名门显族联系起来势在必行。

杨坚不姓崔，否则他可以说自己是清河崔氏。

杨坚不姓卢，否则他可以说自己是范阳卢氏。

杨坚姓杨，他不能改姓。尽管他的父亲姓过普六茹，但那是北周皇帝所赐的一种殊荣，与改姓不是一回事。

在历史上也有过直接以皇族姓氏为天下大姓的先例。如北魏皇帝元氏，孝文帝迁都洛阳后，将帝姓拓跋改为元氏，从此洛阳元氏便为天下第一姓。

但杨坚却不能这样做。试想他若直接以皇族姓氏为天下大姓，称自己是武川杨氏，怎么能比得上当时赫赫有名的弘农杨氏呢？

杨坚只能将自己的家世附在弘农杨氏之上。

弘农从西汉武帝时开始立郡，治所在今天河南灵宝北，西岳华山即在其境内。弘农杨氏的源头可以上溯至春秋时期。当时晋国有一支贵族，因一直住在羊舌邑中，便以邑为氏，号称羊舌氏。羊舌氏中有一个人叫羊舌肹，字叔向，是历史上有名的人物。叔向的母亲叫羊叔姬，是个很有见识的女性。叔向的父亲羊舌子因为好提意见，不被晋国国君所容，便带着夫人和孩子到一个很小的邑落中住下来。邑中之人对羊舌子很好。有一次，一个邑民偷了一只羊送给羊舌子。羊舌子不想要，羊叔姬说："你当初不被晋公所容，才到了这个小邑。如果不接受这只羊，又将不被邑人所容，不如收下。"羊舌子这才把羊收下，又对夫人说："咱们把这只羊杀了，给孩子们煮肉吃。"羊叔姬说："不行。我听说南方有一种叫乾吉的鸟，它喂自己的孩子时，不管弄到什么肉都给它吃，结果没能把孩子养好。如今咱们的孩子都很小，一言一行都受大人的影响，不能将这种不义之肉给孩子，不如把此羊埋了,以表明我们不参与偷羊这种事。"第二年,偷羊的事情败露了,并牵扯到了羊舌子,羊舌子对办案的人说:"我是接受了这只羊,但我没有吃,而是把它埋了。"结果羊舌子没有受到此案的牵连。

后来,叔向长大了,到了该结婚的年龄,叔向要娶申公巫臣与夏姬的女儿,羊叔姬不同意,晋平公强迫做成了这门婚事。叔向有了孩子,取名杨食我。杨食我呱呱坠地时,正好被羊叔姬听见。羊叔姬说:"这孩子的哭声若豺狼,将来羊舌一族,必因此人而遭到毁灭。"

羊舌氏的未来不幸被羊叔姬言中了。

杨食我长大后,与晋国的大夫祁盈往来甚密。祁盈有个叫祁胜的家臣,是个极荒淫的家伙。他经常与一个叫邬臧的交换妻子淫乱取乐。祁盈知道后,准备制裁他。不料祁胜买通了晋侯的宠臣荀跞,荀跞向晋侯说了许多祁盈的坏话。晋侯大怒,立即将祁盈逮捕。祁盈手下的一个人听说这件事后说:"杀了祁胜和邬臧祁盈得死,不杀祁胜和邬臧祁盈也是死。同样是死,不如杀掉那两个恶人让祁盈没有遗憾地去死。"于是便把祁胜和邬臧杀了。不久,晋侯下令把祁盈杀掉,杨食我被当成祁盈的党羽也被满门抄斩。羊舌氏一族遭到毁灭性的打击。叔向的一些幸免于难的子孙逃到华山,在华阴地区定居下来①。

这便是弘农杨氏的由来。

弘农杨氏在战国、秦、西汉,都出了许多卿相公侯。至东汉中叶,更是声名显赫,风光无比。

西汉末年,有一个名叫杨宝的人,在华阴山北看到一场惊心动魄的动物间的残杀。一只凶猛的大鸟,紧紧地追着一只小黄雀,它那坚硬的大嘴,不停地在黄雀身上啄着。伴随着小黄雀的哀叫,它身上的羽毛雪片般地纷纷落下。终于,小黄雀完全丧失了飞翔能力,一头栽到地下。弱肉强食,这是自然界中无情的规律。在完全丧失自卫能力的小黄雀面前,一群蚂蚁开始施展淫威,它们要把这只可怜的小鸟当成美餐。杨宝看到这种情形,不由得恻隐之心大发,把小黄雀救了起来,带回家中精心调养。奇怪的是,这只小黄雀只吃黄花,不吃别的。杨宝便每天采来黄花喂养它。百天以后,小黄雀的伤势痊愈,被啄掉的羽毛又重新长了出来。杨宝又将小黄雀带回山中放掉,让它重归大自然的怀抱。小黄雀似乎很懂人情,它围着恩人飞了许久,最后才恋恋不舍地离去。当天晚上,正在灯下苦读的杨宝被几声轻轻的叩门声打断,他放下书,走到门外,发现是一个黄衣童子站在面前。童子见到杨宝,立刻伏身拜了两拜,说:"我就是您所救的那只黄雀,是西王母手下的使者。蒙您救命之恩,特来感谢您的仁德。"说着,又从怀中取出四只晶莹的白玉环,送给杨宝,又说:"我将使您的子孙有贞洁如玉的品质,位登三公。"这个杨宝,就是东汉大名鼎鼎的杨震

---

① 《列女传》卷3《仁智列传·晋羊淑姬传》。

的父亲①。

杨宝确有其人,这件事却是个传说。

然而这个传说又反映出一个事实,杨震确实是弘农华阴人氏。

不知是传说附会历史,还是历史巧合传说,杨震确有如玉一样的洁白品质。东汉安帝时,杨震出任东莱郡(治所在今山东莱州)太守。在赴任途中,经过昌邑县,当时昌邑县令正巧是杨震所举荐的秀才王密,听说自己的恩人经过自己的辖地,王密深夜拜见,并秘密送给杨震金十斤。杨震坚决拒绝,说:"当初我举荐你,是因为知道你有才,你今天以金相报,是完全不了解我的为人。"王密说:"我在如此寂静的深夜送金报恩,是不会有人知道的。"杨震说:"这件事天知,神知,你知,我知,怎能说无人知道!"王密见此,只好羞愧退出。杨震任过刺史、郡守等大官,可他的子孙却过着极普通的生活。有人劝杨震为后世子孙置办些产业,杨震不肯,说:"我为子孙留下清白,不是一份很丰厚的遗产吗!"以后,杨震又被征入朝中做了司徒,再后又做了太尉,成为最高的朝臣三公之一。当时正是朝中外戚专权、飞扬跋扈之际,一些趋炎附势之徒纷纷巴结外戚,而杨震却始终守正不阿。有一次,皇帝的舅舅耿宝托人让杨震提拔中常侍李闰的哥哥。杨震认为他没当官的才能,没有答应。耿宝又亲自找到杨震对他说:"李常侍是当今皇上所看重的人,提拔他的哥哥可不是我的意思,我可是在转达皇上的圣意啊!"杨震说:"如果朝廷要让我荐举,就应有尚书省发下的诏敕。"耿宝无奈,只得怀恨而去。后来,皇后的哥哥阎显也想让杨震提拔他的亲信,同样也碰了一鼻子灰。

杨震的儿子杨秉,自幼跟随其父学习儒家经典,曾先后任过四个州的刺史。在任刺史时,他的旧时部下曾要给他一百万钱,被他拒绝,他廉洁的名声也越来越大。后来,杨秉被征入朝中,先后任过太仆、太常等官,最后也做了太尉。杨秉任太尉时,正是宦官势倾朝野的时候。这些宦官倚仗他们和皇帝的特殊关系,结党营私,在朝中和各地到处安插亲党。这些人比着贪污钱财,搜刮民脂,天下因此怨声载道。在这种情况下,杨秉与司空周景联名给皇帝上了一道奏章。奏章这样写道:现在,朝中及地方上的官员,有许多是不称职的,这是因为近来我们举拔人才全都以特批的方式,对他们不进行考试。这导致了现在盗窃纵恣、怨讼纷错的局面。按照旧有典制,宦官的亲属子弟不能任官执政,而如今,他们的党羽却占据了许多要职。应当遵照旧典,罢黜贪残之人,以平息天下人的怨恨。请给司隶校尉、中二千石、二千石、城门五营校尉、北军中候各下旨意,让他们以实考察下属,该罢免的罢免。

这个奏章得到皇帝的批准。根据这个奏章,杨秉罢免了匈奴中郎将燕瑗、青州刺史羊

---

① 《后汉书》卷54《杨震传》注引《续齐谐记》。

亮、辽东太守孙谊等五十多人的官职,罪大恶极者还被处死。

杨秉的儿子杨赐、杨赐的儿子杨彪在东汉末相继任司空、司徒、太尉等职,全都以敢于直言正谏著称当世①。

杨震一族,自东汉中叶以来,四代出了四个公卿,使弘农杨氏的名声大噪于天下。

弘农杨氏在三国、两晋南北朝时期也是名门望族,却没有出现过杨震、杨秉那样的杰出人物,比不上东汉时期的辉煌。

杨坚家族的依附,使弘农杨氏出现了家族史上的第二个巅峰。

杨忠曾任过北周的大司空。

杨坚的从祖弟杨弘,因军功在北周时累迁开府仪同三司。

杨坚的族父杨处纲,因军功在北周时官拜上仪同。

杨坚的族弟杨绍,在北周时历八州刺史,被封为傥城县公。

杨坚的族子杨雄,在北周时进位上仪同,封为武阳县公、邘国公,又因功授位柱国、上柱国。

杨雄的弟弟杨达,在北周时官至仪同、内史下大夫,受爵遂宁县男。

杨坚的胞弟杨瓒,在北周时官至吏部中大夫,封竟陵郡公。

杨坚的胞弟杨整,在北周时任开府、车骑大将军,封陈留郡公。

杨坚一族,在北周时就开始荣贵起来。

杨坚一族的依附,没有辱没弘农杨氏。

---

① 《后汉书》卷54《杨震传》。

第二节　杨忠其人

507年，一个男婴在北魏北方的边镇——武川镇降生。他就是隋文帝杨坚的父亲、被隋文帝追尊为武元皇帝的杨忠。

在塞外内蒙古草原上，沃野镇（治所在今内蒙古乌拉特前旗东南）、怀朔镇（治所在今内蒙古固阳南）、武川镇（治所在今内蒙古武川西）、抚冥镇（治所在今内蒙古四子王旗东南）、柔玄镇（治所在今内蒙古兴和西北）、怀荒镇（治所在今河北张北县）六个军事重镇从西向东一字排开，像六个忠诚的卫士，紧紧地拱卫着北魏的首都平城。

武川镇有宽广的草原、肥美的牧场。有一首歌这样写道：

　　敕勒川，阴山下。天似穹庐，笼盖四野。天苍苍，野茫茫，风吹草低见牛羊。

武川镇曾有过重要的地位。当初北魏在此设镇，就是让它保卫首都，抵御北方游牧民族的南侵。那些在这里充当镇都大将的人，或是皇族亲戚，或是拓跋勋贵。即使是普通的镇兵，也得是朝廷所信任的人。

辽阔无垠的草原以它博大的胸怀，孕育着一批又一批健儿，他们可以在此策马驰骋，一直到筋疲力尽；他们可以挽弓劲射，一直到箭飞得不能再远。

一次又一次的战争，造就了一批又一批的斗士，他们力大无比，武艺绝伦，冲击敌阵，如入无人之境，鸣镝飞射，能穿百步杨柳。

杨忠就是这样的健儿。

杨忠就是这样的斗士。

然而杨忠所生活的时代，六镇却失去了昔日的重要地位。

494年，也就是杨忠出生前的十三年，北魏政府将都城向南迁移到洛阳。由于国都远离代北，六镇拱卫国都的作用变得无足轻重了，六镇将士的地位也发生了变化。

担任镇将的，不再是皇族或勋贵，而是一些凡庸之辈、滞劣之才。

充当镇兵的，有许多是因罪发配的囚徒。渐渐地，人们把镇兵与罪犯等而视之，从此他们的地位一落千丈。

巨大的落差将边镇军人们往日的荣耀跌得粉碎，尖利的碎片将武士们的心灵划出一道道深痕。失落、不满、怨恨的种子，被埋入这些深痕之中，每天都在萌发、生长。

镇兵们开始逃亡。昔日他们抗御的北方游牧部族，竟成了他们今日所投靠的对象。尽管政府对逃亡采取了严厉的惩罚措施，但逃亡的事情仍时有发生。

镇兵们开始闹事哗变。北魏宣武帝延昌年间(512—515)，武川镇发生饥荒，饥饿的镇兵及镇民们要求当局救助，镇将任款专为此事请示朝廷，朝廷的回答却是一粒粮也不许动。任款久居边镇，对镇兵及镇民太熟悉了，知道如果将他们激怒，其后果将比违抗朝廷圣旨所带来的结果还要可怕。所以，任款没有听从朝廷旨意，擅自开仓赈恤，结果，风波虽然平息，任款却因此被免掉了官爵①。北魏孝明帝时，在怀荒镇，一群饥饿的镇兵及镇民将镇将府团团围住，要求镇将于景开仓放粮。于景不像任款那样明智，坚决拒绝了镇民们的要求。饥饿的人群被激怒了，他们冲进镇将府，抓住于景及其妻子，折磨、毁辱了一个月后，又将他们杀死②。

逃亡、闹事、哗变，终于汇成了强大的洪流。北魏孝明帝正光五年(524)，六镇爆发了矛头直接对准朝廷的起义。起义历时一年多，最后被政府所平息。

起义失败以后，北魏政府决定把二十多万六镇兵民迁往河北地区。

杨忠父子正处在这激变的历史漩涡中，他们不得不随着历史潮流沉浮滚动。杨忠的父亲杨桢，曾任过北魏官员，还因军功被授予将军称号。在六镇起义的风暴中，杨桢丢了官职，接着又被移民大潮所裹挟，从武川来到河北中山(今河北定州)。在中山，可能是出于对朝廷的忠诚，也可能是出于对六镇起义的愤恨，杨桢还亲自组织"义兵"，与发生在定州左人城(今河北唐县西)的鲜于修礼的起义军对峙，最后兵败身亡。

杨忠却走了不同于其父的另一条路。

六镇起义那年，杨忠十八岁。他没有参加政府军对六镇义军的镇压。他亲眼看到六镇的兵民是怎样在饥饿的煎熬下挣扎，亲眼看到镇将们怎样强占膏腴之地，过着饱食终日的生活。他通过与那些迁入内地的拓跋鲜卑的比较，亲身感受到了地位的沦落。他认为，这样腐败的朝廷，是该好好地教训一下。

他也没参加六镇的起义。他知道边镇的武人虽骁勇善战，但他们勇武有余，文韬不足，有眼光有谋略的领导者更是寥若晨星。他们面临的将是比他们强大得多的北魏军队。他似乎预感到了六镇义军凶多吉少的前途。

然而，六镇起义毕竟给了杨忠一个离开边镇的千载难逢的机会。六镇起义彻底松动了政府对镇民的束缚，边境上早已不见了巡逻兵哨，政府军也正全力对付义军，欲走之人，可以放心地北入柔然、南下中原。

杨忠没有北上，他知道北方的柔然族已和政府通成一气，联合对付六镇义军。他只身南下，客游山东，进入了泰山郡境。

① 《魏书》卷65《李平传》。

② 《魏书》卷31《于栗磾传附于景传》。

这偶然的选择，对杨坚人生旅途的转折却是至关重要的一步。

齐鲁大地是著名的文化礼仪之邦，孔子、孟子从这里诞生，儒家文化从这里发扬。泰山矗立其间，是历代帝王举行封禅礼仪之所。这里人才层出不穷，是世家大族聚集地之一。杨忠踏上齐鲁大地，见塞外边陲所未见，闻武川边镇所未闻，眼界顿时大大开阔。

就在杨忠客游齐鲁这一年，南朝梁武帝以员外散骑常侍元树为平北将军，北青、兖二州刺史，率众北伐。南朝梁军队接连攻克北魏的许多城镇，将许多人口及资财掠往江南，杨忠也被梁军所俘，并被送到国都建康。

这时的梁朝正值欣欣向荣的盛世，梁武帝萧衍已经执政二十多年。据说，萧衍刚刚执政不久，有一天岁星竟出现在白昼的天空中。这奇妙的天象引起了国内众说纷纭，有说是凶的，有说是吉的。一个擅长于占星术的人看到此象说："这种星与日月争光的天象，预示今后的世道将是武弱文强。"这个传说显然是封建史家的附会，但这种附会，也正好概括了梁武帝统治的半个世纪武弱文强的特征。

梁武帝萧衍为南朝文化的兴盛作出了突出的贡献。他登上帝位不久，就召集当时的大儒何佟之、贺玚、严植之、明山宾等人，让他们撰写多达千余卷的儒家五礼，并亲自解决撰写中的疑难问题。他还下诏建置五馆，让名儒大家主持学馆工作，使前来京师学习的人会集如云。下诏置馆之外，梁武帝还建立国子学，并亲自参加国子学的活动，策试学子，赏赐学官。萧衍还是一个虔诚的佛教信徒。他登上帝位的第三年，下诏宣布皈依佛教，并到处修建庙宇，塑造佛像，举办法会，施舍钱财。除此之外，他还亲自讲经说法，组织人力翻译佛经，注解佛教典籍。梁武帝尊儒崇佛，也不排斥道教，他与道教大师陶弘景的关系非同寻常，多次到他所修炼的茅山询问吉凶，征求意见，使陶弘景成了他的"山中宰相"。

杨忠在这种充满儒风、佛光、道气的文化环境中生活了五年。这五年，正是杨忠十八到二十二岁的年龄段。这是人的一生中不可多得的黄金时期。整整五年，杨忠以青年人特有的求知欲和敏感，接受着一切对他有用的东西。这五年，弥补了杨忠以往十八年生活经历给他造成的不足，使他的个人品质进一步得到完善。

他不仅仅是个状貌魁伟的汉子，而且兼备了文化薰陶的深沉。

他不仅仅是个技艺高超的武人，而且兼备了一般武人所没有的文化修养。

在他身上，体现着代北风格与中原文化的有机结合。

杨忠到达南朝萧梁的第五年，北魏的形势又发生了新变化。北魏孝明帝与他的母亲胡太后之间的矛盾越来越尖锐，终于有一天，胡太后在皇帝的御酒中下了剧毒药，将自己的儿子毒死，又立孝明帝的侄子、年仅三岁的元钊为帝。胡太后的所做所为，为早已觊觎北魏朝廷的尔朱荣提供了入朝的借口。尔朱荣是塞上北秀容川（今山西西北部）契胡族首领，手中拥有重兵。他听到孝明帝被毒死的消息，带兵南下，拥立元子攸为帝，接着渡过黄河，逼着胡太后剃发入寺当了尼姑。事情至此还不算完，不久，他又派人把胡太后及三岁的元钊投入黄河中淹死，又在黄河边杀死北魏朝中的王公卿士两千多人，从此把持了朝中大权，北魏名存实亡。

朝中形势剧变，朝臣及王公们人人自危，不得不寻找自己的退路。北海王元颢即是其中一个。当时元颢被任为相州刺史，北上抵御河北义军。行至汲郡（今河南汲县西），便发生了尔朱荣入洛阳之事。前有河北义军南下，后有尔朱荣专权，元颢不得不停下来考虑一下如何保存自己。他向朝廷提出让其舅范遵暂时管理相州事物。元颢此举有两个用意，一个是让其舅驻扎邺城，作为与自己相呼应的外援力量。一个是借此观察朝廷新当权者对自己的态度。果然，尔朱荣开始怀疑元颢有二心，没有答应其要求。元颢见此，干脆率众南下，投奔了南朝萧梁。

元颢入梁以后，念念不忘北上复仇。就在这年十月，梁武帝萧衍以元颢为魏王，又借给他七千兵马，由大将陈庆之护送回国。杨忠也在元颢一行人当中。在元颢回国的过程中，陈庆之所表现出的大智大勇，又对杨忠产生了深刻影响。

杨忠随着元颢、陈庆之一行，一路夺关斩将，很快就进入河南境内。在睢阳（今河南商丘南），陈庆之率军打败北魏七万守军，降服守将丘大千。接着挥师北上，在考城又大破魏军，生擒守将元晖业。自考城向西，便到了大梁（今河南开封），大梁守军也很快被征服。在洛阳的北魏朝廷被陈庆之势如破竹的进军吓慌了，派左仆射杨昱、西阿王元庆、抚军将军元显恭率七万人守住通往洛阳的最后一道屏障——荥阳（今河南荥阳）。荥阳城池坚固，地势险要，守军众多、装备精良。陈庆之率军至此，攻城受挫。就在陈庆之被阻荥阳城下时，又传来北魏各路援军陆续而至的消息：大将元天穆派遣先锋尔朱吐没儿、鲁安等人率马步骑兵一万四千人先到，元天穆率领大队人马为后继之师；北魏右仆射尔朱世隆、西荆州刺史王罴所率的一万骑兵已到达虎牢（今河南荥阳西北）。

站在高处，可以隐隐约约望见北魏援军的旗帜。

情况万分紧急。

陈庆之却格外沉着，他不慌不忙地往坐骑的食槽里增加了草料，又把马鞍从马背上卸下来，以使马休息得更好些。然后，他把军士们召集起来，做了几句简单的动员，话虽不多，却字字千钧："我们自从北征以来，一路上屠城略地，斩将夺关。诸位算一算，这些日子里你们所杀的人，哪个能说出究竟有多少！我们已和北魏的军队结下了不解之仇。现在，我们只有七千人，而敌人加上援军共有三十多万，而且多为骑兵。我们这样少的兵众，和敌人骑兵在平原上作战，断无生存之理。我们只有借助于军事屏障，而唯一的屏障就是荥阳城池。这是最后的屏障、最后的机会:诸君若再狐疑,就会成为敌人砧板上的肉团。"①

杨忠经历过战场的厮杀,感受过死亡的威胁,然而他从来没像这样清醒过。

此刻,他既看到了死亡的阴影一步步向他袭来,也看到了生存的光明在向他挥手致意。他清楚地知道该用怎样的方式,经过何种途径达到光明的彼岸。这种清醒,显然应归功于主将陈庆之的大智大勇。

在敌人重兵泰山压顶般地袭来时,作为一军主将却解鞍秣马,理喻众人,这不需要超人的勇气吗?在生死危亡之际,作为一军主帅,向自己的兵士清楚地说明所处位置、敌我优劣,以及如何变劣势为优势,变被动为主动,这不正是非凡智慧的表现吗?

杨忠被这种大智大勇感染了、征服了。他和其他勇士一起爬上城墙,翻过城墙上的楼堞,用鲜血和舍生忘死的勇气,为自己争取到了生存的依托。

陈庆之攻下荥阳后,又击退了北魏的援兵,获得了大量的牛马资财,使部队得到了必要的补充。虎牢的守军弃城逃走,北魏皇帝也逃出洛阳前往并州(今山西太原西南)。陈庆之护送元颢进入了洛阳。

陈庆之北伐后自身的结果是不妙的。进入洛阳后,元颢昏庸无能,又对陈庆之猜忌怀疑,最后,在北魏军队反攻中兵败被杀,陈庆之打扮成僧人只身逃回南朝。

陈庆之北伐对于杨忠来说,结果简直太妙了。第一,这次北伐,使杨忠在跟随陈庆之征战中受到很大的影响,以至以后几十年征战生涯中,还时时能从他身上看到荥阳之战中陈庆之的影子。第二,这次北伐,使杨忠实实在在地回到北方。元颢失败后,杨忠便被魏将尔朱度律所收留。以后,杨忠又在军中遇到了同乡故友独孤信,从此二人一起征战,形影不离。

534年,北魏分裂成两部分,东部以邺城(今河北磁县南)为中心,称东魏,后改北齐。西部以长安(今陕西西安附近)为都城,称西魏,后改为北周。不久,北魏孝武帝从东魏逃往西魏,杨忠、独孤信也一同前往。独孤信到西魏后,被任为荆州刺史,带领杨忠等人收复荆州。荆州治所在今河南邓州,它的西北是东魏,南面是南朝梁。独孤信、杨忠等人占领荆州后,东魏又派大军前来争夺。独孤信、杨忠等因寡不敌众,又来不及西退,便向南进入南朝境内。

在南朝萧梁,独孤信、杨忠等人受到梁武帝的重视,杨忠还被封为文德主帅、关外侯。这样,杨忠又在南朝生活了三年,直到西魏大统三年(537)才随独孤信回到长安。

此时,杨忠已步入而立之年。在这三十多年中,有将近九年的时间是在与汉人接触、受汉族文化影响中度过的。这九年,在杨忠一生中,不是童年的九年,也不是少年的九年,

---

① 《梁书》卷32《陈庆之传》。

而是青年的九年，是生气勃勃的九年，是渴于知、敏于学的九年。

杨忠有不同一般代北人的经历，这经历又成就了他不同一般代北人的成熟。

他依然是髭髯浓密、身长八尺、典型的代北人的体貌，却又多了一个善于思考、反应敏捷的头脑。

他依然是武勇绝伦、长于打斗、典型的代北人的风格，却又多了深思熟虑、足智多谋的汉家文化的气韵。

此时杨忠的身上，兼具了忠、勇、智、识四种品质。

杨忠之忠，不是盲目的愚忠。他忠于知己，忠于乡友之情，忠于认为值得为之献身的人和事。为此，他经历了几次选择。

陈庆之北伐失败，只身回到南方。杨忠被尔朱度律收为帐下统军。当时尔朱氏重权在握，势倾朝野。然而，尔朱氏多为勇而无谋之辈。据史书记载，尔朱度律虽在军旅之中，却贪得无厌，聚敛成性，其所至之处，深为百姓所患。他的政敌略施反间小计，就使他与亲族尔朱兆之间由猜疑进而厮杀。尔朱兆更是顽劣不堪，他勇于战斗，每次征伐，总是冲在前面，其身材，其力气深为诸将折服。然而他又粗俗少智，无将领才能。他的从父尔朱荣评价他说："尔朱兆这个人，最多只能领导三千人马，再多就得出乱子。"尔朱荣被魏孝庄帝所杀，尔朱兆借复仇兴兵入洛阳，杨忠也参加了这一行动。然而，尔朱兆的所作所为令杨忠大失所望。尔朱兆本来应借助入据洛阳的有利地位，挟天子以令诸侯。然而他却挟一己之怨，将孝庄帝杀死，给政敌以讨伐的口实。这样无谋无略的匹夫，实在不足与为伍，杨忠很快便脱离了尔朱氏。

东、西魏分裂之初，东魏的力量远比西魏强大。但杨忠却选择了国力相对薄弱的西魏。这是因为西魏实际的掌权者宇文泰也是武川镇人，与杨忠是同乡。不但如此，宇文泰与杨忠的好友独孤信既是同乡，又是自小的朋友。有独孤信这层关系，杨忠自然也能得到宇文泰的信任。更重要的是宇文泰的为人，据史籍记载：宇文泰知人善任，从谏如流，崇尚儒术，明达政事，恩信被物，能驾驭英豪，一见之者，咸思用命。这正合杨忠所求。

杨忠既然做了上述选择，在他以后几十年戎马生涯中，多次显示了对西魏、北周的忠诚。西魏大统七年(541)六月十三日，杨忠的夫人吕氏生下杨坚，当时杨忠并未在妻子身边。他到哪里去了？去干什么？据史书记载，就在这年，岷州(治所在今甘肃岷县)刺史、赤水蕃王梁仚定举兵反叛，朝廷下诏派独孤信前去讨伐。这次讨伐杨忠是否也参加了？史书上没有明确记载。但我们知道，从西魏初年，杨忠一直都跟随着独孤信。他和独孤信一起镇守荆州，一起被东魏所逼逃入南朝萧梁，一起从南朝返回，一起参加与东魏的河桥之战。所以，大统七年的征讨很可能也有杨忠。如果上述推测成立，则说明杨忠在妻子临产的情况下，为了使西魏政权在关中站住脚，抛妻出征，可见其对西魏的忠诚。如果说杨忠大统七年的征战还属推测,那么杨忠平定蛮人之乱,克南朝齐兴郡,陷南朝江陵,从而为西魏、北周立下汗马功劳,则是清清楚楚地载于史册。

杨忠之勇,足以使那些以武勇著称的代北武人惊叹不已。538年七月,东魏派侯景、高敖曹等人率军攻打西魏。西魏洛阳守将独孤信被包围在金墉城内。西魏主接到洛阳告急的消息,派李弼、达奚武率领骑兵为先驱,并亲自与宇文泰一起随大军东征。八月,宇文泰率军到达谷水边的谷城。东魏将领侯景准备采取整顿阵容以逸待劳的战术,另一个大将莫多娄贷文认为侯景太保守,并夸下海口说,只需率领千余骑兵,便可把西魏军冲个落花流水。他不听侯景的劝阻,率骑迎敌,当夜便与西魏军前驱李弼、达奚武相遇。结果莫多娄贷文被打得大败,作了李弼的刀下之鬼。东魏军初战受挫,锐气大减,侯景下令解洛阳之围,挥军后退。宇文泰乘胜追击,不料侯景早已在黄河边摆开阵势。只见阵中步兵似水,骑兵如龙,从邙山脚下,向北密密层层一直延伸到黄河岸边。黄河上的唯一通道河桥已被东魏军牢牢守住,看来侯景已经做好了进退两手准备。西魏宇文泰是轻骑而来,本应驻马收兵,以待后援。但他刚刚经过初战小胜,头脑多少有些发热,还没明白侯景阵中的厉害,便下令冲击。激战中,西魏军伤亡惨重,宇文泰所骑之马被流矢射中,这马在又惊又痛的挣扎中,一下子将宇文泰掀翻在地。恰好宇文泰手下的都督李穆赶到,将宇文泰救起,逃回营中。不久,西魏军的大部队陆续赶到,宇文泰便重整旗鼓,重新布阵,向东魏军发起了新的攻击。这一仗,刀光剑影,血肉横飞,人喊声,马嘶声,兵器撞击声,鸣金擂鼓声汇成一片。双方你来我往,从早晨一直打到下午。渐渐地,东魏军队支持不住了,纷纷退到了河桥的北边。突然黄河边浓雾四起,乘着弥漫的云雾,东魏军乘机反攻。西魏右路军独孤信、李远,左路军赵贵、怡峰,都在战斗中失利,又和主帅宇文泰失去联系,便纷纷后退。俗话说,兵败如山倒。西魏的撤军,本来就是由于战斗失利和失去主帅,如果东魏军乘机掩杀,西魏全线崩溃将不可避免。在这千钧一发之际,杨忠只带五名壮士,死死地守住河桥,掩护大军撤退。他们的铠甲战袍被鲜血染红了,手中的兵器因过分斲杀而卷刃,不知换了几次。在他们面前,敌军的尸体在一具一具地增加。敌军被五位壮士的武勇震住了,慑服了,他们远远地站着,无可奈何地望着五位壮汉的身后,成群结队的西魏兵士从容退去……

这就是历史上的河桥之战。

杨忠因在这次战斗中保全部队之功,被提拔为左光禄大夫、云州刺史、大都督。

河桥之战二十年之后,西魏、东魏早已变成了北周、北齐。一天,一个叫裴藻的北齐人来到北周,带来一个令人意外的消息:北齐的北豫州刺史司马消难打算举州前来降附。裴藻正是他派来联系的心腹。司马消难为什么要弃齐从周呢? 这得从北齐文宣帝高洋说起。

高洋晚年极其凶暴、残忍、昏庸。他曾无缘无故地把随从拉出来斩首，又曾把手下人绑在殿上用锯一寸一寸地锯死。高洋还特别迷信，早在北齐之初，有一个道士就预言说，将来北齐要亡在黑衣人手中。不知为什么，高洋晚年忽然想起了这个预言。一天，他向左右提出一个问题：

"什么东西最黑呢？"

左右实在不明白皇帝为什么突然提出这个问题，也不晓得回答这个问题会出现什么后果。

"黑……大概没有什么东西能黑得过漆吧。"左右小心翼翼地答道。

"漆……漆……"他把这个字重复了两遍，然后两眼一闭，靠在椅背上，一动不动，像一具僵尸。了解他的左右知道，他又在想心事了。

高洋确实在琢磨心事。

"灭高姓者黑衣人。"他想。

"黑者莫过于漆。"他又想。

"把漆涂掉，黑不就没了吗！黑没了，高氏就太平了。"他开始运用道家避邪的思维方式。

"涂掉哪里的漆呢？"他知道天下漆黑的颜色是不能够、不可能涂掉的。

"漆……漆……七……七。"他的脑子里突然出现了一种可怕的联想："漆即七，七弟上党王高涣不就行七吗？这些年来，他屡立军功，威名大盛，该死。漆不可涂，但老七可除。"想到这里，他突然睁开眼睛，冷冷地说道：

"宣高涣前来。"

高涣对这位具有异于常人心态的哥哥太了解了，他知道这次入京必定凶多吉少，所以杀死了使者，逃匿了，但最终还是被抓住①。就在高涣逃匿的那些日子里，北齐朝中盛传他逃到了北豫州司马消难处。文宣帝高洋对司马消难也开始疑心，司马消难为避临头大祸，决定投入北周。

司马消难来投的消息在北周群臣中引起不同的看法。有人说这是北齐的诡计，司马消难投降恐怕有诈。有人说司马消难是北齐名将，北豫州又靠近周境，如果将司马消难拉过来，无疑会削弱敌人，壮大自己。最后，北周明帝决定接纳司马消难，并派杨忠与达奚武这两员勇将前去接应。

杨忠、达奚武二人率领五千骑兵按约定的时间出发，为防意外，这些骑兵每人又带上一匹备用马。他们沿着小道，潜入北齐境内。在离北豫州州城三十里的地方，杨忠派了一

① 《北齐书》卷10《高祖十一王列传·上党刚肃王涣传》。

个人前去和城内联系。

一个时辰过去了,派去的人不见回音,杨忠又派了一个。

又一个时辰过去了,派去的人仍杳无音信。

当第三个派出去的人该回而没回来时,离和司马消难约定的时间只差一个时辰了。杨忠意识到不能再等了,机会稍纵即逝,他准备如约前去接应,但遭到达奚武的反对。达奚武认为,派出去的人一去不返,说明不是司马消难诈降就是情况有变,无论何种可能,前去接应都有全军覆没的危险。杨忠却认为,不前去看个究竟,就无法知道真正的情况,只把猜想的情况带回禀报,是有辱使命的行为。他说:"我宁愿冒死前去弄个究竟,也不贪生无功而退。"说完便带着一千骑士,趁着夜色来到州城之下。

夜,黑得伸手不见五指。关得严严实实的城门,就像一张紧闭的嘴,什么事情都不告诉外面的人。高耸的城墙如同陡峭的绝壁,上面不时传来的击柝声,更使人增加几分恐惧。主张退却的达奚武亲自赶来了,他悄悄地告诉杨忠及其随从,立刻跟他回去,这是最后一次生还的机会。又有几百人动摇了,他们随着达奚武踏上了归程。只有杨忠领着几百余骑仍然留在城外。

突然,城楼上一声尖厉的呼哨。这是司马消难在问接应的人是否到来。

杨忠立即回了两声,这是告诉里面一切按计划进行。不一会,城门吱吱呀呀地打开了。杨忠一面带人进城,一面派人迅速追回达奚武。进了城杨忠才知道,齐文宣帝对司马消难产生怀疑,派了亲信伏敬远带甲士二千人对北豫州进行严密监视。杨忠所派的三个人可能都落入了伏敬远之手。

突然,城东门的女墙上烽烟大起,伏敬远发现了北周的接应行动。达奚武决定弃城,便让司马消难带着财帛家眷先走,杨忠带三千骑断后。行至洛水南岸,杨忠命令士兵卸下马鞍,卧地休息。这时,北齐追兵已到达洛水北岸,与杨忠隔河相对。杨忠对士兵们说:"你们尽管踏踏实实吃饱饭。兵书上说'归军勿遏',又说'置之死地而后生'。敌军不会不知道这个道理。如今我们是归军,又处于死地,我料想他们必不敢渡河当我兵锋。"果然,北齐军装了装要渡河的样子,发现周军不但没怕,反而准备和他们拼命,便不敢再追了。

事后,达奚武不无感慨地说:"我一贯自认为是天下健儿,今天算是服了杨忠。"①

杨忠之智,往往奇思突发,量情制策,狡诈难测,令人防不胜防。

南朝梁武帝末年,发生了侯景之乱。梁武帝在动乱中死去,他的子孙们展开了互相倾轧和残杀。梁武帝的孙子萧詧为了对付其叔萧绎,便投靠了西魏。当时,杨忠正任西魏都督荆襄等十五州诸军事,镇守穰城(今河南邓县附近)。他看到萧詧虽然表面上依附西魏,

---

① 《周书》卷19《杨忠传》。

实际上仍怀有二心,便心生一计,想出一个制服萧詧的好办法。

一天,萧詧接到杨忠一个通知,说他的部队要开往汉水边上的樊城外进行演练。樊城正是萧詧的驻地,他登上城楼,看着杨忠的骑兵队伍浩浩荡荡,一队接着一队,足足过了一个时辰。数了数,足足有三万多人。萧詧心中暗想:西魏的力量果真强大,依靠这样的后台,不愁对付不了萧绎。想到这里,萧詧下定了投靠西魏的决心,由三心二意变得死心塌地了。其实,萧詧上了杨忠一个当。那天阅兵,杨忠实际上只有两千骑兵,他把两千骑分成若干队,一队走过之后再回来,换上旗帜后再从樊城下走过。两千骑兵在樊城下演了一个时辰的走马灯,从心理上把萧詧彻底征服①。

北周武帝保定四年(564),杨忠受命北出沃野,与突厥联合伐北齐。当时北周粮食奇缺,所需军粮一律自己筹备。正当诸将发愁到哪里去弄粮食时,杨忠对大家说:"我有一个主意。"便对大家吩咐了一番,众人各自按命行事。

这一天,杨忠设下一席盛宴,所请的客人都是山西、陕西一带的稽胡首领。忽然,从东南方开来一支队伍,军容甚盛,鼓声震天。为首的正是北周将领王杰。

"你不是随晋公东征了吗,怎么会到这里来?"杨忠惊奇地问。

"回禀总管大人,晋公已扫平洛阳。听说北面有胡人蠢蠢欲动,天子特调我前来助公讨伐。"

杨忠刚要解释,又有一名突厥使者驰马前来,禀报杨忠说:"听说有稽胡不服,我可汗天子已将十万人马集于长城之下,随时助公相讨。"

杨忠听了不禁大笑,他指着席间的众胡人首领对王杰和突厥使者说:"你们所听之事皆误矣。你看,我们正饮酒畅谈、欢聚一堂,哪有什么欲反之事?他们不但不反,还表示要帮助朝廷呢!"说完,又冲着众胡人首领问道:"对吧?"众首领早已被这种阵势惊呆了,见到杨忠为他们开脱,急忙称是。为了表示他们真心依附,还纷纷捐粮捐物给杨忠,解决了杨忠部队的粮食问题。

然而胡人首领哪里料到,王杰及突厥使者的一言一行都是杨忠巧妙安排的②。

识,即对事物的洞察力。杨忠的识,表现在军事和政治两方面。杨忠的阅历及文化素养,使他对事物分析透彻,认识准确,常常具有正确的预见性。关于政治方面的见识,在下节将详述,这里只讲一个军事方面的例子。

南朝萧梁时,竟陵郡守孙皓投降西魏。后来,梁司州刺史柳仲礼率军征讨,孙皓又杀西魏守将回归萧梁。柳仲礼便任王叔孙为竟陵太守,马岫为安陆太守,自己率兵攻打襄

---

① 《周书》卷19《杨忠传》。
② 《周书》卷19《杨忠传》。

阳。西魏宇文泰闻此大怒,派杨忠率众南伐。杨忠一路攻城陷郡,一直打到安陆城下,将马岫围困在城中。柳仲礼怕安陆失守,急忙回兵增援。众将都劝杨忠赶快下令及早将安陆攻下,否则柳仲礼援军一到,将面临腹背受敌的处境。杨忠却另有看法,他对众人说:"现在安陆城池坚固,不可能很快攻下来。如果一味攻打,势必拖延时日,增加我军伤亡。若在我军消耗很大时柳仲礼到来,那才真正危险。不如先围住安陆,直接打柳仲礼援军。我料想南军多习水战,野战非其所长。况且柳仲礼是回援之师,必定疲怠;我军欲脱困境,必定激奋,以激奋之军击疲怠之师,必胜。安陆诸城也会不攻自破。"于是,杨忠选出两千精骑,连夜迎击,大败萧梁援军,生擒柳仲礼①。

安陆守军见解围无望,举城投降。

竟陵守军也杀掉孙皓,归降西魏。

一切皆如杨忠所料。

杨忠出生在代北,代北草原给了他强健的体魄、武勇的个性。

杨忠游历过中原、江南,汉族文化的熏染改铸了他的品质。

我们无法从杨忠的各种品质中清楚区分哪些属汉,哪些是胡,因为这是一种胡风汉韵的有机结合。

杨坚将因杨忠的这种阅历、这种结合而受益无穷。

---

① 《周书》卷19《杨忠传》。

第三节　父翼卵护

西魏大统七年(541)六月十三日深夜,冯翊(今陕西高陵)般若寺里传出杨坚出世后的第一声啼哭。

然而,作为婴儿的父亲,杨忠并未守护在妻儿身旁。为此,杨忠感到遗憾。

每个人都爱自己的孩子,但爱又有各种不同的方式。杨忠爱子,没有那种难舍难割的缱绻缠绵,他要为儿子今后的成长开出一片充满阳光和养料的沃土。为此,他甘愿忍受筚路蓝缕的艰辛,甘愿承担别妻离子的痛苦。在杨坚几十年成长的过程中,杨忠给他所创造的条件,所留下的财富,足以抹平当初的诸多遗憾。

大约在杨坚十二三岁时,杨忠把他送进了太学。

早在西魏初创时,汉族士人苏绰就向当时的实际掌权者宇文泰提出六点建议,其中有用仁义、孝悌、忠信、礼让、廉平、俭约教育百姓和臣民的内容。这些建议受到宇文泰的高度重视,不久,就办起了中央级的学府——太学。不但如此,宇文泰还亲自把一些才学之士送入太学。太学以儒家经典为主要教学内容,执教先生都是当世名儒。杨坚在这样的环境里,既系统地接受了先进的汉族文化的教育,又结识了一批权贵子弟。杨坚能有这样的机会,有进入国学的资格,不能不归功于其父杨忠,因为此时杨忠已经立大功于西魏,有着显赫的身份和地位。

556年,杨坚十五岁,被朝廷授予散骑常侍、车骑大将军、仪同三司等职,封爵为成纪县公。

557年,杨坚十六岁,官迁为骠骑大将军,加开府。当年,又被授职为右小宫伯,进封大兴郡公。

561年,杨坚二十岁,官迁左小宫伯,出为隋州刺史,进位大将军。

568年,杨忠死,杨坚承袭了父亲的爵位,为隋国公。

可以说,在杨忠辞世以前,杨坚职位的获得与升迁,都是靠杨忠功劳与威望的荫庇。

接受良好教育的机会、可以平步直上的顺畅仕途阶梯,这些是杨忠为杨坚留下的第一笔产业。

杨忠戎马一生,为西魏、北周立下汗马功劳。在其军事、政治生涯中,结交了不少军政要人,形成一张盘根错节、颇具势力的人事关系网。这张网也给杨坚的政治生活以有力的支持。

独孤信与杨忠的关系是这张网的中心。

独孤信的家族自其祖父独孤俟尼起就居住在武川镇,所以,独孤信与杨忠可算同乡。

二人自幼相识,是很要好的朋友。北魏末年六镇起义爆发将二人分开。杨忠只身客游山东,独孤信跟着杨忠之父杨祯一行到达河北中山。后来,河北也爆发了起义,独孤信被葛荣所领导的义军抓获。契胡首领尔朱荣击破葛荣,见独孤信仪表不凡,便让他充任别将。南朝梁派陈庆之护送元颢回北方,尔朱荣还派独孤信为前锋,在黄河北与元颢军作战。历史曾一度将这一对好友分别抛入两个互相对峙厮杀的政治集团。元颢兵败,杨忠被尔朱氏收留,从此,与独孤信一起南征北战。

北魏建明初年(530),杨忠随从独孤信南征,攻破萧梁下溠戍,平定南阳。

魏孝武帝逃出东魏,西入长安,杨忠、独孤信一起随从武帝入关。

西魏初,杨忠随从独孤信平潼关,破东魏,回洛城。又和独孤信一起打败东魏荆州刺史辛纂,占据穰城。半年之后,又被东魏所逼,一起逃入南朝萧梁。

西魏大统三年(537),在独孤信执意要求下,南朝梁武帝放独孤信回国,杨忠随从同返。独孤信、杨忠二人刚回到西魏,正值东魏高欢大举西伐。大将窦泰直至潼关,高昂进围洛州。二人随从宇文泰迎敌,奇袭潼关,逼得窦泰自杀,高昂退兵。

同年八月,独孤信、杨忠二人又随宇文泰出潼关,攻下东魏弘农,将弘农粮谷食尽后返回关中,并在沙苑(今陕西大荔南)将前来讨伐的东魏军打得大败。

西魏大统四年(538),杨忠又和独孤信一起参加了与东魏的河桥之战。在独孤信军失利之时,杨忠力退群敌,死守河桥,掩护独孤信军后撤。

西魏大统九年(543),杨忠、独孤信随宇文泰接应东魏降将高慎,并在邙山与追赶前来的东魏军大战。

同乡、好友以及多年沙场上共同出生入死的经历,使独孤信与杨忠的关系非同一般。553年,独孤信的妻子产下一个千金,当下由独孤信与杨忠作主,以此女给杨忠作儿媳。这时,杨坚已经十二岁了。按照当时的习惯及政府的规定,男十五岁、女十三岁为合适的嫁娶年龄①。杨坚与独孤氏相差十二岁,这就意味着尽管杨坚到了结婚年龄,也不能马上娶妻。杨氏父子对自己的承诺是负责任的,尽管在此期间,独孤信因赵贵之案被逼自杀,尽管独孤家族受到政敌的歧视和迫害,杨忠始终恪守前约,终于在独孤氏十四岁那年完成了她和自己儿子的婚事。这时,杨坚已经二十六岁了。

独孤、杨两家联姻,是两个家族长期交往情好日笃的结果,也是两家关系更进一层的标志。这种姻亲为杨坚日后的发展带来巨大的好处,产生深远的影响。

首先,独孤信与北周皇室的关系非同寻常。独孤信与宇文泰共同生长于代北武川,自

---

① 《周书·文帝纪》载,西魏大统十二年(546)诏:"女子不满十三以上,勿得以嫁。"同书《武帝纪》又载:建德三年(547)诏:"自今以后。男年十五,女年十三以上,爰及鳏寡,所在军民,以时嫁娶,务从节俭,勿为财币稽留。"周武帝之诏,可视为对西魏以来婚姻年龄的总结。

幼友善。周明帝宇文毓,是宇文泰的长子,早在他登位之前任宁都郡公时,独孤信的大女儿就嫁给了他。宇文毓当了皇帝,独孤氏自然也成了皇后。杨坚娶了独孤皇后的妹妹,自然也和周明帝成了连襟。

第二,独孤信在北周乃至北朝都是有影响的人物①。547 年,东魏大将侯景叛逃到南朝萧梁。东魏文士魏收撰写了讨侯景檄文送到梁武帝那里。檄文中说:我东魏西境安定,独孤信雄据陇右,不从宇文泰,所以宇文泰无力东顾。我们讨伐侯景正是时机。其实,魏收独孤信不从宇文氏的说法纯属捏造,目的是以此威胁萧梁。还有一件事也说明独孤信在当时的影响。独孤信在秦州时,有一次外出打猎,由于沉湎于田猎之乐,竟忘了时辰,眼看快到关城门的时间了,他才想起应该回去了,他急忙策马加鞭,在茫茫暮色中驰进城来,一路颠簸把他头上的帽子都弄歪了。不料第二天早晨,城里戴帽子的男人都以独孤信歪戴冠帽为美,纷纷效法他②。独孤信的这种影响,使他身边聚集了一些很有势力的人。

陇西李氏,是关中的大族。李贤在北魏末就与其兄弟一起配合宇文泰诛除政敌。西魏大统十二年(546),凉州刺史宇文仲和据州反叛,李贤随从独孤信将其讨平。李贤的弟弟李远,西魏初随从独孤信东征,被东魏军围困于洛阳。河桥之战中,李远与独孤信共同为右路军,与东魏军战于黄河边③。

京兆韦氏也是关中大族之一。韦孝宽在北魏末任析阳郡守,当时独孤信任新野郡守,二郡都隶属于荆州。史载二人情好款密,政术俱美,荆部吏人,号为“联璧”。西魏初,韦孝宽与独孤信一起攻克潼关,打败窦泰,入守洛阳,血战河桥④。

京兆杜陵人王子直,其家也世代为郡中大姓。大统十二年,独孤信征凉州宇文仲和,王子直也随军前往⑤。

代北人贺若敦,西魏大统四年随独孤信入洛阳。东魏大将侯景包围洛阳,与西魏军激战。贺若敦手持硬弓,箭不虚发。独孤信非常看重他的高超武艺,把他举荐给宇文泰。宇文泰授贺若敦都督之职,封爵安陵县伯。贺若敦自然感谢独孤信的知遇举荐之恩⑥。

上述李贤家族、韦孝宽、王子直、贺若敦等人,都与独孤信关系密切。由于与独孤信的关系,他们也成了杨氏家族的好友。大统五年(539),李贤的弟弟李远曾和杨忠一起征伐黑水稽胡。北周武帝保定三年(563),李贤的弟弟李穆随从杨忠东伐北齐。李穆及其子李

---

①　《周书·独孤信传》载:“信风度弘雅,有奇谋大略。太祖初启霸业,唯有关中之地,以陇右形胜,故委信镇之。既为百姓所怀,声振邻国。”

②　《周书》卷 16《独孤信传》。

③　《周书》卷 25《李贤传》。

④　《周书》卷 31《韦孝宽传》。

⑤　《周书》卷 39《王子直传》。

⑥　《周书》卷 28《贺若敦传》。

雅、李浑、侄李询等都在周末隋初帮助杨坚代周。韦孝宽在周末为杨坚平定尉迟迥立下大功。贺若敦的儿子贺若弼曾帮助杨坚灭掉南朝陈。

除了通过独孤信的关系之外，杨忠在西魏、北周时也结交了不少人。

天水人权景宣，晓兵权，有智略。杨忠讨伐南朝梁将柳仲礼，攻占安陆、随郡，权景宣也参与其间①。

金城人王杰，本名文达，西魏初曾随宇文泰复潼关，破沙苑，争河桥，战邙山，以勇壮闻名，被赐名杰。保定三年，随从杨忠出漠北伐齐，并协同杨忠设计从稽胡部落中取得军粮②。

京兆蓝田人王悦，也是关中强族。在大统四年西魏与东魏的河桥之战中，他竟能动员招募乡里一千多人参战，并出钱买牛酒犒军，可见其在乡里影响之大。杨忠征讨萧梁柳仲礼，王悦也在杨忠部下。一路上，王悦所率部伍，按照所行路程，有限额地使用军粮。大部队到达竟陵郡时，军中出现粮荒。王悦拿出节省出来的军粮分给众人，稳住了军心，保证了南征的胜利③。

河东闻喜人裴果，世为关中大姓，也曾随从杨忠南征萧梁随郡、安陆④。

广宁人杨纂，在北周保定三年(563)曾随杨忠讨伐北齐⑤。

高平人田弘，与贺若敦关系很好，并多次随从杨忠东伐北齐，可见与杨忠关系也不一般⑥。

上洛人泉仲遵，其家世雄商洛，是当地的强族。杨忠南征柳仲礼时，泉仲遵也率乡兵随同前往。在攻打随郡时，萧梁郡守桓和据城力守。杨忠对众将说："我们这次前来，主要目标是柳仲礼，不是随郡。如果死攻随郡，恐怕拖延时日，疲我将士。不如先去攻打柳仲礼，桓和可不攻自服。诸君以为如何？"泉仲遵说："随郡重地，不可轻视。如果我们放弃攻城，即使降服柳仲礼，桓和降与不降尚未可知。万一不能征服柳仲礼，桓和又成为他的外援，我们就会首尾受敌，陷入险境。只有攻下随郡，我们深入敌境才不会有后顾之忧。"杨忠听从了泉仲遵的意见，攻下随郡，保证了南征的全胜⑦。

代北人厍狄昌，在大统年间，曾跟随杨忠征讨蛮人田社清，并立下大功⑧。

---

① 《周书》卷28《权景宣传》。
② 《周书》卷29《王杰传》。
③ 《周书》卷33《王悦传》。
④ 《周书》卷36《裴果传》。
⑤ 《周书》卷36《杨纂传》。
⑥ 《周书》卷27《田弘传》。
⑦ 《周书》卷36《泉企传附泉仲遵传》。
⑧ 《周书》卷27《厍狄昌传》。

权景宣、王杰、王悦、裴果、杨纂、田弘、泉仲遵、库狄昌、尔朱敏、元寿、慕容延、李穆等人，都是经常随从杨忠征战的将领。西魏、北周的军事组织是府兵制，大统十六年(550)以前，西魏有八个柱国大将军，他们是：宇文泰、元欣、李弼、独孤信、赵贵、于谨、侯莫陈崇、李虎。柱国大将军下面，又有十二个大将军，他们是：元赞、元育、元廓、宇文导、侯莫陈顺、达奚武、李远、豆卢宁、宇文贵、贺兰祥、杨忠、王雄。按照府兵制规定，宇文泰位总百揆，督中外军。元欣徒有虚名，不掌实权。其余六个柱国大将军，每人各督两个大将军；每个大将军下面又各统开府两人，每一开府领一军兵。各大将军归哪个柱国大将军统管不是固定不变的，但我们从史书所记载的每个人的活动中可以看出，杨忠、李远与独孤信的关系比较稳固。这种军事组织有助于建立一种将帅与下属的亲密关系，因此我们有理由相信，杨忠与经常随其出征的将领之间存在一种具有私人情感、可以互相信任与依赖的关系。这些人由于和杨忠的关系，对杨坚也待若子侄，加以庇护。他们的下一代在杨坚代周的过程中，一般持支持态度。例如，田弘的儿子田恭，在北周末杨坚辅政时任柱国、小司马。王杰的儿子王孝仙，在杨坚辅政时位至开府仪同大将军。裴果的儿子裴孝仁，在杨坚辅政时任亳州刺史。这些人在相州、郧州、益州三方兴兵发难时，站在杨坚一边，各司其职，各守一方，支持了杨坚辅政之举。

杨忠不仅为杨坚将来的发展创造了许多有利条件，而且以他自己多年阅历所积累的经验告诉杨坚，怎样对付政治斗争的风风雨雨，怎样绕过官场倾轧中的漩涡险滩。这是杨忠为杨坚留下的一笔极为贵重的遗产。

西魏恭帝三年(556)，宇文泰病死云阳行宫。各种政治力量趁机进行自己地位的调整，从而使西魏、北周的政治生活出现一个巨大的漩涡。这个漩涡在旋转中产生的巨大向心惯力，几乎将杨忠父子拖了进去。

事情得从宇文护说起。

宇文护是宇文泰的侄子，史书上说他自幼方正有志度，在所有兄弟中最受父母宠爱。宇文泰在关中创业时，他也多次随从征战，杀窦泰、复弘农、破沙苑、战河桥，多次立功。宇文泰也很喜爱他，嘴边常常挂着两句话，一句是："此儿志度类我。"另一句是："我得胡力。"①第一句话是夸赞宇文护志量气度的，众人觉得不难理解。第二句话，众人琢磨许久才明白，原来宇文泰利用"胡"与"护"的谐音，表示对宇文护所寄予的重望。宇文泰临死前，拉着宇文护的手说："我如今已经病成这个样子，料定不能好了。现在我所放心不下的，一是诸子幼小，难堪大任；二是敌寇未灭，外患未宁。我只有把大事托付给你了，希望你努力辅佐我子完成我的志愿。"

---

① 《周书》卷11《宇文护传》。

宇文护虽受宇文泰的遗托，仍觉得以自己的功勋、经历，难以使众人心悦诚服。特别是宇文泰手下的六大柱国、十二大将军，论资历，他们许多人都随宇文泰关中起兵；论功劳，绝大部分不在宇文护以下，他们对自己执政能心里平静吗？

他决定假别人之威，立自己之位。

在所有柱国大将军中，威名最高的，莫过于大司寇于谨了。早在东西魏分裂以前，于谨就建议宇文泰占据关中，以图霸业，深得宇文泰赞许。宇文泰关中起兵后，于谨又率兵随从宇文泰参加了对东魏、稽胡、南朝的几乎所有战役。特别是在554年，于谨率大军一举攻陷萧梁国都江陵（今湖北江陵），擒杀梁元帝萧绎。宇文泰为表彰于谨之功，特命乐工作《常山公平梁歌》十首，让人演唱。后来，于谨自以久当权势，位望隆重，想功成身退，长保悠闲，便将自己常常骑坐的骏马及所穿的铠甲一起归还，以示退身之意。宇文泰不准，对他说："当前大敌未灭，公岂能独善其身！"于谨不但功高望重，而且与宇文护关系也不错。况且他识大体，重大局，值此众论纷纭之际，他一定会不惜以威名假人，以求政局的稳定。

宇文护忧心忡忡地向于谨表达了自己的想法。于谨却也十分爽快，他对宇文护说："我一向蒙丞相（指宇文泰）看重，与之建立了骨肉之情。为实现丞相遗愿，我一定以死力争。明天如果当着众人决定您辅政这件事，也请您一定不能假意辞让。"

第二天，群臣会于朝中，商议宇文泰身后之事。于谨站出来，声色俱厉地说："想当初魏室有倾倒之危，人人皆怀问鼎之意，多亏丞相心怀匡扶之志，仗义起兵，才使国家得以中兴，众生得以免祸。如今上天降难，让丞相弃我们而去，他的儿子虽年幼，然而中山公（指宇文护）就像丞相的亲生儿子一样。况且，丞相又亲自将身后之事托付给他，所以军国大事，理当由他作主。"

众人没有想到，德高望重的于谨会有这样一番表态，场内一片死寂。

宇文护既不谦逊，也不推让，他接过于谨的话，说："辅佐丞相幼子，也是我宇文家内之事。我虽然平庸愚昧，也不敢因此推辞。"

于谨听完宇文护的话，恭恭敬敬趋步向前，说："公若能接受遗托，统理军国之事，于谨等人便有所依靠了。"说完，伏身便拜。

若在平时，依于谨的身份和威名，宇文护只有对他毕恭毕敬的份，岂有受他礼拜之理。众人见于谨如此，纵使心中对宇文护有千个不服，也只能逢场作戏了[①]。

于谨这一拜，确定了宇文护的地位。

跟随于谨拜倒的，是在场的各怀心志的所有公卿大臣。

---

① 《周书》卷15《于谨传》。

宇文护执政后所做的第一件事,就是逼迫西魏恭帝退位,以禅让的名义,把宇文泰十四岁的儿子宇文觉扶上帝位,建立北周。这使他和独孤信的矛盾急剧尖锐起来。

宇文觉是宇文泰的第三子,是元皇后所生。宇文泰长子名叫宇文毓,是偏妃姚氏所生,独孤信的女儿就嫁给了宇文毓。宇文泰十分喜欢嫡子宇文觉,想让他作为自己的继承人,但他担心因此得罪了独孤信。一天,宇文泰对群臣说:"我想立宇文觉为嗣子,但恐怕大司马(即独孤信)起疑心。"宇文泰说这番话时,独孤信等人也在场,显然,他是在考察独孤信的态度及反应。如果独孤信稍有异常反映,不知将会出现何等严重的后果。宇文泰这番话,也使群臣陷入左右为难的尴尬境地。他们附和宇文泰吧,就会得罪独孤信;说独孤信不疑吧,显然是睁着眼睛瞎说。正在这个时候,尚书左仆射李远站出来,厉声说道:"立子以嫡不以长,这是古来的规矩。根据这个规距,略阳公(指宇文觉)就该为世子,这有什么可疑的? 如果因为独孤信而使您下不了决心,请让我立即将独孤信斩首。"说完,拔出刀来,作出跃跃欲试的样子。宇文泰赶忙站起,制止住李远。出来之后,李远向独孤信说:"遇到今天这样的大事,我不得不这样做。"独孤信也表示理解,说:"今天的事多亏了你。"李远是独孤信的亲信,他当然不会真的去杀独孤信,这不过是缓解宇文泰与独孤信之间的冲突所采取的应急手段。通过这件事,可以看出独孤信与宇文泰之间所潜在的矛盾。

宇文护将宇文觉扶上帝位,使得独孤信与宇文氏的矛盾进一步表面化。本来,在独孤信眼里,自己该和宇文泰平起平坐,从未把宇文护放在眼里。现在,宇文护成了辅政大臣,摄居政位,独孤信怎能心服? 况且,宇文护竟敢无视独孤信的意愿,拥戴宇文觉为帝,更使独孤信难以忍受。

与独孤信怀有同样心态的,还有另一个柱国大将军赵贵。

赵贵的家世,也与武川镇有关。赵贵祖上虽为天水南安人,但从其祖赵仁起便世居武川。北魏末,赵贵同独孤信一起来到中山,一起被葛荣领导的河北义军抓获,一起为尔朱氏的部下,一起讨伐元颢的北上军队。在西魏初,为宇文泰占据关中身经百战,成为八个柱国大将军之一。赵贵和独孤信既是同乡,又具有共同的经历,属于同一个政治集团。赵贵对宇文护的执政也非常不满,便与独孤信密谋将宇文护杀掉。不料事情败露,宇文护先下手为强,将赵贵抓住处死,又逼令独孤信在家自杀[1]。

杨忠父子同独孤信的密切关系,注定了他们处在这种政治斗争漩涡边缘的位置。如果他们不想被卷到漩涡的中心,就必须克服因独孤信之死引起的对宇文护的不满情绪。独孤信是一派政治力量的核心人物,他的死必然引起其党羽的同情。以杨忠父子和独孤家的亲密关系,对于独孤信的死他们不会无动于衷。但是,任何一点不满情绪的流露,都

---

[1] 《周书》卷16赵贵传。

会招来杀身之祸。这一点教训,是他们从李远父子之死中得出的。李远是独孤信的好友,独孤信死后,李远的儿子李植与宫人一起劝说孝闵帝宇文觉诛除宇文护。宇文护知道李植等人的密谋后,先把李植调出朝廷,出任梁州刺史。接着,又把孝闵帝废掉,然后又召李远和李植入朝。李远接到宣召,犹豫了老半天,最后说:"大丈夫宁为忠鬼,不作叛臣!"便带着儿子入朝。宇文护对李远说:"你的儿子心怀不轨,他要杀的不仅仅是我本身,而是要推翻宗庙社稷。对叛臣贼子,你应当和我一样痛恨。你把儿子带回家,自行处理吧!"李远并不认为儿子有罪,更不认为他是叛臣贼子,所以没有杀他。宇文护知道后,又把他们父子召入朝中,令孝闵帝与李植当面对质,然后杀掉李植,又逼李远自杀。李植的确打算诛除宇文护,他这样做的动机,宇文护说是欲倾覆社稷,这实在是特大的冤枉。史书上说李植恐怕宇文护执权,自己不被任用,这也是表层原因。其实最深层的原因,恐怕是对宇文护杀死独孤信不满。这种不满情绪杨忠父子也有,其强烈程度不见得低于李远父子。事隔二十多年,当杨坚初登皇帝宝座时,特下一道诏书:

> 襃德累行,往代通规;追远慎终,前王盛典。故使持节、柱国、河内郡开国公信,风宇高旷,独秀生人,睿哲居宗,清猷映世。宏谟长策,道著于弼谐;纬义经仁,事深于拯济。方当宣风廊庙,亮采台阶,而世属艰危,功高弗赏。眷言令范,事切于心。今景运初开,椒闱肃建。载怀涂山之义,无忘襃纪之典。可赠太师、上柱国、冀定相沧瀛赵恒洛贝十州诸军事、冀州刺史,封赵国公,邑一万户。谥曰景。[1]

诏书歌颂了独孤信风节、智慧、功绩、贡献,表达了对独孤信功高而未被赏的遗憾与不平。其中"眷言令范,事切于心"八个字更是充满了感情色彩。这足以说明当时杨忠父子的不满心情。但在当时,杨忠父子并没有使这种不满溢于言表,他们表面的平静甚至给宇文护造成一种错觉,似乎他们不是独孤信一党,即使是,也能把他们分化出来。

宇文护对待独孤信集团,采取了杀戮与拉拢相结合的策略。对于那些与他作对不可能拢络的人,坚决镇压。对那些他认为可以拉到自己身边的人,则极力拉拢。他曾试图通过一个叫薛善的人拉拢杨忠父子。

河东薛氏在南北朝也是个望族。薛善是河东汾阴人,东西魏分裂之初,在东魏任泰州别驾。西魏军围攻泰州时,薛善斩关夺门,引西魏军入城,因献城之功,被任为汾阴县令。以后不断升迁,一直到民部中大夫。在宇文护执政时,有一个叫齐轨的人对宇文护专权不满,对薛善说:"如今天子已立,军国大政应归还天子,怎么能还在权臣手里呢?"不料薛善

---

① 《周书》卷16《独孤信传》。

将齐轨的话告诉了宇文护。结果，齐轨被杀，薛善被宇文护视为忠臣，迁为司会中大夫，副总六府事。不久，又加授京兆尹①。

就在薛善任京兆尹后不久，一天他突然找到杨坚，说要提举他为功曹。京兆是当时的一个行政区名，相当于一个郡，治所就在当时的国都长安（今陕西西安西北）。京兆尹就是郡太守。功曹是郡守的高级僚属，权力极重，常常代郡守处理郡中大事。因此，郡功曹往往由当地大族著姓担任。很明显，提举杨坚为郡功曹不是薛善的主意，而是他后面的宇文护。杨坚不知如何答复，便让杨忠为他拿主意。杨忠沉吟了许久，最后说："征辟郡功曹，是郡守的权力，也是国家制度。如果我们推辞，一会让宇文护感到我们有怨恨情绪，二会授予宇文护对我们加害的借口。还是先答应下来，看看事态将如何发展。"

果然不出杨忠所料，事情并没有到此结束。杨坚出任功曹以后，宇文护便接二连三地对杨坚进行笼络。有一次，宇文护要请杨坚到他家作客。杨忠听到这个消息后，对杨坚说："如果去，就会被别人认为是宇文护的心腹。一个媳妇如果有两个婆婆，那日子是非常难过的。所以不能前去。"②

杨忠以他丰富的政治经验，稳妥地处理了杨坚与宇文护的关系。他让杨坚接受宇文护亲党的拔举，表示不愿和宇文护公开闹翻；他不让杨坚应宇文护之约，又和他保持了一定距离。杨忠不但在一些重大问题上向其子言传妥善处理的办法，而且以卓有成效的实际对杨坚进行身教。

北周武帝保定四年（564），宇文护率军东伐北齐，命令杨忠北出沃野镇，会合北方突厥兵马，配合伐齐。这次东伐，是和突厥事先约好的，但在出师之前，沦落在北齐的宇文护的母亲被北齐朝廷送回，这使宇文护左右为难。出兵吧，北齐有还母之恩，讨之显然不义；不出兵吧，将失信于北方突厥，弄不好会酿成北方边患。宇文护这次出兵正是在这种矛盾心态中决定的，注定了这次东伐必然无所收获。杨忠对这次征伐的背景是十分清楚的，对这次征伐劳而无功的后果也准确地预见到了。但他不能提出反对意见。因为此时由于他对宇文护不远不近的态度引起了宇文护的明显不满。史书上记载，当时北周武帝想以杨忠为太傅，宇文护因为杨忠不依附自己，极力反对，北周武帝没办法，只好作罢。在这种情况下，若反对宇文护出兵，必招致他更强的猜忌。杨忠没有任何反对的表示，奉命北上了。但他行至山西一带，借口筹集军粮，长期滞留在胡人聚集地，直到宇文护无功而还，杨忠也就此回军。

从杨坚诞生之日算起，跟随父亲杨忠生活了二十七年。这二十七年，杨忠所立的功

---

① 《周书》卷35《薛善传》。
② 《资治通鉴》卷170《陈纪四·临海王光大二年》。

劳,所居的地位,所结交的朋友,所积累的政治经验,像巨大坚实的翅膀,翼护着年轻的杨坚。杨坚在一天天成长,一天天成熟。

第二章
秀林之木

第一节　臣忌主猜

　　杨坚步入仕途,正值西魏向北周禅变,从此,杨坚的政治生涯,经历了整个北周政治生活的风风雨雨和猜忌倾轧。

　　北周闵帝宇文觉、明帝宇文毓及武帝宇文邕初期的十几年,朝中的实际掌权者是宇文护。宇文护在西魏末期,逼魏恭帝将帝位"禅让"给北周闵帝,不久又将闵帝废掉,另立明帝宇文毓。宇文护立宇文毓有两个原因:第一,宇文毓是宇文泰的长子。封建社会立嗣子有两条原则,立嫡不立长,立长不立幼。宇文觉虽为嫡,但已被废掉,若再舍长立幼,显然名不正而言不顺。况且,宇文毓虽是独孤信的女婿,但独孤信此时已除,其集团的势力已受到很大打击。此时立宇文毓,不会对宇文护有太大的威胁。第二,立宇文毓为帝,可以缓解独孤信集团的不满,有利于对其分而化之。但宇文毓登帝位时,毕竟是二十四岁的成人了,完全不需要别人越俎代庖。所以宇文毓登位的第三年,宇文护不得不将除军权之外的其他权力归还,让宇文毓亲揽朝政。宇文护的执政地位开始动摇。就在宇文毓登位的第四年,宇文护又将他毒死,另立十八岁的武帝宇文邕,从而继续占据执政之位①。《周书·晋荡公护列传》这样记述宇文护当时的地位:

　　　　自太祖(指宇文泰)为丞相,立左右十二军,总属相府。太祖崩后,皆受护处分,凡所征发,非护书不行。护第屯兵禁卫,盛于官阙。事无巨细,皆先断后闻。

宇文护俨然是北周王朝的实际主宰。

　　宇文护不但专权,而且生性猜忌。他所猜忌的人大约分三种:

　　一种是功高资深者。侯莫陈崇是西魏初八大柱国将军之一,也是宇文泰经营关中的最初奠基者之一。西魏末,任少傅、尚书令、大司徒等职。北周建立,又进封为梁国公。周武帝保定三年(563),被宇文护逼迫自杀。于翼,北周燕国公于谨之子。宇文护毒死周明帝以后,与于翼一起迎周武帝即位。于翼相继任过军司马、司会中大夫等职,被封为常山郡公。保定三年(563),周武帝娶北方突厥首领之女阿史那氏为妻,于翼受命总管迎亲时的礼仪。突厥人与北周异域殊俗,然而全都服从于翼的礼法规定,没有人敢违犯。周武帝对于翼也越来越器重,提拔他为大将军,总管朝廷内外的宿卫兵,并让他为皇太子及诸亲王选置师傅。宇文护看到于翼渐渐地成了皇帝的心腹,不由疑心大起,妒火中烧。他将于

---

① 《周书》卷11《晋荡公护列传》。

翼转为小司徒,加拜柱国,表面看是将于翼的职位提高了,实际上是把他从皇帝的身边调开,是对他的排斥和疏远①。

第二种是持不同政见者。河东人柳庆,生性鲠直,不畏强暴。在他十几岁的时候,父亲柳僧习曾任颍川郡守。颍川郡在今河南许昌附近,是大族豪强聚集的地方。郡里要提拔乡官,豪强们纷纷仗势前来请托门路。柳僧习对几个儿子说:"对于那些靠权贵前来托门路的人,我一概不用。但他们的使人快回去复命了,我总该有个答复。请你们各自根据这个意思为我作一封答书。"当下柳庆便写下了如下几句话:

> 下官受委大邦,选吏之日,有能者进,不肖者退。此乃朝廷恒典。

柳僧习见书,不由赞道:"此儿有意气,丈夫理当如是。"西魏时,柳庆任尚书右丞。有一次,大丞相宇文泰要杀一个叫王茂的人,而这个人一点罪都没有。朝臣们都知道王茂冤枉,但无人敢谏,只有柳庆站出来,对宇文泰说:"王茂无罪,为什么要杀他?"宇文泰怒气冲冲地说:"王茂就是该死。你如果坚持说王茂无罪,就和他一样去死。"便命人将柳庆也抓起来。柳庆大声喊道:"我听说君若不通达叫作不明,臣若不敢劝谏叫作不忠,我这样做是为了尽我的忠诚。我所以冒死进谏,只是怕您成为不明之君,您要好好想一想啊!"像柳庆这样的人,自然看不惯宇文护的专权。所以宇文护执政时,想把柳庆引为心腹,被柳庆拒绝了。为此,宇文护深深忌恨他。柳庆有个哥哥叫柳桧,任魏兴郡(今陕西商县西南)太守。郡民黄宝率众造反,攻杀柳桧,抛尸河中。柳桧死后,留下三个儿子,都很小,柳庆便将他们抚养起来。后来,黄宝归顺了朝廷,受到周武帝的厚待。若干年以后,柳桧的儿子柳雄亮在长安城中遇到黄宝,用刀将他杀死。宇文护借这件事,把柳庆及其子侄全都抓起来,并因此将柳庆免职。其实,柳雄亮的行为,很为当时的道德观念所接受,深受当时舆论的称赞。宇文护维护国家纲宪的说法,不过是罢免柳庆的借口②。

第三种是对立政治派别中的成员。贺若敦是独孤信集团的成员,他和独孤信的关系在第一章第三节中已经说过。独孤信被宇文护害死之后,贺若敦更加小心从事,没让宇文护抓住任何把柄。又加上贺若敦能征善战,功勋卓著,宇文护始终对他奈何不得。周明帝武成元年(559),南朝陈将侯瑱、侯安都等率兵围逼湘州(治所在今湖南长沙),北周派贺若敦率步骑六千人渡江救援。贺若敦率孤军深入南朝,远离后方,仗打得十分艰苦。当周军打到湘州时,值霖雨不停,江水暴涨。陈军乘机派来援兵,截断江路。贺若敦军的粮援被

---

① 《周书》卷30《于翼传》。

② 《周书》卷22《柳庆传》。

切断，士兵们都十分恐慌。贺若敦一面派人四处抄掠，以充军资，一面和陈军展开了智斗。他让士兵们在营中堆几个大土堆，在土堆表面覆盖上一层米，远远望去，就像一座座粮山。士兵们都拿着口袋，排成长队，好像在领粮食。一切安排好以后，贺若敦又叫来附近的村民，假装向他们了解情况，故意让他们看到上述假象，然后放他们回去。很快，周军粮食充足的消息便传到陈将侯瑱等人的耳朵中，他们便据守险地，准备与周军打持久战，将周军拖垮。两军对峙的时候，常常有当地土著驾驶轻舟，载着米及肉镐劳陈军。贺若敦便派人扮成土著，在船中隐藏着士兵，驶向陈军，装作送粮的样子。陈军士兵看见船来，争着前来迎接。这时船中的甲士突然跃出，将敌人擒获。陈军吃了亏，以后真的土著船来，他们也不敢接受了。由于两军长时间对峙，贺若敦军中越来越苦，一些士兵开始叛降侯瑱，侯瑱是有降必纳，以促周军瓦解。贺若敦又想出一个计策，他找来一匹马，令人牵着上一条船，马刚到船边，又令船中士兵拿着鞭子将马抽退，一连反复几次，那匹马就不敢靠近船了。将马匹训练好以后，贺若敦便在江边安排好伏兵，又派人给侯瑱送信，声称欲降，侯瑱便派人前来接应。不料在牵马上船时，那马如同钉在地上一样，死活不肯上船。正当陈军拖马之际，岸边伏兵一起杀出，将前来接应的陈军一举全歼。以后，再有周军士兵真的投降，侯瑱也不敢接纳了。就这样，贺若敦与侯瑱对峙了一年多，双方已精疲力尽，都有休战之意。侯瑱终于提出给贺若敦船，让他渡江北归。贺若敦为防有诈，便提出一个条件："让我回去可以，但陈军必须后撤百里。"侯瑱便把船留在江中，带着士兵离开渡口一百里。贺若敦这才徐理舟楫，勒众而还。贺若敦在孤军深入、远离后方、粮道被断、后继无援的情况下，与陈军斗智斗勇，对峙了一年多，尽管有些伤亡，但仍安全返回，应该说他是有功劳的。但宇文护却说贺若敦此行失地无功，不但不奖赏，反而把他削职为民。后来，贺若敦虽又被起用为中州刺史，但与他同等资历者都已成为大将军了，一想到这些，贺若敦便充满愤恨，不免口出怨言，宇文护知道后，便将他征回朝中，令其自杀①。

北周武帝宇文邕精明强干，具有雄才大略，自然不能容忍宇文护长期专权。572年三月，宇文邕杀死宇文护，开始独立掌权。这时，在诛杀宇文护中立有大功的宇文直与曾受宇文护宠信的宇文宪之间，又发生了新的猜忌。

宇文直与宇文邕是一母所生的同胞兄弟，史书说他性浮诡，贪狠无赖。在宇文护执政期间，他一直和宇文护关系密切。567年，南朝陈湘州刺史华皎叛陈，陈帝派大将淳于量、吴明彻率八万大军征讨，华皎请求北周派军支援。北周司会崔猷劝宇文护说："前年我们与北齐军战于洛阳，伤亡惨重，至今元气未复。况且，我们一直与陈朝睦邻友好，如今怎能

---

① 《周书》卷28《贺若敦传》。

贪其土地,纳其叛臣,违背盟约,出无名之师呢?"①宇文护根本听不进去,并派宇文直总督田弘、权景宣、元定等人率兵援助华皎。宇文直率军与华皎会合,沿长江顺流而下,在沌口与陈军展开水战。当时水军作战,使用一种名为拍的武器,利用杠杆原理,将石块抛出,打击目标。陈军吴明彻先派小船出击,引诱西魏军将石块全部抛射完毕,然后让大船出击,将西魏军许多战舰撞得粉碎,沉入江底。宇文直又企图用火攻,将船载满干柴,顺风纵火,不料风向突然改变,西魏军这把火反而将自己烧得船毁人亡,元定被陈军所俘,宇文直等人大败而回②。宇文护因宇文直沌口大败,将其免官,从此,宇文直对宇文护忌恨在心,便与宇文邕谋划杀掉宇文护。572年三月,宇文护从外地回朝,宇文邕在文安殿接见他,然后,又领他入含仁殿朝拜皇太后。就在宇文护拜见之时,宇文邕在后面突然用手中的玉器猛击他的头部,当即把他打倒在地。宇文邕令宦官持刀将宇文护砍死,宦官又慌又怕,连砍几刀都被宇文护滚动躲过。这时,事先藏在屋内的宇文直突然冲出,挥刀将宇文护的头砍下③。

宇文直参与宇文邕诛杀宇文护是有自己的目的,他是想除掉宇文护以代替其位置。精明的宇文邕早已看出宇文直心怀鬼胎,便任用另一个兄弟宇文宪为大冢宰。宇文直又想当大司马,总握兵权,也被宇文邕婉言拒绝,从此,宇文直便对宇文宪忌恨起来。

宇文宪是宇文邕的另一个异母弟弟,宇文护执政时,一直很器重他,凡是欲对朝臣赏罚,都让他参与意见。后来,宇文护任宇文宪为大司马,治小冢宰,所有政治见解,都通过他向武帝宇文邕转达。宇文宪是个很有头脑的人,在转达意见过程中,他发现武帝宇文邕与宇义护政见常有不合。他知道宇文邕精明,也知道宇文护权重,便谁也不得罪,常常在其间做缓和化解工作。所以宇文护被诛,他的很多亲信都被诛连,宇文宪却安然无恙,反而接替了宇文护大冢宰的职务。但由于宇文邕亲揽朝政,此时的大冢宰已经今非昔比,徒有虚名,正像史书上所说,宇文邕对宇文宪威名过重,"终不能平,虽遥授冢宰,实夺其权也"。

但是,即使这有名无实的虚职,也引起宇文直的无比忌恨,他多次向武帝进谗言,企图置宇文宪于死地;又当着宇文宪的面风言风语,发泄心中的不满。宇文护被杀不久,宇文直以宇文宪是宇文护亲党为由,坚决主张杀掉他。武帝说:"齐公(指宇文宪)的心迹我是知道的,他是忠于我的,请你不要多疑。"后来,武帝的生母文宣皇后死,宇文直又对武帝说:"皇太后薨,宇文宪毫无悲伤之色,依旧像往常一样,饮酒食肉。"武帝当即驳斥说:"我与齐王是异母兄弟,又都不是先父的嫡子。他这样做,是突出我们同母兄弟的孝行,你应当理解他,怎么能指责他呢?你是太后的亲子,同受太后慈爱,管好你自己就行了,不要说

① 《周书》卷39《崔猷传》。
② 《资治通鉴》卷170《陈纪四·临海王光大元年》。
③ 《周书》卷11《晋荡公护列传》。

别人。"①后来，武帝要用宇文直的府第为东宫太子府，让他另选一处房屋。宇文直看遍许多房屋都不要，最后看到一处废置不用的寺院，说要住在这儿。宇文宪对他说："你的儿女都已长大，应该挑选大一点的院落。这个寺院狭小，怎么适合你居住呢？"宇文直当即气呼呼地说："我一个人都不能被朝廷所容，更何况儿女们呢？"宇文宪将此话告诉了周武帝，周武帝也更加疏远了宇文直。宇文直耐不住被疏远的失落，行为更加反常粗暴，在一次随从武帝射猎时，越位乱行，当众受到鞭挞②。这无疑更加深了宇文直的仇恨心理，终于乘周武帝不在京师之机举兵造反。而在平定宇文直叛乱中，又是宇文宪任前军。宇文直兵败被杀，他和宇文宪的恩怨也就此了结。

北周武帝晚年，太子宇文赟已经长大，在北周的政治地位也越来越突出。宇文赟是周武帝的长子，十三岁被立为皇太子。周武帝怕他将来不能担当大任，所以对他管教极严，要求他像其他臣僚一样每天朝见进止，无论是隆冬还是酷暑，都不能例外。宇文赟酷爱喝酒，周武帝担心他将来嗜酒成习，下令滴酒不许进入东宫(即太子住地)。每当宇文赟犯错误，周武帝都毫不客气地对他鞭笞惩罚。不但如此，周武帝还要求太子的属官将宇文赟的言行举止详加记录，每月向他汇报一次。他还常常告诫宇文赟："自古以来，有多少太子都被废掉，你别以为除了你别人就不能立为太子。"③这种过于严格的管教，结果适得其反，使宇文赟形成一种不愿意受约束、一意孤行的逆反心理。宇文赟长大后，一方面昵近小人，尽情纵欲，另一面制造假象，蒙蔽其父。太子的所作所为，引起了朝中大臣的不安，他们纷纷劝周武帝对太子加强教育。有一次，武帝问一个叫乐运的人："你到我这来以前，见过太子吗？"

乐运说："我来前曾到太子处辞行。"

"那你说说太子属于什么样的人呢？"武帝又问。

"中人。"乐运坦率地回答。

乐运的回答使周武帝感到很新鲜，因为他听到许多对太子的评价，都是说他如何聪明睿智，中人的评价是第一次听到。

"你所说的中人具体说是什么样？"

"陛下熟读史书，应该知道班固对齐桓公的评价。班固认为齐桓公是个中人，有管仲那样的贤人辅佐，他就能成就霸业；如果是竖貂那样的奸人辅佐他④，就会把齐国搞乱。所

① 《周书》卷12《齐炀王宪列传》。
② 《周书》卷13《文闵明武宣诸子列传·卫剌王直传》。
③ 《周书》卷7《宣帝纪》。
④ 竖貂，又作竖刁。《史记·齐太公世家》载："管仲病，桓公问曰：'群臣谁可相者？'管仲曰：'知臣莫如君。'公曰：'易牙如何？'对曰：'杀子以适君，非人情，不可。'公曰：'开方如何？'对曰：'倍亲以适君，非人情，难近。'公曰：'竖刁如何？'对曰：'自宫以适君，非人情，难亲。'管仲死，而桓公不用管仲言，卒近用三子，三子专权。"

谓'中人'就是指可与为善,亦可与为恶的人啊!"①周武帝是个极聪明的人,他立刻明白了乐运这番话的用意,不由得又想起另一个他所信任的人宇文孝伯前些日子对他说的一番话:

> 皇太子是国家未来的依靠,可至今没有什么德政可称述。我身为宫官,确有责任。如今皇太子还很年轻,志业未成,请您赶快选择德正才高的人任太子师友,辅佐教导他,太子的将来还可指望。否则,将悔之晚矣!②

俗话说,知子莫若父。宇文邕对皇太子的将来并不感到十分放心。可是其他儿子不是更加平庸,就是年幼无知,舍此太子,还能立谁呢?他一面加紧对太子的管教,一面选择宫官对太子加强影响,企图使太子改变品质。

江山易改,本性难移。周武帝所做的努力,反而更加强了宇文赟的逆反心理,他恨那些在父皇面前多嘴多舌的人,恨那些父皇派来的企图匡弼他的宫官。面对皇太子的疯狂忌恨,只有少数人像乐运、宇文孝伯那样冒颜直谏,大多数人都缄口不言。贺若弼就是一个典型的例子。

贺若弼是贺若敦的儿子,周武帝时任小内史。他和父亲一样英勇善战,但比他父亲办事谨慎。当时北周的上大将军、郯国公王轨对皇太子宇文赟将来能否担当国家大任也忧心忡忡,他曾和贺若弼谈论过自己的想法,当时贺若弼也深有同感,并劝王轨和武帝谈谈。王轨在陪武帝闲坐时,便说:"皇太子自从被立以来,不但听不到他有什么仁孝之行,反而听到很多败德之事,这样的人恐怕会败坏陛下的大业。我见识短浅,若这只是我一个人的看法固然不值一听。陛下不是总说贺若弼有文武奇才、识度宏远吗?他也有和我一样的看法。"武帝便把贺若弼召来,问他太子有何失德之事,并让他谈谈对太子的看法。刹那间,贺若弼脑海里闪现出其父临死前令他终生难忘的一幕:

那是一个凄风苦雨之夜,在中州任刺史的贺若敦突然被朝廷召回候旨。约过半个时辰,宫中宦官奉旨而至,对贺若敦宣道:"中州刺史贺若敦,自沌口之败以来,不思前非,反对执政生怏怏怨心,近日频口出怨言,诽谤朝政,罪在不赦。念其往日有功于朝廷,特免收监行刑,准其于家自裁。罪止一身,余皆不问。"宦官走后,贺若敦把其子贺若弼叫到身边,说:"我数十年来,一直怀有平定江南之志,如今此志难以实现,你要继承我的遗志。我知道今天之死,是宇文护所害,也怨我这张不谨慎的舌头。你要接受我的教训。"说完拿出锥

---

① 《周书》卷40《颜之仪传附乐运传》。
② 《周书》卷40《宇文孝伯传》。

子,在贺若弼的舌头上狠狠地扎了一下,鲜血顺着他的嘴角流出来,滴在地上。慎于口的教训,使他牢记在心……①

想到这里,贺若弼装出十分意外的样子对武帝说:"皇太子一直在深宫养德,没听说有什么过错,不知陛下从哪里听来的消息?"

从皇宫出来,王轨对贺若弼的行为十分不满,责备他说:"平常你和我在一起无所不谈,怎么刚才在皇上面前如此反复无常?"贺若弼说:"这件事是你的过错。皇太子是皇帝的继承人,怎能轻易地评说呢。万一出点差错,就会招来灭门之祸。我本来让你密秘向皇上述说,谁让你公开讲呢? 君不密则失臣,臣不密则失身,所以我不敢轻议皇太子。"②

贺若弼的担心不是没有道理。

578年,周武帝病死于回京途中。这个为儿子的将来几乎操碎了心的皇父,临死前还念念不忘让众臣辅佐皇太子。他在遗诏中特别写道:

> 天下事重,万机不易。王公以下,爱及庶僚,宜辅导太子,副朕遗意。令上不负太祖,下无失为臣。朕虽瞑目九泉,无所复恨。③

然而登上帝位的宇文赟,只需要放纵,需要无拘无束。不但如此,他还向那些被他所猜疑、所忌恨的人展开了疯狂的报复。

第一个倒霉的是王轨。王轨在周武帝在世时深受信任,武帝欲杀宇文护,就曾秘密征求王轨的意见,得到他的赞同。在随从武帝灭北齐的战役中立下大功,被进为上大将军,赐爵郯国公。武帝为了使皇太子锻炼才干,派他去征讨位于西境的吐谷浑,并让王轨、宇文孝伯随从。名为随从,实际上决定军中一切大事。当时宇文赟已经长大,身边也聚集了一批亲近之人,这些人和皇太子一起在军中嬉戏游乐,做了许多荒淫失德之事。大军回到京师,王轨把宇文赟的所作所为如实向武帝汇报,武帝听后大怒,把皇太子召来,当众用鞭子将其狠狠抽了一顿,从此,宇文赟对王轨怀恨在心。但王轨生性质直,临事强正,办事无所顾忌,他深知宇文赟无德无才,不堪大任;多次向武帝建议废掉太子,另立新嗣。有一次,周武帝在内廷举行便宴,招待近臣,王轨向武帝敬酒,捋着武帝的胡须说:"老公可爱甚好,遗憾的是后嗣不争气。"这一切又都传入宇文赟的耳朵里。宇文赟登上帝位后,有一次摸着脚上的鞭痕问亲信郑译说:"你知道我脚上的伤疤是谁造成的?"郑译说:"臣当然不会忘记,如果不是王轨、宇文孝伯,陛下怎能遭此毒打?"接着又将当年王轨捋武帝胡须之事

---

① 《资治通鉴》卷169《陈纪三·文帝天嘉六年》。

② 《周书》卷40《王轨传》。

③ 《周书》卷6《武帝纪下》。

重述一遍,说得宇文赟咬牙切齿,马上派人到徐州将正在任刺史的王轨处死。对于这种结局,早在宇文赟即位之初王轨就预料到了。他对亲信说:"我在先帝时的所作所为,都是为了国家社稷,今天皇太子登位,我的前途也即可知了。我所在的徐州,南控淮水,与南朝为邻,如果为我寻条活路也易如反掌。但忠义之节不可亏违,更何况我蒙受先帝厚恩,常常想着如何报效,怎能因得罪皇太子而背叛先帝? 我只有在此待死,决不另谋他计。"所以当宇文赟派的人来后,王轨便引颈就戮了①。

王轨被杀,另一个人也坐不住了,这个人叫尉迟运,是北周大司空尉迟纲的儿子。周武帝听从乐运等人的建议,在朝臣内选忠直鲠正之人匡弼皇太子,于是以尉迟运为右宫正。尉迟运对周朝确实忠心耿耿。建德三年(574),周武帝外出巡幸,尉迟运辅佐皇太子居守宫中。宇文直乘机发动叛乱,率领党羽袭击肃章门。当时尉迟运正在门内,他看到情况突变,来不及招呼左右,便亲手去关城门。这时叛军已冲到门前,在外边推,尉迟运拼命顶住,在里面锁。在争夺中,尉迟运的手被砍伤,但他最后终于将门关好。宇文直被关在门外,便火烧城门,尉迟运怕火烧完敌人冲进,便将宫中所有木材及木器陆续投入火中,又往火上浇油,使城门大火久燃,筑起一扇火门。宇文直见久攻不进,最后退兵。那天若不是尉迟运,皇宫早已陷落。尉迟运对武帝交给他的任务也是尽职尽忠,他匡弼皇太子,常常劝阻宇文赟勿做那些不该做的事,并屡次将宇文赟的过失报告给周武帝。宇文赟对他也又忌又恨。王轨被杀之后,尉迟运找到宇文孝伯,对他说:"我们恐怕也不能免祸,怎么办?"宇文孝伯说:"如今武帝去世不久,我又有老母在堂,为臣为子,我都不能离开。我准备在此殉义。你若想免祸,就得赶快离开朝中。"后来,尉迟运为避祸,要求到地方做官,被任为秦州总管。但他仍担心宇文赟不会放过他,最后忧惧而死②。宇文孝伯也被宇文赟随便找了个借口处死了。

宇文赟不但忌恨那些匡弼约束他的人,也常常猜疑那些权重功高的人。当周武帝亲政之初,宇文赟的叔叔宇文宪由于和宇文护关系密切而被疑,但后来由于他处处表现出对武帝的忠诚,又屡立战功,所以渐渐望高权重。宇文赟即帝位后,猜忌心极重,尤其怕诸王有异图,而诸王中最让他猜忌的,就是其叔宇文宪。为了除掉宇文宪,他先找到宇文孝伯,对他说:"你能为我除掉齐王(指宇文宪),我就把他的官位授给你。"③宇文孝伯拒绝了。宇文赟又找他的亲信于智,让他诬宇文宪造反。结果不但宇文宪被杀,安邑公王兴、上开府独孤熊、开府豆卢绍等人都因与宇文宪亲昵被杀④。

---

① 《周书》卷 40《王轨传》。

② 《周书》卷 40《尉迟运传》。

③ 《周书》卷 40《宇文孝伯传》。

④ 《周书》卷 12《齐炀王宪列传》。

　　杨坚经历了北周王朝的自始至终,目睹了上述一切由猜忌引起的倾轧和残杀。更加不幸的是,面对北周王朝的臣忌主猜,他不可能是个旁观者,而是常常受到不同程度的波及。而且随着他在北周王朝地位的不断上升,所受猜忌也不断加重。

第二节　树大招风

杨坚登上帝位建立隋朝后,曾设宴招待群臣,当时在座的有长孙览、元谐、李充、高颎、虞庆则、贺若弼等功臣。在宴会上,杨坚说了这样一席话:"我当初在周朝的时候,曾满怀忠诚之心,竭尽忠诚之节。但多次受到猜忌,使我心寒意冷。作臣子的处在这种逆境中,忠诚之情往哪里寄托呢? 如今我和你们的关系,既义同君臣,又恩如父子。我应当和你们共享荣华。如果你们不犯谋反大罪,其他我一无所问。我是知道你们的至诚之心的,所以特别吩咐太子,让他经常与你们相见,以使你们之间的关系也逐渐亲密起来。你们是我大隋的顶梁之臣,要知道我这片心意。"①

隋文帝杨坚这番话的用意内含复杂:他在笼络人心,用忠义二字规范功臣;他在许愿承诺,要和功臣们共享荣华;他在严厉告诫,要功臣们不要有谋逆之心;他在表白自己,由于经历了北周的猜忌之苦,所以决不猜忌功臣。

杨坚在北周确实尝够了被猜忌的苦头。

北周孝闵帝、明帝在位时,大冢宰宇文护执掌朝政。宇文护杀了独孤信之后,采取了分化独孤信集团的策略。他一度在拉拢杨忠、杨坚上面下了些功夫,不料杨忠父子不愿就范。他还在提拔杨忠为太傅的事上作梗,企图使杨忠恼怒,然后像对付贺若敦那样把他杀掉。但杨忠对不当太傅反应平平,使他找不到任何借口。为了除掉杨氏父子,宇文护甚至还在杨坚的生理上作文章。

据史书上记载:杨坚"为人龙颜,额上有五柱入顶,目光外射,有文在手曰'王'。长上短下,沉深严重"②。用今天的眼光看,杨坚额头较宽大。由于瘦,额上青筋突出,配之以宽头大额,所以十分显眼。这可能就是所谓的五柱入顶。杨坚的两眼炯炯有神,手上的纹路有"王"字形状,这一切都是正常的生理现象。特别是身材上长下短,很不合今天的审美眼光,可在当时却被视为"龙颜"。

若是皇家龙种,且有一副龙颜,则大富大贵。臣门将后生成一副龙颜,却不见得是好事情。为了这副龙颜,杨坚几次差点把命丢掉。

还是在周明帝宇文毓时,有一天,宇文护把一个名叫赵昭的人领入朝中,告诉明帝,这个人擅长给人相面。

"你果真会相面吗?"明帝问。

"在下自幼熟读相书,从名师学习,对此术略通一二。"赵昭答。

---

① 《隋书》卷 51《长孙览传》。
② 《隋书》卷 1《高祖纪上》。

"你说,相面果真有验吗?"明帝又问。

这下可问着了,赵昭立刻滔滔不绝地讲起了相术的神验:"陛下,人之命运与相貌,就像声与音一样,声刚一发,音随而至。人的寿命长短、贵贱贤愚,都可从面相中看出大概。黄帝生而神异,弱而能言;虞舜八采光眉,四瞳丽目。这些都是特有的天姿,圣人之贵表……"

"好!"明帝将其话语打断,显然他对赵昭的论说兴趣不大。"我的右小宫伯有奇表,请给他相相面。"

杨坚明白,这是宇文护的安排,他想借相术害人。但事已至此,也只能生死由命了。先听听赵昭怎么说吧。

"唉呀!"赵昭先是叫了一声,"这位大人好相貌,额有紫光冲顶,目有日月之光,地静镇于城缠,天关运于掌策"……

杨坚脑中嗡的一声,顿时觉得涨得像个大斗。他只听到"这位大人好相貌"几个字,其余什么也没听见。他想,这下完了,只等那个相面的说出"帝王之相""至贵之容"之类的话,然后被加上"犯上不轨"的罪名推出斩首了事。

不料赵昭口锋一转:"但是,虽有紫光却被额顶所限,冲而不出;虽有日月之光却弱而不强,状若夕阳残月。依我看来,不过官至柱国罢了。"

从皇宫出来,赵昭把杨坚拉到一边,悄声地对他说:"以您之貌,当为天下之君。然而必须要经过大诛大杀才能确定。请好好记住我的话。"[1]

此刻,杨坚心里充满了对赵昭的感激之情。他所感激的,不是说他将为天下君之类的恭维;相反,是刚才那句不过官至柱国的断语。

"官至柱国"这四个字,不过是相面者随口一说,却把杨坚从宇文护的刀口下救了出来。

"官至柱国"这四个字,不过是相面者上下嘴唇轻轻一碰,对杨坚来说却重于皇帝的大赦诏书。

杨坚感受到了方术的力量。

在宇文护当政时期,由于有杨忠的庇护,有朋友们的帮助,再加上他的好运气,使他终于摆脱了宇文护的忌恨。

北周武帝建德元年(572),宇文护及其亲党大多被杀,来自宇文护一党的威胁彻底解除,杨坚似乎可以舒一口气了。然而好景不长,没过多久,猜忌的阴影再一次向他袭来。这猜忌,主要来源于齐王宇文宪。

---

① 《隋书》卷1《高祖纪上》。

宇文宪之所以猜忌、陷害杨坚，主要动机是要表现自己。他要表现对周武帝的忠心，取得周武帝的信任。上一节我们曾经讲过，宇文护专权时，宇文宪深受信任。宇文护被杀后，宇文宪入见武帝，免冠谢罪。武帝对他说："大周是太祖（指宇文泰）打下的天下，我是嗣位守成，常常担心江山失于我手。大冢宰（指宇文护）目无君主，凌犯尊上，将图不轨，我之所以把他杀了，是为了江山社稷的安稳。你我为兄弟之亲，休戚与共，宇文护之事与你无关，为什么要如此呢？"

周武帝话虽这样说，实际对宇文宪却不信任。有一次，周武帝把宇文宪的侍读召到内殿，对他说："晋公（指宇文护）的狼子野心是朝野人人皆知的，朕之所以挥泪将他杀掉，是为了安国家、利百姓。想当初北魏纲纪大坏，太祖出来匡辅魏主；我大周受命以后，晋公又出来执掌威柄。我担心人们对这种名为辅弼实则执权的做法习以为常，认为法当如此。岂有三十岁天子仍受治于人的道理？况且近代以来，又出现这样一种弊病，凡是曾经有过隶属关系的，便如君臣一般。这实在是乱天下的大弊，不是经国之治术。《诗经》说：'夙夜匪解，以事一人。'一人的意思，只是指君主而言。你虽然是齐公的陪读，只是侍从奉陪，不得搞成君臣关系。君主只有一个，不能因为太祖有十个儿子就要有十个天子。你对齐王，应以正道规范他，以义方劝导他。齐王讲道义了，我们才能君臣和睦，骨肉相协，嫌弃消除，猜疑不生。"

周武帝这番话，是通过宇文宪的侍读告诉他：天子只有一个，不要拉亲立党。显然，周武帝对这位弟弟并不信任。急得宇文宪指着自己的心窝对侍读说："我的心你难道还不知道吗？我只能对君主尽忠竭节。你应该知道怎样回复主上。"

宇文宪开始了取得周武帝信任的努力。

宇文宪有个朋友叫刘休徵，写了一篇文章叫《王箴》，内容是劝诫诸王忠于君主，遵守法度。宇文宪看后赞美不绝，并指使他将此文献给武帝，武帝非常高兴。

宇文宪通于典籍。他看到兵书既多又繁，很难得其大旨，便亲自伏案挥毫，将兵书刊定为《要略》五篇，送呈武帝，武帝览而称善。

卫王宇文直反叛，宇文宪说这是"逆天犯顺，自取灭亡"，并亲自率前军征讨。

武帝意欲东伐北齐，宇文宪知道后，即赞成其事。大军将要出发时，宇文宪又以自己私财作为助军之费①。

宇文宪觉得上述做法仍不能完全取信于周武帝。他知道周武帝最关心的是江山社稷的安稳，如果能在武帝身边挖出一个威胁帝位稳固的人，而这个人现在正被武帝所重用、所信任，那武帝将会多么高兴！自己也将会因有大功于周朝而被信用。

---

① 《周书》卷12《齐炀王宪列传》。

所有将相大臣中,谁正居高位,受当今皇上青睐,而又能被安上威胁皇位的罪名呢?

他想到了杨坚。

论地位,杨坚在武帝刚即位时,就被提为左小宫伯。后出任隋州刺史,进位大将军。杨忠死后,又继父爵为隋国公。

论影响,杨坚母亲生病,杨坚日夜守护床边,端汤喂药,问寒问暖,被世人称为纯孝。

论被武帝信任的程度,建德二年(573)九月,即武帝亲政的第二年,他就将杨坚的女儿纳为皇太子妃。杨坚与周武帝成为儿女亲家,也就是当时人们所说的外戚。周武帝这样做,就是发现儿子不才,需要择贤者对其加以影响、训导。

杨坚不但居高位,受信任,而且最有可能被加以威胁帝位的罪名。因为第一,杨坚有奇特的外表,可以利用方术作许多文章。第二,周武帝所信任的另一个勋臣王轨,也对杨坚深为不满。

王轨对杨坚不满,自然另有原因。王轨是北周有名的忠臣,他对皇太子不堪大任十分担心,并不顾自身安危多次直言相谏。他恨皇太子身边的那些小人,希望有更多的人像他和宇文孝伯、宇文神举等人一样,尽辅弼匡正太子之责。然而,身为皇太子外舅的杨坚[①],却和皇太子身边近臣郑译、于智等人关系甚密。他虽没怂恿皇太子纵欲胡来,却也未有过匡正之举。这怎能不引起王轨的不满呢? 如果王轨也认为杨坚该除,还怕给他安不上罪名吗?

一天,宇文宪陪武帝闲聊,他们从太祖宇文泰扯到了宇文护,从宇文护扯到了北周的江山社稷。突然,宇文宪问武帝:

"陛下,您不觉得有人在威胁着您吗?"

"谁?"武帝不禁大吃一惊。

"杨坚。我看他相貌异于常人,额头五龙腾跃,双目闪亮如星。我每次看见他,都不禁自失常态。这个人恐非久居人下,应尽早除之。"

"噢!"武帝语气顿时轻松了许多,"以前相面的不是说他位不过柱国吗?"[②]

谈话没有达到宇文宪预期的目的,然而,杨坚相貌不凡、恐非久居人下的流言却像长了翅膀一样,被人们传来传去。

人的心理作用具有神奇的魔力,它能使正常人幻觉、幻听、幻视出实际并不存在的东西。我们聪明的祖先早就发现了这个道理。《列子·说符》里讲了这样一个故事:一个人丢了一把斧子,认为是邻居的儿子所偷。自从有了这种心理,他看那人走路像偷斧子的样

---

① 外舅,即岳父。古时称妻之父为外舅。
② 《隋书》卷1《高祖纪上》。

子,神色表情也像偷斧子的样子,听那人说话还像偷斧子的样子,总之,那人的一举一动都像个偷斧贼。后来,丢斧者在山里挖地时找到了自己的斧子,再看那人的言谈举止,就不像个偷斧贼了。

王轨的心态正像那个找到斧子以前的丢斧人。他本来就对杨坚不满,听了那种流言,仿佛杨坚此时真的要坐上周朝的龙椅。疾恶如仇的王轨,一定要把杨坚除掉而后快。

一日,周武帝宴会文武群臣。平时豪饮海量的王轨,这次却意外地显得不胜酒力,没喝几杯,便酩酊大醉。只见他摇摇晃晃地站起来,趔趔趄趄地走到杨坚旁边,一把将杨坚头上的帽子打掉,露出他那宽大的额头,醉熏熏地说:"我看看这是什么样的头额。"此刻,杨坚清楚地意识到,王轨没有醉,他是借醉态提醒周武帝看看杨坚的非凡之貌。好在周武帝以为王轨真的醉了,并没有在意,只是说了一句:"头额虽大,也大不到哪去。"①

王轨见暗示不成,干脆明挑。几天后,他找到周武帝,对他说:"杨坚貌有反相,若不除之,必遗患无穷。"②但周武帝仍不以为然。

流言继续扩散,不知怎么,皇后也听说了,她把杨坚召进宫来,皇后见到杨坚,举手拍了拍自己的前额。杨坚不知皇后何意,不知如何是好。武帝说:"皇后要看看你的头额。"杨坚只得摘下帽子,请皇上皇后御览③。

古话说,三人疑之,曾母投杼④。周武帝即使对杨坚再信任,也难免不产生疑惑。杨坚真有帝王之相吗?他将来会取周而代之吗?

为解心中疑惑,周武帝请来了相者来和。

来和是京兆长安(今陕西西安附近)人,自幼学习相面之术,是长安城中有名的相者,还撰写过一本四十卷的《相经》。周武帝让来和躲在密处偷看杨坚,来和看过以后说:"臣观杨坚之相貌,乃是一个守节忠臣,适合作总管、大将之类的官。如果作总管,能肃静一方;如果作大将,则能全军破敌。"⑤经来和这样一说,周武帝心里又踏实了下来。

相貌风波虽然平息,但杨坚却仍有一种隐隐约约的不安,他总觉得事情似乎没有结束。果然,没过多久,又发生了令杨坚心神不安的事情。

周武帝建德六年(577),北周军攻破北齐国都邺城,皇帝高纬也做了俘虏。但北齐的残余势力仍负隅顽抗。齐任城王高湝、范阳王高绍义分别占据冀州(今河北冀县)、定州

---

① 《太平御览》卷730《方术部·相中》引《三国典略》。
② 《隋书》卷1《高祖纪上》。
③ 《太平御览》卷730《方术部·相中》引《三国典略》。
④ 据说孔子的弟子曾参在鲁国居住时,有一个和他同名同姓的人杀了人。有的人对曾参的母亲说:"曾参杀人了。"曾母不信,织布自若。过一会儿,又一个人如是说,曾母仍不理。当第三个人告诉她同样的消息时,曾母吓得扔掉织布梭子,越墙而逃。
⑤ 《隋书》卷78《艺术列传·来和传》。

（今河北定州），拥兵不降。周武帝派宇文宪、杨坚率兵征讨。高潜兵败被擒，高绍义逃入北方突厥。杨坚因功被任为定州总管。

就在杨坚任定州总管后，京城里又传开了这样一个故事：据说定州的西城门在北齐时一直是关着的，二十多年以前，北齐文宣帝高洋在位时，有人建议把城门打开，以方便人们来往。高洋说："不行，只能等出了圣人亲自来开。"①

别人可以把这件事当做故事津津有味地听，而杨坚听了却如坐针毡，心惊肉跳。因为他进定州城时，城池是四门大开的。这不是在向人们暗示，杨坚就是当今新出的圣人吗？皇上听了这个故事，还能容得了他吗？杨坚立刻想到了谁是这个故事的始作俑者，因为这个故事编得实在不高明。试想，岂有一座城池，几十年都无缘无故地紧闭一门的事呢？即使有什么宗教禁忌，人们避邪驱祸的办法多的是，怎能忍受几十年城门不开造成的不便呢？再说，北齐文宣帝高洋是什么人，这谁都知道。二十多年前，正是他认为天命在己，逼着东魏皇帝把帝位"禅让"给他。吏部尚书高隆之，因对高洋接受魏禅持有异议，深遭高洋忌恨，被虐待致死。杜弼在高洋登位之前也劝他不要急于称帝，以免给关西宇文泰以兴兵的口实，后被高洋斩杀。像高洋这种人，怎能否认自己是圣人，而等待别的圣人呢？

正当杨坚为定州西门的传说而感到焦虑不安时，京师中又有一首歌谣广泛流传开来。歌谣这样唱道：

　　　　白杨树头金鸡鸣，只有阿舅无外甥。②

这首歌谣简直就是为定州城门传说火上浇油。歌中的前一句，含有一个"杨"字。后一句的"阿舅""外甥"，正合杨坚家与皇太子宇文赟的关系。杨坚心里非常明白，这是有人在使用谣谚杀人法。

谣谚也能杀人？是，谣谚不但能杀人，而且有时甚至比钢刀还利害。杨坚的好友韦孝宽用谣谚杀死北齐斛律光之事，杨坚至今记忆犹新。

斛律光是北齐著名的勇将。武平元年（570），斛律光率军与周军在洛阳附近展开激战。披坚执锐，身先士卒，杀败周将宇文桀，一直打到宜阳（今河南洛阳西南）。斛律光得胜回师，周军一直跟踪其后。当大军行至安邺，斛律光突然杀了一个回马枪，使周军折兵损将，溃不成军。到这年冬天，斛律光一直打到定阳（今山西吉县），在定阳至宜阳一线与周军对峙。第二年，周将韦孝宽率步骑军一万多人与斛律光战于汾水之北，被斛律光杀得

---

① 《隋书》卷1《高祖纪上》。
② 《隋书》卷22《五行志上》。

大败,损失以千计。斛律光因功被拜为北齐的左丞相,封爵清河郡公。斛律光虽百战百胜,也不是无懈可击。他是武人出身,性格暴躁,对他所不满之人常常怒形于色。北齐后主有两个宠臣,一个叫祖珽,是个瞎子;一个叫陆令萱,是个女巫。斛律光常说:"盲人入,必破国。"因此深遭祖珽忌恨。他又拒绝了陆令萱给儿子说亲的请求,因此引起她的不满。这一切被韦孝宽得知后,他立刻编了两首谣谚,派间谍到北齐京城中散布。一首谣谚这样写道:

  百升飞上天,明月照长安。

古代百升为一斛,谣谚前一句暗含一个"斛"字。"明月"是斛律光的字。这个谣谚的意思说斛律光要飞黄腾达,登上最高权位。第二首谣谚又说:

  高山不推自崩,槲树不扶自竖。

这首谣谚前一句有"高山崩",而北齐的皇帝就姓高。后一句有"槲树竖",而"槲""斛"二字音相谐。这两首谣谚就足以使北齐后主火冒三丈了,而祖珽听到谣谚后,生怕传不到皇帝耳朵里,就又加了两句:

  盲眼老公背上下大斧,饶舌老母不得语。

陆令萱听到这些谣谚后,认为盲眼老公指祖珽,饶舌老母指自己,便将这些谣言告诉齐后主,并且说:"斛律光家世代为朝廷大将,他本人威震关西,弟弟因伐突厥而负盛名,他的女儿为皇后,儿子又娶公主,因此,这些谣谚不能不信。"齐后主听了这番话,果然对斛律光生疑,最后将他杀掉①。

如今,杨坚正处在当年北齐斛律光的处境。他在北周也居显要位置,女儿也是未来的皇后,兄弟们也被封公赐侯。谣谚这把锋利的软刀,也架在他的脖子上。

历史上的一些相似情节往往反复重演。

但相似不是相同。相似包含着差别,而差别,有时甚至是细微差别,也会导致不同结果。在这点上,杨坚是幸运的。周武帝不是齐后主,他雄才大略,完成了统一北方大任后,又策划着结束南北分裂的局面,他没有时间、没有精力、甚至没有兴趣去为那些传说、谣谚

---

① 《北齐书》卷17《斛律金传附斛律光传》。

伤脑筋。谣谚、传闻对杨坚的威胁解除了。

宇文赟即帝位后，先后诛杀了宇文宪、王轨、宇文神举、宇文孝伯等人。宇文赟对他们的诛杀，完全出于对他们的忌恨，但客观上对杨坚有利。此时，杨坚又是皇帝的外舅，按理说应该高枕无忧了。但宣帝宇文赟完全不像他父亲，他猜忌、酷虐、荒淫。杨坚的女儿虽然是他的皇后，但他当上皇帝后却又另有新欢。

宇文赟共有五位皇后：

杨坚的长女杨丽华，在宣帝宇文赟登位前为皇太子妃，宣政元年（578）六月，被立为皇后。宇文赟自称天元皇帝以后，杨氏为天元皇后，是宣帝最早的皇后。

朱满月原来是为宇文赟掌管衣服的侍女，宇文赟为皇太子时与她发生性关系，生下个儿子，就是后来杨坚辅佐的周静帝。宇文赟为天元皇帝后，被立为天大皇后。

陈月仪在宇文赟登位后被选入宫，封为德妃。一个多月后，被立为天左皇后，后改为天左大皇后。

元乐尚与陈月仪同时被选入宫，被封为贵妃。一个多月后，被立为天右皇后，后改为天右大皇后。

尉迟炽繁是尉迟迥的孙女，原来是杞国公宇文亮的儿媳。尉迟炽繁天生丽质，宇文亮是皇族成员，尉迟氏也因宗族之妇入朝，被宇文赟看上，并强迫她和自己发生了性关系。后来宇文亮谋反，宇文赟诛杀了他们父子，把尉迟氏据为己有。后来，又立她为天左大皇后。

五位皇后中，杨氏名分虽高，已属老夫老妻。朱氏长宣帝十多岁，属色衰失宠。宇文赟宠幸的重心偏向了陈、元、尉迟三人。他开始对杨氏不满，曾经将她赐死，逼着她自杀①。他曾怒冲冲地对杨氏说："我一定要灭掉你们全家。"长时期的精神折磨，使杨丽华变了个人，她瘦了，显老了，脸色难看了。宇文赟见此，便把杨坚召进宫来，让他们父女见面。他派人暗中观察，并吩咐左右：如果见杨坚有一点情绪上的变化，立刻抓起来杀掉。杨氏见到杨坚，强忍住内心的激动，以娴静、安详的举止在父亲面前作戏。她又对杨坚说，皇上对她很好，让他不要牵挂，否则会将身体搞垮。聪明的杨坚早已看出女儿的变化，但他从女儿的表现及言谈中看出了她的意思。他一点也没有失态，始终神色自若，谈笑自如②。

女儿的帮助，自身的聪慧，使杨坚从宣帝布置的毒局中转危为安。

木秀于林，风必摧之；行高于众，人必非之。杨坚虽没有鹤立鸡群般的高行，但其地位也使他成为秀林之木。

杨坚在一次次的猜忌中怎样安身立命呢？

---

① 《北史》卷14《后妃列传下·宣皇后杨氏传》。
② 《隋书》卷1《高祖纪上》。

第三节　自安有术

杨坚在北周时期，经历了多次猜忌和风险的磨难，但都平安度过了。

在杨坚遇到危难之时，幸运之神总是光顾于他。在宇文护专权时，有父亲杨忠耳提面命，挺身护佑。在王轨、宇文宪等人发难时，他又遇到了雄才大略、开明豁达的君主。

但杨坚政治生涯中化险为夷、转危为安的经历，不是仅仅靠着幸运之神的庇护，更多的还是自己的努力。

杨坚有自己的处世原则和方法。这些原则和方法概括起来有两句话：第一，韬光晦迹，功而不伐。第二，广交深结，友而不党。

先说韬光晦迹，功而不伐。在前面几节里，我们分析过独孤信集团与宇文护的矛盾，并指出了杨忠、杨坚在这种矛盾中的地位和处境。在双方矛盾尖锐时，独孤集团的许多人都按耐不住对宇文护的不满。李远子李植密谋诛宇文护，谋泄被害。李远特别器重的裴汉，在宇文护执政时，执道固守，誓不依附，结果八年职务未得升迁。贺若敦因不满之言屡出于口，结果被逼自杀。杨忠、杨坚也是独孤信集团的成员，但从史书记载中，我们始终看不到他们和宇文护的直接冲突。

是他们对独孤信的死无动于衷吗？是他们对宇文护无怨无恨吗？是他们最后屈从于宇文护的权势了吗？

都不是。

是他们将情感、心迹隐匿得太深了。我们只能通过对一些事情的分析，来看这种情感与心迹的折射。

567年，杨坚与独孤信的女儿结婚。这时正是独孤家倒霉的时候，独孤信被宇文护逼死近十年。独孤信的长子独孤罗此时正在东魏，次子独孤善被罢官免职，久废于家。杨坚在这个时候与独孤氏结婚，说明了他与独孤家的感情。

581年，杨坚称帝后，立即下了一道褒扬、歌颂独孤信的诏书，字里行间流露出对其被害的不平，说明他对独孤信之死是很痛心的。

572年，周武帝诛宇文护，宇文护的儿子宇文会、宇文至、宇文静、宇文乾嘉、宇文乾基、宇文乾光、宇文乾蔚、宇文乾祖、宇文乾威等都被杀。宇文护的长子宇文训当时任蒲州刺史，也被召回赐死。另一个儿子宇文昌正出使突厥，也被武帝派去的人所杀。宇文护的亲信柱国侯龙恩、大将军侯万寿、刘勇、中外府司录尹公正、袁杰、膳部下大夫李安等人也被杀死于殿中。宇文护的长史叱罗协、司录冯迁及宇文护所亲信的其他人都被免官除名。可见武帝对宇文护集团清除的干净彻底。杨忠、杨坚全都安然无恙，不但安然无恙，杨坚还得到周武帝的信任和提拔。这说明杨忠父子没有屈从宇文护当时炙手可热的权势。

周武帝时,内史王轨曾说杨坚有反相,虽然武帝对此不以为然,但杨坚听了以后,仍然"甚惧,深自晦匿"①。

杨坚是怎样深自晦匿的,史书记载语焉不详。但我们翻阅史书,可以发现这样一种情况,所有史书对杨坚在北周功劳的记载都是一语带过。如《周书·武帝纪》记载:建德四年(575),周武帝亲率六军伐齐,命"齐王宪(即宇文宪)率众二万趣黎阳,随国公杨坚、广宁侯薛回舟师三万自渭入河"。建德五年(576),武帝率左右三军再次伐齐,"以越王盛(即宇文盛)为右一军总管,杞国公亮(即宇文亮)为右二军总管,随国公杨坚为右三军总管"。建德六年(577),齐任城王高湝"在冀州拥兵未下,遣上柱国、齐王宪与柱国、随国公杨坚率军讨平之"。《隋书·高祖纪》记载得更简单:"建德中,率水军三万,破齐师于河桥。明年,从帝平齐,进位柱国。与宇文宪破齐任城王高湝于冀州,除定州总管。"《北史·隋本纪》则只有两句话:"后从周武平齐,进柱国。又与齐王宪破齐任城王湝于冀州,除定州总管。"

《周书》《隋书》《北史》都是唐朝时撰写的史书。唐朝史官在撰写周、隋的历史时,其材料来源是周、隋时所留下的典籍。上述史籍记载的杨坚参与的军事行动,第一次无功可谈。据史籍记载,这次东伐,因周武帝生病,无功退军。杨坚所率领的水军也焚舟退军。为什么要把船烧掉呢?著名的历史学家胡三省分析说,黄河水东流迅急,周水军是逆流西上,而且东魏追兵马上就要追来,所以杨坚要把战船烧掉,由陆路退回。若真像胡三省所分析的那样,这次杨坚的退军也真够狼狈了。然而《隋书》为给杨坚树碑,把这次败军也作功劳记进去。这说明周、隋所留下的关于杨坚在周时的军功材料真是太稀少了。

是杨坚无功可记吗?

建德五年杨坚所参与的伐齐之战,是历史上著名的统一北方的战争。这次战争,首要的攻击目标是北齐重镇晋州(治所在今山西临汾),敌人若派兵来救,就在晋州歼敌援军,然后乘胜东进,攻取北齐国都邺城。当北周军进至晋州汾曲(今山西临汾南)时,周武帝分派诸将把守要地,以阻击北齐各路援军,又命凉城公辛韶率步骑五千镇守蒲津关(今山西永济西),以保障后方安全。然后命内史王谊督诸军进攻平阳。在这次战役中,右一军主帅宇文盛率步骑一万把守汾水关。杨坚在这次战役中作用是什么?功劳如何?没有记载。但有一个事实不容忽视:周武帝攻下平阳后,柱国宇文招、陈王宇文纯、越王宇文盛、杞国公宇文亮、梁国公侯莫陈芮、庸国公王谦、北平公寇绍、郑国公达奚震都因功被升为上柱国,"诸有功者,封授各有差"②,杨坚也被进位为柱国。这说明杨坚在这次战役中,或参

---

① 《隋书》卷1《高祖纪上》。
② 《周书》卷6《武帝纪下》。

加阻击,或参加攻城,并且立有战功。

建德六年,杨坚受命与宇文宪一道攻伐占据冀州的齐任城王高湝,这是扫除北齐残余势力的一次重要战争。当时高湝、高孝珩据守信都(冀州治,今河北冀县)。周武帝先让已经作了俘虏的齐后主给高湝写信,劝其投降,保证优待。高湝拒不接受,并用高价招募僧人,使部队战士数量大增。当宇文宪大军开至信都附近时,抓住两个高湝派来侦探军情的间谍。宇文宪便把所有北齐降将招集起来,让这两个间谍看他们所受的优待,然后对他们说:"我所要夺取的是冀州这个大城,不是你们。现在放你们回去,你们要为我使用。"当宇文宪大军开至信都城下时,高湝的领军将军尉相愿请先出战,却临阵反戈,投降北周。高湝大怒,杀掉尉相愿的妻子儿女,以示和北周军血战到底。经过一场恶战,俘斩齐军三万多人,生擒高湝、高孝珩。史书记载。宇文宪"素善谋,多算略,尤长于抚御,达于任使,摧锋陷阵,为士卒先,群下感悦,咸为之用"①。这次战斗,对宇文宪功劳的记载真是够充分的了,但是对杨坚却只字未提。岂有同受君命,同攻一城,而对胜利寸功未立的道理?这里同样有一个不容忽视的事实:在这次战役后不久,杨坚即被提拔为定州总管。杨坚在平定冀、定二州中立有军功,是不言自明的。

如果联系杨坚此时正受宇文宪、王轨等人的猜忌的事实,这期间史书上对他功劳记载甚少的现象就可以理解了。杨坚有意隐匿自己的功劳,以减少别人的注意和猜忌。这里有必要提一下十多年后发生的一件事:589 年,隋文帝杨坚派出八路大军渡江灭掉陈朝,大将贺若弼在这次战役中军功显赫。回朝后,贺若弼总结战争经验,写成文字,起名叫《御授平陈七策》。杨坚看到后对贺若弼说:"你在平陈七策前加御授二字,是要给我扬名。我不求虚名,你还是将你的功劳自载家传里吧。"这件事反映了杨坚不争名、不邀功的品质。在身受猜忌的险恶政治处境中,杨坚将自己功劳隐匿起来是非常有可能的。

历史上的韬晦大抵可分两类:一类是给人以假象,而将真象隐瞒起来,在假象的掩护下干着秘密勾当,这类可归于阴谋诡计。另一类是尽量减少自己惹人注意之处,力求在人们猜疑的视线外过一种平静安稳的生活,这类可视为自安之术。杨坚的自匿,不是在假象的掩护下去图谋帝位,此刻他还没有那种野心。也不是要使自己的政敌麻痹,以便进行突然袭击,因为从宇文护、宇文宪等人之死中看,都未曾与杨坚有任何瓜葛。杨坚的自匿,不过是借以求得自身安全的自安之术。

再看看杨坚的广交深结、友而不党。

广交深结、友而不党,反映了杨坚与人交往的特点。

杨坚交友之广,首先是范围广。在他的朋友圈子里,有各式各样的人。

---

① 《周书》卷 12《齐炀王宪列传》。

杨坚结交了不少名门望族。

陇西人李穆,在杨坚辅政时被拜为大左辅、并州总管。李穆的儿子李雅,被派往灵州镇守,以对付胡人,后被授为大将军,任荆州总管。李穆的侄子李崇,任左司武上大夫,加授上开府仪同大将军,后任怀州刺史①。

安定乌氏人梁睿,在杨坚辅政时被任命为益州总管。梁士彦也被任为亳州总管、二十四州诸军事②。

京兆人韦谟,北周末拥戴杨坚辅政,被升迁为上柱国,封为普安郡公③。

安定朝那人皇甫绩,北周末拥戴杨坚辅政,被加位上开府,转内史中大夫,进封郡公。不久又被拜为大将军④。

河东解人柳裘,北周末与韦谟、皇甫绩等人同谋,拥戴杨坚,被进位上开府,拜内史大夫,委以机密⑤。

涿郡范阳人卢贲,在北周末知杨坚与常人不同,乃与之交结⑥。

赵郡人李谔,在周武帝平齐后入周,和杨坚交往很深。杨坚辅政后,对李谔特别器重,许多重要事情都和他商量⑦。

上述陇西李氏、安定梁氏、京兆韦氏、安定皇甫氏、河东柳氏、范阳卢氏、赵郡李氏都是关中或关东的望族大姓,他们在杨坚辅政时,或被委以重任,或被视为心腹,可见关系的密切。

勋臣贵族是杨坚结交的又一类朋友。

窦炽家世居代北,几代人都在北魏朝中做大官,是有名的勋臣贵族。窦炽在北周也是朝廷元老,名高位隆,常参与军国大谋。杨坚在北周末辅政,百官联名上表,劝杨坚登帝位,只有窦炽不肯在劝进表上署名。但这只是一种表面现象,在这种表象背后,却掩盖着他与杨坚的密切关系。杨坚辅政之初,窦炽正在洛阳主持营建工程,这时尉迟迥举兵反对杨坚,而窦炽却简练关中军士数百人,与洛州刺史元亨共同固守洛阳,抵御尉迟迥。所以窦炽不在劝进表上署名,不是反对杨坚,不过是考虑到自己累世受周朝重恩,以此行为换取一个虚假的名节而已。窦炽拒不署名,杨坚一点不怪罪,反而拜其为太傅,给予赞拜不名的特殊礼遇。这正说明窦炽与杨坚关系的不一般。窦炽的侄子窦荣定,从小与杨坚情

---

① 《隋书》卷37《李穆传》。
② 《隋书》卷37《梁睿传》。
③ 《隋书》卷38《皇甫绩附韦谟传》。
④ 《隋书》卷38《皇甫绩传》。
⑤ 《隋书》卷38《柳裘传》。
⑥ 《隋书》卷38《卢贲传》。
⑦ 《隋书》卷66《李谔传》。

契甚厚，又知他不同凡人，乃倾心与之结交。杨坚辅政时，窦荣定"领左右宫伯，使镇守天台，总统露门内两厢仗卫，常宿禁中"。杨坚在登上帝位后也曾对群臣说："我从小就讨厌轻薄之徒，与我性情相近的人，只有窦荣定。"①窦炽的另一个侄子窦毅，在杨坚辅政时先后任蒲州总管、金州总管，加授上柱国，入为大司马。

于谨也是北魏的勋臣贵族，其家世代在北魏朝中做高官。西魏、北周初，于谨在朝中有很高的威望和地位，北周初，曾给宇文护执政以很大的支持，但宇文护却深忌他的儿子于翼。在周武帝时，宇文护奏请转于翼为小司徒，加拜柱国，"虽外示崇重，实疏斥之"②。也许是因为和杨坚有共同遭遇，于翼和杨坚的关系也很好。在杨坚辅政时，于翼被拜为大司徒、幽、定七州六镇诸军事、幽州总管。尉迟迥起兵反对杨坚，曾派人送信给于翼，联合他共同起事。于翼将送信人扣留，连同信件一起送至杨坚处。杨坚大喜，赐于翼"杂缯一千五百段、粟麦一千五百石，并珍宝服玩等。进位上柱国，封任国公，增邑通前五千户，别食任城县一千户，收其租赋"③。

西平乐都人源雄，其曾祖父源贺、祖源怀、父源纂，均为北魏勋臣。源雄在北周末任徐州总管。尉迟迥起兵反对杨坚辅政，当时源雄的家属正在尉迟迥管辖的相州。尉迟迥给源雄写信，要他与自己共同起兵，被源雄回绝。杨坚给源雄写信说："你的妻子儿女都在邺城，虽然暂时被尉迟迥扣留，但扫平相州后，你们全家就会团聚。你和家人的别离是暂时的，不要为此牵挂。徐州是个大郡，东南与南陈相接，须要保持安宁。我现依靠你的英名才略，将重任委付与你，希望你建立功名，莫负我望。"源雄接信后，派徐州刺史刘仁恩击败尉迟迥进犯的兵将④。

豆卢勣本是慕容鲜卑，其祖父是北魏柔玄镇大将，父亲在西魏、北周时为柱国、太保。北周末，杨坚辅政，拜豆卢勣为利州总管、上大将军、柱国。豆卢勣的哥哥豆卢通，北周末任北徐州刺史。尉迟迥起兵，派遣大军进攻北徐州，豆卢通带兵迎击，打退尉迟迥军，杨坚进其位为大将军⑤。

元谐是北魏皇室宗亲，家世累代贵盛。北周末杨坚辅政，元谐常在左右。尉迟迥起兵，派兵进攻小乡，杨坚令元谐带兵将其击退。元胄也是北魏皇族宗亲，杨坚辅政，将其引为心腹，长久宿卫左右，又常让他掌管宫内禁军⑥。

---

① 《隋书》卷39《窦荣定传》。
② 《周书》卷22《于翼传》。
③ 《周书》卷22《于翼传》。
④ 《隋书》卷39《源雄传》。
⑤ 《隋书》卷39《豆卢勣传》。
⑥ 《隋书》卷40《元谐传》。

贺楼子乾是代北人,其祖父任北魏侍中、太子太傅。父亲在北魏任右卫大将军。贺楼子乾在北周末杨坚辅政时任秦州刺史。尉迟迥起兵反对杨坚,进围怀州,贺楼子乾与宇文述合兵击之,大获全胜。杨坚给贺楼子乾写信说:"尉迟迥进犯怀州,公受命诛讨之。听说你们获胜,我禁不住连声称赞。现在正是你们建功立业、争取富贵的时候,希望你们不要辜负我的希望。"①

长孙览家也世居代北,在北魏朝世为勋贵。其祖父为魏太师、假黄钺、上党文宣王。其父在北周为小宗伯、上党郡公。杨坚辅政,长孙览任宜州刺史②。

长孙平的父亲在北周也任柱国,长孙平任卫王宇文直侍读,参与助武帝诛杀宇文护,与杨坚情好甚密。杨坚辅政,对长孙平更加亲近③。

上述两类人与杨坚的密切关系,都是在杨坚辅政准备代周时表现出来的。然而冰冻三尺,非一日之寒,他们在北周末动荡变幻的政治风云中,不是站在尉迟迥等人一边反对杨坚,而是给他以政治、军事等方面的支持,这正是杨坚平时与他们交结的结果。

在杨坚所结交的人中,还有一类是社会地位不高的人。

京兆泾阳人李圆通,其父李景是杨忠手下的一个军士。李景与家仆黑女私通,后黑女怀孕,生下李圆通。由于李圆通是私生子,李景不认,便给杨坚家当使人。杨坚年少时,对李圆通很重视,每次宴请宾客,都让李圆通监厨。李圆通办事严格,不徇私情,婢女仆人们都很怕他。有一次杨坚举行宴会,杨坚长子的乳母认为自己有宠,轻视李圆通,食品尚未给客人拿上去,乳母便要先吃。李圆通不答应,有一个人为讨好乳母,私自拿去送给她。李圆通知道后大怒,命令厨人将这个人痛打一顿,挨打之人呼叫之声连宴会之处都能听到。宴会散后,杨坚问厨房为什么如此大呼小叫,李圆通如实禀报。杨坚听后,立刻嘉奖他,命坐赐食,认为他可以担当大任,从此对他更好了④。

河东猗氏人陈茂,家世寒微,而为人质直恭谨,被州里人所敬慕。杨坚任隋国公,引陈茂为僚佐,对他很器重,让他主管家事。陈茂对杨坚也竭尽忠诚,将家事管得井井有条。杨坚率军东伐,与齐军战于晋州,陈茂也随之前往。当时齐军力量很强,杨坚欲亲出挑战,陈茂认为此去危险,苦苦劝他莫去。杨坚不听,跨上马背就走。陈茂一个箭步冲上去,一把拉住马络头,死活不让马走。杨坚急了,心想这个大胆家奴,竟敢干涉我大事。便拔出腰刀,用刀背照着他的额头就是一下。陈茂的额头立刻出现一个口子,鲜血顿时流了一脸。但陈茂仍不放手,力阻杨坚的冒险行为。后来事实证明,那次若没有陈茂的阻拦,杨

---

① 《隋书》卷 53《贺娄子乾传》。
② 《隋书》卷 51《长孙览传》。
③ 《隋书》卷 46《长孙平传》。
④ 《隋书》卷 64《李圆通传》。

坚恐怕连性命都难保了。杨坚深深感谢陈茂的救命之恩,对他厚加礼敬,提拔他做了上士。后来杨坚辅政,又把他当作心腹之人①。

京兆长安人来和,自幼学习相术,北周初即被宇文护引为左右,出入公卿之门。来和虽被宇文护所重,但并未依附于他。自周武帝天和三年(568),开始与杨坚往来甚密。由于宇文宪、王轨等人屡言杨坚相貌异常,周武帝几次问来和,来和都说杨坚是守节忠臣,使武帝打消了对杨坚的疑心,保护了杨坚的安全。除来和外,道士张宾、焦子顺、董子华三人也善道术,杨坚在辅政以前就和他们关系密切②。

杨坚所交往的第四类人,就是那些被人视为小人的轻狡奸佞之徒。

博陵望都人刘昉,性轻狡,有奸数。周武帝时,以功臣之子被召入宫内侍奉皇太子宇文赟。刘昉善于阿谀奉承,投皇太子之所好,深受皇太子宠爱。后宇文赟登帝位,刘昉以技佞见狎,出入宫掖,宠冠一时。当时刘昉、郑译、王端、于智等皆为宇文赟近臣,宇文赟对他们言听计从,宠信无比。他们一句好话,可使人平步青云,飞黄腾达;一句谗言,可使人免官罢职,身遭诛戮。刘昉见杨坚举止不凡,又是皇后之父,对杨坚很好。杨坚见刘昉受宠,对皇帝影响很大,与之交好,则多一个护身符,便不拒绝刘昉的结交之意③。

荥阳开封人郑译,本出自世家大族。郑译的从祖郑文宽与宇文泰是连襟。郑文宽无子,宇文泰便让郑译过继给郑文宽,因此受到宇文泰的厚爱,经常让他与自己的儿子们来往相处。宇文泰的儿子宇文邕登位(即周武帝),郑译为银青光禄大夫、左侍上士,与刘昉一起侍奉于皇帝左右。周武帝诛杀宇文护后,郑译又被任为太子宫尹,辅佐皇太子。郑译虽出身大族,为人处事却缺少大家风范。他任皇太子辅佐,皇太子屡有失德之举,他不但不匡正,反而推波助澜,皇太子的过失被王轨等人告发,郑译也因此受到处罚。他不但不引为教训,反而对王轨等人怀恨在心。皇太子亲政后,他便协同皇太子诛杀了王轨等人。郑译曾求京兆郡丞乐运为他办一件私事,被乐运拒绝,从此,郑译便对乐运怀恨在心。皇太子即位后,郑译恃宠专权,擅自取用公家建筑材料为自己营建私宅。史书上评价他"性轻险,不亲职务,而赃货狼籍"④。尽管郑译名声不好,但杨坚却与他一直友好。周宣帝宇文赟忌恨杨坚,并扬言要杀掉杨坚全家。杨坚心怀恐惧,找到郑译,对他说:"我早就想离开宫中到地方上去做官,这你是知道的。希望你留心为我找个离开的机会。"郑译当下表示愿意帮助。恰巧周宣帝要派郑译南征,郑译推辞说自己才疏德浅,非有才高名重元帅不行。宣帝问:"你的意见谁可为元帅?"郑译乘机说:"如果要平定江东,若不是皇帝重臣不

① 《隋书》卷64《陈茂传》。
② 《隋书》卷78《艺术列传·来和传》。
③ 《隋书》卷38《刘昉传》。
④ 《隋书》卷38《郑译传》。

能胜任,可让隋国公(指杨坚)担当。"周宣帝当即应允,下诏以杨坚为扬州总管,与郑译会于寿阳以伐陈。这件事反映出杨坚与郑译的关系。

在与杨坚交往的各类人中,还有一些是对立政治集团的成员。

北周的柱国、大司马贺兰祥与宇文护有特殊关系。贺兰祥的父亲贺兰初真,是宇文泰的姐姐建安长公主的丈夫。建安长公主是宇文护的姨妈,所以,宇文护与贺兰祥为中表兄弟。贺兰祥自幼丧母,长于舅氏之家,与宇文护等表兄弟一起上学,一起玩耍。教他们的老师姓成,对学生管教极严。宇文护、贺兰祥和其他两个兄弟淘气,设计了一场恶作剧,将成先生害得好苦。后来,被家长们知道,各自将孩子痛打一顿,只有贺兰祥没有母亲,免于挨打。后来,宇文泰在关中起兵,将宇文护、贺兰祥等人接到长安。几十年后,宇文护的母亲在给宇文护的信中还充满深情地提起这段往事①。后来,宇文护执政,由于和贺兰祥的亲密关系,凡是军国大事,全都引他共同参谋。在诛杀赵贵、废黜孝闵帝等重大政治活动中,贺兰祥都立了大功。可见贺兰祥是宇文护集团中的重要成员。但贺兰祥与杨坚却一直关系很好,史书记载:"隋文帝与祥(即贺兰祥)有旧,开皇初,追赠上柱国。"②

杨坚与贺兰祥有什么样的旧情呢?是不是在宇文护执政的日子里,贺兰祥出于友情帮助杨坚免于猜忌之难呢?史书上没有详细记载,也不好妄加猜测。但宇文护集团中另一个成员侯万寿保护杨坚之事,在史书上则有明确记载。

侯万寿与侯龙恩是亲兄弟。侯氏在西魏初被赐姓侯伏侯氏,所以史书上有些也称他侯伏侯万寿,或侯伏侯寿。宇文护执政的时候,侯龙恩与侯万寿深被信用。宇文护诛杀赵贵后,一时闹得朝中人人自危。侯龙恩的从兄侯植曾对他说:"现在主上年纪幼小,朝中旧臣的团结与否关系到朝廷的安危。旧臣老将结成唇齿之谊,还不能完全保证平安无虞,更何况互相仇视、自相夷灭呢?如果晋公(指宇文护)再这样下去,会使天下之人与之离心。你既然深被信任,为什么不进一言呢?"侯龙恩兄弟并未听从侯植的劝告。572年,周武帝诛杀宇文护,又下诏说:我即帝位以来,已有十三年了。十三年以来,一直是冢宰辅政。而冢宰宇文护目无君长,行违臣节,心怀恶毒,狼性大发。任情诛杀,肆行威福,朋党相扇,贿货公行,喜欢的人就加以美化,厌恶的人便横加残害。我的很多施政意图,都被他所抑制而不得实行。于是天下户口削减,征赋劳剧,家家贫穷,民不聊生。如今天下尚未统一,东有高齐,南有陈朝,正需加强武备,而侯伏侯龙恩、侯伏侯万寿、刘勇等人,未立军功,先居上将之位。家中高门峻宇,甲第雕墙,实为同恶相济的党徒。如今,我已肃正刑典,诛除首恶,其余凶党,亦皆伏法。从此维新朝政,与民更始。从周武帝诏书可以看出,侯万寿为宇

---

① 《周书》卷11《晋荡公护列传》。

② 《周书》卷20《贺兰祥传》。

文护集团中的成员之一。而这个被宇文护所信用，最后成为宇文护殉葬者的人，对杨坚却很好。史书上记载说："宇文护执政，尤忌高祖（指杨坚），屡将害焉，大将军侯伏侯寿等匡护得免。"①

上述杨坚所交往的人中，有世家大族，有勋臣权贵，有庶人寒门，有轻侠之辈，甚至还有敌对集团中的成员，这反映出杨坚交友范围之广。

杨坚交友之广，还表现在交友途径的多种多样。

利用父亲杨忠的关系，是杨坚交友的一种方式。如太原人郭荣，是郭徽的儿子。郭徽在西魏末任同州司马，而当时杨坚父杨忠任同州刺史，是郭徽的上司。因这层关系，不但郭徽与杨坚交好，其子郭荣更是与之亲狎，情契极欢。杨坚利用其父关系结交的朋友不仅郭荣一人，在第一章第三节已经提到很多，此不再赘。

利用姻亲关系，是杨坚交友的又一种方式。杨坚是独孤信的女婿，仅这层婚姻关系，就使杨坚的交友得到极大便利。如渤海人高宾，在西魏大统六年（540）背离东魏归降，大司马独孤信深爱之，引为僚佐。后独孤信被杀，高宾为避疑忌，在家种竹植树、修舍建屋，以示无意于朋党之争②。后来，全家被徙往蜀地（今四川）。杨坚之妻独孤氏，因高宾是父之故吏，常常到他家看望。这样，杨坚便与高家结为友好。后来，高宾的儿子高颍，在杨坚辅政乃至称帝后，为他竭诚尽智，立下汗马功劳③。除了高颍之外，杨坚通过与独孤氏的姻亲关系所结之友还有许多，在第一章第三节中已有记述，此不再赘。除了与独孤氏姻亲外，杨坚还通过儿女婚姻结交了不少人。北周旧臣王谊，功高名重，杨坚将自己的第五女嫁给王谊之子王奉孝，与王谊结成儿女亲家④。北魏宗室元孝矩，北周时任益州总管司马，转司宪大夫，杨坚重其门第，便娶其女为长子杨勇之妻⑤。陇西狄道人李礼成，北周时被封为冠军县公，任北徐州刺史、民部中大夫。李礼成的妻子死后，杨坚将自己的妹妹嫁给他，李礼成也与杨坚情契甚密⑥。

利用同窗之谊，是杨坚交友的第三种方式。杨坚年少时曾被送入太学，当时的太学是西魏宇文泰办的中央级的学府，进入太学学习的多为皇族子弟和勋臣之后，因此杨坚在太学中结识了不少人。郑译自小被宇文泰所亲，让他和自己儿子们朝夕相处，也曾被送入太学。《隋书·郑译传》载："高祖（指杨坚）与译（指郑译）有同学之旧，译又素知高祖相表有

① 《隋书》卷1《高祖纪》。
② 《周书》卷37《高宾传》。
③ 《隋书》卷41《高颍传》。
④ 《隋书》卷40《王谊传》。
⑤ 《隋书》卷50《元孝矩传》。
⑥ 《隋书》卷50《李礼成传》。

奇,倾心相结。"王谊之父任凤州刺史,因此也被送进太学。杨坚曾说过:"王谊在周时与我同窗共读,因此相亲相好。"可见王谊与杨坚也是同学。元谐与北魏皇帝同宗,世代贵盛,"少与高祖(指杨坚)同受业于国子,甚相友爱"①。博陵安平人崔仲方,"少好读书,有文武才干。年十五,周太祖(指宇文泰)见而异之,令与诸子同就学。时高祖(指杨坚)亦在其中,由是与高祖少相款密"②。可见杨坚在太学期间结交了不少人,并长时间保持着亲密关系。

在杨坚所结交的各类朋友中,有些是交往很深、无所顾忌的。榆林人庞晃,北周时为骠骑将军,袭爵比阳侯。卫王宇文直镇守襄州的时候,庞晃亦随从之。当时杨坚被任为随州刺史,在上任途经襄阳时,结识了庞晃。庞晃深知杨坚异于常人,深自结纳。后来杨坚离任回京,庞晃在襄邑迎接他,二人相聚,无所不谈。庞晃兴头所致,竟对杨坚说:"我看您相貌非常,必至大贵。将来登上帝位,不要忘了我。"杨坚任定州总管时,庞晃任常山太守,定州、常山都在今河北境内,两地相距不远,所以二人经常往来。后来,杨坚被改任亳州总管,认为这是朝廷不信任自己,便对庞晃表示了内心的愤闷。庞晃对杨坚说:"我们现在所领,乃是天下精兵,如果兴兵起事,天下唾手可得。"③庞晃所说的话,在当时都犯了朝廷大忌,若泄露出去,会招致杀头灭门之祸。如果不是与杨坚交情深笃,这些话是绝对不能轻易出口的。

友而不党,是杨坚与人交结的又一特点。杨坚交友,主要目的是为了在猜忌、争斗、倾轧的政治风云中求得自身的安全。从这个意义上说,少一个朋友,就少一层保护,多一个敌人,就多一分危险。这就使杨坚以最大的努力,寻求最广泛的结交。但杨坚所结交的这些人,只是与杨坚本人为友,而他们之间因种种不同而不可能交结很深。这就决定了他们只是一个以杨坚为中心的松散的朋友群,而不是一个利益攸关、共荣共枯的政治集团。

杨坚的朋友元谐曾对他说:"您现在无党无援,就像立在大水中的一堵墙,迟早要被冲塌。这太危险了。"④

元谐只说对了一部分。

杨坚确实无党,然而无党不见得危险,有党不见得安全。宇文护结党,最终落得被杀的结果;宇文直结党,最后也不免身亡的下场。杨坚无党,不受别人注意,不受别人株连,反而可以避过一次次政治风浪的冲击,比别人更安全些。

杨坚确实无党,然而无党不见得无援,当他面临宇文护迫害时,当他因相貌受猜疑时,

---

① 《隋书》卷 40《元谐传》。
② 《隋书》卷 60《崔仲方传》。
③ 《隋书》卷 50《庞晃传》。
④ 《隋书》卷 40《元谐传》。

当他受宣帝威胁时,都有朋友从各个方面给了他巨大的帮助。

杨坚在北周时,所处的政治环境是险恶的,然而,也是这种环境玉成了他。为了在这种环境中安身立命,他采取韬光匿迹、广交深结等手段,为自己构筑了一道由朋友组成的保护层。这些人在杨坚尚无政治野心时是一个松散的朋友群,在杨坚想在政治上有所作为时,便成了支持他的强大势力。

第三章
禅代主角

第一节 转折时刻

从大前疑、扬州总管到假黄钺、左大丞相,杨坚完成了他一生中的一步重要转折。

《周书·宣帝纪》载:

> 五月己丑(即五月初五日),以上柱国、大前疑、隋国公杨坚为扬州总管。甲午夜(即初十日),帝备法驾幸天兴宫。乙未(即十一日),帝不豫,还宫。诏隋国公坚入侍疾。甲辰(即二十日),有星大如三斗,出太微端门,流入翼,声若风鼓幡旗。丁未(即二十三日),追赵、陈、越、代、滕五王入朝。己酉(即二十五日),大渐。御正下大夫刘昉,与内史上大夫郑译矫制,以隋国公坚受遗辅政。是日,帝崩于大德殿。

《隋书·高祖纪》对杨坚入朝辅政的经过则是另一种记载:

> 大象二年五月,以高祖(即杨坚)为扬州总管,将发,暴有足疾,不果行。乙未(即五月十一日),帝崩。时静帝幼冲,未能亲理政事。内史上大夫郑译、御正大夫刘昉以高祖皇后之父,众望所归,遂矫诏引高祖入总朝政,都督内外诸军事。周氏诸王在藩者,高祖悉恐其生变,称赵王招将嫁女于突厥为词以征之。丁未(即五月二十三日),发丧。庚戌(即五月二十六日),周帝拜高祖假黄钺、左大丞相,百官总己而听焉。

大前疑是北周官名,虽为首席辅政大臣,然而毕竟是"臣",君臣之间的界线永远不可逾越。左大丞相便不同了,它是专为杨坚的特殊地位所设的官职,并明确规定了其"百官总己而听焉"的职权,虽然在名分上是臣,但离帝位只有咫尺之遥。

《周书》《隋书》都载了杨坚从大前疑到左大丞相的转变经过,但二者之间有很大不同。《周书》记载,周宣帝是五月十一日得病,五月二十五日病重身亡的。在此期间,杨坚做了入内侍疾、召回诸王、矫诏辅政等事。按照《隋书》的记载却是周宣帝五月十一那天即死,而杨坚是在周宣帝死后才入朝辅政的。

两种记载,哪个更近乎情理呢?

宋代大史学家司马光认为《隋书》记载是可信的。他认为,杨坚之所以能身居辅政之位,就是因为周宣帝死得太突然了,所以他能趁事变仓猝,别人无准备之机得逞。如果按《周书》所记,周宣帝五月十一日得病,二十五日死亡,总共十五天,在这么长的时间里,皇帝病重的消息,怎可能不泄露呢①?

但是,按《隋书》所载,有一些问题也不好解释:第一,周宣帝得病后,曾招太医下大夫姚僧垣为其诊治。姚僧垣是当世名医,他为宣帝诊治后,认为不可救药,便委婉地说:"我身蒙国家重恩,当为朝廷效力。但恐怕我技艺低劣,难以如愿。"当时宣帝点头表示理解。当姚僧垣为周宣帝诊治时,周宣帝还对旁边的杨坚说:"我今天的性命全都交给他了。"这说明周宣帝初病之时,神志还是清醒的,而杨坚又确实在旁边侍奉②。第二,后来,周宣帝病重,将刘昉、颜之仪召入内寝,准备嘱以后事。但当二人到来时,宣帝已昏迷不醒,不能说话。这说明宣帝的病有一个由轻渐重的过程,不是即日暴死。

除上述两点外,还有一个重要问题,如果杨坚一定要通过突发事件,以迅雷不及掩耳的速度取得辅政权,则说明杨坚觊觎帝位蓄谋已久,而且引起了别人的注意和提防。只有在这情况下,突发事变才是他实现政治目的稍纵即逝、不可多得的良机。但是,前面我们讲过,杨坚称帝之心不是蓄谋已久,他的韬光晦迹、广交深结不过是想取得自身生存的安全。事实上,就在周宣帝生病的前七天,杨坚出任扬州总管,还是通过宣帝的近臣郑译的帮助。他当时的心态,只想外出避祸,哪有把持朝政的非分之想?因此,杨坚的入朝侍疾,不会被人们看作异常之举,而且杨坚本人入朝之初,也不会有太多的异念。

但是入朝侍疾,毕竟是杨坚一生转折的契机。在侍疾时,杨坚看到了周宣帝病情一天天加重,听到了许多要他辅政的劝说,感觉到有大权旁落的危险,意识到自己面临着一个重大决择。

从寻求外出避祸,到萌生辅政之念,进而下定决心,这是一个过程。这个过程不可能一天完成,因此,十五天不能算长。

十五天,杨坚经历了心理上的剧变。十五天,杨坚完成了地位上的转折。

杨坚心理及地位的剧变表现为十五天的过程,而孕育这场剧变,使其从胚胎到成熟,则需要更长的时间。

《隋书·庞晃传》记载了杨坚这样几件事:

> 时高祖(指杨坚)出为随州刺史,路经襄阳,卫王令晃(即庞晃)诣高祖。晃知高祖非常人,深自结纳。及高祖去官归京师,晃迎见高祖于襄邑。高祖甚欢,晃因白高祖曰:"公相貌非常,名在图录。九五之日,幸愿不忘。"高祖笑曰:"何妄言也!"顷之,有

① 《资治通鉴》卷174《陈纪八·高宗太建十二年》;《考异》曰:《周帝纪》:"乙未,帝不豫,还宫,诏坚入侍疾。丁未,追五王入朝。己酉,大渐,昉、译矫制以坚受遗辅政。是日,帝崩。"按坚以变起仓猝,故得矫命当国。若自乙未至己酉,凡十五日,事安得不泄?今从《隋帝纪》。

② 《周书》卷47《艺术列传·姚僧垣传》。

一雄雌鸣于庭,高祖命晃射之。曰:"中则有赏。然富贵之日,持以为验。"晃既射而中,高祖抚掌大笑曰:"此是天意,公能感之而中也。"因以二婢赐之,情契甚密。武帝时,晃为中山太守,高祖为定州总管,屡相往来。俄而高祖转亳州总管,将行,意甚不悦。晃因白高祖曰:"燕、代精兵之处,今若动众,天下不足图也。"高祖握晃手曰:"时未可也。"

杨坚任随州刺史,是在武帝即位初;任定州总管,是在武帝统一北方后。从以上记载看,似乎杨坚早在周武帝时就有称帝代周之意。事实上,这是绝对不可能的。

周武帝即位之初,尚未亲政,掌握朝中大权的是宇文护。宇文护对杨坚的猜忌已见前述,此时,杨坚正竭力避免受害,不可能有代周的企图。

周武帝统一北方后,杨坚是否产生了代周的想法呢?这同样是不可能的。因为周武帝统一北方后的形势,不容易使别人对周之天下产生觊觎之心。我们先看看北方统一后的形势。

577年,北周灭掉北齐,结束了中国北方东西分裂的局面。北方统一后,周武帝的地位发生了两个变化。

第一,关陇集团对周武帝的首领地位更加认同。所谓关陇集团,是进入关中的六镇鲜卑与以关中大族为主体的北方世族相结合的政治群体。这种结合在形式上表现为鲜卑化的特点。如西魏时宇文泰在军事上实行的八柱国制度,就是以拓跋鲜卑进入中原以前的八部制度为蓝本。西魏恭帝元年(554),又规定以诸将中功高者为拓跋鲜卑最早的三十六个部落首领的后代,功劳略低者为鲜卑九十九个大姓的后代,一律改从其姓。这样,军队中的六镇鲜卑将领之外,具有汉人姓氏的将领也被赐予鲜卑姓。如八柱国、十二大将军中,李虎改姓大野,李弼改姓徒何,赵贵改姓乙弗,杨忠改姓普六茹,王雄改姓可频等。如果说鲜卑化是关陇集团中鲜卑与汉人结合的形式,那么,先进的汉族文化则是二者结合的深层次的纽带。早在关陇集团形成之初,宇文泰就十分注重以汉族文化治国。他特别厚遇汉族著姓卢辩,朝廷大议,常常让他参预意见。当时西魏初建,"朝章礼度,湮坠咸尽。辩(指卢辩)因时制宜,皆合轨度。性强记默契,能断大事,凡所创制,处之不疑"[①]。另一个汉族士人苏绰,也向宇文泰提出六点建议:一、先治心。二、敦教化。三、尽地利。四、擢贤良。五、恤狱讼。六、均赋役。其中先治心、敦教化所体现的汉族文化的特点犹为突出。先治心说:

是以称治民之本,先在治心。其次又在治身。凡人君之身者,乃百姓之表,一国

---

① 《周书》卷24《卢辩传》。

之的也。表不正，不可求直影；的不明，不可责射中。今君身不能自治，而望治百姓，是犹曲表而求直影也；君行不能自修，而欲百姓修行者，是犹无的而责射中也。故为人君者，必心如清水，形如白玉。躬行仁义，躬行孝悌，躬行忠信，躬行礼让，躬行廉平，躬行俭约，然后继之以无倦，加之以明察。行此八者，以训其民。是以其人畏而爱之，则而象之，不待家教日见而自兴行矣。①

敦教化说：

　　夫化者，贵能扇之以淳风，浸之以太和，被之以道德，示之以朴素。使百姓蠢蠢，中迁于善，邪伪之心，嗜欲之性，潜以消化，而不知其所以然，此之谓化也。然后教之以孝悌，使民慈爱；教之以仁顺，使民和睦；教之以礼义，使民敬让。慈爱则不遗其亲，和睦则无怨于人，敬让则不竞于物。三者既备，则王道成矣。此之谓教也。先王之所以移风易俗，还淳反素，垂拱而治天下以至太平者，莫不由此。此之谓要道也。②

　　我们之所以不厌其烦地援引大段原话，是为了使人们更具体地了解六条建议的汉族文化的特点。这些讲究修身化人、治国家、行王道的思想，却被出身六镇鲜卑的宇文泰奉若神明，将其变为六条诏书，令百官习诵，不懂得这六条诏书的，不准做各级地方行政长官。汉人能够接受鲜卑习俗，鲜卑能够接受汉族文化，这种奇特现象，说明关中大族欲借鲜卑之力实现自己的政治理想，鲜卑欲借汉族文化巩固自己统治的双重需要。鲜卑化的形式和汉族文化的内容，是关陇集团中胡汉结合的最佳方式。周武帝灭掉北齐，是北周的胜利，是关陇集团的胜利，它显示了上述结合的强大力量。周武帝作为关陇集团的最高首领，受到这个集团中胡、汉各方的信任和拥戴。

　　第二，关东大族对周武帝统治北方的权力持服从和拥护态度。关东大族指北齐境内的北方世族。早在北魏末尔朱氏、高氏执政时，就出现了"代人为党""排毁朝俊"、压抑汉人的现象。例如修撰史书，北魏历朝都由汉人担任，邓渊、崔深、崔洪、高允、李彪、崔光等人相继担任史官。而到了北魏末，鲜卑人綦儁、山伟对当时的权臣元天穆、尔朱世隆说，史书应由代人修撰，不宜交给别人。从此，綦儁、山伟修史大权在握，但由于文化的缺乏，功力上的不足，只是守旧而已。史书上说："故自崔鸿死后，迄终伟（指山伟）身，二十许载，时事荡然，万不记一。后人执笔，无所凭据，史之遗阙，伟之由也。"③至东魏、北齐时，汉人的

① 《周书》卷23《苏绰传》。
② 《周书》卷23《苏绰传》。
③ 《北史》卷50《山伟传》。

地位更加下降,被称为"汉小儿""一钱汉"。《北史·薛修义传》记载了这样一件事:高欢想加大晋州城,被中外府司马房毓劝阻。后来,高欢在沙苑大败,准备放弃晋州,河东大族薛修义劝谏说:"如果晋州失落,定州也保不住。"高欢怒冲冲地埋怨道:"都是你们当初不让我扩建晋州,致使我现在无处可去。"薛修义当下便请求把守晋州,并说:"如果失守,愿受诛杀之罚。"这时,鲜卑人斛律金对高欢说:"让这个汉小儿去守,不过要收其家中人口作为人质,也不要给他兵马。"①汉人主动请缨把守城池,还要留下家小为人质,可见世族在北齐政治地位并不高。北周武帝东伐,攻下北齐晋州后,曾下诏书说:"伪齐的将相王公望族世家中,如果有深识时务、愿为大周建功立效者,要使他们有官爵之荣、封赠之赏。"攻下并州后,周武帝又下诏说:"山东的缙绅之家,河北的武骑之士,只要有可称举之处,全都要加以录用。"灭掉北齐后,关东士族高门的十八名代表人物,又被周武帝召入关中,加以任用。这十八个人是:阳休之、袁聿修、李祖钦、元修伯、司马幼之、崔达拏、源文宗、李若、李孝贞、卢思道、颜之推、李德林、陆义、薛道衡、高行恭、辛德源、王劭、陆开明。由于周武帝对北齐的大族及士人采取优待政策,所以北齐的士人并不把亡国看成奇耻大辱,反而认为是自己效命明主发挥才干的转机。当北周军攻下北齐国都邺城后,北齐的国子博士熊安生却命人洒扫门庭,迎接贵宾。家人都感到奇怪,问贵宾是谁。熊安生说:"周武帝重道尊儒,这次入城一定来见我。"果然,周军入城后,周武帝亲临熊安生宅,并免去他的拜跪之礼,拉着他的手一起入座。熊安生的心态,典型地反映出北齐境内的高门大族及汉族士人对周武帝的拥戴之情。

综上所述,周武帝统一北方以后,得到了关陇集团及北方大族的一致拥戴,地位十分巩固。周武帝励精图治,秣马厉兵,准备进而统一全国,北周政治如日中天,呈积极向上趋势。作为关陇集团的一员,杨坚此时怎能产生代周之意呢?所以杨坚与庞晃的对话,只能视为好友之间无所禁忌的戏言而已。

杨坚思想上的变化,应该孕育于北周政治的转变时期。而北周政治的转变,恰恰始于北周武帝的病逝。

578年六月,年仅三十六岁的北周武帝英年早逝。他的儿子宇文赟即位,是为周宣帝。周宣帝完全不像他的父亲,他"摈斥近臣,多所猜忌。又吝于财,略无赐与。恐群臣规谏,不得行己之志,常遣左右密伺察之,动止所为,莫不钞录。小有乖违,辄加其罪"②。他即帝位后,做了三件使关陇集团和北方世族感到失望的事。

第一件是诛杀王轨。王轨是太原祁人,太原王氏是关东大族,东西魏分裂,王轨随父

---

① 《北史》卷53《薛修义传》。
② 《周书》卷7《宣帝纪》。

王光入关,深受宇文泰重用。周武帝时,王轨被引为心腹,委以重任。周武帝亲政后,王轨又转为内史中大夫,加授开府仪同三司,又拜上开府仪同大将军,封上黄县公。在灭北齐的战役中立有战功,被进为上大将军,封为郯国公。王轨虽为关东士族,但很早就随其父入关,这种人在史学界被称为"入关房支"。刘驰曾写过一篇文章,名为《山东士族入关房支与关陇集团的合流及其复归》,对入关房支与关陇集团和山东士族的关系做如下论述:

> 在西魏、北周时期,入关房支一直是作为关陇集团的成员,参预着政权的各项工作,与最高统治者保持着极密切融洽的关系。在北方统一后,这种情况逐渐发生变化。由于从北魏分裂到北方重新统一不过四十多年,对于有崇尚宗族与婚姻关系传统的山东士族来说,无论是宗族关系还是婚姻关系都并未疏远。因此,一旦人为的疆界隔离消失,宗族血缘关系立刻得到恢复,这样,入关房支就兼有了双重身份,既是关陇集团的成员,又是山东士族的组成部分。①

王轨正是这样的入关房支,所以,当他被周宣帝杀害时,引起了关陇集团和山东士人的普遍同情②。颜之仪听说宣帝要杀王轨,犯颜固谏,几乎被杀。元岩见颜之仪劝谏无效,便又进入宫内,摘掉巾帽,跪在地上,一边叩头一边为王轨讲情。宣帝对他怒喝道:"你这样做,是不是与王轨同党?"

元岩答道:"臣并非王轨同党,只是怕陛下滥诛滥杀,失天下人之望。"

宣帝更加恼火,让宦官搧了元岩一顿嘴巴,又将他罢官撤职。元岩与北魏皇族同宗,而且与勃海人高颎、太原人王韶关系密切。颜之仪是山东琅邪人。他们对王轨之死的态度,反映了关陇集团及山东士人的情绪。

第二件是诛杀宇文宪。宇文宪是周武帝的弟弟,是关陇集团中的重要成员。他在周武帝即位之初虽不被信任,但后来与武帝破并州,占邺城,屡立奇功,被誉为智勇冠世、攻战如神的帅才。周宣帝即位后,忌其功高权重,要宇文孝伯协助除掉他。宇文孝伯说:"先帝有遗诏,不许滥杀骨肉兄弟。齐王(指宇文宪)是陛下的叔父,戚近功高,是社稷的栋梁重臣。陛下如果轻易杀戮,我又顺旨曲从,那么我就是不忠之臣,陛下也是不孝之子。"宣帝不听,将宇文宪及其五个儿子全部杀害。

第三件是排斥王谊。王谊祖居代北武川,其父王显,西魏初任宇文泰帐内都督,以后

---

① 见《北朝研究》1991年下半年刊。

② 《周书·王轨传》载;王轨之死,"天下知与不知,无不伤惜"。

升迁为开府仪同三司、光禄卿、凤州刺史、大将军。王谊少年慷慨，胸有大志，周武帝即位时，迁为内史大夫，封爵杨国公。周武帝伐齐，攻入并州州府后，受到北齐军的反攻，部队伤亡极重，全靠王谊率所部杀退敌人，保全了周武帝。当时，周武帝见部队伤亡惨重，有退兵之意。王谊极力劝阻，要武帝乘胜进军。北周一举灭齐，统一北方，王谊有很大功劳。周武帝对王谊非常看重，临死前对太子宇文赟说："王谊是社稷之臣，应该将国家重要之事委派给他，不要让他远离朝廷，做地方长官。"但宇文赟即位后，认为王谊为人刚正，有碍其纵欲寻欢，便把他挤出朝廷，到襄州（治所在今湖北襄樊）任总管。

王轨、宇文宪、王谊都是关陇集团中的重要成员，并且与北方士族有密切的联系，他们在宣帝朝的遭遇，引起了关陇集团和北方士族中许多人的同情。本来，周武帝以其英才武略，在关陇集团和北方士族中确立了最高首领的地位，成了他们借以实现政治理想的寄托和依靠。而他的不肖之子宇文赟与其父之间的巨大反差，使士人们感到深深的失望。南阳人乐运，叫人抬着棺材，来到朝中，指出宣帝的八条过失，犯颜劝谏。他的做法，说明对宣帝改弦更张仅存极微的希望。更有彻底绝望者，干脆离开朝廷，明哲保身。河东大族柳机，时任御正上大夫，他见宣帝失德，屡谏不听，恐怕招来祸患，便托宠臣郑译帮忙，出外做了华州（治所在今陕西华县）刺史。

宇文赟的昏庸，使皇帝丧失了对关陇集团及北方士族的凝聚力。对周宣帝的失望，使很多人不得不寻找新的依靠和寄托。这种变动使杨坚处于一种新的位置，他是皇后之父，又身居大前疑之位，很多人因其位高望重开始深结于他。一些昔日的朋友也开始对他寄予政治上的希望，松散的朋友群体越来越趋于政治团体化。

杨坚也深切地感受到了北周政局的变化。大象元年（579）五月，周宣帝分封五国，封叔父宇文招为赵王、宇文纯为陈王、宇文盛为越王、宇文达为代王、宇文逌为滕王，并让他们各赴其国。杨坚知道后，便对好友宇文庆说："天元大皇帝（指周宣帝）治国没有功德，我看其相貌也不是个长寿之人，再加上他法令繁苛，耽恣声色，恐怕不会久长。如今宗室亲戚力量微弱，又让他们各自赴国，这不是深根固本的大计。这样做就好像鸟儿拔掉羽翮，怎能飞得远呢？现在朝中，尉迟迥是皇亲，且很早就有声望，如果国家有变，此人必定作乱。然而此人智量庸浅，子弟轻佻，贪而少惠，终致亡灭。还有一个司马消难，是个反覆多变之徒，不甘久居人下，也要生变。然而此人轻薄无谋，不能为害，不过落个身逃江南的结果罢了。四川地势险要，王谦恐怕也要据以为乱。但他素无筹略，不足为虞。"①在一个风清月明之夜，杨坚与好友郭荣饮酒畅谈，对郭荣说："我仰观天象，俯察人事，发现周朝的历

---

① 《隋书》卷50《宇文庆传》。

数已尽，我大概要取而代之了。"①

上面这两段话，虽然都被记载在史书上，但其可信程度并非百分之百。杨坚对宇文庆讲的那番话，是在杨坚称帝以后，宇文庆作为回忆写下来献给杨坚的。当时三方之乱已经平定，尉迟迥、王谦兵败身亡，司马消难只身南逃。所以这段话的后半部，显然是宇文庆为吹捧杨坚料事如神所编造，因此，这段话只有前半部分可信。杨坚与郭荣的谈话也是如此，其中要取周位而代之的话，就不符合当时杨坚的心理状态。尽管如此，以上两段话还是真实地反映了杨坚为政局变化及北周前途而担心的心态。他的这种心态是很正常的，因为他是关陇集团的成员，北周的命运关系到关陇集团的荣衰。他是北周皇帝的外戚，北周皇帝将来姓什么，关系到他地位的高下。

最使杨坚感到难受的是，他虽然清醒地意识到周朝的气数将尽，却无可奈何。如果这种无奈是由于无力回天也无可遗憾，但偏偏杨坚觉得是回天有力，进言无门。他自己正受着宇文赟的猜忌，不知什么时候就会落得身首异处的下场。周朝的覆灭还要经过一些时日，而杨坚的杀身之祸却迫在眉睫。"我要杀掉你们全家"，宇文赟对杨坚女儿说的这句话始终在杨坚的耳鼓里回荡。为了免遭祸害，杨坚请郑译帮忙，谋了个扬州总管的职务，准备暂时避一避风头。

正当杨坚收拾行装、准备赴任的时候，宫中传出了宣帝宇文赟生病的消息。杨坚立刻意识到：北周已经走到了它旅途中的十字路口。如果宣帝只是偶感风寒，经过几日用药和调养，皇帝龙体康复，北周可依旧维持。如果宣帝病重，如有不测，年仅八岁的静帝必定不能独撑局面。谁能出来辅佐幼主呢？这个人的政治态度如何？他有没有像周武帝那样的对关陇集团和北方士族的凝聚力？杨坚决定暂时不赴任扬州，留下来观察局势的发展。他向朝廷上了一个奏章，说自己突然得了脚病，行动不便，将到扬州赴任的日期推迟。

这一次周宣帝病得果然不轻，朝中最有名的御医姚僧垣诊脉之后，告诉侍疾的近臣说，皇帝症候危殆，必不全济。这个结论若是出于一般御医，尚有误诊的可能，而姚僧垣下此结论，则无可置疑，谁都知道他断病如神。

当时周宣帝身边的近臣，有小御正刘昉、御正中大夫颜之仪、内史上大夫郑译、御饰大夫柳裘、内史大夫韦谟、御正下士皇甫绩。这几个人除颜之仪外，都是杨坚的好友。事情非常清楚：宣帝病入膏肓，复元无望，归天只在早晚，静帝只有八岁，尚属垂髫小童，必须有一位权重名高者入内侍疾。刘昉、郑译、韦谟、皇甫绩、柳裘等人决定让杨坚入内。

在皇帝病重时被召入宫内侍疾，杨坚深知这意味着什么。尽管他想到过宣帝的不测，想到过北周的将来，甚至想过辅政大臣应该是谁，但事情落到自己头上，则未免有些思想

---

① 《隋书》卷50《郭荣传》。

准备不足。眼看宣帝的病情一天天恶化,刘昉等人终于向杨坚提出了辅政的问题。杨坚没有马上答应,他要仔细地权衡一下利害。杨坚的弟弟杨瓒听到此事后,对杨坚说:"做隋国公都怕难保自身,为什么还要做使宗族诛灭之事呢?"①尽管这个弟弟平时与杨坚不和,但他还认为杨瓒的话有几分道理。更重要的是杨坚对支持自己辅政的政治力量究竟有多大还没有充分把握,他怎能贸然答应呢?

柳裘见杨坚犹豫不决,便对他说:"时不可再,机不可失。如今事已如此,应该早定大计。俗话说:天与不取,反受其咎。如果再拖延不决,恐怕只有后悔的份了。"杨坚认为柳裘说得很有道理,但仍没最后答复。最后,刘昉忍不住了,他给杨坚下了最后通牒:"您要打算辅政,就赶快答应;如果您不想辅政,那我要做辅政大臣了。"②

刘昉的最后通牒将杨坚深深刺激了一下,使他顿时明白了许多。刘昉何许人也,杨坚清清楚楚,这种人辅政,别说天下人,就是杨坚自己也感到意气难平。与其别人,不如自己,这是刘昉的最后通牒在杨坚心中激起的最强烈的反映。他答应了刘昉等人的辅政要求,决心在北周的政治舞台上演一演主角。

---

① 《隋书》卷 44《滕穆王瓒列传》。
② 《隋书》卷 38《刘昉传》。

第二节　矫诏辅政

580年阴历五月二十日,夜色如墨。漆黑的夜空中,无数颗星星疲惫地眨着眼睛,似乎看腻了人间万象。忽然,正南方向出现一颗巨大的流星,大若三斗之器,在夜空中急驰而过。它流经过的地方,瞬间闪出一道青白色的轨迹,好像在漆黑的夜幕上划了一道巨大的口子。青光闪过之后,便出现一阵扑扑啦啦的怪响,像劲风鼓动着千面幡旗。这一切自然逃不出日夜观测天象的星官们的眼睛。他们将这一现象记录下来,经过占卜,最后写下了九个字:"有立王,若徙王,国失君。"接着,人间便发生了追赵国、陈国、越国、代国、滕国的五位诸侯王进京、隋国公杨坚受遗诏辅政、周宣帝崩于天德殿三件事,应了星官占出的九个字。

以上情节并非作者杜撰,它出自于《隋书·天文志》。

当然,并不是凡写入书中的都是事实,凡白纸黑字都可信。像《天文志》中类似的记载,将天象附会于人事,自然显得荒诞、离奇、牵强。

然而,荒诞、离奇的记载往往隐寓着可信的事实。上述《天文志》中,为什么在五月二十日这一天大作文章? 为什么将这一天的现象作为立王、徙王、君亡的象征?

五月二十日,周宣帝染病已经十天,离死亡只有五天的时间,可见病情已经相当严重。

五月二十日,杨坚入宫侍疾已经十天。十天来,他亲眼看到周宣帝病势的发展,不能不考虑宣帝以后的事。十天来,他听到了关于他辅政的各种意见,有支持的,也有反对的。

五月二十日,是杨坚最后决心登辅政之位的日子,这是我们从《天文志》记载中发现的事实。

这事实是可信的。因为从此以后,史书上关于杨坚的所有记载,都是他辅政期间所采取的措施。杨坚辅政所采取的第一个措施,就是控制北周宗室。

杨坚辅政,不同于北周初的宇文护。宇文护辅政,是名副其实的受先帝遗诏,而杨坚辅政,则是刘昉、郑译等人造的假诏旨。宇文护是宇文泰的亲侄,是皇帝的宗亲,即使是当了皇帝,也没改变宇文姓氏。而杨坚是外戚外姓,如果做了皇帝,天下就是杨家的了。所以杨坚辅政,最大的阻力可能来自北周宗室。

当时北周宗室中,权重位高影响大者有这样几个人:

周宣帝的叔叔宇文招。宇文招字豆卢突,自幼聪颖,博览群书,有文才,好填词写诗,文风效法当时的大诗人、文学家庾信。西魏末,宇文招被封为正平郡公。北周初,又被进封为赵国公,相继任过柱国、益州总管、大司空、大司马等职。周武帝时,宇文招又进爵为王。周武帝第一次伐齐,宇文招担任后三军总管。灭齐战役中,宇文招奉命率步骑一万出华谷,进攻北齐汾州。因在战役中有功,又迁为上柱国。周武帝末,又拜为太师。周宣帝大象元年(579)，下诏以洺州襄国郡(治今河北邢台南)万户邑为赵国，命宇文招就国赴任。

周宣帝的叔叔宇文纯。宇文纯字堙智突，北周初封为陈国公。周武帝保定年间(561—565)，先后任过岐州刺史、开府仪同三司、柱国、大将军、秦州总管、陕州总管等职。建德三年(574)进爵为王。周武帝第一次伐齐，宇文纯为前一军总管。灭齐战役中，宇文纯为前一军，率步骑兵二万人守千里径，阻击北齐援助并州的军队，配合主力进攻并州。并州平后，进位为上柱国、并州总管。以后，又迁为雍州牧、太傅。周宣帝大象元年(579)，下诏以济南郡(治今山东济南)万户邑为陈国，命宇文纯赴国就任。

周宣帝的叔叔宇文盛。宇文盛字立久突，北周初封为越国公。周武帝时被进爵为王。建德四年(575)，周武帝第一次东伐，宇文盛任后一军总管。灭齐战役中，宇文盛率军连克北齐数城。北齐平后，任相州总管，以后又任大冢宰。周宣帝时迁为大前疑，又转为太保。大象元年(579)，周宣帝诏以丰州(治所在今湖北均县西)武当、安富二郡的万户邑为越国，令宇文盛就国赴任。

周宣帝的叔叔宇文达。宇文达字度斤突，性格果敢勇决，长于骑射。北周初年，封为代国公，后拜为大将军、右宫伯、左宗卫。周武帝亲政后，进位为柱国，又任荆、淮等十四州诸军事、荆州刺史。建德三年(574)，进爵为王，出任益州总管。宇文达生活俭朴，饮食不尚奢华，不讲究排场。左右侍姬不过数人，穿戴皆很朴素。宇文达也不像其他人那样营求资产，家中没有积蓄。左右曾劝他不要这般清苦，他说："君子忧道不忧贫，何必整日为积财而劳心费神呢！"宇文达在生活上的通达，很为当时社会舆论称道，在士人中影响很大。周宣帝大象元年，以潞州上党郡(今山西长治北)中的万户邑为代国，令宇文达赴任就国。

周宣帝的叔叔宇文逌。宇文逌字尔固突，自幼喜爱经史，会作文章。北周初封为滕国公，后拜为大将军。周武帝亲政后，进位为柱国，后进爵为王。建德六年(577)，宇文逌任行军总管，与宇文宪一起征讨稽胡，因战功升为河阳总管。宣政元年(578)，又进位为上柱国。大象元年(579)，周宣帝诏以荆州新野郡(治今河南新野)万户邑为滕国，令宇文逌就国赴任。

周宣帝的弟弟宇文赞，字乾依。武帝初封为汉国公，建德三年(574)进爵为王。周宣帝末年，任上柱国、右大丞相。

周宣帝的弟弟宇文贽，字乾信。武帝初封为秦国公，建德三年进爵为王。周宣帝末年，任上柱国、大冢宰、大右弼。

周宣帝的叔伯兄弟宇文贤，字乾阳。武帝初封为毕国公，建德三年进爵为王。任过华州刺史、荆州总管、柱国。武帝末，入为大司空。周宣帝时，进位为上柱国、雍州牧、太师。

上述皇族宗室，都与皇帝血缘关系极近，他们有的是地方上的诸侯，有的在朝中握有实权。杨坚辅政后，对他们采取了三种办法。

首先是削弱诸侯王的实权。大象二年(580)五月二十三日,杨坚以周宣帝病重为由,将赵、陈、越、代、滕五王从领地召回朝中。名为征召,但就陈王宇文纯回朝的经过看,早已失去了征召二字所表达的含义。征宇文纯回朝,是杨坚派自己的亲信崔彭去执行的。崔彭带着两名骑兵,在离陈国三十里的地方停下来,假称有病,住在驿站中,然后派人进入陈国,对宇文纯说:"崔彭奉天子诏书至陈,不料病在途中,不能支撑着前来,希望国王能屈身前往。"宇文纯对来人的话半信半疑,为防意外,便带了许多随从来到崔彭的住所。崔彭出门迎接,见到陈王带来这么多随从,立刻察觉出陈王对他的疑心,意识到陈王是不会轻易随他回朝的。崔彭决定采取迂回战术,没有马上宣读诏书,而是诡密地对陈王说:"今上病重,特有一道密诏相宣,王可摒退左右。"

宇文纯听后,便示意随从们退至远处。

崔彭又说:"我这就宣诏,请王下马。"

宇文纯的身子刚刚离开马鞍,崔彭便对一同前来的骑士说:"陈王不服从征其回朝的诏书,将他绑起来!"

两个骑士左右齐上,将宇文纯捆了个结实。

崔彭掏出诏书,大声对宇文纯的随从喊道:"陈王有罪,我奉诏召其入朝,左右不得擅动,否则以抗旨论罪!"[①]

众随从惊愕不已,但不敢抗旨,只得退去。崔彭回朝复命,受到杨坚的奖掖和提拔。

五个在朝外的诸侯王被陆续征回朝中,离开了积谷屯兵的领地,只有国王虚名,失去了实际权力。自被征入朝中至死,他们再没能回过封地一次。

其次是架空皇帝宗亲的地位。周宣帝的弟弟宇文赞是周武帝的皇后李娥姿所生。周武帝有两个皇后,一个姓阿史那,是北方突厥人;一个姓李,是南方楚人。前者生了周宣帝,后者生了宇文赞。周武帝的七个儿子,只有这两个人的母亲贵为皇后,宇文赞在众弟兄中的地位可想而知。杨坚辅政后,为顺和人心,并没有立即改变宇文赞的尊贵地位,而是进其位为上柱国、右大丞相。但杨坚是左大丞相,因为有百官听命于左大丞相的规定,所以右大丞相实为虚名,只是杨坚对宇文赞外示尊崇而已。杨坚辅佐新皇帝,宇文赞虽然也居禁中,与杨坚同帐而坐,实际上只是个摆设。后来,连这个摆设杨坚也觉得多余,便和刘昉商量出一个办法,客客气气地将宇文赞请了出去。一天,刘昉将几个家妓打扮得漂漂亮亮的,进献给宇文赞,宇文赞非常高兴,连连称赞刘昉的忠心。趁着宇文赞高兴,刘昉假装为他出主意,对他说:"大王是先帝之弟,众人都对您寄予厚望。现在天子这样小,怎能担当大事!将来全都靠您了。然而现在情况很糟,先帝刚刚驾崩,人心纷扰不定,万一危

---

① 《隋书》卷54《崔彭传》。

及到您,大周的将来便无所靠。不如您暂时回家养尊,让左丞相稳住局势以后,您再入朝作天子,这才是万全之计。"当时不满二十岁的宇文赞,哪里看得出刘昉甜言蜜语后面的真情,还真以为刘昉为他出了个好主意,便欣然接受,回家去做皇帝梦去了①。

最后是杀掉威胁最大的皇帝宗亲。周宣帝的叔伯兄弟宇文贤,性格强悍,有威信,有谋略。他看出了杨坚辅政的结果是使宗社倾覆,江山改姓,便谋除掉杨坚,不料谋泄,反被杨坚杀掉。这次与宇文贤合谋的,还有被召回京师的五王,但杨坚怕此时杀人太多,人心不安,便只将宇文贤杀掉,其他五人不但不问,还给予很高的待遇。

通过以上手段,杨坚把北周宗亲牢牢地控制起来。

杨坚辅政的第二个措施,是立严威以慑服朝臣,施恩惠以取得人心。杨坚取得辅政地位,主要得益于一系列偶然事件。清朝人赵翼曾说:"古来得天下之易,未有如隋文帝者,以妇翁之亲,值周宣帝早殂,结郑译等,矫诏入辅政,遂安坐而攘帝位。"②杨坚取得辅政之位也确实太容易了,比起秦皇、汉祖,他缺乏身经百战的武威;比起嗣位之君,他又没有父子世袭的名份。这就使他不得不花费很大气力去做树威施恩的工作。

大象二年(580)五月二十五日,周宣帝走到了他生命的尽头。刘昉、郑译等人在周宣帝弥留之际,匆匆为他拟好了委托杨坚辅佐幼主的诏书。周宣帝刚一咽气,刘昉、郑译等人立即找到颜之仪,要他在诏书上署名。按照当时的情况,周宣帝已不可能签署诏书,只有他身边的近臣联名签署,才能证明诏书不假。颜之仪看过诏书,一口回绝。他对刘昉等人说:"主上刚刚仙去,嗣子年纪尚小,辅政之任,应该交给宗室中才力过人者。如今宗室中,赵王的年龄最长,论血缘,论德才都应让他来承当。你们当初都受先帝重恩,当思尽忠报国,怎能将国家重位交给旁人? 如果你们一定逼我签署,我只有一死,决不能蒙蔽先帝。"③刘昉等人见此,不敢再逼,只得捉刀代笔,替颜之仪在诏书上署名。

诏书虽是假的,因刘昉、郑译等人从中捣鬼,却也产生了真诏书的效力,它为杨坚辅政拉起一面人人见而畏之的大旗。诏书有了,但还缺少皇帝的符玺。索要符玺,还得找颜之仪。不料颜之仪义正词严地说:"符玺乃天子信物,自有保管它的人,宰相为什么索要呢?"杨坚闻听此言,不由大怒:天下竟有这等不识时务的人,三番五次与我作对! 杨坚恨不得立刻将颜之仪拉出斩首,但转念一想,觉得他声望甚高,杀之于己不利,便将他贬出朝廷,作西疆郡太守去了。杨坚对颜之仪的处理是很谨慎稳妥的,在当时起码收到三个积极效果:第一,取到了要索取的符玺。第二,罢免颜之仪,向众人显示了自己不可冒犯的威严。第三,显示了他对士人的宽容,进一步取得了汉族士人的拥护。为了进一步使朝臣们畏

---

① 《隋书》卷38《刘昉传》。

② 《廿二史札记》卷15《隋文帝杀宇文氏子孙》。

③ 《周书》卷40《颜之仪传》。

服,杨坚又与卢贲一起策划了"正阳宫事件"。卢贲是涿郡范阳人,为北方大姓望族。北周武帝时,卢贲任司武上士。司武上士是大司武的属官,其职责就是帮助大司武总理宫廷宿卫军事务。杨坚辅政以后,卢贲仍掌管着宫廷宿卫军。一天,杨坚把所有朝中公卿召集起来,对他们说:"我要带你们去一个地方,想求富贵的,随我来。"朝臣们不知杨坚要干什么,他们三三两两,交耳私语,不知该如何行动。有的人想跟着去,也有的人想离开。正当众情纷扰、莫衷一是之际,卢贲按着杨坚的授意,领着全副武装的宿卫军士将公卿们的退路堵得严严实实,众人立刻明白了:除了跟杨坚走别无选择。杨坚走在前面,众公卿尾随其后,卢贲率领宿卫,一行人出了崇阳门,直奔正阳宫。正阳宫是北周的东宫,是静帝的居寝处。在宫门外,杨坚一行被守门宿卫拦住。卢贲走上前,对守门者瞋目大斥道:"左大丞相有要事进宫,敢拦者杀无赦!"宿卫们吓得赶紧退开,杨坚率众人大摇大摆地走进宫中。杨坚通过"正阳宫事件"向朝臣们证明:他能在宫中畅行无阻,宫中对他无禁地可言。他向朝臣们再一次显示了其至高无上的权力[1]。

杨坚辅政后,在政治方面革除周宣帝的苛酷之政,以进一步取得人心。一个最突出的措施,就是删略旧刑律,颁行《刑书要制》。周武帝统一北方后,欲施轻典于新国,于建德六年(577)颁布《刑书要制》。周宣帝即位后,日益荒淫,又不愿听臣下对其批评劝谏,便密织刑网,大行诛杀。他把《刑书要制》的律条大肆增加,处罚更加严厉,取名为《刑经圣制》。按照此律,宿卫之官,若有一日缺勤,便削官除名。犯有逃亡罪者皆处死,家口没为奴婢。臣下上书中若有错字,便为有罪。对臣下的鞭杖之罚,少则一百二十,多则二百四十。下士杨文祐,见宣帝整日酗饮,不理政事,便作歌唱道:"朝亦醉,暮亦醉,日日恒常醉,政事日无次。"杨文祐此举,原想以歌的形式对宣帝劝谏,不料宣帝大怒,罚杖二百四十,当场将其活活打死。由于周宣帝密织刑网,惩罚无度,致使朝中公卿、宫中后妃,都遭过棰楚,上下愁怨。杨坚辅政后,又行武帝时的宽大之典,将《刑经圣制》加以删除简化,重新命名为《刑书要制》,在国中推行[2]。俗话说,粗布短衣,寒者利之;糟糠粝食,饥者甘之。深受宣帝刑罚之苦的臣民百姓,对于杨坚的轻刑宽典,正像寒者见到粗衣,饥者遇到粝食,对杨坚此举自然是感恩戴德。

杨坚辅政所采取的第三个措施,就是招纳贤才。杨坚从决心辅政那天起,也就定下了取代周朝坐天下的念头。杨坚取得辅政地位,有刘昉、郑译等人的帮助,但杨坚却深深知道,这些人在帮助他取辅政之位上有手段,有心数,但决不能靠他们治国。第一,他们没有治国才能。第二,他们对周不能尽忠臣之节,对自己也难有竭命之诚。杨坚要取代周朝,

① 《隋书》卷 38《卢贲传》。

② 《隋书》25《刑法志》。

他需要一批治国贤才。这种人起码要具备三个条件:第一,他们不可能是对周朝竭忠尽诚之人。因为忠于周朝,必然对代周之行深恶痛绝,不可能为其效命。第二,他们必须有一定的道德素养,而不是偷安怀禄、朝秦暮楚之辈。第三,他们必须有治国理乱的才干。

杨坚想到第一个人就是高颎。

高颎字昭玄,他还有一名字叫高敏。其父高宾,在西魏初背离东魏归降,在大司马独孤信帐下为僚佐。高颎自幼聪敏,胸有大志,十七岁时被齐王宇文宪引为记室。周武帝时,又袭其父爵为武阳县伯,又任内史上士、下大夫等职。在平齐战役中立有战功,被拜为开府。杨坚辅政时,高颎正值英姿勃发的大好年华,长期的战争磨练,又使他习晓兵事,长于计略。杨坚派杨惠拜访高颎,并转达他欲引之入相府之意。高颎听说后当即表示:"愿在大丞相帐下听命。纵使大丞相事不成,我也不怕承担灭族之罪。"

高颎进入相府,又向杨坚推荐了苏威。

苏威字无畏,京兆武功人。其父苏绰,在西魏初是著名的贤相。苏绰死后,苏威袭爵为美阳县公。宇文护执政时,见苏威有才,欲将女儿嫁给他为妻。苏威见宇文护专权,料其将无善终,与之联姻,祸将及身,便逃入山中以躲避这桩婚事。不料其叔父寻到山里,硬逼着他出山完婚。苏威自幼丧父,全靠叔叔带大。而且苏威生性至孝,见长辈之命难违,便勉强应允。然而,苏威完婚后,仍常常深居山寺,读书写文,不与政事。宇文护被诛,苏威却安然无恙。这件事可以看出苏威具有政治远见。苏威有个堂妹,嫁给元雄为妻。北方少数族突厥怨恨元雄,向周朝提出,如果把元雄一家交给他们,他们就甘心俯首称臣,周朝于是把元雄交给了他们。苏威知道后,说:"夷人贪利,可以用金钱买动他们。"便把家产变卖精光,将元雄一家赎回来。以上事例,说明苏威是个有才干、重情义之人。杨坚也常常听人称颂苏威,又经高颎推荐,便将苏威召入相府,二人谈得非常投机,杨坚为自己又得一贤才而异常兴奋。杨坚将苏威留在府中,不觉过了一个多月。正当杨坚准备代替周朝宇文氏时,突然传来一个令人感到意外的消息:苏威离开朝廷,遁归田里。人们疑惑不解,有人甚至以为苏威是个不足信任的小人。高颎也坐不住了,他也不明白为什么在关键时刻,苏威却突然离去,难道自己看错了人?他请求杨坚把苏威追回来。只有杨坚格外坦然,经过一个多月的朝夕相处,他对苏威的为人、品德有了很深的了解。他对高颎说:"苏威与周宗室有亲,他这样做,只是表示不忍心参与代周之事,不是要背叛我。他也有苦衷,且随他意吧!"果然,杨坚建立隋朝后,苏威又返回朝中,为隋朝的兴盛出谋划策①。

杨坚看中的另一个人是李德林。

李德林字公辅,博陵安平人。他自幼聪颖,几岁时就能背诵左思的《蜀都赋》。东魏尚

---

① 《隋书》卷 41《苏威传》。

书右仆射高隆之曾对人说："如果老天让这个孩子长命,必定成为国家大才。"李德林十五岁时已经是遍读群书,所作文章,词美而理畅。北齐境内高门士族,都对他非常敬慕。他十六岁时,父亲亡故。有个叫崔谌的人,是当地的豪族,听说李德林丧父,便前去吊唁。在离李德林家十多里时,还跟着几十名随从,但随着离李德林家越来越近,他的随从也越减越少。等到了李德林家门口,崔谌的随从只剩下五个人了。别人问崔谌为什么自己减少随从,崔谌说:"不能让李生说我炫耀贵盛。"可见李德林在北齐士人当中的影响。北周武帝灭齐后,专门派人到李德林家对他说:"我平齐后的最大收获,就在于得到了你。我很担心你会跟着齐王一起东逃,今天听说你还在,我非常高兴。请马上前来相见。"周武帝见到李德林后,向他询问齐朝的风俗政教、人物善恶等,并将他带回长安,授内史上士之职。从此以后,撰写诏令文诰以及对关东人士的任用等事,全都交给李德林办理。周宣帝时,李德林被任为御正下大夫,赐爵成安县男。杨坚辅政后,派杨惠找到李德林,对他说:"朝廷令隋国公总管全国文武之事。治国大事,如果没有群才辅佐,断难以完成。如今隋国公欲与您共成大业,望您一定不要推辞。"李德林当即表示:"我李德林虽为庸弱之人,但懂得忠诚二字。如蒙隋国公错爱提举,必以死相报。"杨坚听了非常高兴,立即把他召入府内①。

高颎有谋略,善知人,见识深,具有宰相之才;苏威善治理,懂经济,办事精细,具有理国之才;李德林学问渊博,长于文章,精通前代典章制度,也是杨坚建国不可或缺的人物。这些人成为杨坚建立隋朝的重要基础。

杨坚辅政的第四个措施,就是在各地安插亲信。杨坚辅政后,虽然很快地控制了朝中的局势,但在地方上,局势仍然很复杂。当时北有突厥虎视眈眈,南有陈朝据险对峙,一旦中原有乱,各种势力一起发动,北周朝廷便岌岌可危。杨坚控制了北周朝廷,犹如棋手获得了布局的主动权,但如何布局,同样关系到全局的成败。所以杨坚辅政后,便迅速地在各地安插亲信。

陇西成纪人李穆,与独孤信、杨忠等人关系极深。杨坚认为他既有旧德,"且又父党",让他任并州(治今山西太原西南)总管。

李穆的侄子李崇,英勇果敢,且有筹算,杨坚辅政后,派他作怀州(治今河南沁阳)刺史②。

扶风平陵人窦荣定,是杨坚的姐夫。杨坚辅政,让他领左右宫伯,镇守天台。不久,又让他作洛州(治今河南洛阳东)总管③。

北魏宗室元景山,是韦孝宽的下属。韦孝宽遭宇文亮袭击时,元景山曾率三百铁骑力

① 《隋书》卷42《李德林传》。

② 《隋书》卷37《李穆传》。

③ 《隋书》卷39《窦荣定传》。

战相救。杨坚对韦孝宽极信任,因此辅政后仍以元景山为亳州(治今安徽亳州)总管①。

河南洛阳人王谊,与杨坚是旧时同学,后来又与杨坚结成儿女亲家。在杨坚辅政时,被任为郑州(治今河南许昌)总管②。

京兆杜陵人韦世康,世为关右著姓,北周末曾为司会中大夫。杨坚辅政后,面对国内不安定的形势,忧心忡忡地对韦世康说:"汾州、绛州过去是北周、北齐的分界,因此这个地方最容易出乱子。我现在把它交给你,希望你好好为我镇守。"可见杨坚对韦世康的信任。韦世康受重托,作了绛州(治今山西绛县)刺史③。

弘农华阴人杨素,自幼好学,精于学问,善写文章,且长于书法。平齐战役中,杨素战河阳,拔晋州,苦战鸡栖原,屡立战功。杨坚辅政后,杨素与杨坚交往很深,结为好友,杨坚任他为徐州(治今江苏徐州)总管④。

河南东垣人韩擒虎,性格豪爽,容貌伟岸,胆量过人,深诸谋略,又好读书,遍览经史百家书籍。杨坚辅政,高颎举荐韩擒虎,杨坚便让他作了和州(治今安徽和县)刺史⑤。

于谨之子于翼,在杨坚辅政时被任为幽州(治今北京)总管。于翼弟于智被派镇绥蜀道。于翼侄子于仲文被任为领河南道行军总管;另一个侄子于颛,被任为东广州(治今江苏扬州附近)刺史。于仲文曾说,在杨坚辅政期间,他们"自外父叔兄弟,皆当文武重寄,或衔命危难之间,或侍卫钩陈之侧,合门诚款,冀有可明"⑥。可见于氏家族与杨坚关系之密切。

杨坚如此布局,有以下几个战略意图:第一,在幽州布置亲信,防止北方突厥乘乱南下。第二,在并州、怀州、洛州、郑州、绛州一线安插亲信镇守,以形成对关中首都拱卫的铜墙铁壁。第三,在亳州、徐州、淮南、和州一线安插亲信领兵,以防止南朝势力北上。从总的态势看,杨坚这样布局,又从北、西、南三个方面形成了对山东、河北地区的包围。看来,杨坚似乎已经预见到这个地区一定要出乱子。

---

① 《隋书》卷 39《元景山传》。
② 《隋书》卷 40《王谊传》。
③ 《隋书》卷 47《韦世康传》。
④ 《隋书》卷 48《杨素传》。
⑤ 《隋书》卷 52《韩擒虎传》。
⑥ 《隋书》卷 60《于仲文传》。

　　杨坚代周,有三个人的利益将受到很大损害。

　　第一个是尉迟迥。尉迟迥字薄居罗,代北鲜卑人。尉迟迥的祖先,是北魏拓跋鲜卑尉迟部人,后以部名为姓。尉迟迥的父亲尉迟俟兜,娶西魏宇文泰的姐姐昌乐大长公主,生下尉迟迥及尉迟纲兄弟,所以,尉迟迥与北周皇室宇文氏有着较近的血缘关系。尉迟迥的孙女尉迟炽繁,先嫁给宇文温,因貌美被周宣帝看中。后来周宣帝杀了其夫,将她占有,立为天左大皇后。尉迟迥与周宣帝的关系,若从昌乐大长公主方面说是表兄弟;若从尉迟炽繁方面说,宣帝又是尉迟迥的孙女婿。婚姻不论辈份在古代并不新鲜,在鲜卑人中更是常见。无论从哪方面讲,尉迟迥的利益都是同周朝连在一起的,若宇文氏不坐天下,尉迟迥的地位、显贵无疑会受很大影响。

　　第二个人是司马消难。司马消难字道融,河南温县人。他原先在北齐任北豫州刺史,后受齐文宣帝猜疑,便背齐降周。他的女儿司马令姬,在大象元年(579)七月嫁给周静帝,被立为皇后。司马消难既是郧州总管,又是皇家外戚,自然和周朝的命运休戚相关。

　　第三个人是王谦。王谦字敕万,太原人。王谦的父亲王雄,早在北魏末便随六镇鲜卑人贺拔岳入关,是西魏初十二大将军之一。西魏恭帝元年(554),赐姓可频氏。北齐孝闵帝时,又进其位为柱国大将军,任以少傅之职。周明帝时,又进封为庸国公,任泾州总管、泾州刺史等职。北周武帝保定四年(564),王雄随宇文护东征北齐。在途中,王雄生病,但仍支撑着前往。在邙山,周军与齐军大战,王雄正遇北齐名将斛律光。王雄挺枪跃马,连杀斛律光三名部将。斛律光拨马而走,王雄紧追不舍。这时,斛律光左右都被杀散,身边只有一奴,手中只有一矢。王雄手中的长矛离斛律光只有一丈多远,王雄大吼道:"我怜惜你是名将,不杀你,只想带你活着见我天子。"不料斛律光早在暗中弯了搭箭,转身猛射,正中王雄前额。王雄顿时伏在马上,那马也通人性,见主人受伤,便掉头奔回。回到营中,王雄因伤重而亡,被加谥曰"忠"。王谦性恭谨,没有大才能,他任庸国公是承袭其父之爵,被任为骠骑大将军、开府,以至后来的上柱国、益州总管,主要也是由于其父王雄的功劳。如果北周被取代了,王雄不再是新王朝的功臣,王谦也不可能再作为功臣之后而身居高位了。

　　上述三个人,都可能因利益受损而反对杨坚代周。同时,因为他们都手握重兵,独当一方,所以会成为杨坚代周的巨大障碍。

　　利益关系决定政治态度,上述三人与北周千丝万缕般的利益联系,决定他们必然反对杨坚代周,对此,杨坚也早已十分清楚。但仅仅认识这点还远远不够,杨坚还必须对谁是最危险的障碍做细致的分析和准确的判断。因为杨坚不可能用同样的力量对付上述三个对手,必须确定主要打击对象,完成自己的战略部署。一旦判断失误,其后果将不堪设想。

尽管杨坚对尉迟迥、司马消难、王谦十分熟悉,但事关重大,不得不对三个人反复分析、琢磨:

王谦是一定要反对自己代周的。但此人才干平庸,素无谋略,而且又不能知人善任。他所镇守的益州,地势险要。但地势险要对雄才大略之人是有利的依托,对平庸之辈可能是个包袱。他可能据险自守,而不思出川进取。因此,只需用少量人马对其牵制,待时机成熟入蜀取之。

司马消难的态度很难说。按理说,自己取代周朝以后,司马消难的皇后之父地位没了,所以很可能起来反对。但也存在不反对自己的可能。这主要有两个原因:第一,司马消难与自己父亲杨忠关系非同一般。想当初,司马消难受北齐文宣帝猜疑,是自己的父亲冒着生命危险将他从北齐接到北周。从此,他们二人结为兄弟,情谊颇深。自己见到他,常常以叔父之礼待他。第二,司马消难的家庭亲情观念极淡。还在北齐时,他就与其父的爱妾通奸,乱了人伦关系;他曾娶高欢之女为妻,入关后,又另寻新欢,对妻子情义渐薄。在他出任邓州总管时,留下高氏及其三子在京作为人质。难怪高氏曾说:"荥阳公(指司马消难)性多变诈,今日将新宠带走,必然不顾我们母子的死活。"①如此看来,只要给他一定的地位,至于女儿是否为皇后,他不一定在意。

最危险的要属尉迟迥。第一,尉迟迥所任的相州总管是权力最重的总管之一。相州是北齐旧都邺城所在之地,想当年,周武帝平齐后,在北齐旧地置十个总管府,特别让相州、并州两总管置行宫及六府官。第二,尉迟迥的才干、品格、素质与王谦、司马消难不同。他自幼聪敏,长大以后,心怀大志,爱士好施,在西魏初就因战功卓著而被任为尚书左仆射、领军将军、大将军等职。尉迟迥的才干,集中反映在伐蜀治蜀当中。那是在南朝梁元帝时,梁元帝的弟弟武陵王萧纪在蜀称帝,并率军东下,进攻正在江陵的梁元帝萧绎。梁元帝急忙向西魏宇文泰求救,并请求西魏消灭萧纪。当时宇文泰也想乘机取得蜀地,但诸将意见不一,尉迟迥则坚决支持宇文泰,他认为,萧纪率军东伐萧绎,必定集结全部精锐,蜀地一定空虚,我军若伐蜀,一定有征无战。宇文泰听了非常高兴,当时便问:"如果我将伐蜀之事全权委托给你,你有何策?"尉迟迥答:"蜀地与我中原隔绝已有一百多年,蜀军倚仗其山川险阻,必然想不到我军会前来征伐。我若取蜀,便用精甲锐骑,星夜袭之,在平路上则倍道兼行,至险途则缓兵渐进,然后出其不意,直冲其首府。"宇文泰大喜,便让尉迟迥亲统六军伐蜀。尉迟迥率军入散关,取剑阁,下潼州(今四川绵竹),直逼成都,仅数月便取

---

①　《周书》卷21《司马消难传》。

得蜀地。尉迟迥入蜀后，号令严明，军无私掠，明赏罚，布恩威，绥缉新邦，经略未附，蜀地各族人都归顺于他。尉迟迥又特重家庭亲族关系，尤其孝敬他的母亲。他虽身在外地，所得四季甘美食品，必先奉献给其母，然后自己才吃。其母有病，尉迟迥回到京师，每天侍奉起居，忧悴形于容色①。尉迟迥重兵在手，城府在胸，对于舅氏的兴亡绝不会漠然置之。

杨坚经过反复考虑，决定让于智镇绥蜀道，与王谦为邻，以监视之；稳住司马消难，以进一步观察其动态；拿出主要力量对付尉迟迥。于是，便出现了上一节中讲过的布局。

当杨坚把一切基本布置好时，与尉迟迥之间的决战只剩下时间早晚问题。对于杨坚来说，晚打不如早打。早打，杨坚是准备充分，尉迟迥则处于仓猝应战地位。晚打，则尉迟迥获得准备时间，而杨坚则丧失了大好时机。所以，当杨坚把一切安排就绪后，立刻采取了逼迫尉迟迥起事的策略。

宣帝死后，杨坚派尉迟迥的儿子尉迟惇奉诏书召其父回京会葬。然后，又下诏任韦孝宽为相州总管，任小司徒叱列长义为相州刺史，并让他们相继赴任。杨坚派尉迟迥的儿子召其父进京，是为了让尉迟迥下决心起兵。如果尉迟迥的儿子留在朝中，客观上则起人质作用，尉迟迥起兵则有失子之忧。把其子送回尉迟迥身边，则使尉迟迥起兵无所顾忌。杨坚也知道尉迟迥不会轻易让韦孝宽替代，他这样做，无非是想激怒尉迟迥。果然不出杨坚所料，尉迟迥对韦孝宽前来赴任大为恼怒，他做了周密安排，准备扣押韦孝宽，然后举兵讨伐杨坚。韦孝宽行至朝歌（今河南汲县北）时，尉迟迥已派遣大都督贺兰贵在此迎候。韦孝宽是个极精明之人，他通过与贺兰贵交谈，发现尉迟迥居心叵测，便称有病，让贺兰贵先回去复命，自己养息一些日子便到。随后，他又派人到相州以买药为名，探听尉迟迥的虚实。韦孝宽的侄子韦艺任魏郡太守，尉迟迥又派他前来迎接。韦孝宽便向韦艺询问尉迟迥的本意，不料韦艺什么实情也不说。韦孝宽大怒，要将韦艺斩首，韦艺才说出实情。这时叱列长义也发觉情况不妙，仓惶逃回。韦孝宽便急忙率众往回走，每到一个驿站，都将驿站的驿马全部带走，并对驿站的人说："若蜀公（指尉迟迥）派人来，要盛宴款待他们。"尉迟迥听说韦孝宽往回走了，便派仪同大将军梁子康率数百骑追捕。追兵每到一个驿站，都被留下来酒肉款待。他们的马跑累了，想换乘驿站的马，却发现马棚中一匹马也没有。渐渐地，尉迟迥的追兵离韦孝宽越来越远，韦孝宽等人终于脱险②。

杨坚又令破六韩裒到尉迟迥处宣旨，并让他给总管府长史晋昶一封密信，让他准备作内应。不料事情败露，尉迟迥感到杨坚步步紧逼，再不早作打算便十分危险了。他立刻将晋昶、破六韩裒等人抓起来杀掉，然后召集所辖的文武属官，对他们说："杨坚凭借是皇后

---

① 《周书》卷 21《尉迟迥传》。

② 《周书》卷 31《韦孝宽传》。

之父的地位,挟幼主以作威福,代周的野心已是路人皆知。我与皇帝乃舅甥关系,又担任国家将相,先帝把我安排在这里,就是让我负责朝廷的安危。如今国家有难,我想和你们一起联合义勇之士,匡国庇民,你们看如何?"①众人都表示愿意从命。尉迟迥便宣布自己为大总管,起兵讨伐国贼。几天之内,有十余万人响应,于是便出现了本书开头所写的那种情况。

尉迟迥抗旨不遵,杀朝廷命官,也为杨坚对他的讨伐提供了借口。尉迟迥举兵后,杨坚任韦孝宽为行军元帅,统率行军总管梁士彦、元谐、宇文忻、宇文述、崔弘度、杨素、李询等人讨伐尉迟迥。

尉迟迥的军队推进很快,相继攻下了建州(治今山西高平南)、潞州(治今长治北)、巨鹿(今河北巨鹿附近)、曹州(治今山东曹县北)、亳州(治今安徽亳州)、永州等地,汴州(治今河南开封)、恒州(治今河北正定南)、沂州(治今山东临沂东南)等地也处在尉迟迥军包围和攻打中。

尉迟迥一面攻城掠地,一面扩大与各地的联系。他派人前往并州,企图让并州总管李穆响应他起兵。不料被李穆拒绝,并且连信使也被扣住,送往长安。不但如此,李穆还将任朔州刺史的尉迟迥的儿子尉迟谊抓住,又收复了潞州,生擒尉迟迥所任的潞州刺史郭子胜。

尉迟迥给徐州总管元雄的拉拢信也被拒绝。元雄不但不响应尉迟迥,而且还派出徐州刺史刘仁恩击败尉迟迥的部将毕义绪、席毗,收复了兰陵郡(今山东枣庄南)及昌虑、下邑两县。

尉迟迥派人和郧州总管司马消难联络,来往信件被镇守洛阳的东京小宗伯赵芬截获,并将这一情况及时密报给杨坚。这时,亳州已被尉迟迥军攻占,很可能成为尉迟迥与司马消难或南朝联络的通道。杨坚便任贺若谊为亳州总管,驰马赴任,担负起将尉迟迥与司马消难的联系割断的任务。

至此,杨坚阻止尉迟迥西进和南下的战略意图基本得以实现。

尉迟迥扩张受挫,便全力巩固自己的根据地。东郡位于今河南鹤壁的东南,距离相州州治邺城很近。任东郡太守的是于义的侄子于仲文。尉迟迥起初想拉于仲文一起起兵,被于仲文拒绝。尉迟迥不能容忍这颗钉子钉在自己身边,便派宇文威前来进攻。于仲文迎敌,将宇文威打退。尉迟迥并未善罢干休,又派宇文胄、宇文威、邹绍等率众从两路合攻东郡。由于尉迟迥军来势凶猛,又加上郡人赫连僧伽、敬子哲等人起兵响应,这一次于仲文再也抵挡不住,只得抛下妻子,率六十余骑从西门突围而去。一路上又遭到追杀堵

---

① 《周书》卷 21《尉迟迥传》。

截,待于仲文回到长安时,只剩下自己一人了。尉迟迥攻下东郡后,将于仲文的妻子儿女全部杀害。

对于于仲文的大败,杨坚并没有责怪,而是像欢迎胜利者那样,亲自接见了他,赐给他五百段锦彩、二百两黄金,并任他为大将军兼河南道行军总管,统率洛阳之兵,报失城亡家之仇。

韦孝宽率领的关中主力军一直打到永桥城(今河南武陟西南)下,诸将请求攻城。韦孝宽认为:"永桥城虽小,但很坚固,如果攻不下来,使我兵威受损。如果将其大军击败,此小城便不攻自破。"便率军在武陟扎营。尉迟迥闻讯,派其子尉迟惇率十万大兵在沁水东岸武德扎营。这时沁河水位大涨,韦孝宽又得了病,不能亲总军事,只能卧于帐中,派人传达命令。韦孝宽军暂时不能进攻,两方隔沁水相峙。杨坚听到这个消息,便派高颎为监军,协助韦孝宽料理军事。高颎受命,星夜急发,甚至来不及当面向老母辞行,日夜兼程,赶到韦孝宽营中。

高颎赶到后,韦孝宽的病情也大有好转。高颎亲自指挥军士,在沁水河上架浮桥,准备渡河决战。就在浮桥即将架好之际,忽然从沁水上游漂来无数只火船,一下子冲到浮桥边将浮桥烧毁。原来火船是尉迟惇从上游放下来专为破坏架桥的。高颎立即想出对策,他在修复浮桥的同时,命人在上游水中堆起几个巨大的土堆,其形状前尖后宽,前高后低,像几只蹲在水中的大狗,高颎为它们形象地取名为土狗。这样,当尉迟惇再放火船时,几只土狗便将火船阻住,使它们不能接近浮桥。尉迟惇又生一计,他挥军稍退,准备让韦孝宽军渡河,待其渡至一半时再攻击。韦孝宽富有战斗经验,他立刻抓住尉迟迥退军的机会,鸣鼓进军。兵贵神速,尉迟惇还没立定退军的步伐,韦孝宽已全军渡河。高颎又命人烧掉浮桥,断掉自己的退路。全军将士见退路已断,只有义无反顾地向前冲。结果,尉迟惇军大败,韦孝宽乘胜追击,一直打到邺城城下。

尉迟迥作梦也没想到形势会变化得这样快。短短一个多月,他便由攻变为守。如今兵临城下,决战不可避免。他命两个儿子尉迟惇、尉迟祐率军十三万在城南布阵,又命其弟尉迟勤率五万人自青州赴援。自己虽年纪老迈,也亲统万余"黄龙兵",亲自披挂上阵。决战之初,韦孝宽军失利,小有退却。当时,邺城中数万居民也出城观战助威。韦孝宽手下大将宇文忻对韦孝宽说:"情事危急,我当以计破之。"便命军士用箭射观战者。几名中箭者当时毙命,其余的人转身就跑,数万人互相挤撞,一些人跌倒,被后面的人踩伤,甚至踩死,一时间叫骂声、哀号声混成一片。宇文忻乘机大喊:"尉迟迥败了!尉迟迥败了!"韦孝宽军又振作起来,乘势猛攻,将尉迟迥军杀败,尉迟迥退回城内。韦孝宽纵兵围城,不久将城攻破,尉迟迥自杀。

正当韦孝宽捷报频传时,河南道行军总管于仲文也率军打到离梁郡(治今河南商丘南)仅七里之遥的蓼堤,尉迟迥的大将檀让率数万之众守在这里。于仲文采用骄兵之计,先派出羸弱之师挑战,然后佯败逃走。檀让认为于仲文军不堪一击,遂生骄傲轻敌之心。于仲文乘檀让轻敌不加设防,派出精锐从两翼进行夹击,大败檀让,生擒五千余人,斩首七百余,接着攻克梁郡,拿下曹州,俘获曹州刺史李仲康和上仪同房劲,逼迫檀让退守城武。接着于仲文又选精骑突袭城武,檀让只得率残部与席毗罗合军一处。席毗罗是尉迟迥手下大将,率众十万,屯于沛县,准备进攻徐州(今江苏徐州)。当时席毗罗的妻子家小都在金乡,于仲文便派人扮作席毗罗的信使到金乡,对金乡守将徐善净说:"檀让将军明天中午将到这里,传达蜀公(指尉迟迥)部署,赏赐将士。"金乡人全都信以为真。于仲文便选择精兵,打着尉迟迥的旗号,倍道兼程,前往金乡。徐善净远远望见一支人马,以为是檀让前来,便出城迎接,于仲文将其活捉,不费一兵一卒拿下金乡。诸将都劝于仲文将席毗罗家人杀掉,于仲文却说:"金乡是席毗罗起兵之处,我们不杀其妻子儿女,席毗罗一定前来相救。如果将他们杀掉,便断绝了席毗罗救援之望。"果然,席毗罗听到金乡失陷,便率众前来救援。于仲文背城布阵,以逸待劳,又在离阵数里之地设下伏兵。两军刚一交锋,伏兵一齐杀出。席毗罗军见四面鼓噪,尘埃蔽天,不知对方有多少人马,顿时军心大乱,全线崩溃。于仲义挥军掩杀,一时尸横遍野,附近的洙河里也塞满了席毗罗军的尸体。这一仗,杀死了席毗罗,活捉了檀让,将河南之地全部收复。

尉迟迥兵败自杀,河南之地全部收复,这标志着平定相州之乱取得了最后胜利。

尉迟迥自起兵至失败,历时共六十八天。

杨坚的胜利与尉迟迥的失败都不是偶然的,这场较量的开始就已经预示了其必然的结局。杨坚与尉迟迥之间存在着位势的不同。所谓"位势",即双方所处的地位及所具的优劣之势。杨坚身居中央朝廷,是一国的统治者,在人力、物力等方面都具有优势。特别是在人才方面,双方的优劣之分明显。在杨坚身边,既有像高颎、苏威、李德林这样的谋臣,也有像韦孝宽、于仲文、宇文忻之类的武将。而尉迟迥却人才奇缺,"以开府、小御正崔达拏为长史,余委任亦多用齐人。达拏文士,无筹略,举措多失纲纪,不能有所匡救"[1]。除此之外,杨坚是在种种准备工作基本完成之后主动发起攻势逼尉迟迥起事的,因而处于主动地位。而尉迟迥虽对杨坚辅政不满,但在各方面准备尚不充分就被迫仓猝应战,因而处于被动地位。这种位势的不同,必然导致不同的结果。

除上述原因外,我们不能不把杨坚的胜利归功于其一系列正确的策略。

首先,杨坚有效地切断了尉迟迥同四周的联系。尉迟迥起事之初,试图北通高宝宁以通突厥。高宝宁是北齐皇室的远房宗室,为人桀黠,有筹算。周武帝平齐之后,任他为营

---

① 《周书》卷 21《尉迟迥传》。

州(治今辽宁朝阳)刺史。营州地处边陲,少数民族很多。高宝宁至此,甚得当地人心。杨坚辅政后,高宝宁连结北方契丹、靺鞨等少数民族举兵反对。尉迟迥派人和他联络,试图通过他联合突厥南下配合。但由于杨坚早已在幽州地区布置好了亲信,再加上高宝宁力量不强,无力南下,所以尉迟迥北通高宝宁以通突厥只不过是他的一厢情愿而已。尉迟迥又派人与南朝陈联络,并答应将江、淮之地让给南陈。但由于早已有韩擒虎镇守和州,于颛镇守东广州(治今江苏扬州附近),尉迟迥割让江、淮的承诺也是一张空头支票。再加上陈朝此时忙于处理自己的内部事务,无暇北顾,尉迟迥的允诺也没引起南朝的太大兴趣。当时在湖北江陵地区还存在一个后梁政权,是北周的附属国。尉迟迥等人起兵后,后梁便成为杨坚与尉迟迥争夺的对象。后梁的中书舍人柳庄出使长安,杨坚便拉着他的手说:"我当初任开府将军在江陵供职时,深受你们梁主的特殊照顾。如今大周主幼,国家艰难多事,我受命辅政,你和梁主也是对朝廷一片忠心,希望你回去劝他站稳立场,不要盲从苟随。"这时,后梁诸臣许多人都主张与尉迟迥联谋,恰好柳庄回来,对后梁主说:"想当初袁绍、刘表、王凌、诸葛诞等人都是一时雄杰,他们占有险要之地,手中拥有强兵,然而他们起事没有一个能成功,反而迅速招来杀身之祸。这是什么原因呢? 就是因为他们所反对的魏、晋之帝都是挟天子、保京都、名正言顺的缘故。如今尉迟迥虽名为周朝旧将,但昏耄已甚。司马消难、王谦又都是凡庸之辈,没有合诸侯、一天下之才。周朝的将相,大多为自己考虑,争相为杨坚效力。依我看,尉迟迥必然失败,隋国公必然代周。我们不如保境安民,以观其变。"后梁终于没有响应尉迟迥①。

第二,杨坚主次分明,始终把目光集中于重点打击对象上。东广州刺史于颛与吴州总管赵文表不和,图谋加害赵文表,便称病不起,对左右说:"我只要看见有两三个人到我面前,我就害怕,就控制不住要杀他们。"所以前来问候之人全都不许带左右随从。赵文表听说于颛病得非常厉害,便前往探视。赵文表的随从都被拦在门外,只让他一个人进去。于颛见到赵文表,猛地坐起,一刀将其杀死,然后诬蔑赵文表与尉迟迥通谋。杨坚明知赵文表是冤枉的,但因当时尉迟迥还未平定,他还要用于颛镇守淮南,保持此地区的稳定,所以便对于颛持容忍态度,即让他代替赵文表做了吴州总管②。

第三,杨坚在平定相州的过程中,能够做到用人不疑。当韦孝宽与尉迟惇相持于沁水两岸时,有人向杨坚密报说:"梁士彦、宇文忻、崔弘度等人都接受了尉迟迥的贿赂,现在军中人心不定,议论纷纷。"杨坚听了深以为忧,想派人把这三个人换回来。李德林知道后,对杨坚说:"您与诸将,都是国家之贵臣,您今天之所以能指挥他们,是您有辅政之位之故。

---

① 《隋书》卷66《柳庄传》。

② 《隋书》卷60《于仲文传附于颛传》。

您如果怀疑他们而将他们调回,又怎能保证代替他们的人能为您尽心尽力呢?再说,接受贿赂之事,我们又没有确凿证据,如果将他们调回,他们可能会惧怕而逃,若将他们锁住押回,恐怕郧公(指韦孝宽)以下的所有将士都会不安。战国时燕国、赵国之所以败亡,就是因为犯了临敌易将的错误。依我看,不如派一个既明于智略又被诸将信服的心腹之人前去监军,观其真伪。这样,即使他们真有降敌之心也必不敢动。"杨坚听了恍然大悟,说:"你要不劝我,险些误了大事。"便派高颎前去监军,终于将尉迟迥击败①。崔弘度的妹妹是尉迟迥的儿媳,而且又有他受尉迟迥贿赂的传言,但杨坚却始终没有将他调回。事实证明,杨坚对他的信任是对的。就在邺城被攻破时,尉迟迥被迫登上城楼,而崔弘度一直在后面紧追不舍。尉迟迥弯弓搭箭,将要射之,崔弘度摘下帽盔,对尉迟迥说:"你还认识我吗?我们虽是亲戚,但今天是各图国事,不能顾及私情。看在我们是亲戚的份上,我劝你早点为自己安排个归宿,免得遭受被乱兵所杀之辱。"尉迟迥听罢,掷弓于地,破口大骂杨坚,然后自杀②。

尉迟迥起兵后一个多月,邝州总管司马消难也起兵响应。杨坚便任郑州总管王谊为行军元帅,率军讨伐。邝州南与陈朝相邻,司马消难很快便和陈朝取得联系,求得他们的支援。陈朝对司马消难的态度与对尉迟迥大不相同,因为尉迟迥远在相州,出兵帮助捞不到实惠;而司马消难与陈朝仅一江之隔,陈朝可以乘机向北扩展,所以陈朝派出大将樊毅、马杰等人带兵援助。周将元景山率轻骑五百迎战,在漳口将陈军打败。王谊军也连连取胜,司马消难抵挡不住,便带领部众南入陈朝。

正当与尉迟迥的战斗接近尾声时,杨坚决定解决益州的问题。自从尉迟迥起兵以来,益州总管王谦多次派人以朝拜为名来探听消息,观察形势。王谦此举,反映了他欲响应尉迟迥但又未看清利害的举棋不定的心态。杨坚抓住时机,决定派梁睿为益州总管,代替王谦,王谦见此,决定起兵。杨坚便命梁睿为行军元帅,率行军总管于义、张威、达奚长儒、梁升、石孝义等步骑二十万人讨伐。王谦起兵以后,隆州刺史高阿那瑰为他出了上中下三策:"公亲率精锐,直指散关,蜀人知公有勤王之节,必当各思效命,此上策也;出兵梁、汉,以顾天下,此中策也;坐守剑南,发兵自卫,此下策也。"王谦庸劣,不敢出川作战,便以下策为上策,坐守汉川。梁睿军奇袭龙门,又下剑阁,直向成都进发。王谦的部将达奚惎、乙弗虔秘密派人至梁睿处,请求为内应立功赎罪。王谦一点也不知道,还让他们二人守成都。梁睿兵越来越近,王谦率众迎战,不料众军皆叛。王谦见大势已去,便落荒而逃,最后被新都县令王宝杀死。达奚惎、乙弗虔献出成都投降,但杨坚并未因此宽恕他们,仍将他们

① 《隋书》卷42《李德林传》。
② 《隋书》卷74《崔弘度传》。

斩首。

从大象二年(581)六月尉迟迥起兵,到十月王谦兵败被杀,杨坚平定三方用了不到四个月时间。三方既平,杨坚代周的障碍全部消除,在他与帝位之间已是一条平坦的通途。

第四节　建隋代周

京都长安住着一个善观天象之人，此人名叫庾季才。庾季才世居江南，他的父亲庾曼倩在梁朝任光禄卿。庾季才八岁能背诵《尚书》，十二岁通晓《周易》，好占玄象。传说南朝梁末年，庾季才曾和梁元帝共观天象，梁元帝说："我看天象，恐怕要大祸临头，不知到何方能避之？"庾季才说："据天象预示，江陵将有破败之祸。陛下应留下重臣镇守江陵，然后带人还都建康（即今江苏南京），以避此祸。这样，即使北方强敌得逞，我们只是失去荆湘之地，而社稷不至受到根本动摇。若长久留在江陵，恐怕违背天意。"梁元帝没有离开江陵，最终江陵被西魏攻破，梁元帝被杀。这个传说，说明庾季才占星之术在当时很有影响。江陵被西魏攻破后，庾季才来到北方，因善言纬候灾祥而被北周重用。

就在杨坚平定三方后不久，一个深夜，庾季才被召进宫中，左大丞相杨坚正在等待他。杨坚见到庾季才，对他说："我虽平庸，徒有虚名，但受先帝之托辅政，身系国家安危。今日请先生来，是想让先生卜算一下天时人事。"杨坚特别在"天时人事"四个字上加重了语气。

庾季才立刻明白了，杨坚想卜问一下自己称帝问题上天意人心如何。他想了一下，说："天道精微，难可意察。以人事卜之，您龙飞的符兆已定。纵使我说不行，您能视帝位而不顾吗？"

杨坚一下子不说话了。他沉默了许久，抬起头来，说："唉！我现在就像骑在虎背上，想下也下不来了。"[1]

有一个人叫荣建绪，是杨坚旧时的朋友，在周朝任载师下大夫、仪同三司。杨坚辅政后，荣建绪被拜为息州刺史。就在他准备赴任之际，杨坚对他说："你暂且缓行，留下来与我共取富贵。"[2]

以上两件事表明，杨坚马上就要登上帝位了。

和杨坚的政敌一样，杨坚的朋友也早已看出了杨坚迟早要代周称帝。与前者不同，他们对杨坚称帝取支持态度。

早在尉迟迥起兵时，并州总管李穆就表示支持杨坚。他对打算响应尉迟迥的儿子李荣说："周朝已经不行了，这是天下人无论愚智都已看出的事实。天意既然如此，我们岂能违天？"他先派其子李浑给杨坚送去一个盒子。杨坚打开一看，原来是一把熨斗。杨坚不知何意，拿出熨斗，见盒子底下有个纸条，上面写着这样几个字：愿执威柄以熨安天下也。

---

① 《隋书》卷78《艺术列传·庾季才传》。
② 《隋书》卷66《荣毗传附荣建绪传》。

不久，杨坚又接到李穆的第二份礼物：一条十三环金带。这是只有皇帝才能用的御物①。

梁睿平定王谦后，接替王谦做了益州总管。当时薛道衡也从军在蜀，对梁睿说："天下之望，已归于隋。"梁睿便派人给杨坚送去密信，劝其登位，杨坚见后非常高兴②。

司武上士卢贲，在杨坚辅政后颇受信用，执掌宿卫，不离杨坚左右。有一次，杨坚问他对形势的看法，卢贲乘机说："周历已尽，天人之望实归明公，愿您早日顺天应民。天与不取，反受其咎。"③

博陵安平人崔仲方，自幼与杨坚同学，关系非常密切。杨坚辅政，崔仲方一心拥护，一见面就献上十八条计策。以后，见众望所归，又劝杨坚应天受命，早登帝位④。

太原介休人郭衍，曾随韦孝宽征讨尉迟迥。尉迟迥平定后，他又劝杨坚杀周室诸王，早日代周⑤。

就连杨坚的妻子独孤氏在杨坚辅政后也派人对他说："大事已然，骑虎之势，必不能下。努力往下走吧。"⑥

众人的拥戴，正与杨坚急切登位之心相契合，一场"禅代"戏剧已经拉开了序幕：

三方平定之后，大象二年（580）九月三十日，周静帝下诏，盛赞杨坚"行两观之诛，扫万里之外"的功劳，罢左、右丞相之官，只保留杨坚一人大丞相名号⑦。

十二月十三日，周静帝下诏，授杨坚爵为隋王，"剑履上殿，入朝不趋，赞拜不名，备九锡之礼，加玺绂、远游冠、相国印绿綟绶，位在诸侯王上"⑧。

杨坚一再推让，表示不受此殊荣。

大定元年（581）二月初二日，周静帝又下诏说：隋王"功必先人，赏存后己，退让为本，诚乖朕意。宜命百辟尽诣王宫，众心克感，必令允纳。如有表奏，勿复通闻"⑨。

文武百官奉旨到杨坚府上一起敦促劝说，杨坚才接受了隋王的封号及待遇。

二月初四日，周静帝下诏，列举杨坚十三大功劳，授予相国印绶。

二月初六日，周静帝下诏，让杨坚"冕十有二旒，建天子旌旗，出警入跸，乘金银车，驾

---

① 《隋书》卷37《李穆及李浑传》。
② 《隋书》卷37《梁睿传》。
③ 《隋书》卷38《卢贲传》。
④ 《隋书》卷60《崔仲方传》。
⑤ 《隋书》卷61《郭衍传》。
⑥ 《隋书》卷36《后妃列传·文献独孤皇后传》。
⑦ 《隋书》卷1《高祖纪》。
⑧ 《隋书》卷1《高祖纪》。
⑨ 《隋书》卷1《高祖纪》。

六马,备五时副车,置旄头云罕,乐舞八佾,设钟虡宫悬。王妃为王后,长子为太子"①。

杨坚前后三次推让,最后才接受。

不久,周静帝又下诏表示"祗顺天命,出逊别宫,禅位于隋,一依唐、虞、汉、魏故事"②。

杨坚三次推辞,没有答应。

周静帝再遣杞国公宇文椿奉策,金城公赵煚奉皇帝玺绂,率百官劝进。

杨坚最后只得应允。

周静帝三番五次下诏,态度多么诚恳!

杨坚三番五次辞让,态度多么谦逊!

然而,我们只需引出一个事实,便可说明上述一切不过是一场戏:

《隋书·李德林传》载:"禅代之际,其相国总百揆、九锡殊礼诏策笺表玺书,皆德林之词也。"李德林是杨坚的谋臣,他写的一词一句,都受命于杨坚。

杨坚既是这场禅代剧的总导演,又是主角。可怜的周静帝,只有在"命令"杨坚受禅时才能表现出皇帝的"权威"。飞扬拔扈的杨坚,只有在受禅时才表现出臣子的"谦恭"和"听命"。

周静帝大定元年(581)二月十四日,隋王宫门外,北周太傅、上柱国、杞国公宇文椿,大宗伯大将军、金城公赵煚,捧着皇帝的策书和玺绂,带着皇帝的仪仗,毕恭毕敬地等待着,文武百官个个身穿朝服,背南朝北,庄严肃立。

隋王记室入门禀报后,杨坚身穿常服,由礼曹导引,府僚簇拥,出大门,站在东侧面西而立。宇文椿、赵煚奉玺策站出来,杨坚揖身而迎,入门站在左侧,宇文椿等站在右侧,百官亦入庭院中。宇文椿面朝南,捧出静帝策书宣读,当他读完"祗顺天命,禅位于隋"时,杨坚面朝北拜了两拜,说:"臣万死不能奉诏。"

上柱国李穆拜倒在地,请杨坚顺应天命,早日奉诏登位。百官也跟在李穆后面劝杨坚受诏。杨坚还是不纳。

宇文椿等人再次敦劝杨坚接策玺,杨坚又拜两拜,俯下身,从宇文椿手中接过策书,交给高颎;又从赵煚手中接过玉玺,交给虞庆则。

百官见杨坚接过象征皇帝权力的玺书,全都跪倒在地,向北而拜,三呼万岁。

杨坚换上纱帽、黄袍,在众人簇拥下进入临光殿,入阁内换上衮服皇冠。

从这一天起,中国历史上出现了一个新的年号——开皇。

从这一天起,中国历史上出现了一个新的朝代——隋。

---

① 《隋书》卷1《高祖纪》。

② 《隋书》卷1《高祖纪》。

史书上所描写的禅让,就是这么平和,这么文雅,这么温良恭俭让。

然而在这一切的背后,又是什么样子呢?

中国历史上真正意义上的禅让,只存在远古传说时期的唐尧让位于虞舜。

自从 220 年曹丕以"禅让"的名义代东汉建曹魏以后,魏晋南北朝许多政权的更替,都在此名义下进行。而这些次政权更替,虽有"禅代"之名,但其内容与尧舜之时却无法同日而语。魏晋以来的禅代,全都是一个政权内的某一权臣,经过一定时期的准备,手中权力绝对超过皇权的结果。这些"禅代"的背后,是威胁、逼迫,甚至是杀戮。当时有个史学家叫姚察,他对禅代现象有如下评论:

> 昔魏藉兵威而革汉运,晋因宰辅乃移魏历,异乎古之禅授,以德相传,故抑前代宗枝,用绝民望。然刘晔、曹志①,犹显于前朝;及宋遂为废姓。而齐代,宋之戚属,一皆歼焉,其祚不长,抑亦由此。有梁革命,弗取前规,故子恪兄弟及群从②,并随才任职,通贵满朝,不失于旧,岂惟魏幽晋显而已哉。君子以是知高祖之弘量③,度越前代矣。④

从姚察这段评论中我们可以看出,此时期各次禅代中都有对前代皇帝及宗室的杀戮、迫害,但其中又有程度的不同。为什么会有不同? 这主要取决三个因素:第一,新皇帝在朝中的权威高低;第二,新皇帝与前朝皇帝宗室矛盾的尖锐程度;第三,新皇帝本人的品质与性格。

杨坚"禅代"北周,在实质与内容上都与曹魏以来的禅代没有区别。他也面临着如何对待北周皇帝宗室的问题,杨坚决心将北周宗室宇文氏杀尽。有几件事反映出杨坚的决心是多么不可动摇。

第一件事,在是否诛杀宇文氏问题上,杨坚对李德林大发雷霆。李德林是杨坚的重要谋臣,在杨坚禅代、平定尉迟迥等重大事件中起过相当重要的作用。杨坚决定诛杀宇文氏,高颎、李惠等人心里虽有异议,但嘴上却不敢说。只有李德林极力反对,认为杨坚不能这样做。杨坚闻听大怒,斥责李德林说:"你是个读书人,不要你管这件事。"⑤这一次杨坚

---

① 刘晔,东汉皇家宗室。曹志,曹魏宗室。

② 子恪,即萧子恪,南朝齐宗室。

③ 高祖,此指梁武帝萧衍。

④ 《梁书》卷 35《萧子恪传》。

⑤ 《隋书》卷 42《李德林传》。

真的动了怒,李德林因此官品处于高颍、虞庆则之下。

第二件事,虞庆则因主张诛杀宇文氏而被杨坚视为功臣①。开皇二年(582),虞庆则为元帅率军讨突厥。由于他部署不当,士兵多遭冻伤,千余人手指被冻掉。偏将达奚长儒率骑兵二千人从别道出击,被突厥包围,十分危急。虞庆则却按兵不救,使达奚长儒孤军无援,几乎全军覆没。后来,突厥将内附,杨坚派虞庆则任使节前往。临行时杨坚对他说:"如果突厥送给你马,你只可收三五匹。"突厥主见到虞庆则后,赠马千匹,又以女妻之,虞庆则全部收下。这两件事按说都不可饶恕,但杨坚却因虞庆则勋高,均不加责罚。所谓"勋高",即指开皇初赞成杨坚诛杀宇文氏。

在历代受禅的皇帝中,杨坚是诛杀前代皇帝宗室数量最多的一个。

周文帝宇文泰有十三个儿子。除孝闵帝宇文觉、明帝宇文毓、武帝宇文邕之外,宇文震、宇文直、宇文俭、宇文通、宇文宪五人早在杨坚代周前就已死去。杨坚辅政及代周后,又杀死了宇文招、宇文纯、宇文盛、宇文达、宇文逌五人。接着又杀死了宇文震的过继儿子宇文寔,宇文招的儿子宇文员、宇文贯、宇文乾铣、宇文乾铿,宇文俭的儿子宇文乾恽,宇文纯的儿子宇文谦、宇文让、宇文议,宇文盛的儿子宇文忱、宇文悰、宇文恢、宇文㥊、宇文忻,宇文达的儿子宇文执、宇文转,宇文通的儿子宇文绚,宇文逌的儿子宇文祐、宇文裕、宇文礼、宇文禧等。宇文泰的子孙,被杨坚所杀者共二十六人,至此,宇文泰的子孙无一生存。

孝闵帝宇文觉的独子宇文康早在建德五年被武帝赐死。杨坚代周后,又杀了宇文康的儿子宇文湜,至此,孝闵帝一支也断了后嗣。

明帝宇文毓有三个儿子,除宇文寔过继给宇文震外,宇文贤、宇文贞都被杨坚杀死。此外,宇文贤的儿子宇文弘义、宇文弘道、宇文树孃,宇文贞的儿子宇文德文等也死于杨坚之手。至此,明帝宇文毓一支也被根绝。

周武帝宇文邕有七个儿子,除宣帝宇文赟外,汉王宇文赞、秦王宇文贽、曹王宇文允、道王宇文充、蔡王宇文兑、荆王宇文元全都被杨坚所杀。此外,杨坚还杀死了宇文赞的儿子宇文道德、宇文道智、宇文道义,宇文贽的儿子宇文靖智、宇文靖仁等。至此,周武帝一支也被族灭。

周宣帝有三个儿子,静帝宇文衍、邺王宇文衎、郢王宇文术,都被杨坚杀死。

宇文颢是宇文泰的长兄,他的孙子宇文胄、宇文椿、宇文仲及曾孙宇文洽、宇文道宗、宇文本、宇文仁邻、宇文武子、宇文礼献、宇文仲和、宇文孰伦都被杨坚杀死。唯宇文洛因年幼被封为介国公,但不久又死。至此,宇文宗室无一孑遗。

杨坚将北周皇亲宗室斩尽杀绝,在历代深受人们指责。清朝人赵翼曾这样写道:"窃

---

① 《隋书》卷42《李德林传》载:初,将受禅,虞庆则劝高祖尽灭宇文氏,高颍、杨惠亦依违从之。

人之国而戕其子孙,至无遗类,此其残忍惨毒,岂复稍有人心。"在叙述了杨坚之子孙多无善终之后,赵翼又接着说:"而炀帝之死,又巧借一姓宇文者之手以毙之,此岂非天道好还之显然可据者哉。"①

赵翼对杨坚杀尽北周宗室之行深恶痛绝,但他引为天道报应的证据却有失偏颇。因为在隋末杀死隋炀帝的宇文化及,虽与北周帝室同姓,却与之不是宗亲。

有人用天道理论谴责杨坚对周宗室的诛杀,也有人用天道为杨坚诛杀周宗室开脱。《隋书·高祖纪》记载,在北周明帝时,善相者赵昭见过杨坚后对他说:"公当为天下君,必大诛杀而后定。善记鄙言。"似乎杨坚代周以后的大屠杀,都是上天早已安排好的。

如果说利用天道观谴责杨坚不能使人信服,那么用天道观为杨坚开脱亦属荒谬。杨坚对宇文氏的杀戮,是当时社会历史现实所决定的,而不是什么上天安排。

首先,杨坚代北周,社会政治基础薄弱。杨坚的情况与东汉末年的曹操大不相同,曹操从建安元年(196)迎汉献帝建都许昌起,就把皇帝控制在自己手里,开始了代替东汉的实际准备工作。以后,曹操东征徐州,北灭袁绍,西平关中,南战赤壁,统一了黄河流域,实际掌握了国家大权。当他被封为武平侯以后,他还是牢牢抓住军事大权不放。他说:"欲孤便尔委捐所典兵众以还职事,归就武平侯国,实不可也。何者?诚恐己离兵,为人所祸也。既为子孙计,又已败则国家倾危,是以不得慕虚名而处实祸,此所不得为也。"②然而,曹操大权在握,紧紧不放,却不急于称帝。就在他临死前的几个月,孙权劝他做皇帝。他的臣下也认为当今天下,没有一个臣民、一尺十地属于汉朝,汉献帝只有虚号而已,都劝他不要推辞。曹操却说:"若天命在吾,吾为周文王矣。"③曹操的用意,是为后辈代汉奠定最坚实的基础,创造最成熟的时机。从196年到220年,曹氏父子经营了二十多年,才正式代汉。到曹操的儿子曹丕称帝时,不论从政治力量、军事力量,还是从人们的心理认可上,都有压倒一切的权威。曹丕不需要通过杀戮前朝皇帝宗室来巩固自己的地位,所以汉献帝一直活到魏明帝青龙二年(234)才死。而杨坚则不同,周宣帝垂危,他已作了辅政大臣。周宣帝死后八个月,他就结束了周朝建立隋朝。尽管有相当一部分人拥戴他,但其作皇帝的社会基础还很薄弱。《资治通鉴·隋纪·文帝仁寿元年》载"帝受周禅,恐民心未服",说明杨坚要想巩固自己的地位,还要经过一个服民心、立权威的过程。而杀戮周帝宗室,正好能达到立威的目的。

其次,杨坚与周帝宗室的矛盾已经发展到了十分尖锐的程度。早在杨坚执政时,周明帝的长子毕王宇文贤就因反对杨坚辅政而被杀。尉迟迥起兵后,周帝宗亲宇文胄据荥州

① 《廿二史札记》卷15《隋文帝杀宇文氏子孙》。
② 《三国志》卷1《魏书·武帝纪》裴松之注引《魏武故事·让县自明本志令》。
③ 《三国志》卷1《魏书·武帝纪》裴松之注引《魏氏春秋》。

响应尉迟迥,被杨素打败杀死。宣帝的五个叔叔被杨坚招回京城后,对杨坚辅政十分不满,赵王宇文招认为杨坚迟早要代周,想先手除掉他。有一天,宇文招派人给杨坚送去一封请帖,要他来王府赴宴。杨坚便带着杨弘、元胄等人来到宇文招的府第。因此宴是私人宴会,在赵王寝室内举行,左右无法入内,杨弘、元胄只能坐在门边。赵王早已在寝室四周布下武士,并吩咐两个儿子说:"宴会中你们前来献瓜,我借机杀掉杨坚。"当大家酒兴正浓时,赵王的两个儿子献上几个又大又鲜的瓜。赵王拔出佩刀,装作切瓜,伺机对杨坚下手。坐在门边的元胄见情况十分紧急,便走进来对杨坚说:"丞相,府中还有许多事等您处理,不可在此久留。"

赵王对闯进来的这个人十分恼火,大声斥道:"我与丞相正在谈话,你进来干什么? 还不快退下。"

不料元胄不但不退,反而怒目圆睁,手扶佩刀,走到杨坚身边。

赵王见一时难以下手,便想把气氛缓和一下,他端详了元胄一会,然后说:"好个威武大汉,叫什么名字?"

"元胄。"元胄粗声粗气地答道。

"莫非是当年齐王帐下的侍卫? 真是个壮士!"元胄当年曾因壮勇而被齐王宇文宪引为左右,所以赵王这样说。

赵王这一番话,丝毫没有使元胄放松警惕,他的手始终没有离开刀把。赵王一面命人给元胄斟酒,一面说:"我岂能有不良之意,你为什么对我如此猜疑警惕?"元胄无奈,只得接过酒来。喝了一会,赵王说恶心要吐,便摇摇晃晃地往出走。元胄见此,忙上前搀扶,以宴会不可无主为由,又将赵王扶回到坐位上。赵王见脱身不行,便说喉咙发干,让元胄为他取水,想借此把元胄支开,但元胄却是寸步不离杨坚左右。这时,有人来报,说滕王宇文逌到。众人忙起身迎接,就在杨坚站起身走到元胄身边时,元胄悄声说道:"情况特别危急,可速离开!"

杨坚不解,说:"赵王无兵马,无职权,能对我怎么样!"

元胄说:"兵马全是他家物,一旦他先下手,大事便去矣! 我并不怕死,但这样死了有什么用处?"

就在大家重新坐好时,元胄便装出一副等不及的样子,对杨坚说:"相府事情这么多,丞相为什么如此不知着急?"说完硬拉着杨坚离开座位,急急离去。赵王刚要追,只见元胄挡在门口,出不去。见杨坚已走到大门口,元胄才大步赶上去,与杨坚一同离开①。

赵王见失掉了诛除杨坚的时机,又悔又恨。后来,杨坚知道了赵王的图谋,便将他和

---

① 《资治通鉴》卷 174《陈纪八·高宗太建十二年》。

宇文盛一起杀掉。

两个月后,陈王宇文纯又因对杨坚口出怨言被诛。

又过了两个月,代王宇文达、滕王宇文逌又因谋害杨坚而被杀死。

到杨坚禅代北周时,北周皇室大部分成员都被杀死。杨坚觉得宇文氏个个都像仇敌。也难怪,杨坚杀死他们的亲人,活着的宇文氏成员能善罢干休吗?杨坚感到,只有把宇文氏杀绝心里才踏实。

最后,杨坚尽杀宇文氏,与他个人的性格品质有关。杨坚不像梁武帝自幼深受儒风熏陶,杨坚是代人之后,又长期生活在鲜卑化很浓的北周社会。他虽然也接触、接受汉族文化,但对武力的崇尚要远远超过对仁德教化力量的信赖。为了巩固已得的地位,他对北周帝室讲武不讲仁。另外,在北周时为避祸而长期韬光晦迹,养成了他深沉的性格。他对北周帝室的提防很深,猜疑很深,敌意很深,所以诛除之意也很坚决。

周朝灭亡了,皇族灭绝了,一切都已成为过去。踌躇满志的隋文帝杨坚,开始营建他的开皇基业。

第四章
开皇基业

第一节　德迁义断

人们历来认为，杨坚取代北周天下来得太容易了。事实也的确如此，周武帝死时仅三十六岁，如果他再多活二十年，杨坚能否建隋代周就很难说。如果宣帝同他父亲一样英武，杨坚也不会有郑译、刘昉一类人的支持。如果杨坚没有外戚身份，也不可能入宫侍疾进而辅政。

以上"如果"只是假设，假设不等于事实。事实是周武帝英年早逝，周宣帝昏顽不肖，杨坚身为皇后之父，诸多对杨坚有利的偶然因素凑在一起，便使他轻而易举地登上帝位。

但是，说杨坚代周之易只是问题的一个方面。在这看起来容易的过程背后，却给杨坚设下了一道他一定要解决的难题。

杨坚建立隋朝之后，曾和他的谋臣高颎说过这样一句话："宇文孝伯真是周朝的良臣，如果他不是被宣帝杀掉而在朝中任官，我辈便没有措手之处。"[1]杨坚非常明白，他之所以能够轻易代周，在很大程度上得益于那些不忠于周朝的佞臣。在杨坚代周的过程中，这样的佞臣越多，对周朝背叛得越厉害，就越对杨坚有利。但这些佞臣的作用，仅仅局限于杨坚代周的过程之中，一旦这个过程结束，他们的作用也就完结了，甚至还向相反方向转化。中国有句古话，叫作"德迁义断"。这里的"德"，不当道德讲，它是阴阳五行说的术语，指的是一个具体王朝。这句话的意思是：朝代变了，原来的人际关系不能维持要发生变化。这句话很符合代周后的情形，杨坚建立隋朝后，不再需要佞臣，而是需要效忠于新王朝的人。

然而，这些旧王朝的佞臣由其人品、素质等因素决定，不可能成为新王朝的忠臣。

刘昉在确立杨坚的辅政地位上立有大功，杨坚拜他为上大将军，封为黄国公。另一个为杨坚辅政出力很大的郑译，被封为沛国公。杨坚对这两个人的赏赐，前后多达万万。当时这两个人势倾朝野，出入有甲卫护卫。按理说，享有如此荣耀，他们应该对杨坚尽忠竭诚了。然而他们不，他们拥戴杨坚，有自己的野心。按照他们的原意，是想让杨坚作冢宰，郑译自己作大司马，刘昉作小冢宰，同杨坚一起分享政权。李德林看出了他们的野心，便对杨坚说："您应该做大丞相、假黄钺、都督内外诸军事。如果不这样，便不能镇服众心。"杨坚接受了这个建议，自己做大丞相，让郑译为相府长史，带内史上大夫；任刘昉为丞相府司马。刘昉、郑译二人因目的未达到，因此心中常怀不平。

尉迟迥起兵发难，韦孝宽率兵征讨。当韦孝宽与尉迟迥军在沁水相峙时，正值韦孝宽病重，军心出现不稳迹象，急需派一名权重名高的人前去监军。杨坚找到刘昉，刘昉却说

---

① 《周书》卷40《宇文孝伯传》。

自己从未任过将领，不懂打仗。杨坚又找到郑译，郑译说他母亲年迈体弱，离不开。不久，司马消难、王谦相继起兵，杨坚为前线的形势所牵扰，寝不宁，食不安。而身为丞相府司马的刘昉，却整日游乐嬉戏，或纵酒酣睡，相府的事务很多都被他所耽误。另一个身为丞相府长史的郑译，也是整日溺于财货，贪赃不已。似乎前线的胜负，朝廷的存亡都与他们无关。

这一切杨坚早已看在眼里，但如何处理他们，却使杨坚常常感到左右为难。他们虽不是忠臣，却是杨坚的功臣。对他们的处理若太严厉，必然会背上藏弓烹狗、诛杀功臣的名声。在当时杨坚刚刚辅政，众心狐疑，人心不定，若给人以杀功臣的印象，无疑会使更多的人与他离心离德。对他们不予追究吧，第一，杨坚担心如此会使其更加猖獗；第二，以杨坚的性格，他从心理上无法容忍。真是杀之不能，容之不甘。尽管杨坚心里恨透了他们，但在行动上又不能太过火；对他们不过火，又不等于对他们的不满无所表示。要把握好这个火候，也真够难为杨坚的了。

杨坚采取了对他们疏远的态度。这种态度意味着什么？是杨坚为发泄一下心中的愤怒？是杨坚对这些不忠之人发出的警告？是杨坚在当时情况下对他们采取的一种无可奈何的处罚？谁也说不清楚，也许三种都有。

隋朝建立以后，杨坚立即在朝中大力表彰忠臣。宇文孝伯、王轨是被周宣帝杀死的，杨坚认为他们是因忠而获罪，命人将他们重新埋葬，并恢复了他们的官爵。曾经因不给杨坚皇帝符玺而被出为西疆太守的颜之仪，也被召还京师，并进爵为新野郡公。杨坚称赞颜之仪说："见危授命，临大节而不可夺，古人所难，何以加卿。"这番话虽然是在十年后说的，但可证明杨坚在隋朝初将其召回进爵之举是对他忠于周朝的表彰。北周武帝时，还有一个人叫斛斯徵，此人博涉群书，尤精通儒家经典。武帝见他学问渊博，令他教授皇太子。当时太子宇文赟与诸皇子一起从斛斯徵受学业，并称呼他为夫子。宇文赟即帝位，斛斯徵任上大将军、大宗伯。他见宣帝肆行非为，不遵法度，昏庸暴虐，日甚一日，认为自己曾受武帝重恩，又曾任宣帝老师，便以匡正宣帝之失为己任。别人告诉他这样做会有很大的生命危险，斛斯徵说："我活着不能尽劝谏之职，死后有什么脸面见先帝于地下！"斛斯徵向宣帝上了一道奏疏，详尽地指出他的过失，希望他改正。宣帝见疏大怒，立即将斛斯徵下狱。许多人都知道斛斯徵是冤枉的，并深深佩服他以死尽忠的气节。看守张元用佩刀将监狱的墙挖了一个洞，帮助斛斯徵连夜逃出。宣帝见斛斯徵逃走，命人四处张榜捉拿，并限期令地方州府将斛斯徵捉拿归案。御正上大夫赵煚平素与斛斯徵不和，但也佩服他的精神，便对宣帝说："斛斯徵自认为罪行深重，才惧死遁逃。若这样通缉他，他在国内无法存身，不是向北逃入突厥，就是向南逃入陈朝。斛斯徵虽然愚陋，但久任清显之职，若他逃入敌国，必于我圣朝无益。现在国中旱灾正甚，可以此为借口在全国进行大赦，这样斛斯徵便不会北窜或南逃了。"宣帝听从了赵煚的意见，斛斯徵也因此免于祸难。可见，斛斯徵也是北周的忠臣。杨坚建隋后，不但恢复了斛斯徵的官职，升其为太子太傅，而且将赵煚进位为大将军，赐其爵为金城郡公。

杨坚表彰周代忠臣，提倡对皇帝尽忠竭诚，这本来是可以理解的正常现象。因为朝代变了，杨坚当了皇帝，自然需要更多的人为朝廷效力，为自己尽忠。但仔细琢磨，杨坚对周代忠臣的表彰，似乎还有正常现象之外的弦外之音。

杨坚所表彰的忠臣，都和郑译有关。

王轨、宇文孝伯都是在周宣帝刚即位时被杀死的。宣帝任太子时，宠信郑译、刘昉等人，为此，王轨、宇文孝伯等人多次向武帝进言，结果使宣帝被处罚，郑译被罢免。宣帝即位后，郑译进谗言，杀死王轨、宇文孝伯等人。此事在前面已详述，此不再赘。

颜之仪在周武帝时也曾为太子侍读。《周书·颜之仪传》载："太子(指宣帝宇文赟)后征吐谷浑，在军有过行，郑译等并以不能匡弼坐谴，唯之仪以累谏获赏。"宣帝病危时，刘昉、郑译等人伪造诏书，让杨坚辅政。颜之仪怒斥二人，拒不在伪诏上署名。可见颜之仪不是与刘昉、郑译等人同流合污之辈。

斛斯徵在宣帝时任大宗伯。当时武帝刚死，还未下葬，按礼，殡殓时间有规定期限，宣帝不愿依礼行事，意欲速葬。斛斯徵与宇文孝伯反对，主张应按丧礼规定七月下葬。武帝被埋葬以后，宣帝就想让乐工为他演奏音乐。按丧礼规定，守孝期间不可听音乐，斛斯徵便劝谏说："《孝经》说'闻乐不乐'。听见音乐尚且不乐，更何况让人演奏呢？"郑译为讨好宣帝，便狡辩说："《孝经》上既然说'闻乐'，就证明在守孝期间不是没有音乐，只不过听到音乐可以不为其所乐，怎能不演奏音乐呢？"在这次争论中，两人各执己见，唇枪舌剑，互不相让。虽然宣帝最后依了郑译，但郑译因此还是对斛斯徵怀恨在心[①]。后来，斛斯徵上疏列举宣帝过失，劝其改过，郑译乘机说了斛斯徵许多坏话，使斛斯徵被关进监狱。

杨坚对王轨、宇文孝伯、颜之仪、斛斯徵等人的表彰，实际上在表明自己的态度，他对王轨等人的褒扬，也等于对郑译等人的贬斥。

局外人可能不明白杨坚的这层用意，当事人却有特殊的敏感。

自从三方平定以后，郑译明显地感到自己越来越清闲了。虽然仍为相府长史，又兼领天官都府司会，总六府事，但很多事情却没有人前来请示他就办理了。他每天虽然都坐堂办公，却什么事都不用他管。郑译不是傻子，他知道这一切都是杨坚的授意，并通过这些明白了自己在杨坚眼中的位置。他向杨坚请求解除自己的职务，想通过此举证实他的判断。由于当时政局未稳。杨坚没有立即答应，还说了许多宽慰他的话。当杨坚代周作了

---

① 《周书》卷 26《斛斯徵传》。

皇帝以后,旧事重提,以他曾要求解职为由,答应让他解职回家。考虑到郑译当初有功,这次免职表面上使郑译大大风光了一阵。郑译回家,仍保留上柱国的称号,并得到丰厚的赏赐,他的两个儿子,一个被封为城皋郡公,一个被封为永安男,他死去的父亲及哥哥均被追赠为刺史。然而这一切并没有使郑译感到宽慰,他知道自己失去的是实实在在的权力和地位,得到的只是一堆虚衔。他恨杨坚过河拆桥,又怕自己将有不测,于是便召来道士,在家中做道场,乞求神仙赐福相助。又让术士行巫蛊之术。所谓巫蛊,就是将自己所恨之人做成木偶形象,给它戴上枷锁,在手心上钉上钉子,然后埋入地下。让术士每日祈祷,让所恨之人早死。不料郑译的婢女是杨坚为监视郑译而特派的,她把郑译的行为全都禀报给了杨坚。杨坚便把郑译招到宫中,对他说:"我没有对不起你的地方,你为什么要这样?"郑译无言以对。

杨坚又说:"别人还揭发你不让母亲和你住在一起,可有此事?"

郑译觉得这件事瞒不过去,只得承认。

杨坚说:"你以巫蛊害朕,是为不忠;与母别居,是为不孝,若不惩治,何以整纲纪正民心?"便下令除去郑译所有功名,并令他与母亲住在一起,又下诏说:"郑译为臣没进过嘉谋良策,为政却常常鬻狱卖官。这种人若让其活在世上,在人间为不道之臣;若将其杀掉,入地狱则为不孝之鬼。阴间阳世都无法容纳他,应赐其《孝经》,令其熟读。"便让他回家,闭门读书思过①。

刘昉早在三方未平时便被撤掉了相府司马之职,由高颎代之。杨坚建隋后,刘昉被改封为舒国公,终日闲居无事,什么事情都不让他过问,失去了往日朝野倾瞩的权势。刘昉知道,这种清闲决不是什么好事,心中常常有一种不安的感觉。不安之余,他又有一种侥幸心理,认为自己当初在杨坚辅政问题上立有大功,他总不会不顾及这点而置自己于死地吧!他决定试试杨坚对他的情义到底还剩多少。

这一年,京师出现大饥荒,粮食奇缺,很多人都没有饭吃。隋文帝杨坚下令禁止酿酒和卖酒,以节约粮食。而刘昉却公然违反禁令,让其妾租赁房屋,当垆沽酒,他要看看杨坚作何反应。没等杨坚反应,治书侍御史梁毗先出来对刘昉进行弹劾,认为如果不对刘昉进行制裁,就不能整肃社会风气。然而杨坚却发下一道明诏,对刘昉的犯禁行为不予追究,不予制裁。

刘昉一下子胆大起来,他认为自己当初的定策之功是一道不可多得的护身符。不久,他又参与了卢贲发起的谋黜高颎、苏威,离间杨坚父子的活动。卢贲在杨坚辅政前后为杨坚立下的大功在前面已经叙述。杨坚代周建隋后,又命卢贲掌管宫中宿卫。卢贲又建议

---

① 《隋书》卷38《郑译传》。

改换周代旗帜，为隋代旗帜更起嘉名，因功拜为散骑常侍，兼太子左庶子、左领军、右将军等职。但是卢贲仍对自己地位不如高颎、苏威不满，便联合刘昉、元谐、李询、张宾等人，策划废黜高颎、苏威二人，由他们五人共同辅政。卢贲见杨坚喜欢晋王杨广，便图谋使杨坚废掉太子杨勇，另立杨广。不料所有阴谋全部败露，杨坚命令追查到底。刘昉慌了，他把一切罪过全都推到卢贲、张宾二人身上。杨坚下令将卢贲、张宾二人削职为民，其余之人皆不问。

经过这两件事，刘昉更加觉得有恃无恐，一方面他觉得自己劳苦功高，另一方面又因不被重用而忿忿不平。

刘昉的这种情绪，在梁士彦、宇文忻心里也有。

梁士彦字相如，安定乌氏人。他自幼喜读兵书，颇涉经史典籍。在北周武帝时，因勇敢果决，进位为上开府，封建威县公。北齐平后，又进为上柱国。周宣帝时，任东南道行台、使持节、徐州总管、三十二州诸军事、徐州刺史。杨坚辅政时，又任他为亳州总管、二十四州诸军事。尉迟迥起兵反对杨坚辅政，梁士彦被任为行军总管，随从韦孝宽前去讨伐。河阳之战，梁士彦令家将梁默等人为前锋，自己率大军后继，连破尉迟迥军。邺城决战，梁士彦率先攻入北门，进城之后，又打开西门，让宇文忻军进入，很快占领全城。尉迟迥败后，杨坚令将邺城彻底毁掉，将安阳作为相州的治所。因梁士彦有功，便让他作了相州刺史。但杨坚对梁士彦并不十分放心，因为早在尉迟迥起兵未平定之前，韦孝宽的长史李洵就向杨坚密报梁士彦、宇文忻、崔弘度等人接受尉迟迥的赠金。梁士彦任相州刺史后，又曾对别人说，他年幼时有个相者曾为他相面，说他年过六十以后必然要登龙位[1]。这话也传到了杨坚的耳朵里，杨坚这时行将登位，听到这些话后，感到梁士彦居心叵测，害怕他成为第二个相州的尉迟迥，便把他撤职，调回京城，闲置起来。

宇文忻字仲乐，本为代北人，祖、父都在北周任公卿。宇文忻自幼聪慧，喜欢军事，常与其他孩子一起做军事游戏，他当指挥官，其他孩子全都按照他的命令列队进止，大人们都说宇文忻是天生的将才。宇文忻十二岁时，已练就了一身好武艺，能左右驰射，骁捷若飞。他胸怀大志，少年倜傥，常对人说："人们谈论古代名将，全都赞美韩信、白起、卫青、霍去病等，我看他们的作为，不值得人们如此赞美崇尚。如果我生在当时，一定比他们强，不让他们独占美名。"北周武帝时，宇文忻因屡有战功，加位开府、骠骑将军。北周武帝灭北齐的战役中，宇文忻充分地显露了他的军事才能。周武帝攻克北齐晋州后，北齐后主亲驱六军进行反攻。周武帝欲退兵，宇文忻劝道："以陛下之圣武，乘敌人之荒纵，何往不克？若使齐人更得令主，君臣协力，虽汤、武之势，未易平也。今主暗臣愚，兵无斗志，虽有百万

---

① 《隋书》卷38《刘昉传》。

之众,实为陛下奉耳。"武帝听从了他的意见,与齐军战,果然大胜。后来,周军攻克并州,但被反攻的齐军包围,伤亡惨重。众将都劝武帝撤军,宇文忻进言说:"自陛下克晋州,破高纬,乘胜逐北,以至于此。致令伪主奔波,关东响振,自古行兵用师,未有若斯之盛也。昨日破城,将士轻敌,微有不利,何足为怀?丈夫当死中求生,败中取胜。今者破竹,其势已成,奈何弃之而去?"在宇文忻坚决劝阻下,周军未退,再战取胜。北齐平后,宇文忻进位为大将军。杨坚辅政,尉迟迥起兵反叛,宇文忻被任为行军总管,随韦孝宽前去讨伐。在武徙,宇文忻为先锋击败尉迟惇;在相州附近的野马冈,他又率领五百骑兵,袭破尉迟迥埋伏在这里的三千精甲之士。在邺城,他又箭射邺城观战助威者,使朝廷军转败为胜。尉迟迥军被消灭后,杨坚封宇文忻为上柱国,并对他说:"尉迟迥倾山东之众,动百万之师。而你面对强敌,出了好多计策,没有一条不成功;打过许多硬仗,没有一次不获胜,真是天下的英杰。"

杨坚说这番话时,嘴不是对着心的。实际上,宇文忻的军事才干越高,杨坚心里就越不踏实,因为他深深地感到:宇文忻与自己并不是一条心。在征讨尉迟迥军过程中,宇文忻接受尉迟迥馈赠的传闻已使杨坚产生了这种想法,而他与于仲文的一番对话,使杨坚的这种认识更加坚定。那是韦孝宽军和尉迟迥军相峙于永桥的时候,于仲文被杨坚任为河南道行军总管,率洛阳之兵讨伐尉迟迥的河南之军。于仲文曾前去看望韦孝宽,在韦孝宽营中遇见宇文忻。宇文忻见到于仲文,把他拉到自己帐中问:"您刚从京师来,据您观察,执政(指杨坚)对今后的事有什么打算?我认为尉迟迥不堪一击,无可担忧,最令人担忧的是平定尉迟迥后,执政会行鸟尽弓藏、兔死狗烹之事。"于仲文看出了宇文忻的心思,害怕他在这紧急关头生出事变,便对他说:"丞相宽仁大度,明察秋毫,如果我们能尽心竭诚,丞相必对我们信任不移。我在京城仅仅三天,就发现丞相有三大优点,就凭这三点,就可知丞相非寻常之人。"

宇文忻关切地问:"是哪三大优点?"

于仲文说:"有一个叫陈万敌的,刚从敌方过来,丞相对他不怀疑心,还让他的弟弟陈难敌召募乡人,从军征贼。这表明丞相的大度,此一大优点。上士宋谦,奉使巡检,他想借机访寻他人之罪。丞相知道后,责备他不该网罗别人的罪名。不求人私,这是丞相的第二大优点。我的妻子儿女都被尉迟迥所杀,丞相每提到这件事,都潸然泪下。待人具有仁心,这是丞相的第三大优点。"

宇文忻听了这番话,才安下心来①。

杨坚知道这件事后,却一直放心不下。他认为,宇文忻怀疑自己将行鸟尽弓藏之事,

---

① 《隋书》卷60《于仲文传》。

说明他对自己怀有二心。如果他遇到的不是于仲文,如果于仲文说的不是那番使他放心的话,他还会尽力为自己讨伐尉迟迥吗? 显然不会。他会为使其发挥作用而有意将尉迟迥势力保存起来,甚至会和尉迟迥一道反对自己。一想到这些,杨坚便对宇文忻戒心更重。尉迟迥平定,特别是隋朝建立后,开始渐渐对他冷淡起来。宇文忻见此,悔恨当初不该轻信于仲文之言,现在果然出现了飞鸟尽良弓藏的局面。他不由得忿忿地对别人说:"当初我要与尉迟迥同反,何患大事不成?"这话传到杨坚耳朵里,杨坚便借此将宇文忻撤职免官。

俗话说,同声相应,同气相求。刘昉被疏远,梁士彦被闲置,宇文忻被免官,共同的境遇,共同的心态,使他们三个人又结成一个小集团。

刘昉与梁士彦的深交,与梁士彦的妻子有很大关系。梁士彦有一个非常漂亮的妻子,又正值韶华妙龄。刘昉是个好色之徒,一眼就将她看上。梁士彦此时已年近七十,与娇妻难免有不和谐之处,刘昉便和梁士彦之妻勾搭上了。二人做得非常隐密,梁士彦一点也不知道。从梁妻嘴里,刘昉知道了梁士彦心灵深处的隐密,便与他往来更加密切,一起策划反叛,并答应事成之后推举梁士彦为帝。宇文忻也经常与梁士彦往来,他见梁士彦对杨坚不满,便说:"帝王之位岂是一人一姓长久占据的? 只要有人扶助便可登之。你如果先在蒲州起事,我一定被派随军征讨,当两阵相对时,我与你连兵,天下即可图也。"梁士彦起先打算乘杨坚外出祭祀宗庙之机率僮仆发动政变,听了宇文忻的话后,决定在蒲州起兵。蒲州在今山西永济西,西临黄河,南控潼关。梁士彦计划在蒲州起事后,随即断河桥,控黎阳关,截河阳之道。梁士彦的儿子梁刚不同意起兵,苦苦相劝。梁士彦的外甥裴通知道此事后,密告给杨坚。杨坚知道后,装作无事一样,不但不追究,反而授梁士彦为晋州刺史。晋州州治在今山西临汾,离蒲州不远。梁士彦受命后,惊喜地对刘昉等人说:"天助我成大事也!"他又请求让仪同薛摩儿为其长史,杨坚也欣然同意。他哪里知道,此时杨坚早已织好了一张大网,等待他们钻入。

这一天,梁士彦若无其事地照例与公卿们一起朝谒隋文帝。就在大殿之上,杨坚突然命令左右将梁士彦、宇文忻、刘昉逮捕。三人大喊冤枉,杨坚说:"你们竟敢图谋造反。"梁士彦矢口否认,杨坚早已派人将薛摩儿逮捕,并令他与三人当堂对质。薛摩儿当着三人的面,细说了他们如何策划,梁刚如何流着泪苦劝。三人在人证面前无言以对,只得认罪伏诛。

刘昉、梁士彦、宇文忻被杀,郑译被罢免,这种结局的出现是不可避免的。这四个人,分别在杨坚辅政、平定三乱等政治事件中起过重要作用,在这方面,他们是功臣。既然是功臣,他们就要求功臣的待遇,并将此种待遇永久保持。试想,如果杨坚不疏远刘昉、郑译,不闲置梁士彦、宇文忻,而是一直给他们高荣重禄,保持他们的朝野倾瞩地位,他们也许不会和杨坚作对。但这对杨坚来说是办不到的。因为第一,新的王朝已经建立,杨坚更需要的是治国安邦之才。而在这方面,高颎、苏威、李德林等人显然具有不可替代的重要地位。第二,杨坚作为新王朝的开国之主,不容许别人对他不忠,而上述四人的一些作为,已经引起了杨坚的不满和猜忌。

杨坚在处理刘昉等人的问题上也表现了一定程度的忍让,但这种忍让,与其说是杨坚的大度,毋宁说是他的一种策略。刘昉故犯酒禁,杨坚未予追究;刘昉参与谋废高颎、苏威的活动,杨坚却只处理了卢贲和张宾;梁士彦说自己有当天子之相,杨坚并未以谋大逆论处;甚至梁士彦欲在蒲州起事,杨坚还派他任晋州刺史;宇文忻说:"我欲反,何虑不成?"杨坚也未以谋反论处。杨坚之所以这样容忍,是因为他考虑到,仅凭违禁这类的事或一两句过头话就诛杀功臣,理由还不充分,难服天下人心。杨坚对此不制裁,不问罪,实际上是在纵其作恶,让其多行不义,然后再诛杀之。在诛杀梁士彦、宇文忻、刘昉等人时,杨坚下了一道很长的诏书,数说了三个人的罪行,陈述了自己诛杀他们的理由。在谈及梁士彦时说:

> 士彦爱始幼来,恒自诬罔,称有相者,云其应箓,年过六十,必据九五。初平尉迥,暂临相州,已有反心,彰于行路。朕即遣人代之,不声其罪。入京之后,逆意转深。忻、昉之徒,言相扶助。士彦许率僮仆,克期不远,欲于蒲州起事。即断河桥,捉黎阳之关,塞河阳之路,劫调布以为牟甲,募盗贼而为战士,就食之人,亦云易集。轻忽朝廷,嗤笑官人,自谓一朝奋发,无人当者。其第二子刚,每常苦谏,第三子叔谐,固深劝奖。朕既闻之,犹恐枉滥,乃授晋部之任,欲验蒲州之情。士彦得以欣然,云是天赞,忻及昉等,皆贺时来。①

在谈及宇文忻时说:

> 忻往定邺城,自矜不已,位极人臣,犹恨赏薄。云我欲反,何虑不成?怒色忿言,所在流布。朕深念其功,不计其礼,任以武候,授以领军,寄之爪牙,委之心腹。忻密为异计,树党宫闱,多奏亲友,入参宿卫。朕推心待物,言必依许。为而弗止,心迹渐彰,仍解禁兵,令其改悔。而志规不逞,愈结于怀,乃与士彦情意偏厚,要请神明,誓不负约。②

---

① 《隋书》卷38《刘昉传》。
② 《隋书》卷38《刘昉传》。

在谈及刘昉时说:

> 昉入佐相府,便为非法,三度事发,二度其妇自论。常云姓是"卯金刀",名是"一万日",刘氏应王,为万日天子。朕训之导之,示其利害,每加宽宥,望其修改。口请自新,志存如旧,亦与士彦情好深重,逆节奸心,尽探肝鬲。尝共士彦论太白所犯,问东井之间,思秦地之乱,访轩辕之里,愿官掖之灾。唯待蒲坂事兴,欲在关内应接。①

从杨坚诏书中看三人的罪行,哪个都是罪该万死,死有余辜。如果杨坚不放纵他们,不等他们的反行发展到非常严重的程度便将他们处置,哪会有现在这样振振有词、理直气壮? 无论杨坚取什么策略,有一点十分肯定,即杨坚一定要除掉那些不忠于自己的人。杨坚曾说过一段话,讲明了他对郑译、刘昉等人的看法,他说:"没有刘昉、郑译、卢贲、柳裘、皇甫绩等人,我不会有今天的地位。然而,他们都是些反复无常的人。在周宣帝的时候,他们以无赖之行受宠。到宣帝病危时,颜之仪等人要求让皇室宗王辅政,这些人作假行诈,乃让我受命。当我要治理天下时,他们又要捣乱,所以刘昉谋反于前,郑译巫蛊于后。像卢贲这类人,全都是欲壑难填。任用他们则他们言行不逊,不用他们则他们心生恨怨。是他们本身难以信任,不是我要抛弃他们。"②

这是杨坚诛杀、废黜刘昉、郑译等人的深层原因。

① 《隋书》卷38《刘昉传》。
② 《隋书》卷38《柳裘传》。

第二节　盐梅所寄

在殷商时候,高宗武丁在国家衰落时即位,他想复兴国家,日夜寻找能辅佐他的贤相,有一天夜里,武丁做了一个梦,梦见有一个叫说的圣贤前来帮助他复兴殷商。武丁梦醒以后,发现群臣百官没有一个人像他在梦中所见的圣贤,便命人在朝外民间寻找。最后,在傅险这个地方找到了梦中人,武丁与他交谈,发现他果然有圣贤之才,便以他为相。武丁曾对他说:

来汝说,台小子旧学于甘盘,既乃遁于荒野,入宅于河。自河徂亳,暨厥终罔显。尔惟训于朕志。若作酒醴,尔惟曲糵;若作和羹,尔惟盐梅。①

这段话的意思是:傅说,我请你来辅佐。我小时候曾就学于甘盘,后来我父为使我知民情,便让我出朝居于河边。自从那时到现在,我始终没有建立显明的德业。你当辅佐我实现夙志。如果我要作美酒,你就是曲糵;如果我要作羹汤,你就是盐梅。在这里,武丁把治国比作羹汤,把用人比成盐与梅。盐咸梅酸,是古代做汤必用的原料,武丁用此形象的比喻,来说明用人对治国的重要。从此,"盐梅"便成为"用人"的文词。

杨坚建立隋朝,登上了皇帝的宝座,这对一个开国君主来说仅仅是个开头。镇压了反对者的武装抗拒,杀尽了旧王朝的龙子龙孙,根绝了旧王朝的复辟希望,诛除了不忠于自己的反复之臣,这一切并不能使他的新王朝完全巩固,并不能使他的龙椅有磐石之固。治理一个国家,他还需要有一批对新王朝忠心耿耿而且有才干的人。他能否发现这批人,能否得到这批人的全力支持,是新王朝未来命运的关键。

在识人问题上,杨坚虽谈不上是独具慧眼,但他深切地感到,新王朝的巩固与兴盛,需要一批治国贤才。这种深切的感受,使他产生了一种对人才的渴望,也正是这种求贤若渴的迫切要求,使他在中央和地方都发掘出一些治国之才。

高颎是杨坚很早就结识的朋友。高颎家与杨坚的皇后独孤氏家可以说是世交,高颎的父亲高宾是独孤信的僚佐,独孤信死后,独孤氏与高家的往来一直未断。此时,杨坚早已与独孤氏结为夫妻,所以他对高颎的才干也十分了解。杨坚辅政后,也把高颎引入相府,做相府司录,尤其是杨坚疏远了郑译、刘昉等人后,宠信的天平完全倾向了高颎一边。高颎也没有辜负杨坚的信任,平定尉迟迥中,显示了他对杨坚的忠诚及政治才能。尉迟迥

---

① 《尚书》卷10《说命下》。

被平定后,高颎进位为柱国,改封义宁县公,又迁为相府司马,所受信任更加深笃。杨坚称帝以后,又拜高颎为尚书左仆射,兼纳言,进封为勃海郡公。杨坚对他的称呼也不同于常人。因高颎的父亲高宾被赐为独孤,所以杨坚常常称高颎为独孤,而不直接叫他的名字,这在当时也是一种非常敬重的表示。杨坚极重高颎,还有两件事可以表明:一件事,是成全高颎谦让的美名。高颎曾向杨坚举荐苏威,后来,苏威在辅佐杨坚治国中表现出超人的才干,高颎便上表让位于苏威。这使杨坚感到难办。在朝廷用人之际,杨坚当然不愿让高颎离位,但回绝他,会使朝臣们感到高颎在利用皇上的宠信故作姿态,于高颎不利。他想了一个两全其美的办法,先是接受了高颎的辞呈,解除了他尚书左仆射的职务,成全了他谦恭逊让的美名。不久,又发一道诏旨说:"苏威的才干,确实能和前朝贤才相比,但其才干的显露,是高颎推举的结果。我听说,举荐贤人者当受上赏,怎能让高颎辞官呢!"便又命高颎官复原职。杨坚这样做,表面看,是承认自己解除高颎官职是错误的,并以让高颎官复原职来纠正自己以前的错误决定。但实际上,杨坚这样做,却收到了三个好处:既成全了高颎谦让的美名,又保住了他的官位,同时又表明了自己爱才之切。第二件事,爱人及树。高颎常常在朝堂北面的一棵大槐树下办公,处理政务。但这棵树长得不是地方,有关部门请求把它伐掉。为此,杨坚特发了一道诏旨,命令有关部门不许砍伐,以示对高颎的爱宠[①]。

苏威是高颎向杨坚举荐的人才,他是京兆武功(治所在今陕西咸阳西)人。武功苏氏是关中大族,苏威的父亲苏绰,是西魏宇文泰手下的名臣,为西魏政权在政治、经济上作出过重要贡献。苏威自幼就有美名,他五岁时丧父,哀毁有若成人,当时人对他的孝行都很赞赏。宇文护专权时,想重用他。他预见到宇文护必遭横祸,恐祸及自身,逃入山中,以读书诵经自娱。周武帝诛杀宇文护后,宇文护的亲党都遭殃及,而苏威却未受到株连,这件事也表现出他颇具政治眼光。西魏初期,国力还很微弱,为了增强国力,苏绰帮助宇文泰制定征税之法,当时就认为这个税法给百姓的负担较重。苏绰说:"今天所定之法,就像拉开的弓,不是正常情况下所实行的措施。将来,不知哪位有才干的人,能使此法改变得宽缓一些。"苏威听到这话后,暗暗下定决心,要完成父亲的遗愿,可见他从小就有很大的政治抱负。杨坚很早就听说过苏威的大名,在他辅政时,就想召他辅佐自己。后来,杨坚当了皇帝,征拜苏威为太子少保,不久,又让他兼纳言、民部尚书。当苏威上表辞让时,杨坚说:"大船能荷载重物,骏马能驰骋万里,你有兼人之才,不要以职多务重相推辞。"杨坚不但没准许苏威辞职,反而又让他兼大理卿、京兆尹、御史大夫,加上前所担任二职,共五职兼于一身。治书侍御史梁毗见苏威如此,便向杨坚上了一道奏章,弹劾苏威。奏章中说,

---

① 《隋书》卷41《高颎传》。

苏威身居五职,事繁务重。但他却不举荐贤人来分担自己的部分事务,而是对事繁务重表现出安恋之心,事事都自己去办。他这样做,是想表现自己的才干,却不怕贻误国家大事。杨坚见表,驳斥说:"苏威整日孜孜不倦地工作,正是他的志大才高之处,怎能以他未能举贤而对他大加弹劾呢?"杨坚信任苏威,并常以自己与苏威的关系而自豪。他曾对朝臣说:"苏威若不是遇到我,便不能施展他的才干;我若得不到苏威,也不能行治国之道。杨素虽才辩无双,但要论斟酌古今、帮助我宣化百姓,也比不上苏威。"①

安定(治今甘肃泾川)人牛弘,好学博闻,以儒学著称。杨坚称帝后,任他为散骑常侍、秘书监。以后,又任过礼部尚书、太常卿、吏部尚书等职,主要负责国家的制礼作乐及铨选官吏的工作。牛弘对所任之职,也尽心尽力。他任秘书监时,曾上表请杨坚开献书之路。他认为,隋朝建立,土广民盛,正是尊崇儒业的好时机,应当大弘文教。而由于连年战乱,国家图书奇缺,这不利于文教的弘扬。希望杨坚"发明诏,兼开购赏",那样就会"异典必臻,观阁斯积,重道之风,超于前世"。杨坚采纳了他的建议,下令凡献书一卷,赏缣布一匹②。这样,经过了一二年时间,国家图书数量增多了,种类也齐全了。牛弘任吏部尚书时,选举官吏也十分审慎,凡所进用的人,大多很称职。如高孝基,有知人之鉴,且机敏清慎,但由于过于爽快狡黠,人们都疑他是轻狂浅薄之徒。唯有牛弘深识其真正的本性,推心委任,而高孝基果然胜任,这在隋朝举官的历史中被引为美谈,牛弘的远见卓识也被人们所佩服。对牛弘这样一个人,杨坚是特别敬重的,这种对人才的敬重心态,甚至起着偶尔改变杨坚品格的作用。据史书记载,杨坚对人极严,很少宽容。有一次他到武库,看见管理武库之吏的官署中又脏又乱,心中非常恼火,便把武库令抓起来,处死。还有一次,西域派使节前来朝贡,使节回去时,他令左右护送西域使臣出玉门关。途中,沿路官员见护送者是朝廷中人,便送一些小礼品结交之。杨坚闻而大怒,下令把那些接受礼品的人全部抓起来,押至开远门外,亲自监督,将他们斩决。不但如此,杨坚还常常暗地派人对地方官吏进行贿赂,凡是接受贿赂的人,全都处死,无一宽贷。这些事,虽然是杨坚晚年所为,但它真实地反映了杨坚对下严厉的作风。然而这种严苛少贷的作风,在牛弘面前却表现了出人意料的宽容。有一次,他让牛弘宣布由他发布的敕令,牛弘领旨后走下殿阶,忽然语塞,不知自己要说什么。他转身回到殿中,叩头谢罪说:"我把陛下的敕令全都忘了。"这对皇帝的尊严来说,简直是大不敬之举,群臣不禁为牛弘捏了一把汗。不料杨坚听了哈哈大笑,说:"传话这样的小事,本来就不应该是你这样的宰臣所做的。"杨坚对他不但没有怪罪,反而称赞他的质朴直率。

---

① 《隋书》卷41《苏威传》。
② 《隋书》卷49《牛弘传》。

京兆（治所在今陕西西安东北）韦氏，是关中的大族之一。京兆杜陵人韦世康，在北周时就以才干著名。北周武帝灭北齐后，当时东方初定，百姓未安，韦世康在这种情况下，被任为司州（治所在今河北磁县南）总管长史。他到任后，抚绥百姓，使士民安悦，很快使这个地区安定下来。杨坚辅政后，尉迟迥起兵。杨坚特授韦世康为绛州（治所在今山西绛县）刺史。韦世康以雅望镇守此地，又加上他"以不贪而为宝，处膏脂而莫润"①的清廉作风，使整个绛州清静整肃，有力地配合了杨坚平定尉迟迥的战争。韦世康在绛州任刺史好几年，政绩极佳，每次考课，他的政绩全都名列前茅。杨坚便又提拔他任礼部尚书，不久，又转为吏部尚书。韦世康在吏部任官十多年，除两度出外做总管外，其余都在吏部负责官吏的铨选。他选用平允，拒绝请托，多所进拔，朝廷称为廉平。当韦世康六十多岁时，向杨坚提出致仕养老的要求，杨坚说："朕夙夜思念，求贤若渴，希望与公共治天下，以致太平。现在你的要求，与我的希望完全相背。即使你年老体衰，我也要委屈你卧治一方。"于是拜他做荆州总管。当时，天下惟设四个大总管，并州、扬州、益州三个总管，都是皇帝的宗室亲王担任，剩下一个总管的职务给了韦世康，可见杨坚对他的重用。

河东柳氏，也是北方的大族。河东解人柳彧，在北周时便有声名。杨坚建隋后，任柳彧为尚书虞部侍郎、屯田侍郎、治书侍御史等职。当时在地方担任刺史的人多为武将，他们善领兵打仗，却不懂行政管理，因此多不称职。柳彧便上表给杨坚说："如今天下太平，四海清谧，治理百姓，须任其才。过去汉光武帝深知这一点，所以当初与他一起披荆斩棘的二十八将，在打下天下后，治理国家便不用他们。我见陛下又发诏书，要任上柱国和干子为杞州刺史。这个人年近八十，精衰力竭，当初他任赵州刺史，就不懂政务，将治理州府之事全都委托下人，结果造成政由群小，贿赂公行，百姓吁嗟，歌谣满道。百姓们都说：'老禾不早杀，余种秽良田。'古人说过：'耕当问奴，织当问婢。'这是说人各有所能。和干子弓马武用，是其所长，治民莅职，非其所解。陛下思考治国大事时，不要忘了用人有兴有寝。如果您认为让武人任职是为了优崇他们的功绩，可以用厚赐金帛让他们养尊处优的办法。如果让他们治理地方，对国家有损无益。"杨坚认为柳彧说得很对，终于没有让和干子出任杞州刺史。后来，柳彧受命巡视河北五十二州，奏免长吏贪脏不称职者二百多人，州县闻之肃然，莫不震惧。杨坚对柳彧此行非常满意，赐给他绢布二百匹、毡三十领以作奖赏，又拜他为仪同三司。杨坚对柳彧有个评价，说他是"正直士，国之宝也"②。可见他对柳彧的看重。

杨坚不但自己任用有才干的方正之人，还给他的儿子们派去方正之人以辅佐之。杨

---

① 《隋书》卷 47《韦世康传》。
② 《隋书》卷 62《柳彧传》。

坚登帝位后,认为北周之所以亡,诸侯微弱是其中的原因之一,所以他分封诸子,给他们以很大的权力。他的儿子晋王杨广,被派去镇并州,蜀王杨秀,被派去镇益州。同时,又盛选贞良有重望者为之僚佐。

太原晋阳人王韶被派去辅佐晋王杨广。王韶在北周时就以骨鲠知名,杨广镇并州,王韶被任为行台右仆射,随晋王出藩。由于王韶生性刚直,晋王甚惮之,凡做事总先征求他的意见,以使自己不致违犯法度。有一次王韶奉命出巡,他走后,杨广在自己府中穿池起山,大兴土木。王韶回来后,立刻进行劝谏,晋王也表示认错而停止。杨坚知道这件事后,对王韶进行了表扬,并赐他百两黄金以示奖励。王韶的鲠直、忠心,深得杨坚喜爱,喜爱之深,以至王韶的衰老和死亡都使杨坚为之动情。开皇十一年(591),杨坚巡幸到并州,见到王韶后,发现他两鬓斑白,便对他说:"自从我到这来,就发现你须鬓渐渐白了,大概是过于忧心劳累造成的吧?你是国家的柱石,我对你寄予厚望,希望你要努力自勉。"秦王杨俊任并州总管后,王韶仍为总管长史,在他六十八岁那年,死在了进京的路上。杨坚知道后,非常伤心,对秦王的使者说:"告诉你们大王,我让王韶缓行进京,他怎么让王韶急驰?杀我爱臣的,不是你们大王吗?"王韶死后,杨坚命人为他建房,并说:"死去的人要房宅还有什么用呢?我不过用此来表达我的深情罢了。王韶受我委寄,十有余年,还未得到我更高的宠爱,就离我而去了!"说到这里,杨坚竟流出了眼泪。为了怀念王韶,杨坚还把他生前所上的奏章汇集在一起,让群臣传阅,并说:"王韶直言匡正,裨益甚多,我每次披阅,都爱不释手。"[①]

另一位骨鲠直臣元岩被派去辅佐蜀王杨秀。元岩的敢于直言,早在北周时就很有名。周宣帝昏庸暴虐,京兆郡丞乐运抬着棺材当面指出他八大过失,劝他改过。周宣帝大怒,要把乐运杀掉,当时朝臣没人敢解救。元岩挺身相救,并表示:"如果乐运不免于死,我将与之俱毙。"杨坚称帝后,拜元岩为兵部尚书。杨秀镇益州,元岩被任为益州总管长史,前去辅佐。临行前,杨坚对元岩说:"你是个具有宰相才能的人,我让你屈辅我儿,是汉代曹参辅佐齐王之意。"元岩到益州后,法令严明,深受当地民吏的欢迎。他办事公正,遵循法度,当地狱讼案件,凡是经元岩裁断的,人们都心悦诚服。蜀王杨秀昏庸残暴,他到四川后,要强使当地少数民族的人充当阉人(相当宫中宦官),又想将死囚犯人活活解剖,取胆做药。这些事被元岩知道后,每次都硬闯入王府,严词切谏,使杨秀认错改正[②]。南宁州(治所在今云南昆明)总管韦冲的侄子韦伯仁,在韦冲的管界强抢人妻,纵士卒行暴,杨坚闻而大怒,令蜀王杨秀处理此事。元岩认为韦冲纵侄不管,罪在不贷,在元岩的主张下,韦

---

① 《隋书》卷 62《王韶传》。
② 《隋书》卷 62《元岩传》。

冲被免官。韦冲的另一个侄子韦世约,任太子洗马,因此事对元岩怀恨在心,在皇太子面前说了许多元岩的坏话。杨坚知道后,对皇太子说:"古时候,有个卖酒的,他的酒酸了都没人买,就是因为他养着咬人的恶狗。韦世约就是这样的恶狗,只会拖累你,你还用他干什么?"韦世约因此被除名①。从杨坚对王韶、元岩的态度中,反映出他用人、任人的开明之处。

隋朝建立之初,杨坚把主要力量放在中央政权的建设上。在地方长官的任用上,一方面他还无暇顾及,另一方面他也需要给那些立有战功的将领安排一定的职位,所以多用武人充任地方官。这种过渡性的办法在开朝之初对杨坚来说是不得已而为之的。但随着政权的逐渐稳定,用武人作地方行政长官的弊病越来越明显。这表现在除少数人外,大多数武人不懂得如何治民理政,以至引起地方百姓的强烈不满。在这种情况下,杨坚及时地接受了柳彧等人的建议,撤换不称职的地方长官,同时选拔有才干、懂治理的人填补他们的位置。

代北人侯莫陈颖,是少数善于治理地方的武人之一。隋朝建立后,相继任过几个州的刺史。在他任瀛州(治所在今河北河间)刺史时,因为与秦王杨俊频繁交往触犯禁令而被免官。他在瀛州为官数年,甚有惠政,当地百姓听说他被免职,纷纷哭着送他离任,并立一块为他歌功颂德的碑。后来,侯莫陈颖又被任为邢州(治所在今河北邢台)刺史。吏部尚书牛弘持节巡抚山东,考课地方长官的治绩,侯莫陈颖为第一。杨坚知道后,连连夸赞,并特下诏对他进行褒扬。

敦煌人令狐熙,在北周时就很有名。他性格严谨持重,有雅量,不随便与人交往,所结交的人都是当时名士。他博览群书,尤明《三礼》,善骑射,颇懂音律,是个能文能武的人才。隋朝建立之后,杨坚任他为沧州(治所在今河北盐山西南)刺史。这个地区长期以来一直存在户口簿籍与实际情况不符的问题,令狐熙到任后,查出隐匿户口万余户。他在沧州几年期间,大行教化,有良二千石之称。开皇四年(584),令狐熙往洛阳朝拜正在那里巡幸的杨坚,沧州吏民恐怕他这一去将被迁官,纷纷挥泪相送。后来,当令狐熙返回时,百姓们出境迎接,欢叫盈路。几年以后,令狐熙又被改任为汴州(治所在今河南开封)刺史。汴州人口殷盛,商业发达,非农业人口很多,游食者众。令狐熙刚一到任,就下令禁游食,抑工商。又下令封闭百姓的临街家门,令其改向。让那些零零散散客居在郊外的船商集中在一起,以便于管理。并及时处理了多年积滞未决的狱讼官司。从此,这个地方令行禁止,面貌大改。杨坚听到令狐熙的治绩后,连连称赞,并让相州刺史豆卢通学习令狐熙的治理方法。

---

① 《隋书》卷47《韦世康传附韦冲传》。

安定乌氏人梁彦光,自幼好学,西魏大统末年,被送入太学学习,"略涉经史,有规检,造次必以礼"①。隋朝初建,杨坚任他为岐州(治所在今陕西凤翔)刺史。几年以后,又被任为相州(治所在今河南安阳)刺史。梁彦光以前在岐州任官时,以清静之法治州,因当地民风质朴,这种方法十分有效,整个州内风化大行,考课连连第一。改任相州刺史后,梁彦光仍以此法治理。但这次在相州,梁彦光这套办法却碰了壁。相州杂俗,多变诈之人,他们编出一个个歌谣,唱的都是刺史如何不能治理州人的内容。他们还给梁彦光起了个绰号,叫作"戴帽饧",意思是梁彦光表面上是个戴官帽的刺史,实际是一块软糖。这些传到杨坚的耳朵里,便把梁彦光免了职。一年多以后,杨坚考虑到梁彦光到底还是个人才,便又起用他为赵州刺史。梁彦光对杨坚说:"为臣前在相州供职,百姓都叫我为戴帽饧。臣自以为已经被废黜,再无重被起用的希望,不料陛下又垂天恩。我请求再任相州刺史,换一套办法治理,改变那里的风俗,以报答陛下知遇之恩。"杨坚答应了他的请求,重新任他为相州刺史。相州的那些豪猾之人听说这件事,都嗤笑说:"这个家伙又来讨没趣了。"不料这次梁彦光一到任,便治奸发隐,如有神明相助,那些奸猾之徒纷纷窜匿。相州这个地方,原来是北齐政治中心所在,周武帝灭北齐以后,这里的书香世家都被迁往关中,致使当地重学之风甚弱,社会风气甚差。梁彦光打算革除此种弊端,便用自己的俸禄招来山东大儒,并开办乡学,请大儒们教授儒家经典,并经常亲临乡学对学子进行策试。每次策试之后,都把那些勤学异等的人请到大堂之上,设宴招待,让其余一般的人坐在屋外廊中,让那些好诤讼、怠惰无成之人坐在院子里,待以粗粝饭食。于是州人励志竞学,风俗大改。

北齐吏部尚书房谟的儿子房恭懿,性深沉,达于从政,在北齐时任过县令、太守等官,以善治有才干闻名。北周末,杨坚辅政时,房恭懿因参与尉迟迥之乱,被废于家。隋朝建立后,因苏威的举荐,杨坚又任房恭懿为新丰(治所在今陕西临潼东北)县令。房恭懿的政绩在所在郡中名列第一,杨坚每次见到他,总把他叫到榻前,问以理人之术。不久,又因他有才干,破格授予泽州、德州司马等职。房恭懿在泽州一年多,政绩又为天下之最。于是,杨坚把诸州朝拜的使臣召集在一起,对他们说:"我朝出现像房恭懿这样志存体国、爱养百姓的人,是上天、宗庙对我大隋的佑助,岂是我的寡才薄德所能致之?我马上要拜他为刺史。我这样做,不只是让他管好一州,而是让天下都以他为模范,你们也应向他学习。"于是颁布诏旨说:"德州司马房恭懿出宰百里,毗赞二番,善政能官,标映伦伍。班条按部,实允金属,委以方岳,声实俱美,可使持节海州诸军事、海州刺史。"②

陇西狄道(治所在今甘肃临洮)人辛公义,在杨坚辅政时便被授为内史上士,参掌机

---

① 《隋书》卷73《循吏列传·梁彦光传》。
② 《隋书》卷73《循吏列传·房恭懿传》。

要。平陈之后,杨坚让他作岷州(治所在今甘肃岷县)刺史。当地有一种习俗,家中如果一个人生病,其他人全都避开,即使是父子夫妻也不互相照顾,因此,病人由于没人照料,大多死亡。辛公义决心改变这个习俗,他派出人外出巡检,凡有重病的人,都把他们用担架抬来,安置在州衙的大厅内。当时正值暑期,病疾流行,病人多达数百,大厅及庑廊内全都住满了。辛公义自己设一榻座,就在病人中间处理州务,并用自己的俸禄,为病人买药,或请医生为病人诊治。待病人痊愈后,辛公义才把他们的亲属叫来,对他们说:"因为你们以前抛弃病人,他们无人照顾才死。现在,我把病人集中起来,坐卧在他们当中,如果相染,我早就死了,怎么还会有病人痊愈之事?"病人的家属听了非常惭愧,并感谢辛公义救了他们的亲人。从此,州内之人开始讲慈爱孝义,以前的旧俗开始发生变化。由于辛公义治理地方颇多政绩,杨坚又任他为牟州刺史。辛公义一到任,首先审理解决积压已久的各种案件,仅用了十多天,把旧案全都审理完毕。此后,凡是有新案子,辛公义决不积压,马上审理。有时未能立即理清,需要把当事人关押候审,辛公义就住在大厅,始终不回寝处。有人劝他说:"此案解决要有个时间过程,大人何必这样苦自己?"辛公义说:"我作为刺史,没有训导百姓之德,还要让百姓囚于囹圄之中。把别人关在狱中,我心怎能安稳?"犯人听到这番话,对辛公义心悦诚服。以后,民间再有争讼之事,乡里的长者就劝说道:"这些小事,怎么忍心去让刺史大人劳神呢?"于是讼狱止息①。

平乡县令刘旷,也是隋朝建立之初所委任的地方官。他处理县内的争讼官司,一不捆,二不打,而是反复深入地用义理开导争讼双方,直至他们各自认错离去。他在县中为官七年,史称"风教大洽,狱中无系囚,争讼绝息,囹圄尽皆生草,庭可张罗"②。这里不免有夸张溢美之处,但也反映了刘旷的佳政。后来,刘旷又被任为临颍县令,其清名善政,也为天下第一。杨坚亲自接见刘旷,对他说:"天下县令固然很多,然而你能在众县令中如此突出,真值得赞赏!"于是杨坚下诏,提升刘旷为莒州刺史。

杨坚任人用人,总的讲有两个标准,一是忠于隋朝,二是有才干。杨坚所任用的中央及地方各级官员中,有的善于识人举贤,有的善于教化百姓,有的有丰富的政治经验,有的疾恶如仇、刚正鲠直,有的善于断狱、息争止讼,有的勤政爱民、移风易俗。不管是有何种能力,杨坚都对他们提拔任用,使他们以自己的才干对隋朝尽忠竭诚,从而造成开皇年间政治清明、社会稳定的局面。

任用人才对杨坚来说并不是一件容易的事,这要求他要有识才之明、爱才之心、用才之度。所谓用才之度,即指用才的度量。这些贤才不是庸人,他的行为往往会受到一些人

① 《隋书》卷73《循吏列传·辛公义传》。
② 《隋书》卷73《循吏列传·刘旷传》。

的诋毁和非议,这就要求用才者不要对他们妄生猜疑。这些贤才不是庸人,他们敢于坚持自己的意见,甚至不怕冒犯龙颜,这就要求用才者要有豁达的气度。而在这两方面,恰恰都是杨坚品格上的不足之处。史书上说杨坚"天性沉猜"①,这在用人问题上不能说不是一个缺陷。又说他"素无术学,不能尽下,无宽仁之度,有刻薄之资"②,可见他也是不大能听得进去下边人的意见的。但杨坚作为一个开朝之主,最害怕的是江山的得而复失,他的明智之处就是知道江山的巩固要靠群贤的辅佐,所以他在用人方面,在某些问题上,表现了对自己品格弱点的一定程度的超越。杨坚宠信高颎,而右卫将军庞晃、将军卢贲等内心忌之,多次在杨坚面前说高颎的坏话。庞晃、卢贲都与杨坚有旧交,然而杨坚不但没有信他们的谗言,反而疏远、罢黜了他们。当时,天下多水旱之灾,尚书都事姜晔、楚州行参军李君才都说这是由高颎引起的,请求罢免高颎,但被罢免的不是高颎,却是姜晔、李君才。杨坚亲自对高颎说:"独孤公(指高颎)就像一面镜子,每被磨砺一次,就增一层明亮。"③

沛人刘行本,在北周时就以直言敢谏闻名。隋朝建立之后,杨坚拜其为谏议大夫、检校治书侍御史、黄门侍郎等官职。有一次,杨坚曾怪罪一个人,并要让人在殿前抽打此人。刘行本看到后,就劝谏说:"这个人一贯清廉,且过失不大,愿陛下宽贷之。"杨坚看都不看刘行本一眼,仍我行我素。刘行本便走到杨坚面前,正色说:"陛下不认为我不贤,把我放在左右尽劝谏之职。我说得如果对,陛下怎能不听?我说得如果不对,陛下应当据理驳斥,以明国法,怎么能这么轻视我看都不看呢?"说完把手中的笏板放在地上就走。杨坚赶忙承认错误,撤销了抽打那个人的命令④。

河东人赵绰,性格质直刚毅。隋朝建立后,先后任大理丞、大理正、尚书都官侍郎、刑部侍郎、大理少卿等官。刑部侍郎辛亶一次因穿绯红色的外裤,被杨坚认为是行巫蛊之术,被处以斩刑。正任大理少卿的赵绰说:"根据法律,辛亶罪不当死,臣不敢奉诏。"杨坚大怒,对赵绰说:"你惜辛亶之命,难道不惜自己的性命吗?"赵绰说:"陛下宁可杀臣,不得杀辛亶!"杨坚命人将赵绰拉下,脱掉其衣服,准备斩首,又派人问他:"最后还有什么可说的?"赵绰说:"执法一心,臣不敢惜命怕死。"杨坚本想用死吓吓赵绰,让他说句软话,没想到赵绰竟不怕死。他气得一甩袖子,走入后宫,真是杀也不是,不杀也不是。最后,他还是从盛怒的冲动中解脱出来,派人放掉赵绰,第二天又向他认了错,赐其三百段绢以示劳勉。还有一次,官府抓住两个在市场上使用劣质钱的人,杨坚特别恨这种人,下令全部杀掉。赵绰站出来,说:"这两个人按律当处以杖罚,杀掉他们不合法。"杨坚说:"这不关你的事。"

---

① 《隋书》卷2《高祖纪下》。
② 《隋书》卷2《高祖纪下》。
③ 《隋书》卷41《高颎传》。
④ 《隋书》卷62《刘行本传》。

赵绰说:"陛下不认为我愚暗,把我放在法司,如今您随便杀人,怎么说不关我的事?"杨坚说:"当你撼大树而其不动时,就当知趣退开。"赵绰说:"我希望能感动天心,更何况动树?"杨坚最后说:"我听说喝汤的人,见汤热则放下晾晾。你如今却不相让,难道要挫败天子之威吗?"杨坚的这番话说出了最根本的实情,他坚持拒绝赵绰的进谏,是怕丢了天子的威风。但赵绰仍不罢休,直到杨坚收回成命为止①。

　　杨坚虽尝到了用贤才的苦头,但更多的是甜头。在群贤的辅佐下,他的开皇基业越来越巩固,国力越来越强。有时直臣的骨鲠使他暂时难堪,但事过之后,他发现所失去的只是处理问题的失误。杨坚建立隋朝、巩固隋朝,以及创建为后世效法的制度,都与他的任贤用能分不开。

---

① 《隋书》卷62《赵绰传》。

第三节　垂制后世

隋朝的天下，不是杨坚打出来的，而是他利用其地位和势力从北周手中现成地拿过来的。他登上帝位的那一刻，表明他从此正式成为国家机器的新主人。简要地说，这部国家机器，是由一批官僚和一套制度所组成。如今，新的主人将如何对待它，以使其更有效地运转呢？

对待前朝的官僚，杨坚所采取的办法是：反对自己者诛杀，不忠新朝者废黜，忠于隋朝而有才干者任用。同样，对待北周的一系列制度，杨坚也不是一股脑地照搬，而是有废除、有继承、有改造、有创新，而废除、继承、改造、创新所根据的只有一条原则，那就是有利于他的统治。

在行政制度方面，杨坚废除了西魏、北周的"六官"制度，实行"三省六部"制。在地方行政机构上，实行州、县两级制。

"六官"是《周礼》一书中所记载的周代的六个官府系统，具体为：天官冢宰，掌治理邦国；地官司徒，掌管教化人民；春官宗伯，掌管礼典；夏官司马，掌管军政和军赋；秋官司寇，掌管刑狱；冬官司空，掌管工程制作事务。西魏初，宇文泰准备实行《周礼》六官制度，并让苏绰负责这件事。不久，苏绰死，宇文泰又把这件事交给卢辩去办。卢辩家累世儒学，他本人也好学，博通经典。接受宇文泰的委任后，卢辩便根据《周礼》，建置公、卿、大夫、士等各级官员，并制定了朝廷礼仪，所用的车舆、服饰及器物，尽革汉、魏之法。根据《周礼》所建的六官，分别称为天官府、地官府、春官府、夏官府、秋官府、冬官府。

宇文泰为什么要效法与其所处时代相距甚远的《周礼》呢？让我们从发生在北齐的一件事谈起。

535年东西魏分裂后，中国历史又进入一个三国鼎立的时期。在江南，萧梁以建康（今南京）为国都。在北方，东魏以邺都（今河北磁县南）为中心，后来变为北齐。西魏以长安（今陕西西安附近）为中心，后来变为北周。在东魏，有个汉族士人名叫杜弼，他见朝廷内文武官员很少有廉洁的人，便对当时的执政者高欢建议进行整治。高欢说："现在天下纷乱，贪鄙之风流传已久。我手下的督将，很多人的家属在关西，宇文泰经常对他们进行招诱。江南又有一个萧衍，讲究衣冠礼乐，中原的士大夫都很向往他，认为他那里是国家正统所在。我如果将手下管理得很严，恐怕督将们全都投靠西魏宇文泰、士人全都南投梁朝萧衍去了。人都流散走了，我这个国家以什么存在呢？"[1]

---

① 《北齐书》卷24《杜弼传》。

对这件事,著名史学家陈寅恪有一段精辟的分析,他说:

> 观高欢之用心,即知当日分争鼎立之情势,不能不有维系人心之政策者矣。夫高欢所据之地,其富饶固能使武夫有所留恋,而邺都典章文物悉继太和洛阳之遗业,亦可令中原士族略得满足。至关陇之地则财富文化两俱不如,若勉强追随,将愈相形见绌,故利用关中士族如苏绰辈地方保守之特长,又假借关中之本地姬周旧土,可以为名号,遂毅然决然舍弃摹仿不能及之汉魏以来江左、山东之文化,而上拟周官之古制。苏绰既以地方性之特长创其始,卢辩复以习于礼制竟其业者,实此之由也。①

陈先生这段话,指出了西魏宇文泰依《周礼》搞六官制度,并不是因为他好古,也不是因为《周礼》是他立国的灵丹妙药,而是宇文泰利用《周礼》的名号,建立一种与江南、邺城不同的文化体系,以笼络关中士族,与南朝和东魏抗衡。宇文泰是以一种实用主义的态度对待《周礼》的,是为其政治目的服务的,所以必然不是不加选择地全盘照搬。即使这样,在整个西魏、北周期间,宇文泰的这套做法也不能始终如一地贯彻。《北史·卢辩传》有这样一段记载:

> 辩所述六官,太祖(指宇文泰)以魏恭帝三年始命行之。自兹厥后,世有损益。武成元年,增御正四人,位上大夫。保定四年,改宗伯为纳言,礼部为司宗,大司礼为礼部,大司乐为乐部。五年,左右武伯各置大夫一人。以建德元年,改置宿卫官员。二年,省六府诸司中大夫以下官,府置四司,以下大夫为官之长,上士贰之。是岁,又增改东宫官员。三年,初置太子谏议大夫,员四人,文学十人;皇弟、皇子友,员各二人,学士六人。四年,又改置宿卫官员。其司武、司卫之类,皆后所增改。太子正宫尹之属,亦后所创置,而典章散灭,弗可复知。宣帝嗣位,事不师古,官员班品,随情变革。至如初置四辅官,及六府诸司复置中大夫,并御正、内史增置上大夫等,则今载于外史。余则朝出夕改,莫能详录。于时,虽行《周礼》,内外众职,又兼用秦、汉等官。

这段记载,可以说是西魏、北周六官制度实行及变化的详细记录。从这段记载中可以看出,北周武帝以后,所实行的六官制度发生了较大的变化,特别是北周后期,出现了六官以外,还兼采用秦、汉官制的局面。这种局面的出现,有两方面的原因:一方面,北周已经灭掉了北齐,关陇集团已经成为整个北方的统治者,此时在官制上另搞一套与北齐不同的制

① 陈寅恪:《隋唐制度渊源略论稿》,商务印书馆 2011 年版。

度以显与之文化渊源不同的做法已失去其意义。另一方面,《周礼》所描绘的一套政治制度,毕竟是古代社会的乌托邦,而自秦、汉以来的官僚制度,一直为东汉、魏晋南北朝许多政权所沿用,彻底摆脱它而另搞一套是不可能的。但是以《周礼》六官与秦、汉官制杂用的做法,仍然不利于国家机器的有效运转,所以杨坚建立隋朝后,"复废周官,还依汉魏"①。

杨坚废除六官制度,在中央行政机构中实行"三省六部"制。三省即尚书省、中书省、门下省。六部即尚书省下设的吏、礼、兵、都官、度支、工六部。三省六部为中央行政机构的中枢,是秦汉以来中央中枢官制演变发展的结果。

尚书省的前身是秦、汉时的尚书署,隶属于九卿中的少府,专门掌管收发皇帝诏命及臣下奏章。东汉时,尚书署改称尚书台,职权也较秦、汉时扩大,主要负责将皇帝的成命拟成诏旨,直接发给三公九卿。各级官府的奏章全都呈送到尚书台,由其拆阅、裁定、记录、转呈、代奏。此外,它还负责官吏的选举、任免、考课等,国家的刑狱也由它负责。尚书台名义上虽仍属少府,实际上成为综理国家政务的行政中枢。曹魏、两晋时,尚书台改称为尚书省,有时也称尚书台。这时的尚书省,组织机构也逐渐完备,尚书令、左右仆射为尚书省最高长官,总领省务,参议国政。尚书下列各曹,各有分工,分别掌管国家的官吏任免、财政、军事、礼仪、民户、国家工程等事务。但此时皇帝担心尚书省权力过重,对自己不利,便将纳臣下奏章、代皇帝批诏令之权转移到中书省。到东晋、南朝宋、齐时,尚书省的权力又有所加重,所以南朝梁、陈,又开始加重中书省的权力,以抑制尚书省。在北朝,北魏初即仿晋制设尚书省,到魏孝文帝改制后,尚书省成为全国行政中枢。这种情况一直被东魏、北齐所沿袭。

中书省是三国时魏文帝初年所置的宫廷政治机构,虽不是朝官,但权力极重。中书省的设立,起初主要是为削弱尚书省权力,以便于皇帝更好地均衡控制,主管为皇帝拟诏,代皇帝发令,替皇帝接纳裁决臣下奏章等事。在西晋时,皇帝的机密诏令,甚至可以不经尚书省,直接发到州郡。由于中书省的权力超过了尚书省,东晋时,纳奏、拟诏、出令等职权又被皇帝转移到门下省,中书省的长官中书监、中书令皆变成闲职。南朝时,中书省中的中书通事舍人权力渐重,由他们组成的舍人省,名义上是宫官机构,实际上成为国家的政务中枢。

门下省在魏、晋、南朝初期是门下诸省的泛称。东汉时,宫中有侍中寺,是门下三寺之一。三国曹魏、西晋时,宫中黄门下设侍中省和散骑省,东晋时又增设西省,于是便有"门下三省"的称呼。门下三省的权力此时也渐渐加重,代替了中书省行使纳奏、拟诏、出令的职权。南朝刘宋时,门下的散骑省改称集书省,主管图书文翰,权力渐轻。南朝萧齐、梁、

① 《隋书》卷26《百官志序》。

陈时,门下省专指侍中省,其职责除领内侍诸署、侍奉皇帝生活起居、侍从左右傧相威仪、顾问应对等以外,还管出令、纳奏、封还、驳奏,并审核中书省所拟皇帝草诏,上呈臣僚奏事,下传皇帝旨意。若密奏、密诏,可不经中书、尚书,直接封转颁行。在北朝,北魏末北齐时,门下省权力极重,有"政归门下"的说法。

由以上可以看出,中书、门下、尚书三省在魏晋南北朝时,已具备刍形,具有重要地位。中书制定诏令、门下评议国政、尚书具体执行的职能已大体确定下来。杨坚正是参酌了上述变化,在中央确立了三省六部制。因为他的父亲名忠,杨坚为避其父的名讳,将中书省改名为内史省,将侍中改为纳言。三省六部制的确立,标志着内史省、门下省也和尚书省一样成为国家中央级的行政机构,由中书发布皇帝的诏令、门下负责封驳、尚书负责执行的行政分工体系已经形成。三省六部制是重大的行政制度改革,这套制度被隋以后的唐朝所继承。

在改革中央行政制度以后,杨坚又进行了地方行政制度的改革。秦代时,地方行政机构就确立了郡县制。西汉时,汉武帝分全国为十三州,每州置刺史一人。但此时的州刺史没有治所,只起巡行监察地方的作用。东汉时,州刺史有固定治所,刺史下有从事史、假佐等属官,州已成为比郡高一级的地方行政机构。从此以后,三国两晋南北朝各政权的地方行政机构,都为州、郡、县三级。隋朝建立之初,也实行州、郡、县三级制度。后来,一个叫杨尚希的官员向杨坚上了一道奏章,说:"如今天下郡县,比古时候多几倍。不到方圆百里之地,就有好几个县,人口不满千户的小地方,就有两个郡管辖。这种情况至少造成两个危害:一个是官员人数增多,增加了政府的开支,而且官多民少,也使政府的租调收入减少。另一个是清廉干练的良才本来就难找,这么多官员,使得一些贪鄙之人被充进去,不利于选能任贤。希望存要去闲,并小为大,这样,国家可以增加收入,选官也易得贤才。"①这个奏章正合杨坚之意。开皇三年(583),杨坚下诏废掉郡级机构,改为州、县两级制。这个措施,减少了一级机构,裁汰了一批冗官,节约了一笔开支,而且提高了行政效率。

在官吏选举制度方面,杨坚也进行了改革。从汉代开始,朝廷选拔官吏实行"察举""征辟"制。所谓征辟,就是从中央到地方的各级行政长官,都可以自己任命、提拔掾属。察举,是对各级长官所推举的人才进行考核,合格后任官。察举主要有两种形式:一种形式叫岁举,由刺史、郡守等地方行政长官察举孝廉和秀才等,一年一次;另一种形式叫诏举,即皇帝下诏对所推举的人进行考核。考核的科目有贤良方正、文学等。这种"征辟""察举"制度在东汉以后发生了变化,之所以会发生变化,一是这种制度所暴露的弊病越来越明显。选人举才,全凭地方长官的个人意志,没有旁人的监督与评定。如果举人者昏愦

---

① 《隋书》卷 42《杨尚希传》。

无能，或受别人贿赂，所举之人的才德即可想而知。东汉末期，社会上曾流传这样一句话："举秀才，不知书。察孝廉，父别居。寒素清白浊如泥，高第良将怯如鸡。"①名为秀才，却看不懂书；名为孝廉，却不奉养父母，这种选举制度确实弊病太多了。另一个原因是东汉末社会动乱，无论士人还是庶民都背井离乡，辗转流徙，使得察举、征辟难以实行。所以三国曹魏时，实行一种叫"九品中正制"的选举制度。这种制度的具体做法是，用州、郡中有名望的人作大中正、中正。各州的大中正及郡中正依据所管区内人物的品行，将他们分为上上、上中、上下、中上、中中、中下、下上、下中、下下九等，举荐给国家铨选官吏的机构吏部，吏部根据中正们的意见对他们加以任用。因为担任各级中正的人都是州、郡中的有威信和名望的人，他们品评人才的标准及眼光比东汉末的昏官贪官要高明，所以初期所举人才具有一定质量。但由于这些大小中正取著姓士族来担任，所以必然要导致选举权被世家大族操纵的结果。两晋时期，出现的"上品无寒门，下品无世族"的现象，正说明了世家大族在封建国家官僚体制中的垄断地位。

杨坚建立隋朝后，废除了魏晋南北朝时期的九品中正制。隋朝建立以前，北周、北齐的州、郡、县长官可以提拔自己的属官，协助治理当地政事。隋文帝开皇三年(583)，这些自行提拔的属官全都改称为乡官，不入官品，不理政事。另外设置品官，全都由中央政府的吏部任命。开皇十五年(595)，杨坚又下令免掉州、县的乡官。据《通典·选举典》记载：

> 隋文帝开皇七年，制诸州岁贡三人，工商不得入仕。开皇十八年，又诏京官五品以上及总管、刺史，并以志行修谨、清平干济二科举人。牛弘为吏部尚书，高构为侍郎，选举先德行、次文才，最为称职。当时之制，尚书举其大者，侍郎铨其小者，则六品以下官吏咸吏部所掌。自是海内一命以上之官州、郡无复辟署矣。

《通典》这段记载，说明了隋代选举官吏的两个特点：第一，各级地方官的属官全由朝廷委任，传统的辟举制度被彻底废除。第二，杨坚选人初步实行开科举人的科举制。关于杨坚实行科举制，这里还要多说几句。从九品中正制到科举制，是选官举人制度的重大变革，杨坚正是这种转变的开拓者。但科举制的完善是一个很长的过程，而杨坚行科举制正处于这种转变的开始，因此是很不成熟的。这表现在开设的举人科目上，秀才之科，汉代已有，自不必言。《通典》所列志行修谨、清平干济二科，显然不是成熟的科举制所设的科目。《旧唐书·韦云起传》记载："云起，隋开皇中明经举，授符玺直长。"可见杨坚时已有明经之科。杨坚所行的科举制，其科目有的继承于前代，有的仅见于开皇时期，有的成为后世科

---

① 杨明照：《抱朴子外篇校笺》卷 15《审举》，中华书局 1991 年版。

举中的正式科目。但无论如何,科举制度毕竟是一种新的选人制度,它虽仍然有利于拥有传统文化优势的世家大族,但也向寒门地主敞开了入仕之门。这个制度被直至清末的历代统治者所继承发展,成为千余年间我国封建统治者选拔官吏的根本制度。

在法律方面,杨坚在多次修改律条的基础上制定了《开皇律》。西魏初,宇文泰命人斟酌今古通变制定二十四条法律,以后又扩展到三十六条,作为临时法律颁行天下。北周保定三年(563),又颁行《大律》二十五篇,其中对犯人的处罚有五等:一为杖刑,二为鞭刑,三为徒刑,四为流刑,五为死刑。其中死刑又有磬(吊死)、绞(勒死)、斩、枭、裂五种处决方法。此外《大律》还规定了赎罪之法。所有法律共一千五百三十七条。北周武帝灭北齐后,又以《大律》为基础,制定了《刑书要制》。周武帝执法严明,朝野肃然。周宣帝即位,开始时实行宽法,废除了周武帝的《刑书要制》。但后来诛杀无度,所定法律比《刑书要制》还繁多严酷。杨坚辅政后,为了安抚人心,又废除了周宣帝的《刑经圣制》,重作《刑书要制》在全国颁行。

然而,《刑书要制》比起《刑经圣制》虽然要宽大得多,但它作为国家正式法律仍需要进一步改进。所以,杨坚建立隋朝后,便开始命人制定新的法律。这次制定新法律,有两个鲜明特点:第一,广泛地吸收魏晋南北朝时期各个政权的法律成果。隋文帝开皇元年(581),杨坚派高颎、郑译、杨素、常明、韩浚、李谔、柳雄亮等人制定新律。其中的李谔在北齐任过中书舍人,周武帝平齐后进入北周,杨坚任用他来制定新律,显然是由于他熟悉北齐律令的缘故。在这次所定新律中,"又置十恶之条,多采后齐之制,而颇有损益"[1]。再如裴政,家世居南朝,萧梁末,西魏攻陷江陵,裴政被掠入北朝。他熟悉魏、晋至齐、梁以来的刑典,所以杨坚又命他和苏威等人修订新律。裴政"采魏、晋刑典,下至齐、梁,沿革轻重,取其折衷"[2]。当时和裴政一起修订新律的有十多人,凡遇到疑而不决的问题,全都由裴政来决定。第二,所定新法力求简要周备。新律规定:死刑只有绞、斩两种,废除了前代枭首、车裂等方法。流放之刑只有一千里、一千五百里、二千里三种,废除了前代流放前加以鞭笞的做法,并规定流放刑期不超过五年。新律还规定了灭族只用于大逆、谋反以上重罪。新律订好以后,杨坚特下一道颁行诏书,表明新律的主旨就是"以轻代重,化死为生",要"班诸海内,为时轨范。杂格严科,并宜除削"[3]。杨坚为防止地方官吏不执行新法,对百姓过于严苛,又下诏申敕四方,若地方上的百姓有冤屈者,可以向郡、州、尚书省刑部依次上告,若还得不到解决,可直接告到朝廷。开皇三年,杨坚在审览刑部奏章时,发现他们在新律颁行后,审判的案件仍然上万,便认为新律还是太严,所以有这么多人触犯。于是,他

---

① 《隋书》卷25《刑法志》。
② 《隋书》卷66《裴政传》。
③ 《隋书》卷25《刑法志》。

便让苏威、牛弘等人再次修订新律。这次修订的新律，又除去了八十一条死罪、一百五十四条流放罪、千余条徒杖罪，只留下五百条，共十二卷。这个新律，就是历史上著名的《开皇律》。它标志着中国封建社会的法律趋于成熟，奠定了由唐至清各朝刑律的基础。

在军事制度方面，杨坚对西魏、北周的府兵制进行了改革。府兵制是西魏时宇文泰为了提高部队战斗力，使部队中六镇鲜卑与关中豪强更紧密地结合而创建的军事制度。西魏初建时，所依靠的军事骨干力量主要由贺拔岳的武川集团和随魏孝武帝入关的"六坊之众"所组成。西魏初和东魏战争频繁，宇文泰不得不加紧笼络关中的汉族豪强，以补充兵源。为了使部队中少数民族和汉人更好地结合，宇文泰一方面采用赐姓的手段，让汉人姓鲜卑复姓，另一方面在形式上采用鲜卑旧日的八部制度，设立八柱国。其中的六个柱国大将军，每个人都统领两个大将军，共十二个大将军；每个大将军下统两个开府，共二十四个开府；每个开府下统两个仪同，共四十八个仪同。这套由柱国大将军、大将军、开府、仪同所组成的军事系统，就被称为府兵，可见此时的府兵包括了六镇的鲜卑兵、关陇地区的军户和关陇豪右所领的乡兵。为了吸引更多的汉人当兵，到北周武帝时，"改军士为侍官，募百姓充之，除其县籍。是后夏人半为兵矣"。这个时期的府兵，不编入户籍，也不负担其他赋役，体现了一种"兵农分离"的特点。

北周大象元年（580），杨坚实际上掌握了北周大权后，就下令让西魏时被赐为鲜卑姓的汉人后代一律恢复汉姓。这条命令表明，府兵中的汉人的鲜卑形式也被取消，从而彻底地恢复了他们的本来面貌。在府兵中服役的汉人，大多为均田制下的农民，他们穿上军装为兵，卸下盔甲就是农。这时候，虽然他们仍贯以军籍，却是向兵农合一的方向迈出了重要一步。杨坚建立隋朝之后，开皇十年（590）五月下诏说：

> 魏末丧乱，宇县瓜分，役车岁动，未遑休息。兵士军人，权置坊府，南征北伐，居处无定。家无完堵，地罕包桑，恒为流寓之人，竟无乡里之号。朕甚愍之。凡是军人，可悉属州、县，垦田籍帐，一与民同。军府统领，宜依旧式。罢山东、河南及北方缘边之地新置军府。[①]

杨坚这道诏书，把军人的户籍重新归入州、县民籍，改变了兵民分理的旧制，从而结束了府兵制兵农分离的现象，实现了兵农合一的改革。杨坚在实行这个措施时，客观形势也为之提供了实施的条件。此时，南朝陈已被灭掉，南北方已实现统一，大规模战争已经结束。军队只需保持一定规模，无需进一步扩充。此外，均田制也已实施多年，国家需要百姓与

---

① 《隋书》卷 2《高祖纪下》

土地的紧密结合,以巩固封建政权的基础。这种兵农合一的新的府兵制,既具备了实行的条件,同时也符合社会经济发展的需要。

关于杨坚改革府兵制的历史地位,我们想引陈寅恪先生所作的一段结论:

> 府兵制之前期为鲜卑兵制,为大体兵农分离制,为部酋分属制,为特殊贵族制;其后期为华夏兵制,为大体兵农合一制,为君主直辖制,为比较平民制。其前后两期分划之界线,则在隋代。周文帝、苏绰则府兵制创建之人,周武帝、隋文帝其变革之人,唐玄宗、张说其废止之人,而唐之高祖、太宗在此制度创建、变革、废止三阶段中,恐俱无特殊地位者也。①

隋文帝杨坚完成了西魏、北周以来府兵制的变革,又是唐中期新府兵制的奠基人。他对唐代府兵制所起的作用,远远超过了唐代的开朝皇帝李渊及著名君主李世民。

杨坚在开皇年间所做的一系列制度变革,不仅巩固了他的开皇基业,而且对后来的封建社会产生了深远的影响。让我们用四句话概括扬坚的一系列改革:

> 三省六部垂后世,开科举士传至清。
> 宋明参酌《开皇律》,唐朝沿袭新府兵。

---

① 陈寅恪:《隋唐制度渊源略论稿》,商务印书馆 2011 年版。

第四节　兴农固本

开皇四年(584),是杨坚登上帝位的第四个年头。

这一年,关西地区出现了少有的大旱。火红的太阳每天从东面升起,从西方落下。每到它正当午时,便把热滚滚的光芒射向人间,这时,世界便仿佛又回到传说中羿还没将九个太阳射下来的时代,人们多么希望有一块云彩将它遮住,落下几滴雨来。于是,人们不知道杀了多少猪羊,乞求雨神光临人间;不知道烧了多少香火,乞求苍天赐一点甘霖。然而,太阳依然每天火辣辣地照着,雨神迟迟不肯光顾。

河干了,井枯了,田地里裂开了一道道大口子,农民辛辛苦苦种下的禾苗还没长成,便夭折在干巴巴的土中。这一年,关西灾区颗粒无收,饥饿困扰着没有隔年储备粮的灾民。

此刻皇宫中的隋文帝杨坚,尽管没有灼热阳光的烘烤,没有饥饿的煎熬,但不时传来的灾情,也使他坐卧不宁。他吩咐左右出去看看灾情严重到什么程度,看看那些灾民靠什么度日。不久,出外巡视的人回来了,带回来一些豆屑杂糠,并告诉他这是灾民赖以活命的食物。

杨坚见到这些,哭了,哭得涕泪纵横。

群臣见到这种情况,感动了,多么富有同情心的仁爱之主啊!

其实,杨坚的哭出于一种极为复杂的心态,他的眼泪有对灾民的同情,但更多的是委屈、焦虑。

他感到委屈。他当上皇帝刚刚四年,上天就降下这么大的灾难。他不由得想起周静帝的禅位诏书中的一段话:

> 王受天明命,睿德在躬。救颓运之艰,匡坠地之业;拯大川之溺,扑燎原之火;除群凶于城社,廓妖氛于远服;至德合于造化,神用洽于天壤。

如今,仅仅受天命四年,上天就这样和自己过不去,降下这么大灾难,自己的睿德何在?洽于天壤之神何在?他不由暗暗说道:天啊,为什么这么和我过不去?

他感到焦虑。他登上帝位仅仅四年,根基未稳。他担心发生天灾——饥饿——饥民——动乱这一连串的连锁反应。他不由的想起北魏末年的六镇起义。它的直接起因,不正是六镇的军户及镇民饥饿无食吗?后来这些饥民被强送到河北"就食",但河北诸州也连年遭受水旱之灾,"饥馑积年,户口逃散"[1],北镇饥民无食可就,又得不到朝廷的救济,

---

① 《魏书》卷15《昭成子孙列传·常山王遵传》。

走投无路，又引发了河北地区的起义。那时杨坚虽还未出生，但他的岳父独孤信等都曾亲身作为饥民而参加了六镇及河北的起义。这些事杨坚从他们那里听到过不只一次，对此太熟悉了。

委屈归委屈，焦虑归焦虑，杨坚在天灾面前并不是无所作为，他下令撤去自己膳食中的酒肉，以此向上天谢罪，乞求上天免除对自己的惩罚。又下令严禁在关西地区酿酒卖酒，以避免过多地耗费粮食。同时，下令将关东地区的粮食运往关中，以接济这里的灾民。通过这一系列的措施，旱灾终于没有引起社会的动荡。

国以民为本，民以食为命。农业兴，才能有饭吃，人民才安定。兴农才能固本，经过这次天灾，杨坚对这个道理体会得更深了，他加紧实施各项兴农措施。

首先，他在全国加紧推行均田制。均田制开始实行于北魏，魏孝文帝初期，水旱连年成灾，百姓被饥饿所困，四处流散，豪强们乘机兼并土地，主客给事中李安世描写当时土地不均的情况说：

> 窃见州、郡之民，或因年俭流移，弃实田宅，漂居异乡，事涉数世。三长既立，始返旧墟，庐井荒毁，桑榆改植。事已历远，易生假冒。强宗豪族，肆其侵凌，远认魏晋之家，近引亲旧之验。又年载稍久，乡老所惑，群证虽多，莫可取据。各附亲知，互有长短，两证徒具，听者犹疑，争讼迁延，连纪不判。良畴委而不开，柔桑枯而不采，侥幸之徒兴，繁多之狱作。欲令家丰岁储，人给资用，其可得乎！[1]

因此，李安世建议：重新均量土地，根据劳力配置相应的土地，使"细民获资生之利，豪右靡余地之盈"。有争议的田地，"宜限年断，事久难明，悉属今主"。魏孝文帝根据这个建议，于太和九年（485）十月，下诏实行均田制。

北魏均田制规定：男子年十五岁以上，给不栽树的露田四十亩；女子给露田二十亩。若有奴婢，依照良人授田。若有耕牛，每头牛给田三十亩，但只限于四头牛的田数。这种露田只给劳动者耕种，劳动者老了或死了，要将田还给国家。另外，每个成年男子给桑田二十亩，这种桑田可世代继承，死后不归还国家，也不得买卖。但要在三年之内在田上种桑树五十棵、枣树五棵、榆树三棵。若三年内种不足，则将桑田收回。不适于栽桑养蚕的地区，男子给麻田十亩，妇人给五亩，男子另加一亩以种榆、枣等树。麻田和桑田不同，耕

---

[1] 《魏书》卷53《李孝伯传附李安世传》，中华书局点校本《校勘记》：三长既立，《册府》卷495"三长"作"子孙"。按下文说由于李安世上疏"均田之制，起于此矣"。均田制颁布在太和九年十月，安世上疏，必在其前。而立三长却在太和十年二月。安世上疏时，尚未颁布均田制，当然更没有立三长，疏中所谓"三长既立"解释不通，疑作"子孙既立"是。

种者死后,田地要退还国家,不得继承。原来有宅基地的,不再分配宅田,若移居新址之人,三口给宅田一亩,以为居室。

北魏实行这个制度,使农民重新得到部分土地,游离的劳动力重新与土地结合起来,这对恢复北方的农业生产起了一定的积极作用。但北魏均田制的实行不是很彻底,在有些地方,特别是六镇地区并没有实行均田制。即使在实行均田制的地方,地主豪强的大土地制仍在继续发展,买卖土地,甚至抢夺百姓土地的事时有发生,可见北魏均田制对恢复农业生产的积极作用是有限的。到北魏末期,由于社会动荡,均田制被彻底破坏,这点有限的积极作用也不复存在。

北魏灭亡后,北齐、北周分别继续实行均田制。

北齐河清三年(564)下令:每个成年男子给露田八十亩,妇女给四十亩。奴婢比照良人给田。耕牛一头给田六十亩,限止四牛。另外每个男丁给永业田二十亩。永业田不还给国家,此外的田地都按规定退还。同时还规定了给田奴婢的数额:亲王三百人,嗣王二百人,第二品嗣王以下及庶姓王一百五十人,正三品以上及皇宗一百人,七品以上官八十人,八品以下官至庶人六十人。这个均田制度,显然对官僚富人有利。高官不说,仅以一个八品以下的小官为例,如果他有六十个奴婢,四头耕牛,就可以分到三千八百四十亩土地。所以宋孝王《关东风俗传》说:在北齐,"河渚山泽,有司耕垦,肥饶之处,悉是豪势,或借或请,编户之人,不得一垄"。"其时强弱相凌,恃势侵夺,富有连畛亘陌,贫无立锥之地"①,正说明北齐均田制是多么不彻底。

西魏、北周的均田制规定:已娶妻者,给田一百四十亩,未娶者给田一百亩。另外,十口以上人家给宅田五亩,九口以下给宅田四亩,五口以下给宅田三亩。十八岁成丁受田,六十四岁年老还田。但由于关中地区地少人多,有资料表明,当时普遍存在受田不足额的现象②。

杨坚登帝位后,立即重新颁布了均田法。规定男丁受露田、永业田皆遵北齐之制,园宅三口人给一亩,奴婢则五口人给一亩。官吏受田,自诸王以下至于都督,皆给不同数量的永业田,多者一百顷,少者四十亩。此外又给职分田,一品官给田五顷,以下每品减少五十亩,至九品为一顷。外官也给职分田。此外还有公廨田,以充公用。开皇十二年(592),在统一南北三年后,杨坚又派使四出,均天下之田,把均田制在全国推行。当然,不能指望隋文帝的均田与前代有什么本质区别,杨坚实行均田,同样是照顾了大地主阶级的利益。但杨坚实行均田,在当时至少起了两个作用:第一,均田令关于受田数额的规定,是对诸色

---

① 《通典》卷2《食货典·田制下》引宋孝王《关东风俗传》。

② 王仲荦:《魏晋南北朝史》,上海人民出版社2003年版。

人等占田的最高限额,这种限额对地主贵族的土地兼并多少有些限制作用。第二,杨坚所行的均田与赋税紧密结合。北周的租调相当重,均田户每户纳调麻十斤;田租因户受田一百四十亩,纳粟也增至五斛。如前所述,均田户尽管规定给田一百四十亩,但实际给田往往不足额,而田租并不因为授田数额不足而有所削减。杨坚所行均田规定,均田户交租粟三斛,并明文规定未受地者不课租调,使农民的租调负担确实有了很大的减轻。

在推行均田制的同时,杨坚又下令实行"大索貌阅""输籍定样"等办法。

北朝时期,农民为逃避赋役负担,往往隐匿丁口,使国家掌握的户籍大大减少,赋税来源日渐萎缩。北魏时,政府不断地进行检括户口的工作。显祖献文帝时,韩均曾任过青、冀、定、相等州刺史,当时这些州民户殷多,然而编籍却不属实,献文帝便让韩均检括户口,查出隐漏之户十多万。孝文帝延兴三年(473)九月,又下诏检括户口,"其有仍隐不出者,州、郡、县、户主并论如律"①。太和十年(486),孝文帝下诏:"自昔以来,诸州户口,籍贯不实,包藏隐漏,废公罔私。……今革旧从新,为里党之法,在所牧守,宜以喻民,使知去烦即简之要"②。太和十四年(490)十二月,孝文帝又"遣使与州、郡宣行条制,隐口漏丁,即听附实"③。从北魏一次次的检括户口行动中,可见北魏户口不实的情况多严重。

杨坚的"大索貌阅",也是检括户口的一种手段。"大索"就是由官府检括隐匿户口;"貌阅"是官员根据户籍上对每人年貌形状特征的记载,当面进行核对检查,以查出那些隐瞒年龄、逃避赋役的人。当时在北齐旧境内,隐瞒户口的风气很重,很多人游手好闲,避役惰游。他们或者假称自己是六十岁以上的老人,或者在户籍上写自己是十岁以下的小孩。针对这种情况,杨坚下令州、县进行"大索貌阅",并允许百姓互相检举告发。凡是查出户口不实的,不但处罚其家,就连其所在地的保长、里正、党长也要发配到远方。这次"大索貌阅",共查出四十四万三千成年男子,一百六十四万一千五百新附人户被编入国家户籍。在实行"大索貌阅"的同时,高颎又向杨坚建议"输籍定样"。他认为国家征纳赋调虽有一定标准,但实际征收时,官吏与富户常常作弊,把富户的户等降低以图少交、免交。由于文帐混乱,没有定簿,难以对他们的户等进行检查核对。因此,他建议由朝廷制订百姓输课的标准样式,其中包括人户等级高低的计量办法、赋役的定额及减免等,并将这些标准颁布各州。"每年正月五日,县令巡人,各随便近,五党三党,共为一团,依样定户上下"④,这就是"输籍定样"。杨坚采纳了高颎的建议。通过"大索貌阅"和"输籍定样",使国家增加了农业劳动人手和赋调收入。

---

① 《魏书》卷7《高祖纪上》。
② 《魏书》卷110《食货志》。
③ 《魏书》卷7《高祖纪下》。
④ 《隋书》卷24《食货志》。

农业的发展离不开水,开皇四年的大旱,更使杨坚意识到水对农业的重要。杨坚建立隋朝后,对水利十分重视,在全国各地修建了不少水利工程。

开皇初年,元晖任都官尚书时,奏请决杜阳水灌溉三畤原,杨坚批准了这个建议。这项工程,使三畤原数千顷盐碱地得到灌溉,给这里的农民带来很大好处。

礼部尚书杨尚希,深受杨坚重视,后来,杨坚派他任蒲州(治今山西永济)刺史。杨尚希在蒲州"甚有惠政,复引瀵水,立堤防,开稻田数千顷,民赖其利"①。

河南洛阳人赵轨,是隋初有名的良吏。他任过齐州(治今山东济南)别驾、原州(治今宁夏固原)总管司马、硖州(治今湖北宜昌西北)刺史等,因政绩突出,又被任为寿州(治今安徽寿县)总管长史。寿州的芍陂是古代著名的水利工程,但由于年久失修,芍陂的五门堰长满了荒草,失去了作用。赵轨到任后,劝课人吏,又开了三十六门,使芍陂灌田五千多顷,给当地农业生产带来极大的便利。

河东汾阴人薛胄,隋初被杨坚任为兖州(治今山东兖州附近)刺史。薛胄未到任之前,兖州城东的沂水、泗水汇合一处向南流入大泽,常使大泽泛滥。薛胄到任后,积石修坝,使河水改道西流,"陂泽尽为良田。又通转运,利尽淮海,百姓赖之,号为薛公丰兖渠"②。

杨坚登帝位后,在国内兴修的最大的水利工程要属大运河的开凿了。隋代的大运河包括从西安流入黄河的广通渠、从今北京到黄河的永济渠、从板渚(今河南荥阳北)到淮河的通济渠、沟通江淮的邗沟、从京口(治今江苏镇江)到余杭(治今浙江杭州)的江南河。其中的广通渠是隋文帝时开凿的,山阳渎(即邗沟)是隋文帝时疏竣的。

隋初,京城的粮食大多靠漕运关东地区的粮食,即所谓"漕关东及汾、晋之粟,以给京师"③。其中流入黄河的渭水是一条重要的漕运水道。但渭水长期淤沙,水流有深有浅,给漕运带来很大不便。为此,隋文帝杨坚常常发愁。当时在尚书省中勘录省中事务的于仲文向杨坚建议引渭水另开一条漕运渠道。杨坚认为这个建议很好,便让宇文恺负责设计这项工程。宇文恺是隋朝的著名巧匠,曾经负责新都的营建工作。宇文恺领命之后,带领工匠,巡察渠道,观测地理地势,选择一条"一得开凿,万代无毁"的路线。方案确定下来之后,杨坚又把开凿运河的工作具体交给两个人总督:一个是苏孝慈,当时任太府卿,史称"于时王业初基,百度伊始,征天下工匠,纤微之巧,无不毕集。孝慈总其事,世以为能"④,可见他十分擅长国家工程的组织工作。另一个是郭衍,被任为开漕渠大监。二人部率水工在大兴城(今陕西西安)西北凿渠,引渭水向东,至潼关后流入黄河,全长四百多里。这

① 《隋书》卷46《杨尚希传》。
② 《隋书》卷56《薛胄传》。
③ 《隋书》卷24《食货志》。
④ 《隋书》卷46《苏孝慈传》。

条渠修好之后,关东的粮食通过它源源不断地运往关中,"关内赖之,名之曰富民渠"①。开皇七年(587),杨坚又下令修复山阳渎。山阳渎古名邗沟,是春秋时吴国开凿的一条沟通江淮的人工河。杨坚下令修复此渠,使淮河水从今清江浦经淮安、扬州入长江。

隋朝初年,与北方的突厥人常常发生战争,为了防止突厥的南下,隋文帝杨坚在北方边界布置了重兵把守。为了解决戍边军队的粮食问题,杨坚命令塞北将士实行大规模的军事屯田,并派赵仲卿任朔州(治今山西朔州)总管,总统塞北屯田之事。赵仲卿治军极严,军士们稍有懈怠,他就把主掌官召来,脱掉他的上衣,用鞭子抽打,或者用绳子拴住脚,让士兵在荆棘地里拖。由于他的严酷,人们都称他为"猛兽"。但他把屯田的事办得很好,史称"由是收获岁广,边戍无馈运之忧"②。屯田的成功,减轻了国家军粮的压力。

开皇三年(583),隋朝刚刚建立不久,京师仓廪储备不足。为了防备水旱之灾,杨坚下诏在靠近黄河的十三个州招募设置运米丁。这十三个州是:蒲州、陕州、虢州、熊州、伊州、洛州、郑州、怀州、邵州、卫州、汴州、许州、汝州。在这些地方设置四个转运仓:黎阳仓(在今河南浚县)、河阳仓(在今河南孟州)、常平仓(在今河南三门峡)、广通仓(在今陕西华县),由各地的运米丁将粮食一个仓一个仓地转运,最后通过渭水运到京师。开皇四年关西大旱,这些转运仓转运的粮食为缓解饥荒起到了一定的作用。

开皇五年(585),度支尚书长孙平上疏给杨坚说:

> 臣闻国以民为本,民以食为命,劝农重谷,先王令轨。古者三年耕而余一年之积,九年作而有三年之储,虽水旱为灾,而民无菜色,皆由劝导有方,蓄积先备者也。去年亢阳,关右饥馁,陛下运山东之粟,置常平之官,开发仓廪,普加赈赐,大德鸿恩,可谓至矣。然经国之道,义资远算,请勒诸州刺史、县令,以劝农积谷为务。③

长孙平的奏书,杨坚非常欣赏,特别是他"虽水旱为灾,而民无菜色,皆由劝导有方,蓄积先备"的理论,很对杨坚的心思。

为什么这样说呢?让我们从杨坚个性的一个侧面谈起。

杨坚是历史上有名的节俭皇帝,史书上称他"居处服玩,务存节俭,令行禁止,上下化之"④。宫人们的衣服脏了,洗过之后再穿;乘舆车辇上的东西破了,修补之后再用。他这样做,是不是装样子给人看呢?不是。有两件事可以说明这点:第一件事,有一次,他的儿

---

① 《隋书》卷61《郭衍传》。
② 《隋书》卷74《酷吏列传·赵仲卿传》。
③ 《隋书》卷46《长孙平传》。
④ 《隋书》卷2《高祖纪下》。

子杨勇把铠甲装饰得特别漂亮,杨坚见到以后很不高兴,恐怕这会引起他的奢侈,便对他说:"我闻天道无亲,只佑护有德之人。历观前代帝王,没有奢华而能够长久的。你现在身为太子(此时杨勇还未被废),如果不上称天心、下合人意,怎能继承宗庙做万民之主呢?我将过去的衣物各留一件给你,你要常看看它,用来自警。现在再赐你刀一把,希望你能理解我心。"①第二件事,他的儿子杨俊因不遵从训导,生活奢侈,被免去官职。很多人都为杨俊讲情,杨坚一概不允。他斥责杨俊说:"我戮力关塞,创此大业,作训垂范,希望臣下遵守它不犯有过失,你是我的儿子,却想败坏我的训导,我真不知该怎样责罚你!"杨俊死后,杨坚下令将他生前置办的侈丽之物全部焚毁,丧事务从俭节。王府的僚佐请求为杨俊立块碑,杨坚说:"要想留名,一卷史书就足够了,用石碑干什么?如果子孙不能保家,石碑白白的让人拿去作镇石。"②这两事说明,杨坚对奢侈是痛深恶绝的。节俭是他的真实品性,而不是装装样子。杨坚这种品格的形成,与他的经历有关。杨坚虽是时代的幸运儿,靠着各种机遇的巧合而登上帝位,但观察他的经历可知,他的政治资本是一点点积累的,他的威望也是一点点积累的。他崇信积累,讲究积累,形成了积累的心态和习惯。他生活上的节俭,就是这种积累的欲望和心态在物质方面的反映。所以,长孙平劝农积谷的建议,深得杨坚之心。

杨坚接受了长孙平的建议,下令民间每年秋收后,每家拿出粟麦一石以下,在当地建立的仓库储存起来,以防备荒年,这种仓库取名为"义仓"。存粮的原则是按贫富差等,贫者少存,富户多存。这种义仓,由民间组织——社管理,要求社司立帐检校,每年收积,勿使损败。若遇年景不好,当地的社开仓赈济灾民。由于义仓长期由民间管理,各地的赈济标准不统一,有的地方动辄开仓,还有的管仓社司不廉,致使这些义仓积蓄不多,多有费损。开皇十五年(595)二月,杨坚下诏说:"本置义仓,止防水旱,百姓之徒,不思久计,轻尔费损,于后乏绝。又北境诸州,异于余处,云、夏、长、灵、盐、兰、丰、鄯、凉、甘、瓜等州,所有义仓杂种,并纳本州。若人有旱俭少粮,先给杂种及远年粟"。开皇十六年(596)正月,杨坚又下诏,令秦、叠、成、康、武、文、芳、宕、旭、洮、岷、渭、纪、河、廓、豳、陇、泾、宁、原、敷、丹、延、绥、银、扶诸州的社仓,全都归县里安置管理。这年二月,又下令交社仓税,上户交一石以下,中户交七斗以下,下户交四斗以下③。这三个诏书,表明社仓此时已改变了性质,它已由民间仓储变为国家仓库,百姓放入仓中的粮粟,由备荒的存粮变成了必纳的赋税。同时,这三个诏书也反映了当时全国社仓星罗棋布的情况。这些大大小小的仓库,存积了大量的粮食,对防御天灾起到了很好的作用。据记载,开皇四年关中大旱以后,又接

---

① 《隋书》卷 45《文四子列传·房陵王勇传》。

② 《隋书》卷 45《文四子列传·秦孝王俊传》。

③ 《隋书》卷 24《食货志》。

连发生几次旱灾,其他很多地方又洪水泛滥。杨坚派出苏威等人,分头到各地主持开仓赈济,同时又从广通仓中拿出三百多万石粮食赈济关中。

隋文帝开皇年间,重行均田,使劳动人手与土地结合;检括户口,使国家的编户增加;开凿河渠,兴修水利,便于粮食的运输和灌溉;广设仓储,积累了大批粮食布帛。这些措施对于发展农业生产都是非常有利的。农业发展了,国家的经济实力增强了,又给杨坚实行轻徭薄赋提供了物质前提。杨坚在位的开皇年间,百姓的赋役负担是比较轻的。例如兵役,北周实行"二十丁兵制",按照这种制度,每个十八岁以上、六十四岁以下的男丁,每年要服一个月兵役。隋文帝开皇年间,将军人成丁的年龄提高到二十一岁,将二十丁兵制改为每年二十日役。开皇九年(589),隋灭陈,杨坚下令,因江南初定,免征这个地区十年赋税。开皇十年(590),又因"宇内无事,益宽徭赋。百姓年五十者,输庸停防"①。开皇十二年(592)又下诏:"河北、河东今年田租,三分减一,兵减半,功调全免。"②开皇十七年(597)"户口滋盛,中外仓库,无不盈积。所有赍给,不逾经费,京司帑屋既充,积于廊庑之下。高祖遂停此年正赋,以赐黎元"③。杨坚的轻徭薄赋,给劳动者提供了安居的前提,也提高了劳动者的生产积极性,直接促成了隋朝开皇年间社会稳定、农业发展的繁荣盛世。

① 《隋书》卷 24《食货志》。
② 《隋书》卷 24《食货志》。
③ 《隋书》卷 24《食货志》。

第五章
一统天下

317 年,是中国历史上不应该被忘记的年份。

这一年,在江南的司马睿听到了长安被匈奴人攻破,西晋愍帝被俘的消息,便在建业(今江苏南京)即位称帝,历史上称为东晋。

东晋的建立,标志着我国历史上进入了南北分裂的时期。

这分裂,一拖就是二百七十多年。这期间,多少志士仁人、英王霸主做过使南北一统的努力和尝试,但均遭失败。

统一是历史的必然,然而统一是一个漫长的过程。

统一是人心所向,然而统一需要数代人的努力。

统一是众望所归,然而统一需要具备必要的条件。

589 年,也就是杨坚建隋称帝的第九年,终于灭掉南陈,实现了南北的统一。

几代英王霸主的梦想,被杨坚变为现实。

他是政治上的成功者。

他是军事上的成功者。

他是历史上的成功者。

杨坚的成功,在一定程度上是由于他的幸运。他生活的年代,南北分裂的过程已经接近尾声,他称帝建隋的年代,几代人为统一南北所做的努力已经积累了不少成果;他在政治、军事等方面寻求作为时,南北统一已经具备了一切必要条件。他是历史的幸运宠儿。

南北统一需要什么条件? 这些条件是如何形成的? 怎样历史地落到杨坚身上?

让我们简略地回顾一下分裂以来的历史。

东晋建立时,北方正处在十六国初期。当时匈奴人刘聪已经占据了今山西南部、河南北部及关中地区。羯人石勒南进江汉受阻,在汉人张宾的建议下,向北占据襄国(今河北邢台西南),开始经营河北。巴蜀地区为巴氏人李雄的成汉政权所控制。在这种情况下,东晋军咨祭酒祖逖向晋元帝建议出兵北伐。他对晋元帝说:"晋室(指西晋)之所以败亡,并不是由于上无道而下怨叛,而是由于藩王争权,自相残杀,这样才给北方戎狄造成机会,让他们占据了中原。现在,北方百姓正受异族的残酷统治,人人怀有奋击戎狄之志。大王如果能让我统帅一支军队北伐,那么北方的豪杰和民众必然会纷纷响应,就会雪耻复国,把戎狄赶走。"晋元帝见此,便任祖逖为奋威将军、豫州刺史,命他北伐。祖逖这次北伐,晋元帝只给了他一千人的粮食、三千匹布,没给他一刀一枪、一兵一卒。即使如此,祖逖仍信心十足,他带着一直跟随他的家兵乘船渡江北上,并击楫而誓曰:"祖逖若不能清中原,恢复晋室,就像这大江东去一样,决不再回来。"祖逖过江后,在淮阴屯驻,打造兵器铠甲,招募兵士,很快建立起一支两千多人的部队。祖逖率军进占雍丘(今河南杞县),多次出兵袭击石勒军队。同时,北方坚持抗击石勒的将领赵固、上官巳、李矩、郭默等人也都愿接受祖逖的指挥。北方的人民对祖逖也十分支持,他们把祖逖的到来使他们免受异族蹂躏看作是再生父母之恩,并编歌唱道:"幸哉遗黎免俘虏,三辰既朗遇慈父。玄酒忘劳甘瓠脯,何以咏恩歌且舞。"①石勒统治下的汉族百姓,也以各种形式配合祖逖,只要石勒方面一有军事行动,他们就立刻给祖逖通风报信,使祖逖有充分准备应付。这样,祖逖一直打到黄河南岸,使石勒不敢窥兵河南。

祖逖北伐,虽有北方民众的支持,也在军事上取得一些胜利,但若没有源源不断的后续支援,要想收复北方,恢复晋朝的统一几乎是不可能的。而事实上,祖逖出兵以后,东晋朝廷并未给祖逖任何有效的支援,祖逖始终处于孤军作战的境地。不但如此,东晋朝廷内部为了争权夺利,派戴渊对祖逖的一举一动进行牵制。祖逖深感北伐胜利无望,在绝望中一病不起,最后病逝雍丘。祖逖死后,他北伐所取得的所有成果全部付诸东流。

349年,十六国后赵主石虎死,外戚褚裒又上书请求北伐。于是,东晋朝廷任褚裒为征讨大都督,都督青、扬、徐、兖、豫五州诸军事,率三万大军北伐。当他进至彭城(今江苏徐州)时,河朔士庶归降者日以千计,沛郡中二千余人归降,鲁山郡有五百余家也起义请求支援,可见中原人对东晋北伐仍寄予厚望。然而东晋军在代陂被后赵石遵军杀得大败,死伤大半,褚裒只得狼狈退还。

353年,东晋政府又以殷浩为中军将军,假节都督扬、豫、徐、兖、青五州军事,率七万大军北伐。殷浩是个书生,不善于指挥军事,在处理与前锋、羌族酋长姚襄的关系上有许多失误,使姚襄对他极其不满。殷浩的督统、安西将军谢尚又因不能安抚北方降将张遇,激起张遇反叛,并把谢尚打败。不久,姚襄又反叛,殷浩大惧,丢掉军辎器械,狼狈逃回,士卒死伤万余人。这次北伐,还未与北方真正交锋便告失败。

殷浩北伐失败的第二年,大将军桓温又率步骑四万北伐。桓温曾在346年率军灭掉成汉,所以声望甚高。他率军从江陵出发,一直打到长安东面的霸上,当地的百姓纷纷牵牛持酒在路边迎接桓温,一些老人流着泪说:"想不到我还能亲眼见到朝廷军队。"但不久,桓温军粮用完,前秦苻健又实行坚壁清野,使桓温军得不到补充,只得退兵。

356年,桓温又一次从江陵北伐,击溃羌族首领姚襄,收复了洛阳。东晋朝廷任命谢万为豫州刺史,359年,谢万又受命与徐、兖二州刺史郗昙北伐。谢万气盛傲众,不懂得抚慰军士,不是统军之才。正当谢万统军北上时,前锋郗昙因病退军,而谢万竟以为是强敌来

---

① 《晋书》卷62《祖逖传》。

攻,慌忙挥军后退,溃败不可收拾。于是许昌、颍川、谯、沛等地尽陷于前燕慕容氏政权,不久连洛阳也失掉了。

369年,桓温又一次率军北伐前燕。这次北伐出军五万,从姑熟(今安徽当涂)出发,直到金乡(今山东金乡),然后自清水入黄河,一直打到离前燕首都邺城仅二百里的枋头(今河南浚县西南)。前燕慕容政权一面请求前秦支援,一面派慕容垂为南讨大都督,率兵五万抵御桓温。当初桓温进兵时,曾派袁真攻打荥阳(今河南荥阳)的石门,以沟通淮、泗水运。但袁真一直没有攻下荥阳、打开石门,又加上慕容垂派其弟慕容德率精骑一万五千增兵石门,使袁真打开石门更是难上加难。桓温在枋头停军日久,军粮食尽,只得退兵。因石门未开,桓温退军无法利用水路,只好焚烧战船,丢弃辎重,从陆路退军。此时慕容德早已在襄邑(今河南睢县西)设下伏兵以逸待劳,慕容垂又尾追不舍。当桓温军退至襄邑时,前燕伏兵与追军一起夹击,一下消灭晋军三万多人。至此,桓温北伐宣告失败。

秦晋淝水之战后,北方再度进入四分五裂,给东晋北伐提供了千载难逢的绝好时机。然而东晋朝廷内部的权力之争更加剧烈,等到寒门出身的刘裕崛起并把其他对手平定后,北方的拓跋鲜卑已经入主中原,成为北方强大的统治者。409年,东晋的权臣刘裕为进一步树立自己的威信,率水军从建康(今江苏南京)出发,攻灭拓跋鲜卑还未来得及消灭的南燕政权,并占领了青州、兖州地区。416年,平定了孙恩、卢循起义的刘裕,又乘北方关中姚秦内乱之机,率军北伐后秦。这次北伐兵分四路,一路由王镇恶、檀道济率领,自淮、泗直取许昌、洛阳。一路是由沈林子、刘遵考率领的水军,从黄河水路配合王镇恶。一路由沈田子、傅弘之率领,直趋武关(陕西丹凤东南)。三路大军会合洛阳后,刘裕一面命令沈田子、傅弘之入武关包抄长安后路,一面率三路主力从潼关正面进攻长安。417年,刘裕大军攻克长安,灭掉后秦。刘裕占领关中后,因急于回建康控制朝中大权,便留下其子刘义真率兵一万多人镇守关中,让王修、王镇恶、沈田子等人辅助刘义真,自己率大军撤回建康。关中百姓听说刘裕要走,流着泪前来挽留,他们说:"残民不沾王化,于今百年。始睹衣冠,人人相贺。长安十陵,是公家坟墓;咸阳宫殿,是公家室宅。舍此,欲何之乎?"但刘裕还是走了。刘裕走后不久,长安复被十六国大夏占领,刘义真只身逃回,关中复失。

总观东晋历次北伐,都是在"收复旧土""驱逐戎狄"的口号下进行的。甚至像桓温、刘裕这样的人,也利用北伐作为在朝中提高地位进而攫取皇帝宝座的资本。这说明在东晋百姓及士人的心目中,北伐的成果确实是于国于民都十分了不起的功绩。而北方的广大百姓,也对东晋的北伐寄予厚望,给予配合,说明在他们心目中,东晋政权是华夏的正朔所在。民族意识、民族战争,确是东晋政权得以利用的武器。但是东晋的历次北伐,除了桓温伐蜀、刘裕伐南燕取得一点成果外,其余的或前功尽弃,或大败而归,远远没有达到目的。其中的原因固然很多,但最重要的恐怕还是北强南弱,南方没有足够的实力去实现南北的统一。

我们再看看北方的情形。

在北方的黄河流域,曾经出现过三次统一:一次是前秦时期,一次是北魏时期,一次是北周时期。与三次统一相应,曾经激起三个王朝统治者进而统一南北的强烈愿望。

376年,前秦苻坚在灭掉前燕的基础上,又相继消灭了北凉张氏政权和代国拓跋政权,结束了十六国前期政权纷争的局面,实现了北方的统一。前秦虽为氐人所建的政权,但建立前秦的这支氐人由于长期生活在中原地区,接受汉文化的影响,汉化的程度甚深。特别是苻坚,生长在邺城,自幼受儒家教育,深通经史,有较高的汉族文化素养。他即位以后,"修废职,继绝世,礼神祇,课农桑,立学校。鳏寡孤独高年不能自存者,赐谷帛有差,其殊才异行、孝友忠义、德业可称者,令在所以闻"。他不但设立太学,还每月都到太学一次,考查学生经义优劣,给学生品评划等。他针对五经提出的问题,甚至太学的博士都答不上来,可见他汉文化素养之深和对儒学教育的重视。另一方面,他重用汉人王猛,整顿吏治,严明法纪,加强中央集权,许多不法权贵都受到王猛的严厉制裁。史书上说,王猛"宰政公平,流放尸索,拔幽滞,显贤才,外修兵革,内崇儒学,劝课农桑,教以廉耻,无罪而不刑,无才而不任,庶绩咸熙,百揆时叙。于是兵强国富,垂及升平"。国家出现这种兴盛局面,更加激起了苻坚统一南北的欲望。苻坚很早就想实现南北统一,他曾说过:"今四海事旷,兆庶未宁,黎元应抚,夷狄应和,方将混一六合以一家,同有形于赤子。"382年十月,苻坚对群臣说:"吾统承大业垂三十载,芟夷逋秽,四方略定,惟东南一隅未宾王化。吾每思天下不一,未尝不临食辍餔,今欲起天下兵以讨之。"[1]这表明,苻坚下定了统一南北的决心。

383年七月,苻坚下达了全面灭晋的命令,开始了历史上著名的淝水之战。尔后,苻坚征集步兵六十多万、骑兵二十七万、羽林郎三万多,共九十多万,号称百万,浩浩荡荡南下。苻坚的战略部署是兵分三路:东路由幽、冀发兵南下,经彭城(今江苏徐州)进攻东晋;西路由蜀汉沿江汉顺流东进;中路由苻坚亲自统领,以苻融为先锋,经洛阳、汝水、颍水直向淮南寿春(今安徽寿县)。如此大范围的调兵,在没有现代通讯技术的古代,很难如意调动。实际上,只有苻坚亲统的中路军进展迅速,仅一个月就赶到项城(今河南沈丘),前锋苻融的部队已达颍口(今安徽颍上)。其他两路军进展却十分缓慢,因此投入战斗的实际兵力,只是苻融统领的中路先锋部队。这年十月,苻融军渡过淮水,攻下寿阳,东晋守将胡彬退保硖石(今安徽寿县西北)。这时,东晋任谢石为征讨大都督、谢玄为前锋都督,率能征善战的北府兵八万余人,向寿春一带集中,以阻止秦兵南下。这样,寿春以东的洛涧、以南的淝水,就成为秦晋双方争夺的战略要地。由于晋将胡彬被困于硖石,苻融误以为晋军人少

---

[1] 《晋书》卷113《苻坚载记上》、卷114《苻坚载记下》。

粮尽,向苻坚要求火速进军。苻坚闻讯大喜,将主力大军丢在项城,亲率八千轻骑赶至寿春。苻坚在发动军事攻势的同时,又发动政治劝降攻势,命前东晋襄阳降将朱序前往晋营劝谢石投降。不料朱序来到晋营,不但没有劝降,反而将秦军的作战机密告诉谢石,并建议乘秦军孤悬,大兵未继之机发动进攻。谢石根据这个情报,重新进行部署,派刘牢之率精兵五千直趋洛涧,取得了关键性的洛涧大捷。尔后,又乘胜追击,兵临淝水,与苻融军隔水相峙。谢玄深知苻坚此次前来,欲求速胜,便派人对苻融说:"君悬军深入,现在又临水置阵,这是作了持久相持的打算,不是想立即决战的样子,你要想决战,就往后退一点,让我军过河与你决一胜负,这样不更好吗?"苻坚认为可以退军,让晋军过河,待其过河立足未稳,即以铁骑数十万将晋军逼入临敌背水的死地,然后歼之。苻融也同意这个意见,便下令秦军稍稍后撤。不料几十万大军向后一动,立刻乱了阵脚,而朱序等人又乘机大喊"秦军败了",更使秦军心慌意乱。士兵们信以为真,争相逃跑,刹时,秦军如山崩水溃一般地向后涌。晋军乘势追杀,秦军大败,苻融死于乱军阵中,苻坚也被流矢射中。这一战,秦军死伤逃散十之七八,晋军取得全胜。淝水之战的失败,使苻坚统一南北的愿望彻底化作了泡影。

淝水之战前秦之所以失败,有很多经验教训可以总结,如战略问题、指挥问题、用人问题等。但这些都是军事家所应注意的问题,而从社会统一的角度,我们应该从战争的性质来看它与统一的关系。应当承认,前秦的统治者具有较深的汉化程度,用以治国的方针政策具有很强的封建性,对东晋所发动战争的指导思想是中国传统的大一统观念,因此,它的性质属于封建的统一兼并战争。但这又不是一般的统一兼并战争,而是具有较强的民族色彩的封建统一兼并战争。这种民族色彩表现在两个方面:第一,前秦政权的封建性并未在南方汉人中产生影响。苻坚的重臣王猛,临死前对苻坚说:"晋虽僻陋吴越,乃正朔相承。亲仁善邻,国之宝也。臣没之后,愿不以晋为图。"[①]在淝水之战前夕,前秦左仆射权翼极力反对这场战争,他对苻坚说:"今晋道虽微,未闻丧德,君臣和睦,上下同心。"[②]王猛、权翼对南方汉人的民族心理了解得十分清楚,他们认为,南方汉人的心目中,晋朝才是正朔所在,如果对其征讨,他们必会上下同心进行抵抗。这说明南方汉人并未把前秦看作是正统的封建政权。第二,就前秦国内状况而言,民族融合的程度还很不成熟,慕容鲜卑、姚氏羌族、拓跋鲜卑以及西北诸民族之间仅仅是形式上的结合,远远没有完成民族融合的过程。所以,苻坚发动了对东晋的战争后,遇到了东晋内部上下同心的抵抗。当战争失败后,各少数民族纷纷拥兵自立,统一的前秦政权土崩瓦解。

---

① 《晋书》卷114《苻坚载记下》。
② 《晋书》卷114《苻坚载记下》。

东晋北伐及前秦南征的失败,恰恰从两个方面提供了统一南北的两个必要条件:一个是要有足够强大的综合国力,一个是要有高度成熟的民族融合程度。

当然,我们不能以成败论英雄。苻坚南征虽然失败,但他统一北方对民族融合的贡献不可磨灭。著名史学家黄烈先生说得好:

> 前秦的统治时期大大促进了民族融合,除了本身与汉族的深层融合外,南匈奴、羯也再没有重建政权,慕容鲜卑虽在淝水战后恢复为后燕、西燕和南燕短期政权,其规模与前燕已不可比拟,民族融合过程使他们不可能具有昔日聚集力,可以说前秦统一北方,意味着北方民族融合的第一阶段的终结,在中国历史上有影响的一些民族,如南匈奴、羯、氐、东部鲜卑等都是在这个时期加速了其融合过程,导致其共同体的消失。[①]

如果说前秦统一北方是北方民族融合第一阶段的终结,那么淝水之战后北方的再度分裂,意味着北方民族融合第二阶段的开始。

淝水之战后的第三年,代北拓跋鲜卑首领拓跋珪在牛川(今内蒙古锡拉木林河)即代王位,不久又改称魏王。398年,拓跋珪定都平城(今山西大同市东北),正式定国号为魏。431年,拓跋珪的孙子太武帝拓跋焘灭掉匈奴族夏赫连氏;436年,灭掉北燕冯氏;439年,灭掉卢水胡北凉沮渠氏。至此,北方黄河流域又重新出现了统一。

北魏统一北方,并不标志北方民族融合第二阶段的结束,只表明民族融合进入了这个阶段的初期。因为北魏是北方少数民族贵族建立的政权,它对北方的统一,主要利用武力征服的手段,所以在北魏前期,国内的民族矛盾、阶级矛盾非常激烈,汉族和各少数民族人民的联合斗争不断发生。最典型的就是发生在拓跋焘太平真君六年(445)羯人盖吴领导的起义,参加这次起义的有汉人、卢水胡、蜀人、氐人、羌人、屠各、匈奴、山胡等多种民族。盖吴起义后,给南朝刘宋政权的表章说:"臣仰恩天时,以义伐暴,辄东西结连,南北树党,五州同盟,迭相要契。"[②]充分反映了北魏国内民族矛盾的尖锐。

随着北魏拓跋族在北方统治的基本确立,缓和国内民族矛盾,推进民族融合进程以巩固在北方的统治就显得非常迫切和重要了。历史表明,民族融合,就是文明程度较低的民族通过接受先进民族的文化而融于文明程度较高的民族。当时汉族在政治、经济、文化上都具有较高的文明程度,所以,拓跋统治者采取了使自己汉化以推动国内民族融合进程的

---

① 黄烈:《淝水之战与历史中国》,载于《谢太傅安石纪念论文集》。
② 《宋书》卷95《索虏列传》。

办法。其代表就是北魏孝文帝,其表现形式就是魏孝文帝的一系列改革。

魏孝文帝的改革,大致可分为平城时期和洛阳时期。在迁都洛阳以前,魏孝文帝在政治上整顿吏治,实行百官俸禄制。同时实行三长制,加强对基层的控制。在经济上实行均田制。494年,魏孝文帝迁都洛阳,此后进一步加快了汉化的进程。在此期间的改革措施有:禁止说鲜卑语,当然这仅限于朝廷上和其他正式场合,并允许三十岁以上的人慢慢改变;依照汉装样式,改变鲜卑服饰;改鲜卑姓为汉姓,如拓跋改姓元,纥骨改姓周,步六孤为陆,独孤为刘等;将迁洛代人的籍贯改为河南人、洛阳人。

魏孝文帝的改革,使拓跋统治者的汉化程度大大提高。由于拓跋统治者的汉化,使他们与汉族在政治、经济、文化、思想等方面的结合更紧密了。同时由于他们用汉族传统的政治文化治国,所以也推动境内其他一些民族与汉族的融合,从而把北方第二阶段的民族融合推向高潮。

魏孝文帝也怀有统一南北的雄心。他曾对出使南朝萧齐的卢昶说:"卿便至彼,勿存彼我,密迩江扬,不早当晚,会是朕物。"[1]李冲是孝文帝的谋臣,很受重用。但当李冲劝他不要南伐萧齐时,孝文帝竟大发脾气,说:"方欲经营宇宙,一同区域,而卿等儒生,屡疑大计……"后来,他又说:"南有未宾之竖,兼凶蛮密迩,朕夙夜怅惋,良在于兹。取南之计决矣,朕行之谋必矣。"[2]所以,他迁都洛阳后,进行了三次南征萧齐的战争。

494年,孝文帝率军首伐萧齐。魏军分四路进攻:徐州刺史拓跋衍率军攻钟离(今安徽凤阳东北);大将军刘昶、平南将军王肃攻义阳(今河南信阳附近);行征南将军薛真度攻襄阳(今湖北襄樊附近);平南将军刘藻攻南郑(今陕西南郑东)。这次南征,没有取得任何成果,基本是一次失败的军事行动。

497年,孝文帝亲率大军第二次南征。这次南征,付出了沉重的代价,攻取了南阳、新野等一些郡县。但从孝文帝统一南北的目标看,这次南征并没达到目的,所以仍是一次失败的战争。

499年三月,孝文帝亲率十万大军从洛阳南下,但不久,就因病重率军北还,行至谷塘原(今河南邓州东南)行宫病逝。

孝文帝三次南征收效不大,其原因是多方面的,但从统一的角度看,进行统一战争的条件仍未成熟。这表现在,南朝的国力有所增长,北朝并不具备统一南方的绝对优势。再有,北方的民族融合并没有最后完成。例如,孝文帝迁都初期,关中便爆发了众达十万的支西起义;第二次南征时,又发生了高车族人民起义。更重要的是,北魏拓跋氏迁到洛阳

---

① 《魏书》卷47《卢玄附卢昶传》。

② 《魏书》卷53《李冲传》。

的部分汉化程度虽然加深,但留在代北和分布在六镇的鲜卑却游离于汉化过程之外,相反却有鲜卑化加强的趋势。所以孝文帝的后继者宣武帝虽然连年发动对南朝的战争,但终究不能把南朝消灭。到孝明帝中期,北魏爆发了六镇起义,这标志着北方民族融合第二阶段的结束和第三阶段的开始。

六镇地区的镇兵、镇民二十多万人参加了这次起义,其中有鲜卑、匈奴及其他一些少数民族,也有汉人。起义失败后,大批参加起义的人被徙往河北,又引发了河北地区的起义,河北起义不论在人数上还是所参加民族的种类上都超过六镇起义。同时,在关陇地区也爆发了大规模起义,参加起义的民族有羌、氐、高车、鲜卑、匈奴、汉等。这些起义导致了三个结果:第一,动摇了北魏统治的基础,使其很快灭亡。第二,造成了北方各民族间进一步接触、融合。第三,使六镇鲜卑化的镇兵镇将进入中原,将他们纳入汉化的轨道。北魏末年各族人民的大起义,使北方民族融合趋于成熟。

北魏灭亡后,北方分裂为东西两部分,东部为东魏,后称北齐,由六镇鲜卑中怀朔集团和汉族士人所控制。西部为西魏,后称北周,由六镇鲜卑中武川集团和关陇汉族贵族所掌握。东西两部分鲜卑贵族,走的都是汉化道路,但所采用的形式不同。东部地区汉族的经济、文化相对发达,以高氏为首的六镇怀朔集团,既然进入这个地区,不能不接受这个地区的文化影响,但其本身的民族特性,又使它与汉族士人不断磕磕碰碰,这个集团汉化的进程相对西魏、北周要显得艰难、缓慢。西部关中地区,经济文化相对落后,以宇文氏为首的六镇武川集团,为了与关东及江南抗衡,必须寻找一种不同于其他两方的形式,以使关中地区的武川鲜卑与汉族士族紧密结合。所以宇文氏集团在关中地区选择了一条以鲜卑化为形式,以吸收汉族文化为内容的汉化道路。如以旧鲜卑八部的形式组织军队,赐汉人以鲜卑姓以表示胡汉同源等等。但在实际治国上却采用以儒家思想治心教化,用传统的封建标准选择人才,用传统的重农思想求尽地利等方针政策。西魏、北周的这套做法相当成功,使其和汉人结合的紧密程度大大高于东魏、北齐。所以,北周武帝灭掉北齐,决非历史的偶然。

北周武帝灭北齐,重新统一北方,是北周汉化政策的胜利,表明北方的民族融合已经完全成熟。同时,由于北方的重新统一,也使北周的国力大大加强,由北方来统一南北的条件已经初步具备。

北周武帝确有统一南北的壮志,他在统一北方后,积极修练武备,准备用一两年时间,灭掉南陈,统一天下。但不幸的是,周武帝英年早逝,其后继者又昏庸不堪,使得南北一统的进程又向后推移。

但这些历史的偶然事件,并没有改变最终由北方完成统一的条件和趋势。就在北周宣帝在位时,南朝陈使者韦鼎前来北周,他在返回南方前夕,对杨坚说:

观公容貌，故非常人，而神监深远，亦非群贤所逮也。不久必大贵，贵则天下一家。岁一周天，老夫当委质。公相不可言，愿深自爱。①

韦鼎这番话，虽然有不少迷信色彩，但剔除其迷信成分，这番话反映出两个重要事实：第一，韦鼎是南方人，他通过观察对比，看出了北强南弱的事实，从而得出了"天下一家"的任务要由北方来实现的结论。第二，韦鼎是南陈人，他对北方实现统一并不反感，这种心态与以前南方人视北方为虏大不相同。这说明北周的民族融合已完全成熟，南北方民族界线已经消失，南方政权已经不可能再用民族斗争的武器来抗御北方了。

北方统一南方的条件已经具备了，历史把这些条件留给了杨坚。

___

① 《隋书》卷78《艺术列传·韦鼎传》。

第二节　枯木朽根

在南朝历代政权中,陈王朝是国土面积最小、国力最弱的一个。

南朝萧梁武帝太清二年(548),发生了"侯景之乱"。侯景原是北朝人,后投降南朝,被梁武帝接纳。后来由于梁武帝在对待侯景上出现一些失误,导致了侯景起兵反叛。侯景之乱持续了四年,这期间,梁朝的国都被攻破,梁武帝被饿死在建康台城。连年的战乱给南朝带来巨大灾难,在侯景乱梁期间,南方出现了大饥荒,"百姓流亡,死者涂地。父子携手,共入江湖;或兄弟相要,俱缘山岳。芰实荇花,所以皆罄;草根木叶,为之凋残。虽假命须臾,亦终死山泽。其绝粒久者,鸟面鹄形,俯伏床帷,交相枕藉,待命听终。于是千里绝烟,人迹罕见,白骨成聚,如丘陇焉"①。侯景之乱被平定后,南朝的领土大大缩小,长江以北的许多郡县大多被东魏占领,梁、益(今陕西南部、湖北北部及四川大部)地区已经属于西魏,雍州也已沦为西魏的附庸,"文轨所同,千里而近,人户著籍,不盈三万,中兴之盛,尽于是矣"②。

南朝陈正是在上述情况下建立的。

陈朝的建立者武帝陈霸先在建国的第三年死去,他的后继者陈文帝通过打击妨碍中央集权的豪强势力,使政局基本上稳定下来。文帝死后,他的儿子陈伯宗仅在位两年多,就被其叔陈顼废掉。陈顼废掉陈伯宗后自立为帝,就是陈宣帝。

陈顼曾经是北周的俘虏,天嘉三年(562),北周为拉拢陈朝孤立北齐,特意将他放还南朝。陈顼即帝位后,北周派人前来与陈相约共同伐齐,然后平分天下。陈宣帝也有北伐高齐、开土拓疆之志,便在太建五年(573)出兵讨伐北齐。两三年之内,便从北齐手中收回淮河以南的大片土地。这些胜利,本来是借北齐内乱和北周配合取得的,但陈宣帝却错误地认为自己的力量足以与北朝争锋。577 年,北周武帝攻破北齐都城,将其灭掉。陈宣帝听到这消息,便派南兖州刺史吴明彻率军北上,准备和北周争夺徐州、兖州之地。当时中书通事舍人蔡景历头脑比较清醒,劝陈宣帝说:"我军因连年北征,士卒疲倦,又因不断获胜而将生骄心。师老将骄,这种情况下我们不应过分远征。"③不料宣帝听此言后竟勃然大怒,认为他在涣散军心,不但不听,反而将他罢官撤职。另一个人毛喜也劝陈宣帝说:"现在我们刚刚取得淮南之地,还没完全巩固,周朝刚灭北齐,锐气正盛,我们难以与之争锋。况且,争夺徐、兖,我们要舍弃舟船去进行陆战,这在军事上犯了去长就短的错误。我以为

---

① 《南史》卷 80《贼臣列传·侯景传》。
② 《南史》卷 8《梁本纪下·元帝纪》。
③ 《陈书》卷 16《蔡景历传》。

不如安民保境，与周人休兵结好，这才是长久之术。"①但陈宣帝头脑正在发热，哪里听得进去！

吴明彻是南陈名将，他率军北征，出师顺利，在吕梁击败北周徐州总管梁士彦，迫使他退回彭城（今江苏徐州）内。吴明彻环列舟舰于城下，将彭城围住，日夜攻打，北周派王轨率兵援救彭城。吴明彻北征，走的是水路，即从淮河入清水，直达彭城。清水河水位不稳，吴明彻为保证撤军时水路畅通，便在清水河上游筑堰蓄水。王轨率领援兵没有直奔彭城，而是先占据了清水入淮的河口，用铁索贯穿几百个车轮，将其沉入清水河，以此阻断吴明彻水军的退路。陈军听到这个消息，人心开始动摇，大将萧摩诃对吴明彻说："现在王轨开始封锁清水下游，在河口两岸筑城，如今城尚未筑好，如果能派我率兵击之，周军必不敢相拒。水路不断，敌势不坚，如果等其城筑就，我们就都会成为俘虏了。"吴明彻闻言大怒，高声喝道："拔旗陷阵是你的事，至于长算远略，用不着你操心！"萧摩诃大惊失色，怏怏而退。十几天后，彭城仍未攻下，周军的援兵渐渐逼近，而且水路也被截断。偏偏在这时吴明彻又生了病，众将开始商议撤军之事。有人主张破堰下船，人马俱乘船而退。马军主将裴子烈说："如果人马一起乘船，必不安全，不如先让马走。"萧摩诃对吴明彻说："今求战不得，进退无路，在这种情况下潜军突围，不是耻辱，请您率步卒，乘马舆而行，我领铁骑数千驱驰前后，保您平安回到建康。"吴明彻说："弟之此策，实在是好意。然而这么多步兵，我身为总督，必须身居其后。你的马军走得快，应在前，不可迟缓。"萧摩诃只得率马军连夜撤退②。萧摩诃走后，吴明彻便把水堰决开，乘水势撤军，想从清水入淮河。行至入淮河口时，清水河水位渐低，吴明彻的舟船一下子被北周预先沉放的车轮所阻。这时北周将领王轨率兵将陈军围住，结果吴明彻被俘，三万多士卒及军辎器械全被周军俘获③，只有萧摩诃所率马军逃回南方。周军乘胜南进，第二年便占领了江北、淮南之地，陈朝只剩下最后一道天然屏障——长江了。这时，恰逢周武帝病死，继位的周宣帝荒淫暴虐。周宣帝以后，杨坚辅政、代周，以及一系列巩固隋朝的工作，使衰弱的南陈得以延续了一段时间。

582年，陈宣帝病死，按照封建继承制，皇太子陈叔宝应即位，不料陈叔宝的太子地位使他差一点死在弟弟陈叔陵手中。陈宣帝有四十二个儿子，陈叔宝是老大，陈叔陵行二。陈叔陵对其兄为皇太子一直怀忌妒之心，就在宣帝临死之前，他就让人把一把切药的刀子磨得非常锋利，宣帝死，进行小敛，诸子均前来哭奠，陈叔陵将药刀藏在怀里，神色异常地出现在诸皇子中间，他虽然也哭号，但眼光里流露出来的不是悲哀，而是杀机。这一切被

① 《陈书》卷29《毛喜传》。
② 《陈书》卷31《萧摩诃传》。
③ 《陈书》卷9《吴明彻传》。

细心的四弟陈叔坚发觉,他不动声色地站在陈叔陵身边,看看他究竟想干什么。就在陈叔宝跪在地上哀哭时,陈叔陵突然从怀中拿出药刀,照着陈叔宝的头狠狠砍去。可能是心慌的缘故,这一刀没砍中头,而是砍在后脖上。就在陈叔陵接着要砍第二刀、第三刀时,陈叔宝的母亲柳太后用身子将儿子护住,结果挨了几下。这时,陈叔宝的奶妈吴氏从后面拽住陈叔陵的胳膊,陈叔坚紧紧抓住他的手腕,将刀夺下,又将他拖到柱子边上,用他的宽袖为绳,将他捆在柱子上①。众人纷纷扶起皇太子,护送他离开险境。

这次风波虽然使陈叔宝皮肉吃了苦头,但他却也因祸得福。陈叔宝即后来的陈后主。据史书记载,他即位那年一月就下诏:"孤老鳏寡不能自存者,赐谷人五斛、帛二匹。"②三月又下诏:"其有新辟腴畎,进垦蒿莱,广袤勿得度量,征租悉皆停免。"③几天以后又下诏:"内外卿士文武众司,若有智周众术,心练治体,救民俗之疾苦,辩禁网之疏密者,各尽忠说,无所隐讳。朕将虚己听受,择善而行,庶深鉴物情,匡我王度。"④这些诏书给人一个印象,似乎陈后主一开始是个体恤民间疾苦、关心农业生产、虚心接受直言,以求兵精国强的开明君主。

其实并不是这样。

陈后主后脖子挨了一刀,虽未丧命,但也伤得不轻。他即位后根本不能理朝政,只能躺在后宫床上养伤,一切朝政均由他的母亲柳太后来料理。柳太后虽然也挨了几下,但由于陈叔陵的药刀在砍过陈后主后已不很锋利,又见刀砍在母后身上不免有些手软,并且砍的不是要害之处,所以受伤较轻,可以支撑着理政。柳太后是河东大族柳偃的女儿,是个很有才干的女人,前述那些诏书,全是她以陈后主的名义发出的。史书上说:"当是之时,新失淮南之地,隋师临江,又国遭大丧,后主病疮不能听政。其诛叔陵、供大行丧事、边境防守及百司众务,虽假以后主之命,实皆决之于后。"⑤可见陈后主初期的开明之举,实际上与陈后主并无关系。后来,陈后主的伤养好了,柳太后又把权力交还给他。

陈后主创伤痊愈,这对他来说当然是一件好事,因为他可以行使皇帝的权力。然而对陈朝来说却是一件坏事,因为这加速了陈朝的灭亡。

陈后主从一开始就是一个昏庸的皇帝。

唐朝人魏徵对陈后主是这样评论的:

后主生深宫之中,长妇人之手,既属邦国殄瘁,不知稼穑艰难。初惧阽危,屡有哀

---

① 《陈书》卷36《始兴王叔陵传》。

② 《陈书》卷6《后主本纪》。

③ 《陈书》卷6《后主本纪》。

④ 《陈书》卷6《后主本纪》。

⑤ 《陈书》卷7《皇后列传·高宗柳皇后传》。

矜之诏。后稍安集,复扇淫侈之风。宾礼诸公,唯寄情于文酒;昵近群小,皆委之以衡轴。谋谟所及,遂无骨鲠之臣;权要所在,莫匪侵渔之吏。政刑日紊,尸素盈朝,耽荒为长夜之饮,嬖宠同艳妻之孽,危亡弗恤,上下相蒙,众叛亲离,临机不寤,自投于井,冀以苟生,视其以此求全,抑亦民斯下矣。①

在这段话里,唯一肯定陈后主的只有一句话,即"初惧阽危,屡有哀矜之诏",然而这还是柳太后理政时以他的名义做的。陈后主竟然一无是处。

陈后主于582年即皇帝位,此时杨坚已经代周建隋,采用种种措施富国强兵,南朝进入了是存还是亡的关键时期。面对两种选择,陈后主是怎样做的呢?

陈后主亲政后,所任用的全是奸佞小人,他们的所作所为,都"自取身荣,不存国计"②,国家的安危存亡在他们的眼里是不值一提的。

河内温人司马申,在宣帝时任东宫通事舍人。这个官职,是负责掌管发布皇太子命令的。陈叔陵砍伤皇太子后,被陈叔坚绑在柱子上,但乘陈叔坚请示如何处理之机,挣脱逃跑,司马申急驰召右卫将军萧摩诃率兵将陈叔陵追杀。因此,司马申深得陈后主赏识,被提升为右卫将军兼中书通事舍人。司马申的人品很差,所任之职,掌管着朝廷的机密,但他常常将这些机密泄露出去,以此向人们证明他地位的重要,树立他的威信。他兼具对上对下两种品性:对上善应对,能看陈后主脸色行事;对下昧着良心陷害好人,常用匿名信的方式谮毁朝臣,朝中品格端正之人遍受其害。史书上说他"有忤己者,必以微言谮之;附己者,因机进之。是以朝廷内外,皆从风靡"③。有一次,陈后主想任用吏部尚书毛喜为尚书仆射,司马申不愿意毛喜被重用,因为他既有才又敢于直言,便对陈后主说:"毛喜是臣的妻兄,我不应该说他坏话,但我不得不为陛下考虑。想当初先帝在世时,他向先帝进言,说陛下沉湎于酒,请求驱逐陛下的宫臣,难道陛下忘了吗?"经他这么一说,陈后主便打消了重用毛喜的念头。陈后主的刀伤完全痊愈后,曾在后殿大摆酒宴以示庆贺,并让群臣奏乐赋诗。在宴会上,陈后主喝得酩酊大醉,喷着满嘴酒气,命令毛喜上殿作诗。毛喜对陈后主酗酒早有劝谏,又见他在宣帝新死、万机待理之时不以国事为重反而饮酒作乐,心中十分不快。他想进行劝谏,又见陈后主已醉成这样,根本不可能听得进去。他又不愿违心附合,便想出一个两全之策:只见他缓缓走上殿阶,装出一付准备赋诗的样子。突然,他捂住胸口,大喊心痛,便向前一栽,昏死过去。众人慌了,赶紧把他抬出就医,一场欢宴被搅得败兴而散。其实,毛喜的病是假装的。事后,陈后主也知道了事情的真相,便对别人说:

① 《陈书》卷6《后主本纪·史臣曰》。
② 《陈书》卷6《后主本纪·史臣曰》。
③ 《南史》卷77《恩幸列传·司马申传》。

"那次宴会,我真后悔将毛喜叫来,他当时其实没有病,只不过认为我宴饮不对,想阻止我罢了。"①因此,更对毛喜怀恨在心。他把司马申找来,与他商议道:"毛喜这个人盛气凌人,我想让鄱阳王兄弟把他杀了,满足他们报仇的欲望,怎么样?"司马申一听,立刻想起一段往事:那是陈宣帝废掉他的侄子陈伯宗的帝位后,伯宗之弟伯茂对宣帝怀有怨恨之心,参与了反对宣帝的叛乱。毛喜当时是宣帝的谋臣,他给宣帝出了个主意,将陈伯茂贬居在城外别馆中,然后派人装成强盗将其杀死②。陈伯宗的三弟就是鄱阳王陈伯山,见毛喜协助宣帝杀死二哥,废掉大哥,对毛喜简直恨入骨髓。司马申意识到,陈后主想借鄱阳王陈伯山的手除掉毛喜,马上附和说:"毛喜始终不与陛下一条心,陛下这样做很对。"只不过由于中书通事舍人傅缚的反对,陈后主才没有这样做。

会稽山阴人孔范也是陈后主的宠臣,担任都官尚书。他能诗善文,因此更受陈后主的宠爱。孔范也是一个专会迎合奉承的人,史称:后主"每有恶事,范必曲为文饰,称扬赞美"③。陈后主特别宠爱妃子孔贵人,孔范就与孔贵人结为兄妹,借以进一步讨好后主,使后主对他言听计从。从此,孔范更加骄横,朝廷公卿都惧他三分。孔范自以为文武才能无人可比,曾对陈后主说:"外间诸将,是行伍出身,都不过是一介匹夫,他们怎能有深见远虑呢?"陈后主听信了他这番话,从此军中将帅只要有一点小过失,后主即夺其兵权,用文吏代之。

陈后主所宠信的人,还有散骑常侍王瑳、王仪及御史中丞沈瓘,三人也都是奸佞之徒。

宠信奸佞之徒必然排斥忠正之臣,毛喜、傅缚、章华等人的遭遇便是典型的例子。

陈后主借鄱阳王陈伯山之手杀毛喜的事虽然经傅缚反对而作罢,但最后陈后主还是将毛喜贬至永嘉郡作内史。

傅缚是北地灵州(今宁夏灵武西南)人,不知何时来到南方,从他父亲起,就在南朝任官。陈后主时,傅缚任秘书监、右卫将军兼中书通事舍人。傅缚甚有文才,又很聪敏,"虽军国大事,下笔辄成,未尝起草,沉思者亦无以加"④。但傅缚为人倔强,看不惯幸佞当道。

---

① 《陈书》卷29《毛喜传》。
② 《陈书》卷28《世祖九王列传·始兴王伯茂传》载:"(刘)师知等诛后,高宗恐伯茂扇动朝廷,光大元年,乃进号中卫将军,令人居禁中,专与废帝游处。是时四海之望,咸归高宗,伯茂深不平,日夕愤怨,数肆恶言,高宗以其无能,不以为意。及建安人蒋裕与韩子高等谋反,伯茂并阴豫其事。二年十一月,皇太后令黜废帝为临海王,其日又下令曰:'伯茂轻薄,爰自弱龄,辜负严训,弥肆凶狡。常以次居介弟,宜秉国权,不洿平德,逾逞狂躁,图为祸乱,扇动宫闱,要招粗险,觊望台阶,嗣君丧道,由此乱阶,是诸凶德,咸作谋主。允宜磬彼司甸,刑斯剧人。言念皇支,尚怀悲戚,可特降为温麻侯,宜加禁止,别遣就第。不意如此,言增泫叹。'时六门之外有别馆,以为诸王冠婚之所,名为婚第,至是命伯茂出之。于路遇盗,殒于车中,时年十八。"
③ 《南史》卷77《恩幸列传·孔范传》。
④ 《南史》卷69《傅缚传》。

陈后主的宠臣施文庆、沈客卿专制朝纲时,傅縡不依附他们,对他们很疏远,施、沈二人共同诬陷他,陈后主便把他投进监狱。傅縡在狱中上书给陈后主说:

夫人君者,恭事上帝,子爱黔黎,省嗜欲,远谄佞,未明求衣,日旰忘食,是以泽被区宇,庆流子孙。陛下顷来酒色过度,不虔郊庙之神,专媚淫昏之鬼。小人在侧,宦竖弄权,恶忠直若仇雠,视百姓如草芥。后宫曳绮绣,鹿马余菽粟。兆庶流离,转尸蔽野,货贿公行,帑藏损耗,神怒人怨,众叛亲离,恐东南王气,自斯而尽。①

陈后主见到奏书后更加恼怒,但他毕竟还爱傅縡的文才,在盛怒稍解时,又派人劝傅縡"改过"。不料傅縡回答:"臣心如面,臣面可改,则臣心可改。"②陈后主见傅縡不顺从,便将他赐死狱中。

吴兴人章华,"家本农夫",但本人好学,因而通经史,善写文。他也看到陈后主的腐败,便上书说:"陛下即位至今已有五年了。这期间,陛下不想先帝创业之艰难,不知违背天命后果之可畏,整日溺于嬖宠,惑于酒色。朝中的老臣宿将,被弃于草莽之中,而谄佞逸邪之人,却升之朝廷之上。如今前方战事日趋紧张,隋朝大军压境,在这种情况下,陛下若还不改弦更张,恐怕亡国的日子不会远了。"章华这番话虽然尖锐,但句句是实情。陈后主却闻之大怒,当日即将章华处斩③。

陈后主本人的生活也十分荒糜,嗜酒好色,其嗜酒前已叙述,其好色在历史上尤其出名。他的皇后沈婺华,不好打扮,衣服无锦绣之饰,因此不得陈后主的宠幸。陈后主特别喜欢的,是张贵妃等其他美人。

张贵妃名叫张丽华,虽非名门出身,但天生丽质,后主为太子时就很喜欢她,登帝位后,又封她为贵妃。再加上她才辩强记,善于察颜观色,投后主所好,自然成为第一宠幸。除张贵妃外,陈后主所宠爱的还有龚贵嫔、孔贵嫔、王美人、李美人、张淑媛、薛淑媛、袁昭仪、何婕妤、江修容等人。为了安置这些美人,陈后主于至德二年(584)大兴土木,在光昭殿前盖起三座楼阁,分别取名为临春阁、结绮阁、望仙阁。每个楼阁都有几十丈高,阁中窗户、栋梁、门楣、栏槛等所有用木的地方,都用檀香木,又用金玉装饰,珠翠相间,珠帘相隔,阁内设有宝床宝帐,每当微风一吹,香飘数里,朝日初照,光映后庭。楼阁下面有奇石堆成的假山,积水形成的清池,并栽种了许多奇株异树,名花贵药④。

① 《南史》卷69《傅縡传》。
② 《南史》卷69《傅縡传》。
③ 《南史》卷69《傅縡传附章华传》。
④ 《陈书》卷7《皇后列传·后主沈皇后传附张贵妃传》。

自从三座楼阁建好以后，陈后主便住进了临春阁，让张贵妃住进结绮阁，龚贵嫔、孔贵嫔住进了望仙阁。陈后主通过三座楼阁间的复道，经常往来于张、龚、孔三贵嫔之间，并常常把王、李、张、薛、袁、何、江等美人召至阁上寻欢作乐。陈后主又封宫人袁大舍等懂文学的人为女学士，又以江总、孔范、王瑳等文士十多人为"狎客"，常常把他们召集在一起，男女混杂，饮酒狂欢，赋诗赠答。所写之诗，有一些还被谱成曲，让宫人演唱，著名者有《玉树后庭花》《临春乐》等。让我们通过《玉树后庭花》所写内容，看看陈后主所感兴趣的是什么：

> 丽宇芳林对高阁，新妆艳质本倾城。
>
> 映户凝娇乍不进，出帷含态笑相迎。
>
> 妖姬脸似花含露，玉树流光照后庭。①

这就是被陈后主一直唱到亡国的《玉树后庭花》，歌词内容，不外是描写美人的容貌体态。北方隋朝虎视眈眈、大兵压境，陈后主却把全部心思放在美女身上！

沉湎酒色，必荒于政事。陈后主处理朝政自有他一套办法，他从来不见百官，臣下的启奏，全都由宦官蔡临儿、李善度二人转奏，然后陈后主靠在软囊上，将张贵妃搂在膝上，共同裁决。发到外面的政令，有时李善度、蔡临儿也记不全，张贵妃就一一为他们书写清楚，无所遗脱。张贵妃又派出耳目察访宫外之事，所以外面发生的任何事情，总是张贵妃首先知道，然后报告给陈后主，因此，更加博得陈后主的宠爱。史载："于是张、孔(指张贵妃、孔贵嫔)之权，熏灼四方，内外宗族，多被引用，大臣执政，亦从风而靡。阉宦便佞之徒，内外交结，转相引进。贿赂公行，赏罚无常，纲纪瞀乱矣。"②

陈后主统治下的陈朝，官吏们有的曲言诏佞、蔽人耳目，有的重赋厚敛、取悦后主，总之营求的都是个人私利。此时陈朝的吏治腐败到了极点，国力虚弱，官吏腐败，人民负担沉重，百姓怨声载道。

灭陈时机已经成熟，隋朝许多有识之士已经看出了这点。589年，隋朝大军临江即将灭陈，薛道衡列举了隋必灭陈的四点理由：

第一，汉末以来，群雄竞起，战争不息。但乱到极点，就预示着统一的到来，这是天道运动的永恒规律。况且南朝运数已满，以此而言，灭陈必矣。

第二，有德者昌，无德者亡，自古以来国家的兴盛灭亡，全都遵循这个规律。如今主上

---

① 逯钦立：《先秦汉魏晋南北朝诗·陈诗》卷4。

② 《南史》卷12《后妃列传下·张贵妃传》。

（指杨坚）躬履恭俭，忧劳庶政，可谓有德之君。叔宝（指陈后主）峻宇雕墙，酗酒荒色，弄得国内上下离心，人神同愤，实属无德之主。

第三，叔宝拔小人委以政事，陈朝的公卿大臣，只是虚列其位。为国之体，在于任寄，用人不当，国体解矣。

第四，隋有道而大，陈无德而小。总计陈朝的兵士，不过十万，而这么少的兵力，要想守住西自巫峡、东至沧海的防线是相当困难的。如果他分兵把守，必然势分力弱；如果集中兵力，又会顾此失彼①。

薛道衡讲的四点理由，除了天道、运数等一些迷信色彩外，从历史规律、政治对比、军事对比等方面概括了隋灭陈的必然性。应当说，薛道衡概括得是比较准确的，而这种准确性，当然有赖于陈朝腐朽的明显性。

许多事实表明：陈朝是一株已经从根上坏死腐烂的朽木，只等着北方统一的劲风过江摧枯拉朽了。

---

① 《隋书》卷57《薛道衡传》。

第三节　师出有名

历史上常常出现这样的憾事，一些有远大抱负的人，他们或因生不逢时，虽为之竭智殚力却抱憾终生；或因英年早逝，虽功业累建却亏之一篑。不论哪种情况，都足以使人为之扼腕叹息。然而和他们不一样，杨坚是幸运的。

杨坚的幸运，不仅是由于历史为他准备了演出统一正剧的舞台，还由于他能够利用这个舞台成功地扮演了一统天下的角色。

杨坚建隋初，就有统一南北的愿望。582年，即杨坚即位的第二年，陈宣帝死。杨坚派使臣去南方吊唁，并给陈朝带去一封信。信的末尾署名是"大隋皇帝杨坚顿首"，这是敌国之间通信的礼仪。这说明杨坚把陈朝视为敌国，决心将其灭掉。他还曾经对尚书仆射高颍说："我为百姓父母，岂可限一衣带水不拯之乎？"①因此，杨坚建隋后，一方面采取种种措施巩固开皇基业，一方面积极做着各种灭陈的准备工作。

为了灭陈，杨坚命人大造战船，木屑、油漆等造船原料常常漂到长江对岸。有人劝杨坚，造船应该秘密进行，不要让陈朝察觉到我方的意图。杨坚却不以为然，他说："我将要公开地代天伐逆，为什么要秘密进行，如果陈叔宝因为知道我们造战船而改弦更张，我还讨伐他干什么？"②杨坚已经把陈后主看透了：他在治国方面不会有什么作为。

杨坚又接受了高颍的建议，对陈朝不断实行骚扰。由于气候关系，江南水田收获较北方提前，当南方收获庄稼时，北方却大集军马，声言掩袭，陈朝士兵赶快放下手中的农活，集中起来，准备御敌。当陈军集结起来时，隋军却又卸马解甲偃旗息鼓了。如此骚扰反复了几次，弄得南朝既耽误了农时，又麻痹了斗志。南方的房屋，多为茅竹所建，储存粮物的仓库也是如此。竹料易燃，杨坚便常常派人偷偷过江，因风纵火。待南人重新修复后，再放火烧之，给陈朝财力造成很大损耗③。

以上做法，只不过是大进攻前的准备，最后的统一，还有赖于大规模的全线出击。

大规模进攻，不但要有成熟的条件、适当的时机，还要有借口，这就是所谓"师出有名"。578年，陈将吴明彻北征彭城失利，给隋朝大规模南征提供了一个绝好的机会和口实，隋军乘胜反攻，几年之内便占领了淮南之地。582年，正当隋军准备大举过江时，陈宣帝病死，杨坚遵循"礼不伐丧"的古训，停止了对陈朝的军事进攻。杨坚不兴无义之师，不举无名之师，这表明他对出师"名"和"义"的重视。

---

① 《南史》卷10《陈本纪·后主》。

② 《资治通鉴》卷176《陈纪·长城公祯明元年》。

③ 《隋书》卷41《高颍传》。

对于一个在政治、经济、军事上都占有绝对优势的政权来说,寻找一个名义出兵与寻找一个名义休兵一样容易。

在杨坚再一次决定南征时,夹在南朝与北朝之间的后梁政权便成了他制造口实的绝好材料。

为了说明杨坚是如何利用后梁制造南征借口的,首先得说明后梁的由来及其与隋朝的关系。

南朝梁武帝末年,国内发生了"侯景之乱"。关于这次动乱的起因及后果,前面已经叙述。梁武帝太清二年(548)十月二十四日,侯景打到首都建康城下。京城被侯景攻破后,梁武帝第七子湘东王萧绎就开始与众兄弟子侄展开了争夺皇位的倾轧。他先勾结西魏将六哥萧纶杀死,然后又派兵将在巫峡口杀死称帝的弟弟萧纪。

552年,萧绎在平定侯景之乱后于江陵(今湖北江陵)即帝位,这就是梁元帝。其后,萧绎开始与两个侄子萧誉、萧詧兄弟的争夺,迫使萧詧投靠西魏。因为萧詧所在的襄阳在江陵北四百里,是江陵北面的门户。襄阳一失,萧绎所在的江陵失去了北面的屏障,直接暴露在西魏的军事威胁之下。

549年,萧绎派柳仲礼率军进攻襄阳,萧詧急忙向西魏求救。西魏派杨坚的父亲杨忠率兵援救。第二年,杨忠生擒柳仲礼,平定汉东,使萧詧转危为安。当时,西魏打算让萧詧继萧梁帝位,萧詧推辞说没有玺命,于是西魏策命萧詧为梁王。

西魏恭帝元年(554)九月,宇文泰令柱国大将军于谨率军讨伐江陵,命萧詧率兵配合。当年十月,西魏大军进至江陵。于谨先派精骑占据江津,堵住了江南援军的必由之路,然后集中全力攻城。十几天后江陵城破,萧绎被杀,几十万江陵人口尽被掠入关中,宇文泰将襄阳为中心的雍州从萧詧手中收走,将他迁至江陵东城,资之以江陵一州之地,立其为梁主,年号大定,这就是后梁。

后梁从一开始就是西魏的附庸,后梁皇帝从一开始就是西魏手中的傀儡。萧詧虽有皇帝名号,但实际上给西魏上疏要称臣,并奉西魏朝廷正朔。萧詧对下面的封爵任命,虽可以依梁氏之旧,但"其戎章勋级,则又兼用柱国等官"[1]。不但如此,宇文泰还设置了江陵防主,"统兵居于西城,名曰助防。外示助詧备御,内实兼防詧也"[2]。

当傀儡皇帝的滋味并不好受,当江陵初平之时,萧詧的大将尹德毅就对他说:"如今西魏人贪婪凶狠,他们平定萧绎不是出于吊民伐罪,所以必定要肆其残忍之情,杀戮诛夷,俘囚士庶,以为军功。这些被杀被俘之人的亲戚家属,全在江东,对他们被掠至异地

① 《周书》卷48《萧詧传》。
② 《周书》卷48《萧詧传》。

必然痛心疾首,刻骨不忘。殿下本心是要扫清宇宙,延续萧梁。然而面对悠悠众人,不可能挨门挨户去解释。而这些人遭受涂炭,都会说是殿下造成的。殿下既杀人父兄、孤人子弟,人尽仇也,谁与您为国呢?"[1]可见在江陵人民眼中,萧詧是给他们带来巨大灾难的祸首。萧詧当了后梁皇帝后,见襄阳已失,疆土狭小,常怏怏不乐。北周武帝保定二月(562)二月,当了八年傀儡皇帝的萧詧在忧愤中死去。周武帝命其太子萧岿嗣位,第二年改元天保。

萧岿是萧詧的第三子,史书上说他"机辩有文学,善于抚御,能得其下欢心"[2]。尽管如此,仍然摆脱不了傀儡命运。

566年,南朝陈文帝死,使南朝政局发生了一次不大不小的动荡。陈文帝临死时,遗诏让刘师知、到仲举、陈顼三人辅政。陈顼是陈文帝的弟弟,即后来的陈宣帝,他在辅政时权势已为朝野所属。刘师知见此,心中十分不安,谋把陈顼排挤出朝。陈顼在毛喜的帮助下,处死刘师知,诛杀了韩子高。湘州刺史华皎与刘、韩二人关系极密,又同为陈文帝所亲任,听说刘、韩二人死讯,心中很不安,一面缮甲聚兵、抚循所部,一面请求改任广州刺史,以试探朝廷对自己的态度。陈顼表面虽然答应,但任命诏书迟迟却未发出。华皎知道事情不妙,便以其子华玄响为人质,投降了后梁,又派出使者前往长安,请求北周出兵。后梁接纳了华皎以后,也请求北周出兵,因为他知道仅凭自己的力量不足以庇护华皎。在北周朝内,尽管有人反对出兵,当权者宇文护还是派襄州总管宇文直督统陆通、田弘、权景宣、元定等将军率军援助华皎。与此同时,后梁以华皎为司空,并派柱国王操领兵两万配合周军。周军宇文直屯军鲁山,派元定率步骑数千围攻郢州(今湖北武昌)。当时陈朝派吴明彻率水军与华皎水军相持,同时派徐度、杨文通率军出山路袭击湘州。当徐、杨二人得手后,吴明彻水军又在沌口大败周、梁水军。宇文直军败后,径逃回江陵,使元定所率步骑成为孤军。这支孤军进退失据,只得斫竹伐木,沿山开路,且战且退,向巴陵地区进发。而此时,南朝将领徐度已占据巴陵(今湖南岳阳),他向元定许诺,只要放下武器,就放他回国。走投无路的元定竟相信了,放下武器来到徐度营中,被徐度逮捕。这次南征,北周军损失惨重。宇文直逃回长安后,将失败的责任全都推到后梁柱国殷亮身上。后梁主萧岿明知殷亮无罪,但不敢违抗北周,便违心地将殷亮处死。

在必要时充当北周的替罪羊,为之承担过失,这是后梁与北周关系的一种表现。

从地理位置看,后梁所在的江陵地区处于从宜昌到岳阳的长江北岸,南边就是陈朝,每当陈朝对北周有什么军事行动,后梁总是首当其冲。570年,陈朝派大将章昭达率军攻

---

① 《周书》卷48《萧詧传》。

② 《周书》卷48《萧詧传附萧岿传》。

逼江陵,萧岿向襄阳告急,北周派大将李迁哲率兵救援。李迁哲率其所部与江陵总管陆腾一起将陈军打退。后陈军又借江水泛涨之时,毁龙川大堤,引水灌城。李迁哲一面堵塞北堤以止水,一面招募骁勇出击陈军。后来,陈军多次采用偷袭、夜袭的方法,虽然都被击退,但也给江陵地区造成很大的破坏。后梁的司空华皎到北周朝拜时,在襄阳对宇文直说:"后梁主已经失掉江南诸郡,民少国贫,大周朝以兴亡继绝为己任,理应对后梁有所资赡,希望借给它几个州,来帮助它。"[①]从后梁建立那天起,江陵就成了北周抵御南朝的前沿阵地。从华皎的话中可以看出,这个地区被战争破坏得多么严重。

为北周抵御南方的进攻,这是后梁与北周关系的又一种表现。

杨坚辅政以后,后梁与北周的附庸关系仍在继续。不久,尉迟迥、王谦、司马消难各自起兵反对杨坚。当时后梁中一些人请求出兵与尉迟迥等人联合,以示对周朝的忠心。而萧岿却依从柳庄的劝谏,始终未出兵。

杨坚建立隋朝后,后梁的地位似乎有所提高。萧岿入隋拜贺杨坚登基,杨坚赐其"金五百两,银千两,布帛万匹,马五百匹"[②],并下诏许萧岿位在王公之上。萧岿在隋呆了一个多月,这期间"被服端丽,进退闲雅,天子瞩目,百僚倾慕"[③]。萧岿回江陵时,杨坚还亲自为他设宴饯行。以后,杨坚还下令罢废北周设立的江陵总管,取消了对后梁的监管,让萧岿专制其国。一年多以后,萧岿再次入朝,杨坚赐其"缣万匹,珍玩称是"[④]。在他回去时,杨坚还拉着他的手说:"梁主长久滞留在荆楚地区,未复旧都建康,肯定思念故乡。朕当振旅长江,灭掉陈朝,送你返回故乡。"对杨坚的如此恩宠,萧岿自然感激涕零,临死前,曾上表给杨坚说:

> 臣以庸暗,曲荷天慈,宠冠外藩,恩逾连山,爱及子女,尚主婚王。每愿躬擐甲胄,身先士卒,扫荡逋寇,上报明时。而摄生乖舛,遽罹痾疾,属纩在辰,顾阴待谢。长违圣世,感恋呜咽,遗嗣孤藐,特乞降慈。伏愿圣躬与山岳同固,皇基等天日俱永,臣虽九泉,实无遗恨。[⑤]

萧岿临终上表,表达了他对杨坚恩德的感激之情和欲报恩而不能的遗憾。

其实杨坚如此对待萧岿,自然有其原因。第一,杨坚刚刚代周建隋,为了稳定民心,需

---

① 《周书》卷48《萧詧传》。
② 《隋书》卷79《外戚列传·萧岿传》。
③ 《隋书》卷79《外戚列传·萧岿传》。
④ 《隋书》卷79《外戚列传·萧岿传》。
⑤ 《隋书》卷79《外戚列传·萧岿传》。

要表现出与周朝不同的开明。第二,杨坚为儿子杨广娶了萧岿之女为妃。当初,杨坚欲给杨广在荆州地区选妃,请卜者遍占诸女,皆言不吉。后见到萧岿女,卜者言大吉。杨坚信好数术,于是便策其为王妃。独孤皇后对杨坚说:"我们和萧岿已成亲家,还对他提防猜疑什么呢?"①杨坚撤掉江陵总管,就与此事有很大关系。第三,通过萧岿在尉迟迥之乱时的表现,已经使杨坚对他绝对放心。在杨坚眼里,后梁主不过是可以由他任意摆布的玩偶,他可以根据需要将其抬高或贬低。

果然,萧岿死后,后梁的地位又起了变化。萧岿死后,杨坚命其子萧琮即位,年号广运。在萧琮即位之初,杨坚赐其玺书说:

> 负荷堂构,其事甚重,虽穷忧劳,常须自力。辑谐内外,亲任才良,聿遵世业,是所望也。彼之疆守,咫尺陈人,水潦之时,特宜警备。陈氏比日虽复朝聘相寻,疆埸之间犹未清肃,惟当恃我必不可干,勿得轻人而不设备。朕与梁国积世相知,重以亲姻,情义弥厚。江陵之地,朝寄非轻,为国为民,深宜抑割,恒加馈粥,以礼自存。②

杨坚这封玺书,中心讲了两个意思:一个是治理梁国是件重要的事情,要有辑谐内外、亲任才良之人。另一个是江陵靠近陈朝,地位重要。这两个意思,是杨坚以前所没有特别强调过的,这是否意味着隋朝对后梁的政策将要发生变化呢?

明眼人对这个问题的回答是肯定的。当然,他们不敢明着说隋朝要对后梁如何如何,而是借一些其他的现象进行暗示。萧琮的年号是"广运(運)",他们就说:"運之为字,军(軍)走也。我们国君大概要奔走了。"③

不久,变化果然一个接着一个发生了。

后梁的太尉萧岑,是萧詧的第八子。他性简贵,御下严整。萧琮即位后,他便成了国家元老,自认为望重属尊,颇有不法。杨坚将他征入朝中,拜为大将军,封为怀义公。从此将其留在朝中,一直没有放回。

萧岑被征入朝后,废止多年的江陵总管又重新在后梁设立,恢复了监视职能。

587年,杨坚下令征后梁主萧琮入朝,并要求他将其二百余名臣下带着。江陵人都说,萧琮此去将不会再回来了。

萧琮刚刚离开江陵,隋武乡公崔弘度便率大军朝江陵开来。萧琮的叔父萧岩、弟弟萧瓛见此情形,掠走一部分居民叛入陈朝。

---

① 《隋书》卷79《外戚列传·萧岿传》。
② 《隋书》卷79《外戚列传·萧岿传附萧琮传》。
③ 《隋书》卷79《外戚列传·萧岿传附萧琮传》。

　　萧琮入朝后,杨坚宣布废除梁国,拜萧琮为柱国,封为莒国公。

　　存在了三十三年的后梁傀儡政权寿终正寝。

　　后梁政权迟早要灭亡,这不仅因为它是个附庸,是个傀儡,还因为隋文帝杨坚早有统一南北的大志,他是不会让后梁长期存在下去的。

　　仔细推敲杨坚灭后梁的时间,我们还可以发现一个十分有趣的现象。后梁被废除,是在 587 年九月。588 年三月,杨坚便发出了讨陈诏书。二者之间是巧合,还是有必然联系?

　　就在杨坚废除后梁后,出任晋州刺史的皇甫绩提出了可以灭陈的三点理由:"大吞小,一也;以有道伐无道,二也;纳叛臣萧岩,于我有词,三也。"①皇甫绩提出的这三点,恰恰揭示了废后梁与灭南陈之间的联系。废后梁,是杨坚灭南陈的战略,因为废掉后梁,免除了将来出兵南朝的肘腋之患。废后梁,又是灭南陈的策略,因为陈朝接纳叛臣萧岩、萧瓛,为隋朝出兵提供了口实。杨坚发出的讨陈诏书中有这样一段话:

　　　　(陈叔宝)据手掌之地,恣溪壑之险,劫夺闾阎,资产俱竭,驱蹙内外,劳役弗已。征责女子,擅造宫室,日增月益,止足无期,惟薄嫔嫱,有逾万数。宝衣玉食,穷奢极侈,淫声乐饮,俾昼作夜。斩直言之客,灭无罪之家,剖人之肝,分人之血。欺天造恶,祭鬼求恩,歌舞衢路,酣醉宫闱。盛粉黛而执干戈,曳罗绮而呼警跸,跃马振策,从旦至昏,无所经营,驰走不息。负甲持仗,随逐徒行,追而不及,即加罪谴。自古昏乱,罕或能比。介士武夫,饥寒力役,筋髓罄于土木,性命侯于沟渠。君子潜逃,小人得志,家家隐杀戮,各各任聚敛。天灾地孽,物怪人妖,衣冠钳口,道路以目。
　　　　……
　　　　有梁之国,我南藩也,其君入朝,潜相招诱,不顾朕恩。士女深迫胁之悲,城府致空虚之叹。非直朕居人上,怀此无忘,既而百辟屡以为言,兆庶不堪其请,岂容对而不诛,忍而不救。②

这段话对陈后主的无道荒淫,对陈朝的腐朽虚弱,对陈朝的招降纳叛,用檄文式的语言进行了声讨。

　　有了这个诏书,隋朝对陈朝的讨伐就做到了"师出有名"。这个"名",就是诛除无道昏君;这个"名",就是救江南百姓于水火;这个"名",就是讨伐逃到陈朝的叛臣;这个"名",就是粉碎招纳叛臣的渊薮。

---

① 《隋书》卷 38《皇甫绩传》。
② 《隋书》卷 2《高祖纪下》。

第四节　南北归一

杨坚登上帝位后就开始着手各项灭陈的准备工作。

为了完成灭陈大计，杨坚首先广求军事人才。

贺若弼"少慷慨，有大志，骁勇便弓马，解属文，博涉书记，有重名于当世"[1]。对贺若弼，杨坚开始并不十分信任。早在尉迟迥在邺城起兵时，杨坚就对贺若弼很不放心。当时贺若弼任寿州（治今安徽寿县）刺史，杨坚怕贺若弼响应尉迟迥，便派心腹长孙平前去代他镇守寿州。贺若弼果然不乐意被人取代，长孙平便令壮士将其逮捕，送回京师。但杨坚建隋后，还是将灭陈大事委任给贺若弼。因为第一，贺若弼当初只是不愿放弃寿州刺史之职，并未与尉迟迥合谋。第二，高颎向杨坚力荐。高颎善于知人，杨坚信任高颎，自然也就接受了他的荐举。第三，贺若弼确有灭陈的志向和军事才干。早在北周末期，他就和韦孝宽一起伐陈，攻拔陈朝数十城，其中很多胜利都赖于贺若弼的奇计。贺若弼的父亲贺若敦临死时曾把贺若弼叫到身边，对他说："吾必欲平江南，然此心不果，汝当成吾志。"从此他把父亲的话铭记在心，以完成父亲遗愿为己任。当杨坚任贺若弼为吴州（治所在今江苏扬州）总管，委之以平陈大任时，贺若弼果然异常兴奋，他在给寿州总管源雄的诗中说：

> 交河骠骑幕，合浦伏波营。
> 勿使骐骥上，无我二人名。[2]

诗中所说"骠骑"，指西汉骠骑将军霍去病；"伏波"，指东汉伏波将军马援。在这首诗中，贺若弼表示要像霍去病、马援那样为朝廷建功立业。

河南东垣（今河南新安东）人韩擒虎，"少慷慨，以胆略见称，容貌魁岸，有雄杰之表。性又好书，经史百家皆略知大旨"[3]。早在北周时，韩擒虎就因军功被拜为都督、新安太守，后又迁为仪同三司。杨坚辅政时，韩擒虎又任和州（治所在今安徽和县）刺史，多次挫败陈朝兵锋。杨坚建隋后，因韩擒虎有文武才干，威震江南，便拜他为庐州（治所在今安徽合肥）总管。

弘农华阴人杨素，也是个文武兼备的将才。北周武帝平齐时，杨素充当先驱，与宇文宪攻破北齐晋州。齐后主率大军反攻，杨素与骁将十余人与齐军大战于鸡栖原。灭北齐

---

① 《隋书》卷52《贺若弼传》。
② 《隋书》卷52《贺若弼传》。
③ 《隋书》卷52《韩擒虎传》。

后,杨素又随王轨大破陈将吴明彻,后又随韦孝宽攻取陈朝淮南之地。杨坚建隋后,杨素多次进取陈之计,杨坚便拜他为信州(治所在今四川奉节)总管。

阐熙(治所在今陕西靖边西)人王世积,"容貌魁岸,腰带十围,风神爽拔,有杰人之表"[1]。北周时,就因立军功拜为上仪同。杨坚辅政时,王世积又从韦孝宽讨伐尉迟迥,多次立功,拜为上大将军。杨坚建隋后,任他为蕲州(治今湖北蕲春东北)总管。

杨坚一面广求军事人才,一面又广泛征求灭陈的策略。高颎、贺若弼、杨素等人都曾给杨坚出过不少好主意。这一天,杨坚又接到一份奏章,当他看见"虢州"二字时,心中便产生了按耐不住的喜悦。他知道,这准是虢州(治今河南卢氏)刺史崔仲方为平陈献计献策了。这个崔仲方是北方大族博陵崔氏的后裔,祖父、父亲都在北朝中任职。崔仲方自幼喜好读书,有文武才干。西魏宇文泰很喜欢他,便让他与自己的孩子一起入太学学习,在太学里,他又结识了杨坚。在杨坚眼里,崔仲方是个不可多得的智囊人物,周武帝准备灭齐,他向武帝献了灭齐二十策,深得武帝赞赏。陈朝吴明彻进攻彭城,崔仲方随王轨援助,周军大败陈军,生擒吴明彻,崔仲方所出计策居多。如今在灭陈这件事上,崔仲方一定有好主意了。

杨坚迫不及待地打开奏章,首先看到的是这样一句话:

> 臣谨案晋太康元年岁在庚子,晋武平吴,至今开皇六年,岁次丙午,合三百七载。……

杨坚心中不禁觉得好笑,他知道底下的话无非是什么期数、运数之类,这个鬼机灵,也知道先用这套陈词惹朕高兴。他的目光匆匆掠过这些无关紧要的话,突然被这样一段话吸引住了:

> 今惟须武昌以下,蕲、和、滁、方、吴、海等州更帖精兵,密营渡计。益、信、襄、荆、基、郢等州速造舟楫,多张形势,为水战之具。蜀、汉二江,是其上流,水路冲要,必争之所。贼虽于流头、荆门、延州、公安、巴陵、隐矶、夏首、蕲口、盆城置船,然终聚汉口、峡口,以水战大决。若贼必以上流有军,令精兵赴援者,下流诸将即须择便横渡。如拥兵自卫,上江水军鼓行以前。虽恃九江五湖之险,非德无以为固;徒有三吴百越之兵,无恩不能自立。[2]

这段话的意思是建议杨坚在长江下游的湖北蕲春,安徽和县、滁县,江苏扬州等地方秘密

---

① 《隋书》卷 40《王世积传》。

② 《隋书》卷 60《崔仲方传》。

集结兵力,准备渡江。同时,在长江中上游的江陵、钟祥、襄樊、奉节等地大张旗鼓地造船。陈朝若派精兵赴上游增援,则下游的精兵乘虚而入;陈朝若拥兵自守,则上游隋军可以顺流而下,配合下游隋军渡江。杨坚看到这里,不由心中暗暗叫绝,一个完整成熟的渡江方案渐渐在头脑中形成。

588年十月,隋朝首都长安的太庙中举行了隆重的出师大典,大礼过后,隋朝的八路大军从长江的上游、中游、下游三个地方同时向南朝发动了攻击。

上游的行军元帅是杨素。杨素任信州总管后,驻扎在永安(今重庆奉节),在此按照杨坚的部署大张旗鼓地造船。大舰船名为"五牙",船高百尺,上有五层楼阁,船的前后左右有六个拍竿(一种打击敌船的武器)。这种大船能容纳战士八百人。小型的战船叫"黄龙",能容纳战士一百人。此外还有一些小舰。杨素的任务是率水军自奉节沿长江而下,出三峡与出兵江陵的刘仁恩大军会合。

长江中游也有两路大军,行军元帅是杨坚的第三子秦王杨俊。他的任务是从襄阳(今湖北襄樊)出发,沿沔水从武汉进入长江,然后继续东下,与出兵蕲春的王世积大军会合。

长江下游有三路大军,行军元帅是杨坚的二儿子杨广。他的任务是从六合(今江苏六合)南下,指挥、协调左右两翼共攻陈朝首都建康(今江苏南京)。左翼是贺若弼率领的大军,从广陵(今江苏扬州西北)直攻京口(今江苏镇江)。右翼军由韩擒虎率领,从和州(今安徽和县)直攻姑孰(今安徽当涂)。京口、姑孰两地对建康至为重要,前者被认为是建康的北大门,后者则是建康的西南门户。如果两处被攻破,建康则门户洞开,落入隋军的股掌之中。

除上述七路大军外,杨坚还命青州总管燕荣从海路南下,以占领吴郡(今江苏苏州),包抄建康。

杨坚这样部署,与崔仲方的建议有相似之处,显然是吸取了这个建议的许多合理有效的地方。但是将整个军事力量交给三个行军元帅指挥,却是杨坚的独到之处。整个的进攻战线,"东接沧海,西拒巴蜀,旌旗舟楫,横亘数千里"[1]。这样长的战线,由一个中心指挥显然会有失灵、失控的危险。杨坚在长江的上游、中游、下游设置三个行军元帅,形成三个指挥中心。这三个中心,既互相独立,又互相配合,从而使整个灭陈战役得到有效的指挥。

在长江上游,杨素率领水军自信州永安出发,浩浩荡荡穿过三峡。陈将戚昕率领水军以百余艘战船守在狼尾滩(在今宜都境内)。狼尾滩地势险要,又有重兵把守,怎样突破陈军的防线?杨素召集众将,对他们说:"这是关键一仗,胜负在此一举。如果我们白天进攻,陈军就会看到我们的虚实。况且狼尾滩水流迅急,地势险要,白天进攻于我不利。不

---

[1] 《资治通鉴》卷176《陈纪十·长城公祯明二年》。

如乘夜袭之。"众人都同意夜袭的方案。当天夜里,杨素亲率黄龙战舰,偃旗息鼓,无声无息地顺江而下。同时,派遣开府仪同三司王长袭率步兵从南岸袭击戚昕的别营;又命荆州刺史、大将军刘仁恩率甲骑从北岸会合。天刚刚亮时,三路军突然出现在陈军面前,戚昕来不及组织抵抗,大败而逃,其众多被俘虏。狼尾滩大胜,杨素军与刘仁恩军汇合,又缴获敌人大批战船,使得隋军声势更壮。他们继续沿江东下,舟舻被江,旌甲曜日。杨素坐在大船之上,容貌雄伟,威风凛凛,陈人望见,十分畏惧,都说:"莫非江神到来了!"①

长江中游一路,秦王杨俊率水陆军十余万,自襄阳沿沔水南下,行至汉口,受到陈军的阻挡。陈将周罗睺、荀法尚等人,以劲兵数万屯驻于长江鹦鹉洲(今武汉市西南)。隋将崔弘度请命向陈军进攻,但杨俊害怕造成伤亡,不许,便和陈军相持于汉口。

在长江下游,左、中、右三路大军也向陈朝的首都建康发动了攻击。

灭陈战役还未发动时,吴州总管贺若弼就开始做过江的准备。为了过江顺利,贺若弼采用了麻痹敌军的战术,他叫人将老弱之马卖掉,用钱买了很多船,但把船都藏起来,只在湾内泊放五六十艘破船。陈朝的间谍将这种假象带回去,陈军误以为贺若弼军无船。在军队换防时,贺若弼总是将声势搞得很大,将军队集中在广陵,大张旗鼓,多设营幕。陈军误以为隋军要渡江,急忙发兵防备,当他们剑拔弩张、严阵以待时,却发现是隋军换防,虚惊一场。久而久之,陈军对隋军大集人马换防的形式习惯了,也麻痹了。为了进一步麻痹陈军,贺若弼还常让士兵沿江射猎,弄得人喧马叫,陈军对此也渐习以为常,毫无反应。开皇九年(589)正月初一日,大江上迷雾四溢,乘着茫茫浓雾,贺若弼发兵渡江。一则有大雾掩护,二则陈军已无警惕之心,所以隋军过江,陈军竟未发觉。正月初六日,贺若弼军一举攻下建康北面门户京口,活捉了陈朝南徐州刺史黄恪。贺若弼在发动强大军事攻势的同时,还发动了强大的宣传攻势。他要求部队纪律严明,秋毫无犯。在攻占京口时,俘虏陈军六千多人,贺若弼发给他们每人一份口粮,并给他们一份宣传材料,然后将他们释放,让他们宣谕各方。贺若弼的这些做法,使隋军在江南地区以仁义之师的面貌出现,收到了很好的效果。

与贺若弼渡江同时,庐州总管韩擒虎也从和州横江浦渡江。对岸守卫采石矶的陈军很快被韩擒虎军打败,采石矶落入隋军之手。与此同时,下游的行军元帅杨广也率大军屯于六合镇的桃叶山。

在隋军未发动全面进攻以前,陈后主君臣还沉浸在自我陶醉中。陈后主对臣下说:"我建康都城有霸王之气,以前北齐军三次进攻,北周军两次进攻,都没有成功,隋军能有什么建树?"都官尚书孔范赶紧就着陈后主的话说:"长江天堑,自古以来就是隔离南北的

---

① 《隋书》卷48《杨素传》。

界线，他隋军难道还能飞过来不成？那些守边的将领欲邀功请赏，所以把形势说得十分紧急。隋军要真能过江倒好了，我正嫌位卑官低，正好借此机会大败隋军，建立大功，陛下好提拔我作太尉。"①一番话说得陈后主脸上喜笑颜开，心里踏踏实实。

正当陈朝君臣自恃"天堑"和"王气"之时，京口的败兵传来了京口陷落的消息，采石矶的守将徐子建也派人告知形势的突变，陈后主慌了，急忙召集大臣公卿商议对策。面对隋军的攻势，陈后主只得任用一些有军事才干的人去抵挡，因为即使他再昏庸，也知道大话不能挡住隋军的战舰和军马。他任命骠骑将军萧摩诃、护军将军樊毅、中领军鲁广达为都督，统兵保卫都城，并把南豫州刺史樊猛从姑孰调回京城，派散骑常侍皋文奏镇守姑孰。陈后主这一招是相当愚蠢的。樊猛是陈朝著名猛将，有谋略，武艺高强，胆气过人。侯景之乱时，樊猛在青溪与侯景军短兵相接，厮杀一天，杀伤侯景军士众多。他所镇守的姑孰，是建康西南的门户，又面临隋名将韩擒虎的威胁，姑孰一失，建康难保。在这种情况下，把樊猛调回，表面上看是加强了都城的力量，实际上是一种缩着头挨打的战略。果然，韩擒虎很快攻下姑孰，樊猛的妻子儿女尽被俘虏，皋文奏大败而归。

隋军攻下京口、姑孰后，贺若弼军从北道、韩擒虎军从南道同时向建康进发。正月初七日，贺若弼军进至建康东北的钟山，韩擒虎军也占据了建康西南二十里的新林。

面对建康城的危急形势，陈朝大将任忠对陈后主说："兵法认为：客以速战为贵，主以持重为贵。如今城内兵众粮足，应该固守，即使隋军兵临城下，也不出去与他交战。同时分兵隔断江路，让敌军彼此不通联络。然后给我精兵一万，战船三百艘，渡江直攻六合。六合的隋军一定以为渡江的军队已被俘获，自然丧气。淮南的土著居民，都对我非常熟悉，我若到那里，他们必然会响应我。我再扬言直取徐州，断彼归路，隋军自然会撤走。等到春水一下，长江水涨，上游的周罗睺沿江支援，则建康万无一失。"对任忠的计策，陈后主听不进去，他总幻想着一战将隋军击退。任忠苦苦请求不要冒险决战，陈后主不听，便派鲁广达、任忠、樊毅、孔范、萧摩诃等人率军由南至北一字排开，"南北亘二十里，首尾进退不相知"②。

贺若弼在山上，远远望见陈军阵势，知道大战在即，便与所率领的七个总管、甲士八千，冲下山去与敌决战。陈军虽倾巢而出，但诸将心思各异。萧摩诃因妻子与陈后主通奸，无心再战；任忠更把贸然决战看作是冒险；孔范只是个会说大话取悦于陈后主的小人；只有鲁广达，率领士卒与隋军力战，杀退隋军四次进攻，杀死贺若弼手下军士二百多人。但鲁广达的骁勇挽救不了全局的崩溃，在萧摩诃被擒、任忠溃败、孔范逃跑后，鲁广达也独

---

① 《资治通鉴》卷176《陈纪十·长城公祯明二年》。
② 《资治通鉴》卷177《隋纪一·文帝开皇九年》。

木难支,眼看败局已定,便弃兵解甲,面对宫殿方向拜了两拜,痛哭道:"我身不能救国,负罪深且重矣。"这时,隋军冲上来将其擒住①。

任忠败回台城,向陈后主报告了决战失败的消息,并对他说:"陛下应该休战了,臣已无力再战了。"陈后主拿出两捆金条,让他再招募士兵出战。任忠说:"再战无用,现在陛下只有准备舟楫,到上游周罗睺处。如果陛下愿往,臣当以死奉卫。"陈后主大喜,连忙让任忠去准备舟船,又令人将宫中贵重物品收拾好,只等任忠回来。谁知任忠出宫以后,听说韩擒虎已带隋军自新林向建康进发,便带了亲信投降了韩擒虎。任忠领着韩擒虎军沿秦淮河来到朱雀航(即秦淮河上的一座大浮桥,故址在今南京镇淮桥稍东)。守桥的陈将蔡征听说韩擒虎将至,早已弃众逃跑。隋军跨过朱雀航,直入朱雀门,守城门的陈军欲战,任忠站出来对他们说:"我都投降了,你们还打什么?"陈军一哄而散,韩擒虎军首先进入了建康城②。

隋军攻入建康城,四处寻不到陈后主,最后在景阳殿庭院内,发现一口枯井,听听里面,有悉悉索索之声,似乎有人躲在里面,隋军士兵大喊:"井底下的人快出来!"

井下没有任何反应。

"再不出来,就要往下扔石头了!"士兵又喊道。

"不要扔,不要扔,我是陈朝皇帝。"

隋军士兵听说是陈朝皇帝,便用绳子系住一个筐送下去,准备把陈后主拉出来,在拉绳子时,他们发现这个皇帝有超乎常人的重量,好几个人用了十足的力气,才把他拉上来。等到把他拉出井口,大家觉得既好气,又好笑。原来拉上来的不是一个人,而是陈后主、张贵妃、孔贵嫔三个人。这个荒淫皇帝,江山都丢了,还没忘掉他的美人。

建康城被攻破,陈后主被俘虏,标志着长江下游的进攻取得最后胜利,而下游的胜利,又给上游的战斗很大影响。

在长江中游,陈朝荆州刺史陈慧纪见周罗睺与隋秦王杨俊在汉口对峙,便派遣南康内史吕忠肃屯驻岐亭,打算阻止上游杨素率领的隋军东下。吕忠肃在岐亭长江北岸的岩石上钉住几条铁索,横在江上,以阻遏隋军战船。杨素、刘仁恩大军到后,立刻派兵进攻,吕忠肃据险力战,前后四十余战,隋军伤亡惨重。最后,杨素军以沉重的代价将陈军据点攻破,吕忠肃弃栅退守延洲。杨素截断江中的横索,一直进到延洲。在延洲,隋军与陈军展开水战。杨素的战舰,用拍竿将敌船击碎,俘获陈军二千多人,吕忠肃只身逃走。陈荆州刺史听到吕忠肃延洲大败的消息,率将士三万人,楼船千余艘,沿江东下,欲入建康。当他

---

① 《陈书》卷 31《鲁广达传》、《资治通鉴》卷 177《隋纪一·文帝开皇九年》。
② 《资治通鉴》卷 177《隋纪一·文帝开皇九年》。

听说隋秦王杨俊正屯兵汉口,又不敢继续东下,陷入进退维谷的境地。正在这时,下游隋军攻克了建康城,行军元帅杨广命陈后主写信令上游诸将放下武器,又派陈将樊毅将陈后主的信送给周罗睺,派陈慧纪的儿子陈正业送信给陈慧纪。二人见到信后,全都放下武器投降,长江中、上游全部平定。杨素率水军下至汉口与杨俊军会合。

在蕲州的王世积,听说陈朝已亡,便将此消息告谕江南诸郡。陈江州司马黄偲听到这个消息后弃城逃跑,许多郡太守都到王世积处请降①。

至此,陈朝的长江防线被隋军全部突破,灭陈战役进入消灭陈朝境内残余力量的阶段。

后梁人萧岩、萧瓛逃到陈朝后,一个被任为东扬州刺史,一个被任为吴州刺史。萧瓛任吴州(治今江苏苏州)刺史时,利用自己梁宗室的身份,树立自己威信,获取当地人心。陈朝灭亡后,当地人便推举他为主,抵抗隋军。杨坚命行军总管宇文述率军南讨。宇文述在下游杨广军中,渡江时,他率军自六合渡江,占据石头,配合贺若弼、韩擒虎二军。这次杨坚又把讨平吴、会的任务交给了他,并下诏说:

> 公(指宇文述)鸿勋大业,名高望重,奉国之诚,久所知悉。金陵之寇,既已清荡,而吴、会之地,东路为遥。萧岩、萧瓛,并在其处。公率将戒旅,抚慰彼方,振扬国威,宣布朝化。以公明略,乘胜而往,风行电扫,自当稽服。若使干戈不用,黎庶获安,方副朕怀,公之力也。②

杨坚这个诏书,表面看来,颇有例行公文的味道,但为一个军事行动专发一道诏书,本身就说明这次军事行动的重要。诏书中对宇文述用了大量褒美之词,这表明杨坚对宇文述此行抱有多么大的希望,平定吴、会之情是多么殷切!

杨坚的这种心情是可以理解的。

他急于平定萧岩、萧瓛,表面上看,似乎是出于对二人叛逃入陈罪行的不赦之恨,实际上其原因绝不仅此。而且,二萧的叛逃,还给他出兵陈朝提供了口实,从这个意义上看,杨坚急于平定萧岩、萧瓛,还有比这更重要的原因。

首先,萧岩、萧瓛二人不是凡庸之辈。他们是萧梁的宗室后裔。史载萧岩"性仁厚,善于抚接";萧瓛"幼有令誉,能属文"③。他们二人率众投奔陈朝,也引起陈后主的疑忌,因为他们是梁朝的龙子龙孙,而陈朝的天下正是从梁朝手中取得的。所以,陈后主将他们的部

---

① 《资治通鉴》卷177《隋纪一·文帝开皇九年》。

② 《隋书》卷61《宇文述传》。

③ 《周书》卷48《萧詧传附萧岩、萧瓛传》。

众远散,让萧岩做了东扬州刺史,萧瓛做吴州刺史,又让领军任忠出守吴兴郡,"以襟带二州"①。但萧岩、萧瓛二人利用萧梁政权在江南的影响,树立威信,广揽人心,在当地培植自己的力量。

其次,萧岩所在东扬州,即今浙江绍兴一带,萧瓛所在吴州,即今江苏苏州一带。这两个地区当时称为吴、会,史称这个地区"数郡川泽沃衍,有海陆之饶,珍异所聚,故商贾并凑"②,可见这个地区的经济是比较发达的。如果萧岩、萧瓛以他们在江南的政治影响,在此富庶地区扎根,无疑会成为杨坚统一南北的障碍。想当初,杨坚曾许诺要振旅长江,送后梁主萧岿回故土建康,只不过是说说而已,他是绝不会让这个傀儡回江南成为得水之鱼的。如今,他用武力把萧梁的宗室逼回江南,而他们竟能被当地人推举,成为抵抗隋军的首领,不把他们消灭,杨坚怎能放心!

为了讨平萧岩、萧瓛,杨坚除了命宇文述领行军总管元契、张默言等军水陆兼进外,还命令从海路进至吴州附近的燕荣部也受宇文述指挥。萧瓛见宇文述大军南进,急忙令人在晋陵(今江苏常州)城东构筑工事,又断绝了当地的水道,并派兵进驻晋陵,阻止隋军南下;他自己率大队人马从义兴(今江苏宜兴)入太湖,包抄宇文述军后路。宇文述毫不畏惧,与萧瓛硬碰硬,他先派军强攻晋陵,然后回军大破萧瓛,并派别将攻破吴州。萧瓛无路可退,只得率余众退保太湖中的包山,又被燕荣的水军击破。萧瓛躲在百姓家中藏匿,被搜出。宇文述继续进军,东扬州刺史萧岩献出会稽投降。至此,吴、会地区完全被隋军所占③。

在长江中游,杨素与杨俊合军后,派大将庞晖南征至湘州(今湖南长沙)。州内将士,人无斗志,准备投降。陈宣帝的第十六子陈叔慎此时正任湘州刺史,他召集文武,进行最后的宴会。席间,陈叔慎对众人哀叹道:"我们的君臣之义,到今天就算完结了吧!"一句话说得在场的人落下泪来。这悲凉的气氛,激怒了一个人,这就是湘州助防陈正理。他站起来,大声说道:"俗话说,主辱臣死,你们难道不是陈国的臣子吗?如今天下有难,正是我等效命之秋,纵使不能成功,也应尽臣子之节。今日之机,不可犹豫,有二心者斩!"于是推陈叔慎为主,杀牲设誓,共抗隋军。陈叔慎派人给庞晖送去诈降信,而暗中伏甲兵待之。庞晖信以为真,按约定的日期进城受降,被捉住杀害。陈叔慎以此为号召,数日之中,得五千人。衡阳(治今湖南株洲南)太守樊通、武州(治今湖南常德)刺史邬居业起兵相助。但陈叔慎靠愤激起事,靠诈降取胜,并不说明其强大。不久,隋将薛胄、刘仁恩大兵压境。薛胄

---

① 《资治通鉴》卷176《陈纪十·长城公祯明二年》。
② 《隋书》卷31《地理志下》。
③ 《资治通鉴》卷177《隋纪一·文帝开皇九年》。

大败陈正理,攻破湘州州城,活捉陈叔慎。刘仁恩亦击破邬居业,湘州地区亦平①。

隋朝灭陈统一南北后,杨坚所面临的首要问题,是如何处置陈朝的君臣。灭陈以后,陈后主与他的王公百官全部被送往长安,这长长的俘虏队伍,延绵足有数里。长安城里一下子找不出足够的地方容纳这些人,杨坚命暂时腾出长安士民的私宅以收容之。不久,杨坚举行了隆重的献俘仪式。陈后主及陈朝的王侯将相,手持图籍,由铁骑押送至太庙。杨坚坐在广阳门楼之上,命陈叔宝及太子及诸王二十八人和百官二百多人跪于门下广场上,然后派人宣诏,责备他们君臣不能相辅,以至灭亡。陈后主及群臣皆愧惧伏地,屏息不能对答。

谴责虽然是严厉的,但对他们的处理是宽容的。

对陈后主,杨坚给其丰厚的赏赐,多次召见他,令其班同三品。每次有陈后主参加的宴会,杨坚怕引起他伤心,特命人勿奏吴地音乐。陈后主在长安,日日饮酒,天天大醉,很少有醒的时候。当杨坚知道陈后主日饮酒一石时,先是大惊,准备对其加以节制,转念一想又说:"任他去吧,不让他如此,他怎样度日呢!"陈后主也感受到了杨坚对他的优待,有一次,竟以自己常参加朝廷活动而无秩位为由,向杨坚张口要个官位②。

对待陈氏宗族,杨坚虽然对他们不放心,恐怕他们闹事,但也没把他们杀掉,而是将他们分置在边州,给其田业,使他们能够生活,并按季节赐给衣物。

杨坚对待陈氏宗族与对待北周宇文氏宗族是完全不一样的,对前者是给予优待,全其性命;对后者是尽行诛戮,斩草除根。同是灭掉一个政权,为什么会有这么大区别呢?

首先,杨坚代周,是靠时机、偶然事件、权术、个人势力等因素的综合作用。在诸多因素中,时机和偶然事件有很大的时限性,过了一定时期,其作用即消失了。只有政治及军事力量的优势,才是克敌制胜的可靠保证。杨坚杀尽宇文氏,是对自己能否能在政治上、军事上彻底制服宇文氏缺乏信心的表现。而杨坚灭陈,是隋朝政治、军事力量压倒陈朝的结果。此时,杨坚对彻底制服陈朝余孽充满信心,不杀陈氏宗族,是这种信心的表现。

其次,就杨坚实际感受到的对自己帝位的威胁来说,来自宇文氏方面的要比陈氏大得多。在杨坚辅政时,宇文氏中的一些人就策划着如何把他置于死地。杨坚所得的天下,毕竟曾经是宇文氏的天下,他所赖以称帝的关中及黄河流域,宇文氏也扎下较深的根基。杨坚手下的大将王世积,在隋朝建立后就曾对高颎说:"吾辈俱周之臣子,社稷沦灭,其若之何?"这说明即使在杨坚集团内,也有人具有自己曾经是周朝臣子的观念。所以杨坚要把宇文氏杀绝,以绝人们对周之望。而陈氏则大不一样,陈朝宗室,多昏庸之辈。如陈后主

① 《陈书》卷28《高宗二十九王列传·岳阳王叔慎传》

② 《资治通鉴》卷177《隋纪一·文帝开皇九年》。

之弟陈叔文,在隋军过江时,就到杨俊军中投降。隋朝灭陈之后,杨坚谴责陈朝君臣时,陈叔文在旁有欣然自得之色,仿佛他不是陈朝臣子。后来,他又上书给杨坚说:"当初我在巴州(治今湖南岳阳)时,就投降了隋朝,望陛下知我忠诚,不要把我和他们同等对待。"像这样甘心亡国的贵族,又远离其长期生活的江南,真正成了无本之木、无源之水,他们对隋文帝的政权能有什么威胁呢?

安置陈朝宗室的同时,杨坚对陈朝的降臣也进行处置。他的基本原则是诛奸任忠,像施文庆、沈客卿、阳慧朗、徐析、暨慧景这类有名的奸佞,早在建康城一攻下就被杨广处死。陈朝降臣到长安后,杨坚又认为孔范奸佞诡惑,王瑳刻薄贪鄙、忌才害能,王仪候意承颜、倾巧侧媚,沈瓘险惨苛酷、发言邪诡,因此将他们定为四罪人,流放边远地区。陈朝的文学之士江总被任为上开府仪同三司,姚察被任为秘书丞,武将周罗睺被任为上仪同三司,萧摩诃、任忠皆为开府仪同三司。文臣袁宪因有雅操,被授昌州刺史,袁元友因多次对陈后主直言相谏,被拜为主爵侍郎。后来,杨坚又对臣下说:"我真后悔平陈之初没把任忠杀掉。这个人受陈朝荣禄,担当重任,而关键时刻不能以身报国,却说什么无处用力,这与古代忠臣差得甚远!"[1]其实,杨坚说这话的真正用意不是要杀掉任忠,而是要在朝臣之内提倡对君主的忠诚,他是借处置陈朝降臣之题,作提倡忠君道德的文章。

当杨坚把陈朝君臣全部安置停当以后,便发下一道诏书,开头是这样几句话:

> 往以吴、越之野,群黎涂炭,干戈方用,积习未宁。今率土大同,含生遂性,太平之法,方可流行。凡我臣僚,澡身浴德,开通耳目,宜从兹始。[2]

杨坚这个诏书,无疑是在向全国宣告:南北统一已经完成,从此以后,要与民更始,在全国行太平之法。

就在杨坚颁发诏书后的第二年,陈朝故境发生了大规模的叛乱。叛乱所及,包括婺州(治今浙江金华)、越州(治今浙江绍兴)、苏州(治今江苏苏州吴中区)、蒋山(今江苏南京东北的钟山)、饶州(治今江西波阳)、温州(治今浙江温州)、泉州(治今福建泉州)、杭州(治今浙江杭州)、交州(治今广东广州)等地。叛乱的直接起因,一个是苏威作《五教》,让全国人民不论长幼,全都习诵;另一个是江南盛传隋朝要把当地人迁往关中,于是远近惊骇。上述两个原因不过是表面现象,最根本的原因还是杨坚统一后的"太平之法"。前引杨坚诏书,接下来就是这样一段话:

---

① 《资治通鉴》卷177《隋纪一·文帝开皇九年》。
② 《隋书》卷2《高祖纪下》。

> 丧乱已来，缅将十载，君无君德，臣失臣道，父有不慈，子有不孝，兄弟之情或薄，夫妇之义或违，长幼失序，尊卑错乱。朕为帝王，志存爱养，时有臻道，不敢宁息。内外职位，退迩黎人，家家自修，人人克念，使不轨不法，荡然俱尽。兵可立威，不可不戢；刑可助化，不可专行。禁卫九重之余，镇守四方之外，戎旅军器，皆宜停罢。①

这就是杨坚所行"太平之法"的主要内容。这些内容主要包括两个方面：一个是用君臣、父子、兄弟、夫妇、长幼、尊卑这套儒家伦理道德观念规范人们的行为；另一个是去私人之刑，除私人之兵，削弱地方豪强势力，加强中央集权。这就触动了江南豪强势力。

南方自从侯景之乱后，士族受到很大的打击，地方上的豪强势力崛起。史书上记载："梁末之灾眚，群凶竞起，郡邑岩穴之长，村屯邬壁之豪，资剽掠以致强，恣陵侮而为大。"②如熊昙朗，在侯景之乱时，"稍聚少年，据丰城县为栅，桀黠劫盗多附之，梁元帝以为巴山太守。荆州陷，昙朗兵力稍强，劫掠邻县，缚卖居民，山谷之中，最为巨患"③。又如周迪，侯景之乱时，招募乡人随从周续。周续手下将领"皆郡中豪族，稍骄横，续（即周续）颇禁之，渠帅等并怨望，乃相率杀续，推迪（即周迪）为主"。周迪率领部众，占地为王，将土地分给当地农民，"督其耕作，民下肆业，各有赢储。政教严明，征敛必至"④，俨然一个有独立军事力量、独立经济的小王国。这些豪强力量，在陈朝时虽然有的受到打击，但绝大部分没有被触动。杨坚诏书中要求戢私兵、去私刑，就是针对南方地方豪强的。这就激起了豪强势力的疯狂抵抗，他们有的自称天子，署置百官；有的自称大都督，多者有众数万，少者也有几千。他们攻陷州县，抓到州县长官，或将其剖腹抽肠，或将其切成碎块吃掉，还恨恨地说："还能让我诵读《五教》吗？"⑤苏威作《五教》，让江南人诵习，这是杨坚所行"太平之法"的一部分。而地方豪强怨恨《五教》，不过是他们用以反对杨坚"太平之法"的借口。制造把江南人迁往关中的谣言，是他们借以煽动更多的人反对杨坚"太平之法"的手段。

对于江南豪族的反抗，杨坚也早已料到，从某种意义上说，平定地方豪强势力是统一南北的必要条件。杨坚没有退缩，而是果断地派出大军，以杨素为行军总管讨伐江南叛乱。杨素率大军破京口，击晋陵，在浙江大破高智慧叛军，又在温州平定沈孝彻，一直打到福建，将高智慧擒住，斩于泉州，迅速平定了江南叛乱。

平定江南叛乱，是南北统一后必要的磨合。通过平定江南叛乱，磨去了江南妨碍中央

---

① 《隋书》卷2《高祖纪下》。
② 《陈书》卷35《史臣曰》。
③ 《陈书》卷35《熊昙朗传》。
④ 《陈书》卷35《周迪传》。
⑤ 《资治通鉴》卷177《隋纪一·开皇十年》。

集权政府行使统一政令的毛刺,使统一的国家机器更有效地运转。

　　江南发生的叛乱,是对隋朝统一南北的考验。杨坚派兵迅速地平定了这次叛乱,证明了隋朝统一南北的力量不可抗拒,南北统一的发展趋势不可逆转。

第六章
宁陲靖边

第一节　北边之患

在隋王朝的西北及北部,有一个强大的游牧民族政权,叫突厥。

关于突厥部落的起源,有好几种传说。

在西北大草原上,生活着一个少数民族部落,姓阿史那氏。那时候,各部落间经常发生战争,有一次,阿史那部落被邻近部落打败,整个部民几被杀尽,最后,只剩下一个十岁的男孩,被砍掉双脚,丢在草原上。小男孩失去双脚,无法行走,他躺在草泽中,已经好几天没吃东西了,眼看就要饿死,突然,从远处跑来一只母狼,一直跑到小男孩身边,小男孩想,反正早晚是死,干脆就让狼吃掉算了,于是,便紧闭双眼,一动也不动,等待狼的撕咬。不料,这只母狼只是围着他转了两圈,发现他还有气息,便跑开了,过了一会儿,母狼又跑了回来,并带回来许多肉给小男孩吃。以后,母狼每天都给小男孩送肉,小男孩在母狼的照顾下,伤渐渐地痊愈,并与母狼产生了感情。后来小男孩渐渐长大,由于终日与母狼厮混,便渐渐多了些狼性,他干脆把母狼当成了自己的妻子。不久,母狼竟真的怀了孕。后来,小男孩还活着并长大的消息被敌对部落知道了,他们又派人前去杀害小男孩,以绝后患,母狼见此,便驮着小男孩逃到高昌国(今新疆吐鲁番盆地东)西北的大山中,母狼在山洞里生下十个男孩。后来,十个男孩各自长大,各自有姓,并娶妻生子,繁衍后代。其中有一支姓阿史那,子孙繁多,并走出大山,成为柔然的臣民,在金山(今阿尔泰山)南麓定居,为柔然国冶铁锻造武器。因金山形似兜鍪,他们又称兜鍪为"突厥",因此就被称为突厥了①。

也有说突厥的祖先出于匈奴之北的索国。索国的部落大人叫阿谤步,有十七个兄弟,其中一个叫伊质泥师都,是狼所生的孩子。十七兄弟中十六个是愚痴之人,只有泥师都别感异气,能呼风唤雨。后来,泥师都娶夏神、冬神之女为妻,生下四个孩子,居住在践斯处折施山的是老大,老大曾用火温暖部族众人,被奉为主,号为突厥。老大就是突厥第一位国主讷都六。讷都六有十个妻子,最小的妻子所生男孩叫阿史那。讷都六死后,需要在众多的儿子中选择一个人继承主位,于是,十个妻子所生的儿子一起来到大树下,设誓立约:跳高摸树,摸到最高树枝者为主。众多儿子纷纷展示了自己的弹跳力,阿史那最小,所以最后一个跳。轮到阿史那跳了,只见他纵身一跃,其高度便超过了所有人,就在他在空中停留的刹那,又将高处的小树枝折在手中。众人对他的轻捷心悦诚服,便推他为主,称之为阿贤设②。

---

①　《周书》卷 50《异域列传下·突厥传》。
②　《周书》卷 50《异域列传下·突厥传》。

　　上面讲的故事,只是关于突厥的传说。传说不能看作是历史,然而传说可以折射出一些历史事实。我们从以上传说中可以看出,关于突厥族的两种情况:第一,关于突厥的种种传说,都说突厥是狼的后代。史书上所记载突厥"旗纛之上,施金狼头"①;他们称卫士为"附离",也是狼的意思。可见他们最早是一个以狼为图腾的原始部落。第二,突厥部落最早生活在吐鲁番盆地西北的山中,后来迁到阿尔泰山的西南麓,为柔然国冶铁、锻造武器。

　　突厥族也是草原上的游牧民族。其俗披发左衽,住穹庐毡帐,居无定处,随水草迁徙,以畜牧射猎为生。这种生活方式,使突厥人具有强健的体魄和崇尚武勇、强悍善战的性格。他们以病死为耻,以战死为荣。如果有人战死,便把死者停放在帐中,子孙及所有亲属男女,都杀牲畜在帐前祭奠,然后骑马绕帐跑七圈,进帐,用刀将脸划破,悲哭,使泪血俱流。如此七次,然后停止。择良日,将死者所乘马及日常服用之物与死者尸体一起焚烧,收其余灰,待日而葬。死者的骨灰存放时间要经过一个自然季节,如果是春、夏死,便要等到草木黄落才葬;若是死于秋、冬,便葬于花叶荣茂之季。葬毕,在死者墓前立石建标,死者生前杀敌越多,所立石标就越多。突厥人的这种丧葬习俗,也反映了他们崇尚武勇的精神。

　　突厥民族起初没有文字,"征发兵马,科税杂畜,辄刻木为数,并一金镞箭,蜡封印之,以为信契"。他们的婚姻制度,"男有悦爱于女者,归即遣人聘问,其父母多不违也。父兄伯叔死者,子弟及其侄等妻其后母、世叔母及嫂,唯尊者不得下淫"②。这种婚俗习惯,也反映了浓厚的氏族公社残存。

　　到一个叫土门的人做部落大人时,突厥部落渐渐强盛起来。此时为6世纪初,中原地区正是北魏末、东西魏之初。突厥部落有许多人到塞上购买中原的缯絮,与中原开始发生经济联系。西魏大统十一年(545),宇文泰派酒泉胡人安诺槃陀出使突厥。突厥人对中原使者的到来兴高采烈,皆相庆曰:"今大国使至,我国将兴也。"③第二年,突厥主阿史那土门又派使者到中原赠送地方物产,从此,突厥与中原地区的经济文化联系进一步加强。这种联系的加强,又对突厥族的发展起了推动作用。当时北方的强大汗国柔然已经开始衰落,受柔然统治的铁勒部族准备摆脱柔然。突厥主阿史那土门率所部打败铁勒,收降其部众五万余落。这次军事行动,大大增强了突厥的力量。土门恃其强盛,向柔然求婚,不料柔然主大怒,对求婚者说:"小小的突厥,是我的锻铁之奴,怎么配向我求婚?"土门闻此大怒,杀掉柔然使者,宣布脱离柔然,转而向西魏求婚。大统十七年(551)六月,宇文泰将魏长乐公主许配给土门,两个政权之间的关系更加密切。西魏废帝元年(552)元月,阿史那土门

---

① 《周书》卷50《异域列传下·突厥传》。
② 《周书》卷50《异域列传下·突厥传》。
③ 《周书》卷50《异域列传下·突厥传》。

发兵进攻柔然,在怀荒镇(今河北张北)北大破之,柔然主阿那瑰自杀,其子庵罗辰亡奔北齐。土门便自号为伊利可汗,号其妻为可贺敦。

土门死,其子科罗立,称乙息记可汗。科罗死,其弟俟斤立,称木杆可汗。史载木杆可汗"状貌多奇异,面广尺余,其色甚赤,眼若琉璃。性刚暴,务于征伐"①。这种描写可能有些夸张,但其能征善战是不错的。在他即位的第二年,就率兵彻底消灭了柔然余众,逼得阿那瑰的叔父邓叔子率残众进入西魏,请求庇护。以后,木杆可汗又西征,打败嚈哒汗国;东讨,赶走契丹人;向北吞并了契骨。从此,突厥统治的范围东起大兴安岭,西至西海,南自大漠以北,北至北海,东西万里,南北五六千里,代替了柔然在北方大草原的统治。

木杆可汗统治下的突厥,文明程度有了很大发展,国家形态进一步成熟。这表现在几个方面:第一,有了自己贵族的文字。"其书字类胡"②,可见其文字是在受其他游牧民族的影响下创造的。第二,有了自己的刑法。"其刑法:反叛、杀人及奸人之妇、盗马绊者,皆死;奸人女者,重责财物,即以其女妻之;斗伤人者,随轻重输物;盗马及杂物者,各十余倍征之"③。又规定"谋反叛杀人者皆死,淫者割势而腰斩之。斗伤人目者偿之以女,无女则输妇财,折支体者输马,盗者则偿赃十倍"④。第三,有一套自己的官制。"大官有叶护,次设,次特勤,次俟利发,次吐屯发,及余小官凡二十八等,皆世为之"⑤。当然,这并不是说木杆制定了这一切,这是突厥社会长期发展的结果,只不过到木杆时呈比较成熟的状态。

突厥力量的逐渐强大,不能不对中原产生影响。这是由于:一方面,中原地区东西分裂,双方都企图以崛起的突厥作为自己的外援以削弱对方;另一方面,突厥贵族由于自身力量不断发展壮大,其对外扩张、掠夺财富的欲望也不断上升膨胀。突厥木杆可汗迫使西魏宇文泰交出柔然邓叔子,可以说是其向中原施加影响的成功的开始。邓叔子被木杆打败,逃入西魏,木杆可汗便向西魏宇文泰派使,请求杀死邓叔子。尽管西魏有保护邓叔子的义务,但是此时柔然已经是穷途末路,宇文泰显然不愿为这个没有任何希望的政权去得罪日益强大的突厥。因此,宇文泰便答应了突厥的请求,将邓叔子等三千多人逮捕,交给突厥使者。

西魏恭帝时(554—556),宇文泰为结好突厥,向木杆可汗求婚,木杆可汗答应将女儿嫁给宇文泰,但婚约未定,宇文泰死。后来,木杆可汗又答应将另一个女儿嫁给周武帝。北齐知道这个消息后,怕北周与突厥结好,对自己不利,也派遣使节前来突厥求婚,并带去

---

① 《周书》卷50《异域列传下·突厥传》。
② 《周书》卷50《异域列传下·突厥传》。
③ 《周书》卷50《异域列传下·突厥传》。
④ 《隋书》卷84《北狄列传·突厥传》。
⑤ 《周书》卷50《异域列传下·突厥传》。

厚重的聘礼,又用重金买通了木杆可汗的弟弟阿史那库头。北周也怕与突厥的婚事被北齐搅黄,便派杨荐、王庆二人为使,前去缔结婚约。这时,北齐使者已将重礼献给突厥,木杆可汗已被北齐的重礼和弟弟阿史那库头的劝说所打动,准备毁弃与北周的先约,并将杨荐等使臣交给北齐。杨荐知道了突厥的打算,他来到木杆面前,正色责之,辞气慷慨,晓之以义,动之以情,终于又使木杆可汗回心转意,并同北周约定,共同发兵讨伐北齐,平定北齐之后,便送其女。这次婚姻风波,反映了北周、北齐都把结好突厥看成一件非常重要的事情,他们不遗余力地求婚结亲,所重的不是婚姻本身,而是突厥的实力。

周武帝保定三年(563),北周按照与突厥的约定,以杨忠为元帅,率大将军杨纂、李穆、王杰、尔朱敏等十余万人东伐北齐;突厥木杆可汗率军十万前来会合,一直打到晋阳(今山西太原西南)城下。当时鹅毛大雪已经持续下了很长时间,寒风凛烈,天气十分寒冷。北齐集中了精锐部队,鼓噪而出。突厥震骇,把队伍撤到山上观战,保存实力。杨忠不许其部众后退,领七百人与齐军步战,伤亡近半,终因孤军作战,众寡不敌而退。在退兵时,突厥纵兵大掠,"自晋阳至平城七百余里,人畜无孑遗,俘斩甚众"①。通过这次东征,杨忠认为突厥是色厉内荏,便向周武帝说:"突厥军队武器装备很差,对士兵的奖赏也很轻,首领多而无法令,谁说他们难以制服?我们之所以误认为他们很强盛,是由于以前使者妄加夸大的结果。使者之所以对突厥妄加夸大,只不过想让国家厚赏其使者,以使自己在出使突厥时也能得到很重的回报。这样一来,朝廷受其虚言,将士望风畏慑。依我看来,突厥军外表强健,实际上也容易对付。"②周武帝从灭齐大计考虑,没有听从杨忠的建议。杨忠是北周的勇将,他不畏惧突厥,认为可以征服。但从"朝廷受其虚言,将士望风畏慑"这句话看,北周有些将士已经把突厥军看成可怕的势力了。

就在北周、突厥联合征伐晋阳失利的当年,突厥木杆可汗又遣使与北周约定再次东征。北齐为了缓和北周的攻势,便想出一条计策。当初,西魏宇文泰进入关中时,很多亲属留在了关东东魏境内,宇文泰的侄子宇文护的母亲也在东魏、北齐境内。北周代替西魏,宇文护做了辅政大臣,掌握了北周的实权。就在北周与突厥约定再次东征时,北齐突然将宇文护的母亲放回关中,并请和好。这时,突厥派出使者要求北周按约定之期出兵,宇文护感到很为难。按理说,北齐送母回国,以此求和,北周不该发兵征讨;但宇文护害怕失信于突厥,从而引起边患,所以还是不情愿地出兵,会合突厥东征。这次东征,北周面临这样一个选择:要么不顾北齐放还亲人之恩而出兵,从而失礼于北齐;要么违背与突厥的先约,停止出兵东征,从而失信于突厥。北周选择了前者,宁可失礼于北齐,也不失信于突

① 《周书》卷50《异域列传下·突厥传》。
② 《周书》卷50《异域列传下·突厥传》。

厥,这也说明突厥在北周眼中地位的重要。

周武帝保定五年(565)二月,北周派陈国公宇文纯、许国公宇文贵、神武公窦毅、南阳公杨荐等人前往突厥,迎娶木杆可汗的女儿为周武帝皇后。宇文纯一行人带着皇后的用物、车辇及六宫以下一百二十多人来到木杆可汗的牙帐。不料木杆可汗又改变了主意,答应了北齐的求婚。宇文纯等人不能回去复命,在突厥呆了一年多。这一年,大草原上出现了罕见的风暴,雷电交加,帐篷皆被掀翻。突厥风俗信天地之神,每年五月都祭天神。宇文纯等乘机说天神对其失信之举动了怒,所以降下风暴。木杆可汗果然害怕,便备礼将女儿送出,让宇文纯等人将她接回。

木杆可汗死后,他的弟弟他钵可汗立。突厥自木杆可汗以后,国势渐强,上述北周与突厥婚姻的反复曲折,说明其对中原的傲视。北周与突厥结亲后,每年都送给突厥大批的丝、锦织品。突厥族有很多人在北周国都长安居住,他们衣锦食肉,受到优厚的待遇。北齐人也惧怕突厥人的入寇掠夺,每年也给他们送去许多好东西。他钵可汗更加狂妄,甚至对他的手下说:"我南边的两个儿子如此孝顺,我何愁没有东西呢?"

577年,北周武帝攻破北齐都城,灭掉北齐。北齐文宣帝高洋的第三子高绍义此时任尚书令、定州刺史,与北周军对抗。高绍义军至马邑(今山西朔州)时,自肆州(治所在今山西忻州西北)以北许多城镇响应。高绍义与灵州刺史袁洪猛领兵南下,欲取并州,被周军杀回。周将宇文神举又率军进逼马邑,高绍义遣杜明达率兵拒之,被周军杀得大败。高绍义对众人表示宁死不降,打算投奔突厥以作后图。他对手下的三千士兵说:"愿随我走或留下都自便。"当下便有一大半人离开了他。高绍义便带了一少半残兵投奔了突厥。北方的统一,使北周的力量强大起来,突厥他钵可汗利用中原分裂分别向两个政权索取财物的日子结束了,他自然不愿意看到这个局面出现。他接纳了高绍义的部众,立高绍义为英雄天子,并宣布,凡是在突厥的北齐人,都要接受高绍义的指挥。北齐的营州刺史高宝宁在北齐灭后,拒不投降北周。他听说高绍义亡入突厥,便上表劝他即皇帝位。高绍义即称帝,年号仍为武平。他钵可汗招集突厥诸部,举兵南向,为高绍义报仇。周武帝在云阳(今陕西泾阳西北)大集兵力,准备亲自率兵北伐,不料在云阳病倒。高绍义听说,以为是天助自己,更加快了进军步伐。幽州人卢昌期占据范阳(今河北涿州),奉迎高绍义,但很快被周将宇文神举消灭。高绍义欲乘虚攻取蓟城(今属北京),宇文神举派遣大将军宇文恩率四千人驰救蓟城。高绍义听说范阳又被周军攻占,便撤军返回突厥。不久,周武帝病死,北伐只得作罢;而高绍义出兵受挫,南下也成泡影。北周虽未北伐,但认为让高绍义留在突厥总是个祸患,便出高价购买高绍义,并派贺若谊前往突厥与他钵交涉。他钵见高绍义的国家已亡,对自己无大用处,同时又贪图北周的重金,便答应让贺若谊把高绍义带回。这一天,他钵邀请高绍义出去打猎,因为高绍义常被请去参加这种娱乐,所以这次也没有戒意。他还像往常一样,纵马驰骋,尽情追逐。突然,他发现自己身边一个人也没有跟上,他钵也不见了踪影。高绍义正在纳闷,忽然从草丛里窜出几个人,将他一把拉下马来,还没弄清是怎么回事,就被捆得结结实实。为首的那个人,正是北周大将贺若谊。高绍义被带回北周,流放于蜀地。他的妃子从突厥逃回来,接到高绍义从蜀中发出的一封信,信中说:"夷狄无信,送吾于此。"充满了对突厥的怨恨。不久,高绍义在怨恨中死于蜀中①。

高绍义死了,突厥因交出了高绍义也暂时缓和了与北周的关系。但是突厥力量是越来越强了,其利用高绍义向南扩张的意图表现得十分清楚。随着黄河流域的再次统一,强大的突厥成为威胁中原的北方隐患。

北周末期,突厥内部由于他钵可汗的死发生了很大变化。这种变化的一个直接结果,就是使突厥由中原的北方隐患变成了现实的边患。

突厥的汗位继承制度,基本是兄终弟及制,即可汗死后,不把汗位传给儿子,而是传给弟弟。在突厥与中原接触过程中,中原的父死子继的传位制度对突厥发生潜移默化的影响。两种传位制度不能不发生冲突,这种冲突导致了突厥政局的变化。

土门伊利可汗死,将汗位传给其子科罗乙息记可汗。科罗死,没有把汗位传给儿子摄图,而是传给了弟弟俟斤,即木杆可汗。木杆可汗死,也没有将汗位传给儿子大逻便,而是传给了弟弟他钵可汗。他钵可汗临死时,对他的儿子庵罗说:"我听说没有比父子情更亲的了。然而我的哥哥不以其子为亲,将汗位传给我。我死之后,你要避让着大逻便。"他钵死后,突厥国中准备立大逻便为可汗,但又怕因其母卑贱,众人不服;而庵罗母高贵,一向被国人看重。后来,摄图也赶回来,说:"如果立庵罗为汗,我当率兄弟臣服侍奉他;如果立大逻便为汗,我就以长矛利刃相对。"摄图是科罗之子,年长且有城府,国人皆怕他,没有人敢抗拒。由于他站出来表态,庵罗最终被立为汗。摄图主张立庵罗,自有自己的打算,他知道庵罗为汗,大逻便肯定不服;而庵罗性柔缺、乏主见,最终还要自己出来收拾局面。果然,庵罗被立为汗后,大逻便心中不服,常常派人辱骂庵罗,庵罗没有办法,便将汗位让给了摄图。摄图为可汗后,号称沙钵略可汗。他让庵罗居独洛水,称第二可汗。又任大逻便为阿波可汗,还领所部。

据史书记载,"沙钵略勇而得众,北夷皆归附之"②,在突厥中具有很高的权威。沙钵略即汗位后,立即提出与北周和亲。当时北周正值宣帝在位,周宣帝便封叔叔宇文招的女儿为千金公主,嫁给突厥沙钵略可汗。然而,温情脉脉的婆嫁之礼,掩盖不住双方的紧张关系。北周朝廷深切地感到突厥的威胁,打算利用送亲的机会显示一下自己的力量,对突厥

① 《北齐书》卷12《文宣四王列传·范阳王绍义传》。

② 《隋书》卷84《北狄列传·突厥传》。

进行威慑，因此选拔武艺高超之人充当使者，于是长孙晟被选为护送公主的副使前往突厥。长孙晟字季晟，聪慧机敏，矫健过人。周朝帝室崇尚武功，贵族子弟全都以武功相矜，然而当他们和长孙晟比武时，没有能超过他的。当时杨坚还是北周朝的臣子，他一见长孙晟，便觉得此人不凡，拉着他的手对别人说："长孙郎武艺超群，刚才我与他交谈，发现他又有谋略，将来恐怕是一员名将。"长孙晟到达突厥后，其武艺和才干令沙钵略可汗刮目相看。本来，沙钵略对中原使者多不放在眼里，北周前后派到突厥的数十名使者，都没有受到沙钵略的礼遇，只有长孙晟，因其武艺高超而受到青睐。有一次，长孙晟陪同沙钵略打猎，见天空有两只飞鹰正在争抢食物。沙钵略递给长孙晟两支箭，让他把两只鹰射下来。长孙晟接过箭，弯弓策马，选取适当的角度与时机，只一箭便把两只飞鹰穿在一起，做到名符其实的一箭双雕。沙钵略大喜，命诸子弟贵人皆与长孙晟交友，希望通过这种方式向他学射。长孙晟利用射猎，观察突厥的山川地形，利用和贵族子弟交往，了解突厥各部众的强弱及他们相互之间的关系。就这样，长孙晟在突厥呆了一年，当他回到中原时，已经了解了突厥许多军事和政治情况[1]。从这次北周送公主入突厥的行动中，我们可以看出在和亲的背后，双方的敌对状态。

突厥是隋初的北边之患，这种边患的形成是经历了一个过程的。当突厥刚刚兴起至木杆可汗以前，突厥主要是与中原进行经济、文化的往来，没有形成对中原的威胁。木杆可汗、他钵可汗时，突厥强大起来，成为中原地区两个分裂政权既想利用又感到畏惧的力量。至沙钵略可汗时，终于在隋朝初年向中原发动了大规模军事进攻。

① 《隋书》卷51《长孙览传附长孙晟传》。

第二节　朔野熄烽

杨坚取代北周,建立隋朝,突厥沙钵略可汗也找到了出兵南下的借口。

沙钵略可汗与北周和亲,娶了赵王宇文招的女儿千金公主为妻。杨坚代周,不但杀了宇文招,还几乎杀尽了北周皇室宗亲。远在突厥的千金公主,深恨杨坚使自己宗祀灭绝,常常思念报仇,不停地请求沙钵略出兵①。沙钵略也对群下说:"我是周家的亲戚,如今隋公取代周氏自立,我若不去制止,有什么面目见我妻子?"②

其实,沙钵略对周朝的感情并没有那么深,他也从未真正打算恢复周朝,只不过以兴周作为进兵中原的堂而皇之的理由。

杨坚即位的第一年,占据营州(今辽宁朝阳)的高宝宁起兵反隋,沙钵略与之合军,攻陷临渝镇(即山海关),并与诸部合谋南下。杨坚为防突厥南下,派人修筑长城,发兵屯戍北境。命阴寿镇幽州(治今北京)、虞庆则镇并州(治今山西太原西南),屯兵数万,防备突厥南下。

隋文帝开皇二年(582),突厥大举南下,隋朝驻守乙弗泊的冯昱率军拒之。当时突厥数万骑兵一齐掩杀,冯昱力战累日,终因寡不敌众,亡失数千人,最后败退下来。驻守临洮(治今甘肃泯县)的是兰州总管叱列长叉,也抵挡不住突厥的进攻,兵败被杀。隋沁源公虞庆则屯兵弘化(治今甘肃庆阳)以备突厥。虞庆则非将帅之才,布置军队失当,士卒在冰天雪地中,很多人都把手冻坏。偏将达奚长儒率骑兵二千人从别道进击,在周架与突厥军相遇,被突厥军包围。虞庆则按兵不救,达奚长儒只得孤军作战。隋军几次被突厥军冲散,达奚长儒临危不惧,几次使散军复聚,且战且行,与突厥军周旋三天。士卒们见主帅如此镇定自若,士气大振,兵器用坏了,就同突厥军以手相搏,很多人打得手都露出了骨头。这一仗,杀伤突厥军以万计,但隋军伤亡也极其惨重,死伤者十之八九,达奚长儒也身受五处创伤,其中两处伤势严重③。这次战斗,达奚长儒虽然失败,却因杀敌英勇而受到杨坚的嘉奖。杨坚不以胜败论英雄,使达奚长儒虽败犹受嘉奖,显示了他的明断是非、雍容大度。突厥此次出兵,由于连连获胜,于是纵兵自木峡、石门(皆为关隘,在今甘、陕地区)两道进军,占领了武威(今甘肃武威)、金城(今甘肃兰州西)、天水(今甘肃天水)、安定(今陕西泾川)、弘化(今甘肃庆阳)、延安(今陕西延安)等地。

在西部出兵的同时,东部突厥军队也打到幽州(治今北京)。这时,幽州总管阴寿已

---

① 《隋书》卷84《北狄列传·突厥传》。

② 《隋书》卷51《长孙览传附长孙晟传》。

③ 《隋书》卷53《达奚长儒传》。

死,上柱国李崇接任其职。李崇率步骑三千前去抵御,与突厥军转战十多天,所部伤亡很大。最后,李崇率部退入沙城,突厥军紧紧把城围住。这是一座荒废已久的城池,城内没有粮食。李崇以此城为依托,朝夕力战。粮食吃完了,就利用夜色偷袭敌营,掠得牲畜以充军粮。突厥军因此加强了戒备,夜里也严阵以待,不敢有丝毫松懈。李崇军队被饥饿所困,外出觅食则遇敌人截击,城中军士死亡殆尽,剩下的百余人也多负重伤,不堪再战。突厥打算劝李崇投降,派人对他说:"如果能够投降,将封你为特勤(突厥的官名)。"李崇自知此难难免,便对士兵们说:"我李崇身为统帅,兵败丧师,罪当诛死,应当效命以向国家谢罪。你们等我死后,可以投降,然后找机会逃走,一定要回到故乡,见到皇上,表达吾意。"说完便只身持刃,闯入突厥阵中,连杀二人,最后被乱箭射死[①]。

突厥这次南下,来势虽然凶猛,最后还是被杨坚用计瓦解。而为杨坚出主意的,正是他所赏识的智勇双全的长孙晟。

长孙晟在北周末,曾为护送千金公主,在突厥呆了一年,知道了突厥不少内幕。沙钵略的弟弟叫处罗侯,号突利设。此人有勇有谋,深得突厥众心,也因此被沙钵略所猜忌。他托心腹之人,秘密与长孙晟交往,长孙晟自然察觉出他与沙钵略貌合神离的关系。沙钵略的叔父玷厥,号达头可汗,也与沙钵略有矛盾。阿波可汗在汗位继承问题上与沙钵略矛盾更深。对沙钵略叔侄兄弟间的关系,长孙晟了解得十分清楚。所以杨坚一即位,长孙晟即就如何对待突厥的问题提出了一系列建议。他说:"我听说混乱到了极点,就要天下大治了,这就是所谓上天赐其机、圣人成其事。当今陛下正处在这个时期,所以能使中原复归安宁。然而,北方的边境很不安宁,突厥的威胁依然存在,我们必须考虑如何对待它的问题。"

杨坚问:"你对这个问题有何考虑?"

长孙晟说:"如果对它兴师讨伐,显然时机尚未成熟;如果弃之不理,突厥定会侵扰。所以我们应该秘密运筹,慢慢地对付它。计策运用得当,则为万代之福;计策考虑失误,则百姓不得安宁。"

杨坚听长孙晟这样说,知道他已有妙计在胸,便催促道:"将军有何妙计,快快请讲。"

"摄图(即沙钵略)、玷厥、阿波、突利等叔侄兄弟各统强兵,俱号可汗,分居四面,各统一方。他们内怀猜忌却外示和同,因此虽难以力征,却易离间。"

说到这里,长孙晟略顿了一下,他发现杨坚听得全神贯注,便继续说道:"臣于周末,忝充外使,突厥倚伏,实所具知。玷厥之于摄图,兵强而位下,外名相属,内隙已彰,鼓动其情,必将自战。又处罗侯者,摄图之弟,奸多而势弱,曲取于众心,国人爱之,因此为摄图所

---

① 《隋书》卷37《李穆附李崇传》。

忌,其心殊不自安,迹示弥缝,实怀疑惧。又阿波首鼠,介在其间,颇畏摄图,受其牵率,惟强是与,未有定心。今宜远交而近攻,离强而合弱,通使玷厥,说合阿波,则摄图回兵,自防右地。又引处罗,遣连奚、霫(古代北方两个少数民族),则摄图分众,还备左方。首尾猜嫌,腹心离阻,十数年后,承衅讨之,必可一举而空其国矣。"①

杨坚听到这里,高兴得连声说好。长孙晟又向杨坚要了笔、纸,口陈形势,笔画山川,将突厥的虚实说得一清二楚。杨坚按照长孙晟提出的"远交近攻,离强合弱"的方针,派遣太仆元晖出伊吾(今新疆哈密附近),来到玷厥牙帐,献其狼头大旗,致以钦敬之词,对其甚是恭敬。玷厥的使臣来到隋朝,所受待遇比沙钵略使臣优厚得多。这样一来,果然引起了玷厥与沙钵略之间的猜疑。杨坚又任长孙晟为车骑将军,出黄龙(今辽宁朝阳),带着礼物送给奚、霫、契丹等少数民族,让他们派出向导,领长孙晟至突利牙帐,诱说他降附隋朝。这一系列努力,在沙钵略大举南下时果然起了作用。就在沙钵略军打败达奚长儒准备进一步南进时,玷厥首先不从,擅自引兵而去。这时长孙晟又收买突厥人传谣说,铁勒等部造反,准备袭击大汗牙帐。沙钵略大惧,急忙引兵退回塞外。

尽管突厥的南进被瓦解,但隋朝数员大将或死或伤,"武威、天水、安定、金城、上郡、弘化、延安六畜咸尽"②。杨坚发了雷霆之怒,他决定对突厥进行征伐。长孙晟曾说过突厥"难以力征,易可离间",委婉地劝杨坚不要对突厥进行征伐。长孙晟长期与突厥打交道,对其了解很深,他的这个建议是在对双方各种条件综合比较的基础上提出的,因此是切实可行的。然而,盛怒之下的杨坚似乎忘记了当初他对长孙晟的建议曾经赞成过、肯定过。于是以他的异母弟卫昭王杨爽为统帅,节度河间王杨弘、上柱国豆卢勣、窦荣定、左仆射高颎、右仆射虞庆则等五路人马,出塞进击突厥。出师前,杨坚发了一道很长的诏书,这个讨伐诏书集中反映了他对突厥的激愤情绪。诏书大概有六个方面的内容:

第一,追溯了突厥成为北方边患的原因及过程。诏书说:"往者魏道衰敝,祸难相寻,周、齐抗衡,分割诸夏。突厥之虏,俱通二国。周人东虑,恐齐好之深;齐氏西虞,惧周交之厚。谓虏意轻重,国逐安危,非徒并有大敌之忧,思减一边之防。竭生民之力,供其来往,倾府库之财,弃于沙漠,华夏之地,实为劳扰。犹复劫剥烽戍,杀害吏民,无岁月而不有也。恶积祸盈,非止今日。"

第二,指出突厥贸然南下,是错误地估计了形势。诏书说:"朕受天明命,子育万方,愍臣下之劳,除既往之弊,以为厚敛兆庶,多惠豺狼,未尝感恩,资而为贼,违天地之意,非帝王之道。节之以礼,不为虚费,省徭薄赋,国用有余。因入贼之物,加赐将士,息道路之民,

---

① 《隋书》卷51《长孙览传附长孙晟传》。

② 《隋书》卷84《北狄列传·突厥传》。

务于耕织。清边制胜,成策在心。凶丑愚暗,未知深旨,将大定之日,比战国之时,乘昔世之骄,结今时之恨。近者尽其巢窟,俱犯北边,朕分置军旅,所在邀截,望其深入,一举灭之。而远镇偏师,逢而摧翦,未及南上,遽已奔北,应弦染锷,过半不归。”

第三,指出突厥内部矛盾重重,貌合神离,对外树敌甚多,广招怨恨,因此不堪一击。诏书说:“且彼渠帅,其数凡五,昆季争长,父叔相猜,外示弥缝,内乖心腹,世行暴虐,家法残忍。东夷诸国,尽挟私仇,西戎群长,皆有宿怨。突厥之北,契丹之徒,切齿磨牙,常伺其便。达头前攻酒泉,其后于阗、波斯、挹怛三国一时即叛。沙钵略近趣周槃,其部内薄孤、束纥罗寻亦翻动。往年利稽察大为高丽、靺鞨所破,婆毗设又为纥支可汗所杀。与其为邻,皆愿诛剿。部落之下,尽异纯民,千种万类,仇敌怨偶,泣血拊心,衔悲积恨。圆首方足,皆人类也,有一于此,更切朕怀。”

第四,指出突厥失德,不为上天所佑;剿灭突厥,是上天的意志。诏书说:突厥之地“咎征妖作,年将一纪,乃兽为人语,人作神言,云其国亡,讫而不见。每冬雷震,触地火生。种类资给,惟藉水草,去岁四时,竟无雨雪,川枯蝗暴,卉木烧尽,饥疫死亡,人畜相半。旧居之所,赤地无依,迁徙漠南,偷存喘刻。斯盖上天所忿,驱就齐斧,幽明合契,今也其时”。

第五,根据上述理由,宣布对突厥进行讨伐。诏书说:“故选将治兵,赢粮聚甲,义士奋发,壮夫肆愤。愿取名王之首,思挞单于之背,云归雾集,不可数也。东极沧海,西尽流沙,纵百胜之兵,横万里之众,亘朔野之追蹑,望天崖而一扫。此则王恢所说,其犹射痈,何敌能当,何远不服?”[1]

第六,宣布了对突厥的政策。诏书说:“但皇王旧迹,北止幽都,荒遐之表,文轨所弃。得其地不可而居,得其民不忍皆杀,无劳兵革,远规溟海。诸将今行,义兼含育,有降者纳,有违者死。异域殊方,被其拥抑,放听复旧。广辟边境,严治关塞,使其不敢南望,永服威刑。卧鼓息烽,暂劳终逸,制御夷狄,义在斯乎!何用侍子之朝,宁劳渭桥之拜。普告海内,知朕意焉。”[2]

杨坚的这个诏书,反映了他急于一举扫平突厥的激烈情绪。诏书中对突厥内外矛盾的分析,显然是吸取了长孙晟的看法,然而却和长孙晟的主张大不一样。长孙晟主张利用突厥的矛盾离间之,将他们分化。而在杨坚诏书里,突厥内部的矛盾却成了可以对其大加讨伐的根据。

杨爽亲率李充节等四将出朔州(治今山西朔州西南),在白道遇见沙钵略可汗军队。双方接战,因隋军是有备而来,突厥是仓猝应战,所以隋军大胜,俘敌千余人,虏获大量牛

---

[1] 西汉时,王恢主张对匈奴用兵,他说:“今以中国之盛,万倍之资,遣百分之一以攻匈奴,譬犹以强弩射且溃之痈也,必不留行矣。”此事见《汉书》卷52《韩安国传附王恢传》。

[2] 上述伐突厥诏见于《隋书》卷84《北狄列传·突厥传》。

马牲畜。

杨坚的从祖弟河间王杨弘,率众数万出灵州(治今宁夏灵武西南),与突厥军相遇,双方大战,隋军大胜,斩杀敌军数千。

秦州总管窦荣定,率步骑三万出凉州(治今甘肃武威),在高越原与突厥军相遇。两军在此相持很长时间,塞外干旱少雨,隋军士兵缺乏饮用水,他们渴极了,甚至刺马血而饮。很多隋军士兵被渴死。窦荣定无奈,只有仰天叹息。多亏下了一场及时雨,隋军士气又振作起来,并打败了突厥军。

豆卢勋、高颎等军也取得了一定的进展。

应该说,隋军这次出击,各路军进展顺利,基本上是初战告捷。但这胜利后面隐藏着一种十分危险的倾向,隋文帝杨坚已经改变了当初"远交近攻,离强合弱"的正确方针,若再这样下去,很可能使突厥各部在隋朝军事压力下消弥矛盾,抱成一团,从而使隋军陷入旷日持久的战争,耗费大量人力、物力。更加危险的是,此时隋朝建立不久,北方虽然统一,但南方陈朝还据有江南,如果不及早解决与突厥的战争,把大量人力物力耗费在与突厥的战争上,就会丧失统一南北的历史机遇。

杨坚毕竟是有眼光的政治家。他很快地察觉出自己的做法违背了当初"远交近攻,离强合弱"的方针,停止了出击。更为难能可贵的是,杨坚重新坚持当初长孙晟提出的正确方针,是在他进击突厥取得胜利情况下做出的,可见他在胜利面前头脑还是清醒的。

不久以后,突厥又大举南下,阿波可汗与隋军交战,屡次失败。长孙晟便派人对阿波说:"以前沙钵略每次前来,战皆大胜,如今您才入,便立即被打败,这是突厥的耻辱,难道您内心无愧吗? 况且,沙钵略可汗与您的关系,本来势若仇敌,如今他战常取胜,被国内众人推崇,而您每战皆败,国内以为耻辱,沙钵略必然归罪于您,以此作为消灭您的借口。您想一想,能够抵御得住他吗?"这一番话,说得阿波可汗无心和隋军打仗,便派使与隋军讲和。长孙晟又对使者说:"如今玷厥可汗已经与隋连和,而沙钵略对他一点办法都没有。阿波可汗为什么不依附大隋天子,连结玷厥,这才是万全之策。难道阿波可汗还要负败军之罪,回去受沙钵略的屠戮、羞辱吗?"阿波可汗觉得长孙晟的话很有道理,便留在塞上,派人随长孙晟入朝,表示愿意归顺隋朝。

沙钵略本来就忌恨阿波,听说他怀有二心,便率兵袭击了他的部落,并将其母杀害。阿波的一个好朋友贪汗可汗,也因与阿波关系密切遭到袭击,于是阿波与贪汗一起投奔了玷厥可汗。玷厥见沙钵略如此残暴,勃然大怒,给阿波十多万人,令其率兵而东,攻打沙钵略。阿波领兵东进,收复故地,招集余众,与沙钵略相攻。沙钵略的从弟地勤察也因与沙钵略有矛盾,率众叛归阿波。

从此,突厥诸部互相征战,"离间诸部"的方针初见成效。

沙钵略渐渐支持不住了，他派出使者入隋，请求支援。杨坚没有答应。

沙钵略的妻子千金公主也上书求情，她表示要尽弃前嫌，放弃复周的念头，拥护隋朝。为了表示其诚意，她还愿意作杨坚的女儿。

杨坚见沙钵略夫妇都已这般态度，认为时机已到，便答应了千金公主的请求，并遣开府徐平和出使沙钵略。不久，徐平和回朝复命，还带来沙钵略可汗的一封信。信中写道：

> 辰年九月十日，从天生大突厥天下贤圣天子、伊利俱庐设莫何沙钵略可汗致书大隋皇帝：
>
> 使人开府徐平和至，辱告言语，具闻也。皇帝是妇父，即是翁，此是女夫，即是儿例。两境虽殊，情义是一。今重叠亲旧，子子孙孙，乃至万世不断，上天为证，终不违负。此国所有羊马，都是皇帝畜牲，彼有缯彩，都是此物，彼此有何异也。①

沙钵略这封信，虽然称杨坚为父翁，自己为儿婿，表示与隋世代和好，但开头仍自称贤圣天子，将自己摆在与杨坚平起平坐的位置。杨坚马上回复一信，信中写道：

> 大隋天子贻书大突厥伊利俱庐设莫何沙钵略可汗：
>
> 得书，知大有好心向此也。既是沙钵略妇翁，今日看沙钵略共儿子不异。既以亲旧厚意，常使之外，今特别遣大臣虞庆则往彼看女，复看沙钵略也。②

杨坚这封回信，既不称沙钵略为贤圣天子，也不说不分彼此之类的话，显然是不承认沙钵略与自己平起平坐的地位。除此而外，杨坚还以看望女儿为名，派虞庆则前去突厥，并以长孙晟为其副使，其以外交手段进一步使沙钵略臣服的用意十分明显。

虞庆则这次出使突厥，若不是以长孙晟为其副使，几乎完不成使命。他一到突厥，沙钵略就在帐外排列许多兵士，个个刀剑出鞘，杀气腾腾，给了虞庆则一个下马威。虞庆则进入牙帐后，沙钵略坐在帐中，称病不起，并且说："从我父伯以来，就没拜过别人。"千金公主又不软不硬地对虞庆则威胁说："可汗是个豺狼性格，如果过分与之争，逼急了他会吃人。"吓得虞庆则不敢再争。临去突厥时，杨坚曾对虞庆则说，如果沙钵略给其礼物，只象征性地收一点，而虞庆则却收下沙钵略所赠的千匹马，并娶了沙钵略的从妹为妻。虞庆则出使突厥，没为隋朝争得什么，却为自己捞了不少好处。倒是副使长孙晟不忘使命，他见

---

① 《隋书》卷84《北狄列传·突厥传》。
② 《隋书》卷84《北狄列传·突厥传》。

沙钵略不肯起拜,便说:"突厥与隋俱是大国天子,可汗不起,安敢违意?但可贺敦(即可汗夫人)为帝女,则可汗是大隋女婿,奈何无礼,不敬妇公乎?"沙钵略笑着对其手下说:"儿婿倒应该拜妇公。我得听长孙晟的。"说完,便起身对杨坚的诏书拜了两拜。

沙钵略虽在形式上拜了杨坚的诏书,但心中并未真正臣服。为了使沙钵略臣服,杨坚决定再对他施些好处。此时,沙钵略西面有玷厥、阿波的进攻,东面有契丹的夹击,便向隋朝告急,请求率部落南下,寄居白道川(今内蒙古呼和浩特西北)内。杨坚答应了他的请求,并派杨广率兵援助,给其衣食车乘,使其军队得到补给。沙钵略有了基地,军队又得以休整补充,便西击阿波,将其打败。这时,突厥阿拔部又向沙钵略进攻,隋军帮助沙钵略将阿拔部打败,所获人、物全都交给沙钵略。沙钵略大喜,便给杨坚上表说:

> 大突厥伊利俱庐设沙钵略莫何可汗臣摄图言:
>
> 大使尚书右仆射虞庆则至,伏奉诏书,兼宣慈旨,仰惟恩信之著,逾久愈明,徒知负荷,不能答谢。伏惟大隋皇帝之有四海,上契天心,下顺民望,二仪之所覆载,七曜之所照临,莫不变质来宾,回首面内。实万世之一圣,千年之一期,求之古昔,未始闻也。
>
> 突厥自天置以来,五十余载,保有沙漠,自王蕃隅。地过万里,士马亿数,恒力兼戎夷,抗礼华夏,在于北狄,莫与为大。顷者气候清和,风云顺序,意以华夏其有大圣兴焉。况今被露德义,仁化所及,礼让之风,自朝满野。窃以天无二日,土无二王,伏惟大隋皇帝,真皇帝也。岂敢阻兵恃险,偷窃名号?今便感慕淳风,归心有道,屈膝稽颡,永为藩附。虽复南瞻魏阙,山川悠远,北面之礼,不敢废失。当令侍子入朝,神马岁贡,朝夕恭承,唯命是视。至于削衽解辫,革音从律,习俗已久,未能改变。阖国同心,无不衔荷,不任下情欣慕之至。谨遣第七儿臣窟含真等奉表以闻。[①]

沙钵略此表较之以前有三个明显变化:第一,在表的开始,没有自称天子。第二,明确承认天无二日,土无二王,只有大隋皇帝是真皇帝,表示要屈膝稽颡,永为藩附。第三,整个表文词语谦卑,态度恳切。这个表文说明,突厥沙钵略开始真正对隋称臣。对此杨坚非常高兴,下诏说:

> 沙钵略称雄漠北,多历世年。百蛮之大,莫过于此。往虽与和,犹是二国,今作君臣,便成一体。情深义厚,朕甚嘉之。荷天之休,海外有截,岂朕薄德所能致此!已敕

---

① 《隋书》卷84《北狄列传·突厥传》。

有司肃告郊庙,宜普颁天下,咸使知闻。①

杨坚又将沙钵略之妻千金公主赐姓杨氏,编之属籍,改封为大义公主。又策拜沙钵略的儿子窟含真为柱国,封为安国公,并在内殿设宴招待他,把他引见给皇后。

沙钵略可汗所部是突厥的主体,位在中原北面,对中原威胁最大。沙钵略的称臣,是杨坚坚持"远交近攻,离强合弱"方针的结果。

587年,沙钵略可汗死,临死前留下遗令,说其子雍虞闾性软弱,不适宜继汗位,把汗位传给弟弟处罗侯。雍虞闾遵父遗命,派人迎处罗侯。处罗侯推辞说:"我突厥自木杆可汗以来,多以弟代兄,以庶夺嫡,失先祖之法,不相敬畏。汝当嗣位,我不惮拜汝也。"雍虞闾又派人对处罗侯说:"叔与我父,共根连体,我是枝叶。宁有我作主,令根本反同枝叶,令叔父之尊下我卑稚! 又亡父之命,其可废乎! 愿叔勿疑。"②最后,处罗侯继汗位,称叶护可汗。杨坚赐其乐器幡旗等物,以笼络之。叶护打着隋朝所赐旗鼓西征阿波,将其部打散,把阿波围困山中,然后派人请示杨坚说:"阿波为天所灭,与五六千骑在山谷间。现请陛下诏旨,是否将其捉住。"杨坚召集众臣商议,如何处理此事。有人主张让叶护将阿波就地斩首,有人主张让叶护将阿波活捉入朝,由朝廷处置。这两种主张,杨坚都认为不妥。长孙晟说:"如果是突厥背叛朝廷,就须对其惩罚。现在不是阿波有负朝廷,而是他们兄弟之间自相夷灭。如果趁阿波困顿而屠戮之,恐怕不是怀远之道,不如保存他。"最后杨坚采纳了长孙晟的建议。

不久,叶护可汗死于西征,沙钵略的儿子雍虞闾被推为可汗,称都蓝可汗。这时,杨坚正全力作灭陈的准备,对北边的突厥进一步采取怀柔政策,以保持北边的稳定。

杨坚灭陈之后,将缴获的陈后主的屏风赐给大义公主。不料大义公主睹物伤情,由陈朝的灭亡联想起北周的被取代,对杨坚的不满之情又死灰复燃。她作了一首诗,题写在屏风上,诗中写道:

> 盛衰等朝暮,世道若浮萍。
> 荣华实难守,池台终自平。
> 富贵今何在? 空事写丹青。
> 杯酒恒无乐,弦歌讵有声!
> 余本皇家子,飘流入虏庭。

---

① 《隋书》卷84《北狄列传·突厥传》。
② 《隋书》卷84《北狄列传·突厥传》。

一朝睹成败,怀抱忽纵横。

古来共如此,非我独申名。

唯有《明君曲》,偏伤远嫁情。①

大义公主既已对隋朝不满,便以这种情绪不断向都蓝可汗施加影响,都蓝可汗渐渐与隋朝离心。

大约在开皇十三年(593),隋朝内发生了刘昶父子之案。这个事件在隋朝政治生活中虽然算不上是什么大事,却对隋朝与突厥的关系发生了深刻的影响。

刘昶是北周的旧臣,是宇文泰女儿西河长公主的丈夫,因功被拜为柱国,封爵彭国公。刘昶虽为北周旧臣,但与杨坚关系很好,隋朝建立后,先后任左武卫大将军、庆州(治所在今甘肃庆阳)总管。

刘昶有个儿子叫刘居士,任太子千牛备身。这是一个掌管皇太子宿卫的七品宫官。刘居士借此职权之便,以招揽壮士为名,聚徒结党,恣意横行,多次违犯法度。他结交提拔壮士的方法都十分野蛮,发现有身体强健的壮汉,便带回家,让人用车轮套在他的脖子上,然后用木棒击打。被打不屈服者,刘居士便称其为壮士,将其释放,结为死党。通过这种方法结交的党羽有三百多人。他把这三百多人分作两队,矫健者列入饿鹘队,有武力者列入蓬转队。刘居士常常带领这些人犇鹰继犬,在路上横冲直撞,殴击行人,侵夺百姓。长安市里无论贵贱,见之者皆躲避退让,甚至公卿妃士都没人敢冒犯他。刘居士不但桀骜不训,而且狂妄至极,他曾与其徒众游长安城,在汉代未央殿遗址像君王一样面南而坐,让徒众排列两边。他曾对其党羽说:"能真的如此,死也值得。"然而刘居士也知道,要想当皇帝,仅靠这三百多人无疑是痴人说梦,他必须借助外界力量。于是,他想到了北方的突厥。

一天,一个自称杨钦的中原人出现在突厥都蓝可汗牙帐外,口口声声要见大义公主,说有密事相告。

"公主离别中原,一晃十有六载,玉体一向安否?"杨钦一见到大义公主,就像熟人一样问候。

"你是……"大义公主心里非常纳闷。眼前这个中原人,说是生人吧,竟对自己离开中原的日子记得这样清楚;说是熟人吧,怎么觉得这张面孔这么生疏。

杨钦似乎看出了公主的心思,说:"公主当然不认得在下。但您总还记得彭公刘大人吧?"

大义公主不禁心中一热,"彭公刘大人",这是她在周朝未亡时经常听到的对她姑父的称呼。后来周朝被杨坚取代,她知道刘昶作了武卫大将军、总管等官,从此再听不到人们对她姑父这样称呼了。如今,杨钦这一句话,勾起她对周朝的怀念之情,她恍然觉得自己仍然是周朝的千金公主。同时,她也迅速地理解了杨钦这样称呼的含义,一下子融释了她与杨钦间因陌生而产生的隔阂。她不禁满脸堆笑说:"怎么不记得!他是我的姑父!他在中原一向可好?"

杨钦与公主的谈话以刘昶为题,很快地进入到实质部分。他告诉公主,刘昶也十分不满杨坚的隋朝,思念着与公主合谋反隋复周。他还夸张地说刘昶的儿子刘居士作为太子的宿卫官,掌握了一支特别强大的武装力量,他自己就正在刘居士帐下效命。这次前来突厥,就是请突厥发兵南下,刘氏父子在朝廷作内应。

对于久想复周的千金公主来说,杨钦的到来无疑是火上浇油。她带着杨钦见到了都蓝可汗,煽动他出兵南下。接着,千金公主又把杨钦引见给自己的心腹安遂迦。从此,杨钦经常与安遂迦在一起商议出兵反隋之事。

自从杨钦进入突厥之后,都蓝可汗对隋朝的态度明显地冷淡、疏远了,并时时流露出不臣之意。对于刘居士的谋反之意,杨坚也有所察觉,这次刘居士派杨钦入突厥的消息也传入杨坚的耳中,他很快地把两件事联系起来,便决定派长孙晟入突厥把事情搞清楚。

长孙晟来到突厥后,明显地感觉到大义公主的态度冷淡、言辞不逊。他见到都蓝可汗,向他索要杨钦。都蓝的回答是:我突厥客人之内绝无此人。一下子把话说绝。长孙晟便暗中收买了知情的突厥官员,打听到杨钦的住所。在一个漆黑之夜,长孙晟带人摸到杨钦的住处,将其逮捕,并对杨钦连夜审问。杨钦不仅交待了刘居士派他到突厥的使命,还供出了他的同谋安遂迦以及安遂迦与大义公主的奸情。第二天,长孙晟带着杨钦面见都蓝可汗。在人证面前,都蓝无法抵赖,只得交出安遂迦,连同杨钦一起听候长孙晟发落。

长孙晟把杨钦、安遂迦带回隋朝,杨坚让杨钦与刘昶父子对质。杨坚问刘昶:"今日之事,你还有何话说?"刘昶一来认为杨钦乃其子刘居士所使,与己无直接关系;二来认为自己与杨坚有旧,所以没有引咎自责,只说了一句:"黑白在于至尊。"这句语意含混的话,至少可以作两种理解:一种是,要治罪,要赦免,全凭皇上处置。另一种是,皇上说黑就黑,说白就白,所谓"事实",完全可以捏造。显然杨坚所理解的是第二种,他听后勃然大怒,将刘昶逮捕下狱,穷治刘居士及其党羽,最后,将刘居士斩决,将刘昶赐死于家。然后又派人去突厥,将大义公主与安遂迦的奸情公布于众,下诏将其废黜。都蓝可汗也倍感耻辱,不久便将她杀死[①]。

刘昶案后,突厥都蓝可汗想缓和一下与隋朝的关系,提出要与隋朝再次和亲。恰巧与

---

① 《隋书》卷80《列女列传·刘昶女传》。

此同时,处罗侯的儿子、在都蓝可汗北面的染干也向隋文帝求婚。长孙晟对杨坚说:"臣观都蓝可汗是个反复不讲信义之人,只不过他与玷厥有矛盾,所以才依我大隋,即使答应他的请求,最后他还是要背叛的。况且,他若得公主,必用大隋名义,对玷厥、染干大加征收,从而更加强盛。若等其强而后反,就更难制服了。染干是处罗侯的儿子,他们父子两代,都臣服于我朝,依臣之见,不如许婚于他,令他南迁。染干南迁之后,兵少力弱,易于驯服,让他为我们抵御都蓝可汗。"杨坚对长孙晟的建议非常赞同,决定将公主嫁给染干。

开皇十七年(597),染干派遣使臣前来迎接公主,杨坚把宗女安义公主嫁给染干。杨坚利用嫁公主之机,有意离间都蓝与染干的关系。他厚赠染干礼物,相继派遣牛弘、苏威、斛律孝卿出使染干部,并以其娶公主为由,让染干南迁。都蓝可汗大怒,说:"我是大可汗,所受待遇反而不如染干!"于是与隋朝断绝了君臣关系。

开皇十九年(599),染干向隋朝报告,说都蓝可汗大造攻城之具,准备攻打大同城。杨坚接到情报,遣其子汉王杨谅为元帅,令左仆射高颎率将军王察、上柱国赵仲卿出朔州,右仆射杨素率柱国李彻、韩僧寿出灵州,上柱国燕荣出幽州,分三路进攻突厥都蓝可汗。都蓝大惧,重与玷厥可汗结盟,合力攻击染干。染干大败,兄弟子侄皆被杀,染干与五个随从逃入隋朝。高颎、杨素等进击玷厥可汗,大破之,将染干送回突厥,并封他为启民可汗。

开皇二十年(600),都蓝部发生内乱,都蓝被杀,玷厥自立为步迦可汗。玷厥派其侄俟利伐进攻启民可汗,扬坚派兵帮助启民把守要路,挡住了俟利伐的进攻。

仁寿元年(601),杨坚任杨素为云州道行军元帅,率启民可汗北征,大败突厥,玷厥奔入吐谷浑,启民可汗遂据有其众。史称"自是突厥远遁,碛(即大漠)南无复虏庭"[①]。

杨坚在位的二十多年中,基本上坚持了"远交近攻,离强合弱"的方针,遏制住了突厥南下的势头,保持了北方边境的安定。

---

① 《隋书》卷 48《杨素传》。

第三节　安定西陲

在隋王朝的西面，有几个少数民族政权，其中较强大的一个叫吐谷浑。

吐谷浑的先祖，是生活在今东北辽宁西拉木伦河流域的徒何慕容鲜卑。这支少数民族，大部分在西晋以后进入中原地区，在中原建立过前燕、后燕、南燕等政权，较早地完成了与中原汉族融合的过程。另一小部分人没有南下，而是西入今天的内蒙古自治区，沿着阴山山脉继续向西，进入甘肃地界。

关于这部分鲜卑人的西迁，也有一个传说：

在今辽宁地区，居住着一支鲜卑部族，其首领叫徒河涉归。涉归有两个儿子，长子叫吐谷浑，次子叫若洛廆。涉归死后，若洛廆代统部落，号慕容氏。吐谷浑也另外统七百户。有一次放牧，若洛廆部的马与吐谷浑部的马嘶咬起来，有的马受了伤。若洛廆闻听大怒，对吐谷浑说："先父已经将我们各自都安排好了，让我们兄弟分开，你为什么不离我远点放牧，以至马相斗受伤？"吐谷浑说："马是畜牲，食草饮水，春气发动，所以咬斗。因马斗而迁怒于人，太不讲兄弟之情了。我要远远的离开你。"吐谷浑走后，若洛廆感到很后悔，便派长史七那楼追上吐谷浑，请他回去。吐谷浑对七那楼说："我鲜卑自远祖以来，在辽东有很高的德望。先父在世时，曾经占了一卦，说有两个儿子当享服祚，并荫及子孙。我虽为长，但是庶出。我们兄弟不能并尊同大，现在因为马使我们分开，这恐怕是天意。你若不信，请试看让马返回东面。若马返回，我就随你回去。"

七那楼不相信，他抓过马缰绳，强行把马往东赶。那马向回走了几百步之后，突然一声悲嘶，猛然掉头向西跑去。就这样反复了十多次，而马一次比一次向西跑得远。七那楼没办法，他跪在地上朝着东方喊道："可汗，七那楼尽力了，可天意不是人力所能扭转的。"说完，他便放吐谷浑西行，自己回去复命。七那楼走后，吐谷浑对其部众说："按照先父所卜之卦，我兄弟子孙都应昌盛。我弟弟之业当传之子孙，有百余年的兴盛；而我之功业当在玄孙时才显赫。"于是便带领部众继续向西，沿着阴山山脉，跨过大草原，最后来到甘肃的枹罕（今甘肃临夏）、西平（今青海西宁）一带①。

徒何鲜卑吐谷浑一支为什么西迁？由于史料缺乏，我们很难准确说明其真正原因。显然，我们不能相信上述传说中兄弟间因马斗而分离的说法。我们知道，在西晋以后，出现了民族大迁徙的高潮，鲜卑、匈奴、羯、氐、羌等古代少数民族纷纷向中原腹地方向迁徙。吐谷浑一支在这种迁徙浪潮中，自然也难于在原地生活，而其本身力量较弱，如果他们顺

---

① 《魏书》卷101《吐谷浑传》。

从民族迁徙的大流向,很容易被其他强大的部族所吞并,只能避过主流去寻找自己的生存空间。所以,他们始终游离于民族迁徙的主流之外。

吐谷浑一支迁到甘肃地区以后,仍过着逐水草而居的游牧生活。史书上记载他们活动的地区,"自枹罕以东千余里,暨甘松,西至河南,南界昂城、龙涸。自洮水西南,极白兰,数千里中,逐水草,庐帐居,以肉酪为粮"①。书中所说甘松,位于今甘肃迭部东、白龙江北;昂城即今四川阿坝;龙涸即今四川松潘;白兰即今青海布尔汗布达山,可见吐谷浑活动的范围在今甘肃南部、青海东部、四川北部地区。

十六国时期,河西地区相继建立过前凉、西秦、南凉等政权。在这些政权的逼迫下,实际上从前凉时起,吐谷浑的活动就退出了甘肃南部,而集中在青海东部、四川北部的部分地区了。从吐谷浑的孙子叶延时起,吐谷浑便成为这个游牧部族的名称了。

吐谷浑的继承制度也随着其发展,经历了兄弟相承到父子相继的过程。

351年,叶延死,其子碎奚立。

碎奚死,其子视连立。

视连死,其弟视罴立。

视罴死,其弟乌纥堤立。

乌纥堤死,视罴子树洛干立。

树洛干死,其弟阿豺立。

阿豺死,其从兄慕璝立。

慕璝死,其弟慕利延立。

慕利延死,其侄、树洛干之子拾寅立。

可见从拾寅以前,吐谷浑的首领继承大部分为兄终弟及制。

吐谷浑所居住的地区十分有益于发展。南北朝时期,吐谷浑地处南北两个政权的西陲,时值南北对立,无暇西顾,给吐谷浑的发展提供了充分的时间。吐谷浑则利用南北双方的对立,分别同他们发生经济、文化的联系。到了拾寅的孙子伏连筹执政时,吐谷浑逐步兴盛起来。史称:"伏连筹内修职贡,外并戎狄,塞表之中,号为强富。准拟天朝,树置官司,称制诸国,以自夸大。"②此时,吐谷浑已经是当地各少数民族中最强盛的部族。

529年,伏连筹死,其子夸吕立。夸吕当政,使吐谷浑前所未有的强盛。夸吕统治下的吐谷浑,较之以前有五个特点:

第一,统治的区域扩大了。其地域西起塔里木盆地,东至四川松潘,北起罗布泊,南至

---

① 《宋书》卷96《鲜卑吐谷浑列传》。

② 《魏书》卷101《吐谷浑传》。

昆仑山。史称："其地东西三千里，南北千余里。"①

第二，有了自己的都城，称伏俟城，故址在今青海湖西。虽然史书上说他"有城郭而不居，恒处穹庐，随水草畜牧"②，但毕竟第一次有了都城。

第三，夸吕开始自号可汗，居住在伏俟城。

第四，初步建立起官制："官有王公、仆射、尚书及郎将、将军之号。"③

第五，有了自己的刑罚："杀人及盗马者死，余则征物以赎罪，亦量事决杖。刑人，必以毡蒙头，持石从高击之。"④

以上五个特点说明，夸吕统治下的吐谷浑，已经初具国家政权的规模。

夸吕当政从530年起，到591年止，这期间正好经历了东魏、北齐和西魏、北周的分裂，北周的统一北方，杨坚代周建隋，隋朝统一南北各个时期。随着吐谷浑的不断强大，与中原政权的关系也多了几分紧张。

东西魏分裂时，东魏高欢为了使西魏东西两顾，便在军事进攻的同时，派人结好西魏西边的吐谷浑。这时北方的柔然已同东魏结好，高欢就派人通过柔然与吐谷浑联系。夸吕也派使人频频来到东魏。为了巩固同吐谷浑的关系，东魏孝静帝元善见纳夸吕的从妹为妃，同时封济南王元匡的孙女为广乐公主，嫁给夸吕。从此，吐谷浑在西魏西边"寇抄不止"，西魏"缘边多被其害"⑤。

对于西边吐谷浑的威胁，西魏也派兵进行抵御。西魏废帝二年(553)四月，宇文泰亲率精锐骑兵三万，西逾甘肃，进至姑臧(今甘肃武威)。夸吕被震慑住，忙向西魏求和，遣使贡献地方物产。

就在吐谷浑与西魏讲和当年，夸吕又派使往北齐。西魏凉州刺史史宁知道后，打听到吐谷浑使臣的还期，率轻骑于半路截击，"获其仆射乞伏触扳、将军翟潘密、商胡二百四十人，驼骡六百头，杂彩丝绢以万计"⑥。

西魏恭帝三年(556)，突厥木杆可汗欲征讨吐谷浑，向西魏借凉州道。宇文泰令史宁率骑与木杆可汗合军共击吐谷浑。大军进入吐谷浑境内时，夸吕已事先知道消息，率众奔入南山。木杆可汗准备分兵追击，史宁对木杆说："不如分兵袭击树敦、贺真二城。这两个城是吐谷浑的老巢，如果将其攻破，吐谷浑余众自然离散，此为上策。"木杆依从此议，当即

① 《魏书》卷101《吐谷浑传》。
② 《魏书》卷101《吐谷浑传》。
③ 《魏书》卷101《吐谷浑传》。
④ 《魏书》卷101《吐谷浑传》。
⑤ 《周书》卷50《异域列传·吐谷浑传》。
⑥ 《周书》卷50《异域列传·吐谷浑传》。

与史宁分为两军：木杆从北道进攻贺真，史宁进攻树敦。吐谷浑婆周国王率众迎战，被史宁于阵前斩杀。接着史宁乘胜进军，逾山越险，直至树敦城下。树敦是吐谷浑重镇，夸吕派征南王率数千人依城固守。史宁进攻，城坚不下。史宁见强攻不行，便用智取。他把部队分成两部，一部分假装攻城，另一部分打着吐谷浑的旗号扬尘呐喊，冒充吐谷浑的援兵。然后，攻城的部分假装退却。吐谷浑征南王果然中计，他大开城门，率军想对周军前后夹击。不料两部分周军合兵一处，突然杀回，征南王大惊，忙回军入城。周军紧随其后，没等吐谷浑军关上城门，周军早已冲入，生擒征南王。接着，史宁又击破吐谷浑贺罗拔王，俘斩万计，获杂畜数万头。在北路，木杆可汗也将贺真攻破，并俘获了夸吕的妻子。这一仗，西魏成功地利用了突厥与吐谷浑的矛盾，对吐谷浑进行了沉重的打击。

北周明帝武成初年，夸吕又发兵攻打凉州，此时凉州刺史已由是云宝担任，是云宝兵败被杀。北周派柱国、大司马贺兰祥等，率兵讨伐吐谷浑。这是北周在与北齐关系有所缓和后，对吐谷浑发动的一次大规模讨伐。这次讨伐，北周出动了精锐，委派了名将，意在必胜。北周此次出兵，果然大获全胜，并占领了洮阳、洪和二城，在此地建洮州。

北周建德五年（576），周武帝又派皇太子宇文赟征伐吐谷浑，并让王轨、宇文神举随从。周军过青海湖，打到伏俟城。夸吕逃走，周军虏其余众而还。

从上述吐谷浑的历史可以看出，吐谷浑自伏连筹以前，处于自身发展阶段。此时，由于其力量尚未强大，与南北朝政权基本相安无事。自从夸吕以后，由于国力逐渐增强，形成对西魏、北周西境的威胁，因此双方多次出现大规模的武装冲突。

北周没有解决西境问题，杨坚取代北周，自然面临着解决西境威胁的问题。

杨坚即位之初，西境又遭到吐谷浑的进犯。杨坚拜上大将军元谐为行军元帅，率行军总管贺楼子干、郭竣、元浩等步骑数万击之。临行前，杨坚亲自对元谐说："公受朝廷委托，率兵西征，要知道此次出兵的本旨。此次出兵，是为了使自己边境安宁，使那里的百姓安全，不是要夺取吐谷浑的无用之地，害他们的黎民。王者之师，意在仁义。吐谷浑贼如果来到边界内，公宜晓示以德，临之以教，这样，谁能不服呢？"[①]

杨坚这番话颇令人费解。

自然，吐谷浑对隋朝来说是荒远之地，但吐谷浑的军队对隋西境来说是个威胁。杨坚派出那么多兵将，难道是让他们去西部边境对吐谷浑兵众进行德教吗？

元谐自幼与杨坚同受业于国子学，对他十分了解。杨坚这番话的含意，元谐心里领会得清清楚楚。他知道，此时隋朝初建，南面陈朝未灭，北面突厥不臣，在这种情况下，杨坚不愿意在西境穷兵黩武，他只想用很小的代价取得西境的安宁。

① 《隋书》卷40《元谐传》。

就在元谐大军到达凉州后，吐谷浑定城王钟利房率骑兵三千渡河，连结党项羌。元谐率兵出鄯州（治今青海乐都），直奔青海湖，截断钟利房的归路。夸吕派兵来拒，与元谐相遇于丰利山。元谐与吐谷浑铁骑展开大战，将其击退。又在青海湖打败可博汗的五万骑兵，追击三十多里，俘斩吐谷浑士兵上万。在军事胜利的基础上，元谐又展开攻心战，向吐谷浑王公发出书信，向他们讲明祸福利害。在元谐的双重攻势下，吐谷浑"名王十七人、公侯十三人，各率其所部来降"①。

杨坚对元谐的胜利非常满意，下诏说：

> 褒善畴庸，有闻前载，谐（指元谐）识用明达，神情警悟，文规武略，誉流朝野。申威拓土，功成疆场，深谋大节，实简朕心。加礼延代，宜隆赏典。可柱国，别封一子县公。②

从杨坚夸奖元谐"深谋大节，实简朕心"可以看出，元谐对杨坚出征前对自己所说话的理解是准确的。

吐谷浑汗夸吕晚年，疑忌之心甚重，他所立的继承人，又常因其猜忌被换被杀。新立的太子害怕遭到同样下场，谋划捉住夸吕投降隋朝，便秘密派人请求杨坚出兵配合。当时秦州总管、河间王杨弘认为这是个好机会，请求出兵配合，杨坚没有答应。杨坚不出兵，自有他的打算。在别人看来，吐谷浑内乱，正是出兵将其灭掉的好机会，而在杨坚眼里，消灭南朝陈比灭掉吐谷浑更重要。此时，他刚刚赢得北境的安定，正在全力做灭陈的准备，因此，不愿意在西境轻起兵衅。他认为，吐谷浑的内乱，正是取得西境安宁的好机会，如果太子的阴谋得逞，将夸吕杀了，那么拥护夸吕的人也决轻饶不了太子，因为夸吕毕竟做了五十多年的吐谷浑大汗，拥护他的人肯定不少。如果太子的阴谋败露，被夸吕杀了，夸吕也会因为隋朝没有支持自己的反对派而对隋朝怀感激之心，从而不轻启边衅。无论怎样，都会对隋朝西境的安宁有好处。

果然，吐谷浑太子的图谋败露，被夸吕所杀。夸吕的另一个儿子嵬王诃被立为太子。迭州刺史杜粲又向杨坚请求，乘吐谷浑内乱出兵征讨，杨坚依旧不应允。他要继续充当一名看客，津津有味地旁观吐谷浑内乱的好戏。

开皇六年（586），嵬王诃也感到夸吕对自己渐生疑心，害怕被杀，又秘密派遣使人，向隋朝表示要率部落一万五千人户归降，请求隋朝派兵迎接。

---

① 《隋书》卷 40《元谐传》。
② 《隋书》卷 40《元谐传》。

多少年来,北境的突厥、西境的吐谷浑一直利用中原的分裂从中渔利。如今,杨坚却成了渔翁,看着吐谷浑内部的鹬蚌相争,心中怎能不高兴? 他得意地对侍臣说:"吐谷浑的风俗,不讲人伦道德,父既不慈,子又不孝。朕一向以德训人,怎能答应嵬王诃的请求,帮助他的恶逆之行? 看我用道义教育他。"他把吐谷浑使者叫来,说:

> 朕受命于天,抚育四海,望使一切生人皆以仁义相向。况父子天性,何得不相亲爱也! 吐谷浑主既是嵬王之父,嵬王是吐谷浑主太子,父有不是,子须陈谏。若谏而不从,当令近臣亲戚内外讽谕。必不可,泣涕而道之。人皆有情,必当感悟,不可潜谋非法,受不孝之名。溥天之下,皆是朕臣妾,各为善事,即称朕心。嵬王既有好意,欲来投朕,朕唯教嵬王为臣子之法,不可远遣兵马,助为恶事。①

杨坚这一番话,理由多么充分,多么冠冕堂皇! 然而在这一番情理兼备的训导后面,却是一个坐山观虎斗者的真正用心。嵬王的请求被杨坚拒绝后,其下场如何,史书上没有记载。但夸吕死后,他的继承者不是嵬王诃,这个事实是明确载入史册的。这里有两种可能:一个是嵬王诃被废杀,一个是他因病或意外事故死于夸吕之前。从下面发生的事实中,我们认为前一种可能更大。

开皇八年(588),吐谷浑名王拓拔木弥请求带领千余家部民归顺隋朝。杨坚又下诏说:

> 溥天之下,皆曰朕臣,虽复荒遐,未识风教,朕之抚育,俱以仁孝为本。浑贼惛狂,妻子怀怖,并思归化,自救危亡。然叛夫背父,不可收纳。又其本意,正自避死,若今遣拒,又复不仁。若更有意信,但宜慰抚,任其自拔,不须出兵马应接之。其妹夫及甥欲来,亦任其意,不劳劝诱也。②

杨坚这个诏书,答应了接纳吐谷浑的降者,但同时规定两条:第一,不派兵马接应,任其自拔。第二,不对其劝降、诱降。这实际上还是坐视吐谷浑内乱的政策。不过,这个诏书反映了吐谷浑内部矛盾更加激烈的事实。诏书中所说的"浑贼",显然指夸吕,"妻子怀怖,并思归化","叛夫背父,不可收纳",说明夸吕的妻子、儿子都想背叛他。这大概是夸吕杀死了嵬王诃,又怀疑新立太子,从而引起了其妻子不满。

---

① 《隋书》卷83《西域列传·吐谷浑传》。
② 《隋书》卷83《西域列传·吐谷浑传》。

开皇九年(589),隋朝灭南朝陈,统一了南北。夸吕大惧,从此不敢为寇。

开皇十一年,夸吕死,其子吐谷浑伏立。吐谷浑伏派其侄无素奉表称藩,并献地方物产,又请求将女儿送给杨坚。杨坚知道这并非无素诚意,便写信给无素,拒绝了无素献女请求。为了不使无素感到隋朝是出于敌意或鄙意,接着派刑部尚书宇文弢前去吐谷浑抚慰。开皇十六年(596),又将光化公主嫁给吐谷浑伏,与之和亲。

开皇十七年(597),吐谷浑国大乱,吐谷浑伏被杀,其弟伏允为主。伏允派人至隋陈述变乱的经过,并请求按吐谷浑兄死妻嫂之俗娶光化公主。杨坚答应了,从此,伏允岁岁派人朝贡。

在隋王朝的西境,还居住着许多羌人,其中最大的一支名曰党项。党项羌活动的范围,"东接临洮、西平,西拒叶护,南北数千里,处山谷间"①。此处的临洮,即今甘肃岷县;西平,即今青海乐都。党项羌依姓结为部落,大部落有五千余骑,小部落千余骑。关于他们的生活习俗,史书上是这样记载的:

> 织牦牛尾及毛毡毺以为屋,服裘褐,披毡以为上饰。俗尚武力,无法令,各为生业,有战阵则相屯聚,无徭赋,不相往来。牧养牦牛、羊、猪以供食,不知稼穑。其俗淫秽蒸报,于诸夷中最为甚。无文字,但候草木以记岁时。三年一聚会,杀牛羊以祭天。人年八十以上死者,以为令终,亲戚不哭。少而死者,则云大枉,共悲哭之。有琵琶、横吹,击缶为节。

从这段记载看,党项羌此时处于较低级的社会阶段,不像吐谷浑那样具备国家政权的形态。但在北魏、北周时,党项羌也多次侵扰西边。杨坚辅周政时,尉迟迥、司马消难、王谦先后起兵,党项也乘中原动乱之机,在西境大肆进行寇掠。益州总管梁睿平定王谦后,请求出兵讨伐党项羌。杨坚因中原已经平定,认为党项不足为患,没有同意。果然,随着隋朝政权的稳定,国力的逐步增强,党项羌人也不再为患,而且他们的首领常率部落归附。整个杨坚在位期间,西境基本上是安定的。

---

① 《隋书》卷83《西域列传·党项传》。

第四节　平定岭南

在我国湖南、江西、广东、广西等省区交界处,耸立着五座高高的山峰,它们是越城岭、都庞岭、萌渚岭、骑田岭、大庾岭,历史上称为"五岭"。五岭以南的地区,古代称为"岭南",又称为"岭外""岭表"。

589 年,杨坚派出八路大军一举渡江,灭掉陈朝。不久,又迅速平定了南方的叛乱。

然而,岭南地区并未最后安定下来。

隋朝灭陈后,为岭南地区安定作出很大贡献的,是当地越族杰出的女首领冼夫人。而冼夫人作用的发挥,又与杨坚在这个地区的民族和睦政策不无关系。

早在三国时期,东吴孙权就在今广东地区设高凉郡,治所在今广东阳江西。高凉郡的冼氏,世代为当地南越族首领,"跨据山洞,部落十余万家"[1]。大约在南朝梁武帝时,冼氏家族出现了一位贤明聪颖、足智多谋的女子。她还未出嫁时,在父母家就善于安抚部众,能够统兵打仗,附近的越人部落都信服她。这个女子还深明大义,虽善战却不好战,她常劝其亲族多行善事,不要侵扰百姓,由此以信义在本乡著称。当地越人各部间,常常互相争战。冼氏女的哥哥任梁朝的南梁州刺史,倚仗其富强,经常侵掠别郡,岭表多受其苦。冼氏女便常常劝谏其兄,不要侵害百姓,最后把他说服,从此她在当地的威望更高。

冼氏女的名声越传越远,终于有一天,罗州(治所在今广东茂名西)刺史冯融也听到了她的名声及才能。他派人给冼家送去厚厚的聘礼,执意要为儿子冯宝娶冼氏女为妻。

冯家娶冼氏女的态度是诚恳的,因为他急需像冼氏女这样的人为他分忧解愁。这个冯融,本不是土生土长的岭南人,其祖上是今辽宁境内的北燕人,是北燕主冯跋的后裔。北燕主冯弘迫于北魏的军事压力逃往高丽,而冯融的祖父冯业带三百多人从海道南下,一直来到新会郡(治今广东新会境),从此定居下来。从冯业到冯融,冯家三代都为地方牧守。然而,岭南之地,少数民族众多,宗族关系错综复杂,冯氏为羁旅他乡的外地人,号令难以行使。如今,儿子冯宝也已任高凉太守,但也是有令不行,有禁不止。所以,冯融要给儿子娶冼氏女,让她帮助儿子治理地方。

冯融与冼氏联姻,果然收到了大大超出其预想的奇效。冼氏女嫁给冯融,成为冼夫人。她"诫约本宗,使从民礼。每共宝(即冯宝)参决词讼,首领有犯法者,虽是亲族,无所舍纵。自此政令有序,人莫敢违"[2]。

冼夫人不但帮助丈夫冯宝治理地方,关键时刻,还协助冯宝判断形势、救其性命。侯

---

[1]　《隋书》卷 80《列女列传·谯国夫人传》。

[2]　《隋书》卷 80《列女列传·谯国夫人传》。

景叛乱,围攻萧梁首都建康,广州都督萧勃征发岭南之兵援助京都。当时,高州(治所在今广东阳江西)刺史李迁仕在大皋口,派人征召冯宝。冯宝欲应召前往,冼夫人觉得其中有蹊跷,便劝阻说:"夫君不可前往!"

"为什么?"冯宝疑惑不解。

"刺史无故不应该召太守,我看,他一定想把你骗去逼你与他一起反叛。"冼夫人解释道。

"夫人何以知之?"

"朝廷征召刺史援京勤王,而李迁仕却称有病,迟迟不往。我听说这些日子他一直在铸造兵器、召集兵众,现在又召唤夫君,如果夫君前往,必然被他当作人质扣留,然后胁迫夫君交出兵众。希望夫君莫往,以观其变。"

几天以后,李迁仕果然起兵反叛,并遣其主帅杜平虏率兵进入灨石。

冯宝深深佩服夫人的洞察力,又问如何对付。冼夫人说:"杜平虏是个骁勇之将,他领兵入灨石,是为了抵御前来征讨的官兵,我看他不一定会败退州城。现在,李迁仕独在州城,无所作为。如果夫君亲自去,必然会与他发生战斗。不如先派使人前去骗他,就说你身体不适,不便前往,欲派夫人前往参谒,然后献其厚礼。李迁仕必喜,不会防备。我便带领千余人,挑着杂物,假说给他送军需物资,然后出其不意,将州城拿下。"

冯宝认为此计甚妙,便派使依夫人之言而行。然后派千余兵众,暗藏兵器,挑着担子随冼夫人前往。李迁仕果然大喜,又见众人皆挑着担子,遂不设备。冼夫人突然发兵进击,李迁仕军大败,弃州城逃往宁都。

冯宝死后,正值梁末陈初,岭南大乱,冼夫人怀集百越,数州宁晏。早在击败李迁仕后,冼夫人就见过陈霸先。她对冯宝说:"陈都督(指陈霸先)大可畏,极得众心。我观此人,必能平贼,君宜厚资之。"陈霸先建立陈朝后,永定二年(558),冼夫人派其九岁的儿子冯仆率诸首领往建康朝拜陈霸先。陈霸先拜他为阳春(今广东阳春)郡守。后来,广州刺史欧阳纥反,将冯仆召来,劝诱他随自己造反。冯仆人已至此,欲走不能,便遣使归告其母。冼夫人闻讯大惊,她知道儿子已成为欧阳纥的人质,如果不响应他,儿子的性命便有危险;如果顾及儿子,自己就会成为朝廷的叛臣。最后,冼夫人喊着冯仆的名字说:"我为忠贞,经今两代,不能惜汝辄负国家。"便毅然发兵守境,率百越酋长迎接朝廷派来讨伐欧阳纥的大将章昭达。欧阳纥听说章昭达率军到来,便用竹笼盛以沙石,放置水寨之外,用来阻遏章昭达的舟船。章昭达令水性好的士兵衔刀潜行水中,将竹笼砍坏,沙石顺水流走,然后纵大舰冲击,大败叛军,活捉欧阳纥。冯仆得救,并因冼夫人之功被封为信都侯,加平越中郎将,转任石龙(罗州州治,今广东茂名)太守。陈武帝又册封冼夫人为中郎将、石龙太夫人,并赐给她绣幰油络驷马安车一乘、鼓吹一部、刺史仪仗一套。

陈后主祯明二年(588),陈朝任王勇为镇南大将军、都督二十四州诸军事,又命其移镇广州。王勇还没到广州,隋朝大军已经开始渡江,向建康城发动了进攻。王勇急忙下令,让自己督管内的各州派兵赴京城支援。当时广州刺史陈方庆、西衡州(治所在今广东英德西)陈伯信都隶属于王勇督府,本应派兵,但就在此时,隋朝行军总管韦洸已经率兵进入岭南,并宣布一道杨坚的诏旨,诏旨说:"如果平定岭南,要留下王勇与丰州刺史郑万顷仍任原职。"①

杨坚为什么要对这两个人特殊对待呢?

王勇与陈朝有杀父之仇。王勇的父亲王清在梁朝任安南将军。梁元帝承圣末年(554),陈武帝杀王僧辩,又派侄子陈蒨攻王僧辩的女婿杜龛。杜龛向王清求援,王清率兵大败陈蒨。当时广州刺史欧阳颁也同王清一起,后来变异,杀王清而降陈武帝。王清死时,王勇只有五岁。陈蒨到处查访王勇下落,准备加以诛杀。王勇的母亲韦氏带领王勇逃往会稽,隐姓埋名,才免遭于难。直到文帝陈蒨死后,王勇才出来求取官位。

郑万顷是北朝的叛将,在梁朝末随父入魏。他通达有才干,北周武帝时,任司城大夫、温州刺史。杨坚辅政时,郑万顷又随司马消难投奔陈朝,被拜为散骑常侍、昭武将军、丰州刺史。

很明显,杨坚发此诏书,意在利用王勇、郑万顷二人的特殊经历对岭南陈军进行分化。这一招果然生效,先是陈方庆、陈伯信二人恐怕王勇出卖自己,拒不执行王勇命令,王勇便派戴智烈、曾孝远二人将陈方庆、陈伯信诛杀。其次,杨坚这个诏书又导致了郑万顷降隋。当初,郑万顷在北周时,与杨坚的关系很好。他听到杨坚有此诏书,感到他未忘旧情,便率州兵投降隋朝,抗拒王勇。

岭南官军土崩瓦解,当地土著无所依附,纷纷依附冼夫人,推她为主,号为"圣母",保境安民。这时,建康城已被隋军攻下,陈后主已成为俘虏。杨广让陈后主给冼夫人写信,告诉她天下已经归隋,自己已投降隋朝,令她也一同归顺。为了证明是真的,还把冼夫人曾经献给陈朝皇帝的扶南犀杖及陈后主的兵符拿去给她看。冼夫人见到信及物件,确信陈已亡,便派遣其孙冯魂将韦洸迎入广州。王勇见事已至此,只得投降。至此,岭南地区全部归顺隋朝。杨坚也早知冼夫人的名声,此次岭南归顺,冼夫人又立有大功,便拜冯魂为仪同三司,册封冼夫人为宋康郡夫人。

开皇十年(590),江南叛乱刚刚平定,王勇的部将王仲宣又在岭南反叛。杨坚命柱国、襄阳公韦洸为行军总管,慕容三藏为副总管,讨伐王仲宣。在广州,韦洸率隋军与叛军交

① 《陈书》卷 14《南康愍王昙朗附子方庆传》。

战，中流矢身亡①，杨坚诏令慕容三藏检校广州道行军事。当时，王仲宣军四面围攻广州，慕容三藏固守一个多月。眼看城中将矢尽粮绝，慕容三藏认为再这样相持下去很不利，便决定作最后一拼。当天夜里，他率精锐骑兵，突破叛军包围，将叛军杀散，终于使广州获全。这时，受诏巡抚岭南的裴矩，也行至南康（今江西赣州），得兵数千人。他得知王仲宣军也在围攻东衡州（治所在今广东韶关），便与大将军鹿愿赴援。叛军在大庾岭构筑栅栏，被裴矩击破。退至原长岭，又被击破②。

当王仲宣分兵围攻广州和东衡州时，岭南的冼夫人派遣其孙冯暄率军救广州。不料冯暄与王仲宣手下大将陈佛智关系极密，不愿与之作战，所以故意迟留不进，以至延误了对广州的救援。冼夫人知道后大怒，派人将冯暄抓住，关进狱中。又派其孙冯盎率军讨陈佛智，将其斩杀。并进兵至广州城外，与裴矩、鹿愿军会合，将王仲宣打败。接着，冼夫人身披甲胄，骑着战马，打着锦伞，领着护骑，护卫着裴矩巡抚岭南诸州，"其苍梧首领陈坦、凤州冯岑翁、梁化邓马头、藤州李光略、罗州庞靖等皆来参谒"③。裴矩让他们回去继续统领部落，于是岭南又趋于平定。

岭南地区与中原山水阻隔，相距遥远，杨坚深有鞭长莫及之感。他知道，要想保持岭南地区的稳定，仅仅靠刀枪是不行的，武力只是不得已而为之的一种手段。岭南地区两次平定，冼夫人都作出很大贡献，这个事实也使杨坚看到了当地少数民族首领的重要作用。他对冼夫人的信赖和依靠，成为古代明智的民族政策佳话。

平定王仲宣后，杨坚拜冼夫人之孙冯盎为高州刺史，赦免冯暄，拜其为罗州刺史。追赠冼夫人的丈夫冯宝为广州总管、谯国公，册封冼夫人为谯国夫人，开谯国夫人幕府，府中设长史以下官属，并给其印章，可以调发部落六州兵马，若有紧急情况，可以便宜行事。杨坚的皇后独孤氏将自己的首饰和一套宴服赐给冼夫人。杨坚还特意下诏予以表彰。

对杨坚的优遇，冼夫人自然深感知遇之恩。她把独孤氏赐给的首饰及衣物盛在一个金箱子里，又把梁朝、陈朝所赐之物分别收藏。每逢节日大会，冼夫人便把它们都摆出来，对子孙们说："你们应该对天子尽赤心。我事三代之主，唯用一个忠心。现在这些赐物俱在，这是对忠孝行为的回报，你们都要好好记住。"冼夫人这段话，说明梁、陈、隋三朝对岭南少数民族政策的成功，同时也说明冼夫人对汉族的友好之情不因政权变化而变化，说明岭南地区少数民族与内地汉族割不断的联系。

杨坚为了使岭南地区进一步安定，又选派善于安抚少数民族的官员前去任职。令狐

---

① 《隋书》卷 47《韦世康附韦洸传》。
② 《隋书》卷 65《慕容三藏传》。
③ 《隋书》卷 80《列女列传·谯国夫人传》。

熙善于治理地方，政绩卓著。杨坚便征拜令狐熙为桂州（治所在今广西桂林）总管十七州诸军事，并允许他在当地便宜从事，可以任免刺史以下的官员。令狐熙来到桂州后，推恩著信，教化大行，当地汉人及少数民族全都很拥护他。那些昔日与州官作对的少数民族渠帅互相议论说："以前的总管全都用武力威胁我们，新总管却不是这样，而是实行教化，我们还能与他作对吗？"于是一齐来归附。当时此地有个叫宁猛力的少数民族酋帅，与陈后主同日出生，自言貌有贵相。在陈朝时，已据南海。隋平陈后，杨坚为了安抚他，任他为安州刺史。然而宁猛力十分傲慢，又倚仗占据险阻之地，对历任总管都未参拜过。令狐熙到任后，亲自写信给宁猛力，表示要和他交朋友。宁猛力的母亲有病，令狐熙便派人送医送药。宁猛力终于被感动了，来到总管府请求谒见令狐熙，表示不再与总管作对①。

开皇十七年（597），桂州俚人渠帅李光仕起兵反叛，象州杜条辽、罗州庞靖、李大檀、建州罗寿皆起兵响应。杨坚派王世积、周法尚、何稠等人征讨。王世积出岳州（治所在今湖南岳阳），征发岭北军。周法尚往桂州，征发岭南兵。何稠也率军进至衡岭。王世积所部多遇瘴气，不能前进，顿于衡州（治所在今湖南衡阳）。周法尚独自进兵，李光仕退入白石洞自保。周法尚捕到李光仕的弟弟李光略、李光度，以及李光仕军中许多军人家属。凡是有前来降附的，周法尚就将其家属放还，十余天工夫，降者达数千人。李光仕见军心日散，有被瓦解的危险，便出洞与隋军决战，以求一胜。周法尚遣兵列阵，以当李光仕军，自己亲率一支部队，在密林中设伏。当两军交兵时，周法尚率军直捣李光仕老巢。李光仕大惊，全军溃败。何稠率另一支军翻过衡岭，相继征服杜条辽、庞靖等②。

在这次征讨李光仕行动中，岭南地区一些少数民族首领也参加了隋军的行动。如冯暄自从被杨坚赦免，又蒙冼夫人教诲，对隋朝不再怀有二心。这次出兵，讨平了响应李光仕的李大檀。又如宁猛力，这次也率众迎接隋军，李光仕被平定后，他还表示要随何稠一起入朝朝见。当时他正患重病，何稠为表示对他信任，让他回州养病，与他约好八、九月间在京师相见。但当年十月，宁猛力便病死。杨坚对何稠说："你上次不把宁猛力带来，如今他死了，还怎么来？"何稠说："当初猛力与臣共约，如果他病故，当派其子来见。越人性格直率，我想其子一定会来。"果然，宁猛力临终前，嘱咐其子宁长真说："我已与何稠约好进京朝见，不可失信。我死后，你将我葬好，就马上入朝。"宁长真依言入朝，杨坚见后高兴地说："这真是何稠与当地百姓讲信义的结果。"③

岭南地区一些少数民族首领对隋朝廷的态度，是杨坚对这个地区实行开明民族政策的结果。

---

① 《隋书》卷 56《令狐熙传》。
② 《隋书》卷 65《周法尚传》。
③ 《隋书》卷 68《何稠传》。

对于云南、贵州地区的一些少数民族,早在北周末益州总管梁睿平定王谦后,就向杨坚建议乘胜进讨南宁州(治所在今云南曲靖)。梁睿上疏谈了五点理由:

第一,云贵地区自汉代以来就受中央政权的管辖。这里人户繁多,物产富饶,出产骏马、明珠、井盐、犀角等物。西晋时在此设置宁州。到南朝梁时,宁州刺史徐文盛被梁元帝征赴荆州,从此失去对宁州的控制。

第二,南宁州少数民族酋帅爨震"臣礼多亏,贡赋不入,每年奉献,不过数十匹马"。

第三,从益州伐南宁州,有其便利条件。南宁州离益州,"路止一千",可用"平蜀士众,不烦重兴师旅"。

第四,平定南宁州,于军于国有益。他说:"自卢、戎已来,军粮须给,过此即于蛮夷征税,以供兵马。其宁州、朱提、云南、西爨,并置总管州镇。计彼熟蛮租调,足供城防仓储。一则以肃蛮夷,二则裨益军国。"

第五,平定南宁州,对安定岭南有益。他说:南宁州与交州、广州相接,路不算远,"汉代开此,本为讨越之计"①。

梁睿讲的这些理由,杨坚认为很对,但因当时正是代周建隋的关键时刻;隋朝建立后,杨坚又忙于巩固政权和做灭陈的准备,所以并未付诸实施。

杨坚在隋初之所以未对南宁州用兵,还有一个原因:即此时云贵地区的少数民族酋帅与隋朝的关系比较缓和。据《新唐书·南蛮传》载:"梁元帝时,南宁州刺史徐文盛召诣荆州,有爨瓒者,据其地,延袤二千余里。土多骏马、犀、象、明珠。既死,子震、玩分统其众。隋开皇初,遣使朝贡,命韦世冲以兵戍之,置恭州、协州、昆州。"杨坚还任爨玩为昆州刺史。隋朝灭陈后,江南地区豪强发动叛乱,爨玩也对隋朝怠慢起来。平定江南叛乱以后,杨坚以史万岁为行军总管,率军进击南宁州。史万岁率军"入自蜻蛉川,经弄冻,次小勃弄、大勃弄,至于南中"②。爨玩前后派兵屯聚险要之处阻截,都被史万岁攻破。隋军深入南中千余里,破爨玩三十余部,俘获男女二万余口。《新唐书·南蛮传》载:爨玩"惧而入朝,文帝(指杨坚)诛之"。这个记载过于简略,给人的印象似乎是爨玩被史万岁带入朝中,杨坚将其杀死。其实,史万岁在南中大胜后,并未将爨玩带回朝,而是将他留在南中。第二年,爨玩在南中复反,蜀王杨秀揭发说,史万岁之所以不把爨玩带回朝,是因为他接受了爨玩的金宝贿赂。杨坚闻之大怒,他指责史万岁说:"受金放贼,重劳士马。朕念将士暴露,寝不安席,食不甘味,卿岂社稷臣也?"史万岁辩解说;"臣留爨玩者,恐其州有变,留以镇抚。臣还至泸水,诏书方到,由是不将入朝,实不受贿。"史万岁究竟为什么没把爨玩带回朝,已成

---

① 《隋书》卷37《梁睿传》。
② 《隋书》卷53《史万岁传》。

为一桩无法定论的公案。杨秀说他受了贿赂,但无法拿出证据,因为史万岁已将所受金宝沉入江底。而史万岁说是为了更好的镇抚南中。无论是因为什么,史万岁把爨玩留在南中是个事实,而这在当时显然是个失策之举。因为爨玩毕竟和冼夫人不同,他同隋朝的关系始终是若即若离,只不过迫于隋朝的军事压力才表示归顺。杨坚对史万岁这样处理是不满意的,尤其是当爨玩又一次反叛时,他一口认定史万岁是"受金放贼",几乎把他杀掉。这实际上是对史万岁处理南中问题不满的表现①。从"受金放贼,重劳士马"这句话看,杨坚又一次派兵南征,爨玩的被杀,显然是在这次南征之后。

总的看,杨坚对岭南地区的控制是有效的,他实行较开明的民族政策,利用当地少数民族首领进行管理,同时派去善于安抚地方的官员进行教化。他派兵征讨南中,一方面稳定了这个地区,另一方面又可以从西侧控制岭南。杨坚在位期间,岭南地区基本上是安定的。

---

① 《隋书》卷 53《史万岁传》。

第七章
兴佛复道

第一节　佛门弟子

574年五月，杨坚担心的事情终于发生了。

那是北周武帝亲政的第三个年头，这位雄心勃勃、不甘受制于人的年轻皇帝，作出了一个在整个中国古代史中都很著名的决定：禁断佛、道二教。

成千上万的僧人被迫脱下僧服，离开了他们吃斋诵经的寺院。

成千上万的道士被迫脱下道袍，离开了他们设醮炼丹的道观。

这一道诏书，使那些方外之人纷纷还俗。

这一道诏书，使那些神坛上的天尊、佛像纷纷被捣毁。

577年，北周灭北齐，又将灭佛政策在关东地区推行。

从北周武帝建德三年到建德六年，"毁破前代关西、山东数百年来官私所造一切佛塔，扫地悉尽。融刮圣容，焚烧经典。八州寺庙，出四十千，尽赐王公，充为第宅。三方释子，灭三百万，皆复军民，还归编户"①。

这一切对于杨坚来说并不感到突然。因为在周武帝毁禁佛、道以前已经出现过种种征兆，他诛杀权臣宇文护后，"阅其书记，有假托符命、妄造异端者，皆诛"②。这表明，他对那些借符命制造异端的道家方术已经没有什么好感。建德二年（573）十二月，又"集群臣及沙门、道士等，帝升高座，辨释三教先后，以儒教为先，道教为次，佛教为后"③。这表明在周武帝眼里，佛教连道教都不如。

尽管杨坚对于佛、道被毁被禁有些预感，但眼睁睁看到众多僧人还俗，数以万计的佛像被毁，一座座寺院变成王公第宅，他心里也很难受。

杨坚毕竟对佛教有深厚的感情。

《续高僧传·道密传》记载了这样一则故事：

西魏大统七年（541）六月十三日，杨坚降生于同州（治所在今陕西大荔）大兴国寺。当时赤光照室，流溢外户，紫气满庭，状如楼阙，将人的衣服都映成了紫红色。当时气温灼热，奶妈怕孩子热坏，便给他搧扇子，不料杨坚受寒，连哭都哭不出声了。当大家正为杨坚的生死担忧时，一个叫智仙的尼姑忽然来到。这个智仙也很有些来历，传说她是河东蒲坂（今山西永济西蒲州）刘氏之女，自幼出家，恪守戒律。有一天，寺中和尚忽然发现智仙失踪了，恐怕她掉到井里，便四处寻找，最后在佛堂中找到她，发现她正在打坐，已俨然坐定。

---

① 《历代三宝记》卷11《译经·齐梁周》，《大正新修大藏经》，第49册。

② 《北史》卷89《艺术列传·庾季才传》。

③ 《周书》卷5《武帝纪上》。

当时她还只是一个七岁的小姑娘。从此,人们都认为她有坐禅的天性。智仙尼来到大兴国寺,对杨坚的父亲杨忠说:"此儿自有天佛保佑,不用担心。"便给杨坚起了一个名字叫那罗延,即金刚之意,意思是让杨坚像金刚一样结实,不可毁坏。智仙又说:"这孩子来历不凡,俗家杂秽,很难养活,我来为你们养之。"杨忠便割出宅子的一部分作寺庙,将儿子交给智仙。杨坚一直被养到十三岁才还家①。

这个故事,与我们在第一章第一节中讲的关于杨坚的出生有很多相似之处。杨坚出生后为什么被女尼收养在寺中?从以上故事中我们推测,可能因为他自幼体弱多病。但杨坚十三岁以前始终生活在寺院中从未还家似乎不太可能,因为杨坚毕竟没有削发为僧,其父杨忠还想让他在世俗社会中有所作为,杨坚十二三岁时进入太学,以后步入仕途,没有机会与寺院智仙密切往来。所以,杨坚十三岁才还家,应当理解为杨坚入太学以前,一直和佛教寺院关系密切,受佛教影响很深。

还有几件事能说明杨坚对佛教的感情。

第一件事,北周武帝禁佛后,从小收养杨坚的智仙就隐藏在杨坚家中,她"内著法衣,戒行不改"②,俨然把杨坚家变为一座隐蔽的寺院。当时,国令甚严,甚至悬赏"捉获一僧,赏物十段"③。杨坚已为朝廷命官,竟然将智仙藏在家中,允许她继续行佛事。如果说他允许智仙藏身还有感其自幼抚育之恩的成分,那么允许她继续行佛事,就完全出于对佛教的感情了。

第二件事,杨坚在西魏北周时曾亲自到寺院礼拜。襄州(治今湖北襄阳)有一座寺院名上凤林寺。"隋初显敞,跨谷连院,松竹交映,泉石相喧。邑屋相望,索然闲举,有游览者皆忘返焉。文帝龙潜之日,因往礼拜,乞愿弘护"④。可见杨坚对佛教的虔诚。

第三件事,杨坚登帝位后,"每顾群臣,追念阿阇梨,以为口实。又云:'我兴由佛法。'而好食麻豆,前身似从道人里来。由小时在寺,至今乐闻钟声"⑤。可见十多年的寺院生活,给杨坚的生活习惯打上深深的烙印。

这样一个受佛教深刻影响的人,这样一个对佛教怀有深厚感情的人,看到佛教被禁,怎能无动于衷?

北周大象二年(580),周宣帝死,杨坚辅政。当年便下诏,"复行佛、道二教,旧沙门、道

①　《续高僧传》卷28《感通篇·释道密传》,《大正新修大藏经》,第50册。
②　《续高僧传》卷28《感通篇·释道密传》,《大正新修大藏经》,第50册。
③　《续高僧传》卷29《遗身篇·释普安传》,《大正新修大藏经》,第50册。
④　《续高僧传》卷26《感通篇·释明诞传》,《大正新修大藏经》,第50册。
⑤　《续高僧传》卷28《感通篇·释道密传》,《大正新修大藏经》,第50册。

士精诚自守者,简令入道"①。被禁止了六年的佛、道二教,在杨坚辅政时便开始恢复。

杨坚恢复佛教进行得相当顺利,在不长的时间里,恢复寺院,兴建寺塔,重造佛像,招回僧侣,搜集佛经,样样事情都卓有成效。不能否认,这与杨坚的积极提倡、严督力促有关,但更重要的原因,是佛教虽经周武帝的禁断,但并没有死亡,甚至连元气也没有大伤害。

周武帝禁佛,法令虽严,但执行起来却折扣很大。周武帝禁佛以后,僧人普安栖隐于终南山楩梓谷西坡。当时官府曾悬赏捉拿逃逸僧人,有个人知道普安和尚栖隐之所,他见到悬赏后,来到山里寻找普安,欺骗他说:"你在山里忍受贫寒的煎熬,我真很同情你。现在,我在家中已准备好吃的和一些用具,你跟我回家去拿吧!"普安相信了,便跟他一起进京。不料,刚一进京,就被那个人捉住去请赏。周武帝知道后,对那个人说:"我所制定的法律,不许僧人们在民间活动,就够严厉的了。如今你所作所为,使我之国法更加严厉,连山里也不许他们呆了。这样,让他们在哪里存身呢?应该放他回山,不许搜捕。"②还有一个叫柳白泽的官员,奉旨捉拿逃僧。有一个地方官前来报告说"此处楩梓谷内,有个叫普安的僧人",并派人将普安抓来。柳白泽对这个地方官说:"我不见他,应将他放还。"可见,周武帝禁断佛教,只是禁止僧人在民间活动,对逃入山中的僧人是较宽容的。不但如此,周武帝还在京师设专门机构,允许高僧变相存在。《续高僧传·释普旷传》载:

> 建德之年,将坏二教,关中五众骚扰不安。旷闻之,躬往帝庭,广陈至理。不纳其言,退而私业。于斯时也,寺塔湮废,投命莫从,远造则力竭难通,近从则心轻易徙,遂因其俗位,消息其中。武帝虽灭二教,意存李术,便更置通道观学士三百人,并选佛、道两宗奇才俊迈者充之。③

可见,在通道观内,还以通道观学士的名义保留了一些佛、道两门高人。后来道观虽废,学士们却都随才赋任。

由于周武帝对佛教徒在一定程度上表现出宽容,一些不愿从俗的僧人纷纷逃入山中。《续高僧传·释普安传》载:

> 周氏灭法,栖隐于终南山之楩梓谷西坡,深林自庇,廓居世表,洁操泉石,连踪由

---

① 《周书》卷8《静帝纪》。
② 《续高僧传》卷29《遗身篇·释普安传》,《大正新修大藏经》,第50册。
③ 《续高僧传》卷11《义解篇·释普旷传》,《大正新修大藏经》,第50册。

甫。又引静渊法师同止林野，披释幽奥，资承玄理，加以遵修苦行，亡身为物。或露形
草莽，施诸蚊虻，流血被身，初无怀惮。或委卧乱尸，用施豺虎，望存生舍（死），以祈本
志。而虎豹虽来，皆嗅而不食。常怀介介，不副情愿。孤践狩踪，冀逢食啖。于时天
地既闭，像教斯蒙，国令严重，不许逃难。京邑名德三十余僧，避地终南，投骸未委。
安（指普安）乃总召，详集洲渚，其心幽密。安（指普安）处自居显露，身行乞索，不惧严
诛，故得衣食俱丰，修业无废。

由此记载可以看出，逃入山中的僧人生活很苦，不但蚊虫叮咬，还有被虎豹吃掉的危险。
但这三十多名僧人，在普安的组织下，修业无废，使佛教继续在山中生存。

当时逃入山中继续修行的僧人，不仅仅限于终南山中的普安等三十多人。如昙延，是
个佛学造诣很深的僧人。后来，周武帝要废止佛、道，昙延极力劝谏，无效，便"隐于太行
山，屏迹人世"①。

泽州东山古贤谷寺僧人慧远，是北齐高僧。周武帝平齐后，下诏废佛。当时众僧认为
武帝很难劝谏，都默然不语，只有慧远与武帝反复论辩。武帝废佛后，他"遂潜于汲郡西
山，勤道无倦。三年之间，诵《法华》《维摩》等各一千遍，用通遣法。既而山栖谷饮，禅诵无
歇，理窟更深，浮囊不舍"②。

北齐僧人道判，于北周武帝保定二年（562）率二十一名僧人到达北周国都长安。在长
安，道判遇到静蔼法师，"朝夕闻问，方登阶渐"。后来武帝废佛，道判与静蔼"西奔于太白
山，同侣二十六人，逃难岩居，不忘讲授"③。

这些在山中隐居的僧人，不废佛法，诵经不辍，是佛教恢复后使其再兴的重要力量。

杨坚恢复佛教之所以成就显著，还有一个重要原因，就是佛教在社会上具有深刻的影
响和广泛的基础。佛教在两汉之际自西域传入，至北周时已有差不多六百年的历史。在
此期间，佛教经过自身的不断改造，至南北朝时，广播于黄河上下，大江南北。仅以北朝为
例，北魏太和元年（477），全境有佛教寺院6478所，僧尼72258人。而到孝明帝正光（520—
525）以后，"天下多虞，王役尤甚，于是所在编民，相与入道，假慕沙门，实避调役，猥滥之
极，自中国之有佛法，未之有也。略而计之，僧尼大众二百万矣，其寺三万有余"④。这里将
北魏后期僧尼、寺院数量激增的原因，归为百姓为逃避国家徭役而出家为僧，这无疑是原
因之一，但也不能否认，其中有相当一部分人是出于对佛门的信奉，出于脱离苦海的愿望，

---

① 《续高僧传》卷8《义解篇·释昙延传》，《大正新修大藏经》，第50册。
② 《续高僧传》卷8《义解篇·释慧远传》，《大正新修大藏经》，第50册。
③ 《续高僧传》卷12《义解篇·释道判传》，《大正新修大藏经》，第50册。
④ 《魏书》卷114《释老志》。

出于对心灵慰藉的寻求。

佛教在北朝影响之深、基础之广，还表现在周武帝废佛，所支持者甚少。对于周武帝废佛，不仅有像慧远那样的僧人公开起来反对，有像杨坚那样的官员暗中进行抵制，就连他的儿子在他死后也连连表示要改变其父政策。周武帝病逝当年，其子宣帝就对要求复佛的人说："佛理弘大，道极幽微，兴施有则，法须研究。"①大成元年(579)正月十五日，宣帝又下诏说："弘建玄风，三宝尊重，特宜修敬，法化弘广，理可归崇。其旧沙门中德行清高者七人，在正武殿西安置行道。"②这年二月二十六日，又下诏："佛法弘大，千古共崇，岂有沉隐，舍而不行? 自今已后，王公已下并及黎庶，并宜修事，知朕意焉。"③四月二十八日，又下诏说："佛义幽深，神奇弘大，必广开化仪，通其修行。崇奉之徒，依经自检，遵道之人，勿需剪发毁形，以乖大道。宜可存须发，严服以进高趣。今选旧沙门中懿德贞洁，学业冲博，名实灼然，声望可嘉者一百二十人，在陟岵寺为国行道。拟欲供给资须，四时无乏。其民间禅诵，一无有拟。唯京师及洛阳各立一寺，自余州郡，犹未通许。"④周宣帝的最后一次诏书，已不是对恢复佛教仅仅有所表示，而是已初步实施，诏书中所说在陟岵寺选置的一百二十名僧人，就是有名的菩萨僧。这些菩萨僧，数额有限，又蓄发留须。所开的寺院，仅有长安及洛阳两座，因此，不算是对佛教的恢复。佛教真正意义上的恢复，是杨坚辅政及其建隋称帝以后。

杨坚兴复佛教，主要有以下措施:

第一，恢复、兴建寺院。《续高僧传·道密传》载:杨坚称帝后，将其以前所经历的四十五州寺院，全都改名为大兴国寺。开皇元年(581)三月，杨坚又下《五岳各置僧寺诏》:

> 门下:法无内外，万善同归。教有浅深，殊途共致。朕伏膺道化，念存清静，慕释氏不二之门，贵老生得一之义，总齐区有，思致无为，若能高蹈清虚，勤求出世，咸可奖劝，贻训垂范。山谷闲远，含灵韫异，幽隐所好，仙圣攸居，学道之人，趣向者广。石泉栖息，岩薮去来，形骸所待，有须资给。其五岳之下，宜各置僧寺一所。⑤

僧人僧定，本丹阳人，本性仁慈，善禅定。有时"禅想乍浮，未能安静，便通夜山行，无问榛梗。猛兽鸷鸟，见等同群，而定安之若游城市。其含育之感，不可类也"。杨坚听说此人，

---

① 《广弘明集》卷 10《辩惑篇·任道林上表请开佛法事》。
② 《广弘明集》卷 10《辩惑篇·任道林上表请开佛法事》。
③ 《广弘明集》卷 10《辩惑篇·任道林上表请开佛法事》。
④ 《广弘明集》卷 10《辩惑篇·任道林上表请开佛法事》。
⑤ 《历代三宝记》卷 12《译经·大隋》，《大正新修大藏经》，第 49 册。

便在西京造寺，"远召处之"①。

第二，扩大僧侣数量。寺空人寂，诵经不闻，这是佛教被禁时的情况。有寺有僧，佛教才能兴盛。为扩大僧侣数量，杨坚首先是把名僧请出来。例如在周武帝灭佛时，普安率三十多名僧人逃入终南山楩梓谷。"隋文创立，佛教大兴，广募遗僧，依旧安置。时楩梓一谷三十余僧，应诏出家，并住官寺"②。逃入太白山的道判等二十六人，在周宣帝时为菩萨僧，住陟岵寺。"大隋受命，广开佛法，改为大兴善寺焉。判（指道判）道穆僧徒，历总纲任，部摄彝伦，有光先范"③。杨坚下诏恢复佛教，广开佛法，本身也是延请高僧的极其有效的方式。僧人昙延，周武帝废佛时，隐居太行山。周宣帝置菩萨僧，本来有昙延，但他认为这是僧名俗相，便逃回山里。当他听说杨坚建隋，复兴佛法时，便剃掉头发，身穿法服，手持锡杖来到杨坚面前。对于他的到来，杨坚非常高兴，说："弟子久思此意，所恨不周。"昙延说："昔闻尧世，今日始逢。"④杨坚之所以这么高兴，因为他知道，召来名僧，不但能弘扬佛法，还能扩展僧众。昙延到来之后，"以寺宇未广，教法方隆，奏请度僧以应千二百五十比丘五百童子之数。敕遂总度一千余人以副延请。此皇隋释化之开业也。尔后遂多，凡前后别请度者，应有四千余僧。周废伽蓝，并请兴复"⑤。北周大象二年（580），杨坚辅政时开始复兴佛教，名僧彦琮便为诸贤讲《般若经》。杨坚建隋后，彦琮登位讲经，"四时相续，长安道俗，咸拜其尘，因即通会佛理，邪正沾濡，沐道者万计"⑥。名僧慧远，在周宣帝时为菩萨僧，杨坚建隋后，被准许落发为僧。很多旧时僧侣，全都慕其名而来，史称"法门初开，远近归奔，望气成津，奄同学市"⑦。名僧昙迁，北周武帝废佛时，他欲保道存戒，便逃往南朝。杨坚代周，复兴佛教的消息传到南方后，昙迁决意北返。建康的众僧友在新林（今江苏南京西南）为他饯行，写下许多表达去留哀感之诗。有一个禅师这样写道：

> 生平本胡越，关吴各一津。
> 联翩一倾盖，便作法城亲。
> 清谈解烦累，愁眉始得申。
> 今朝忽分手，恨失眼中人。

---

① 《续高僧传》卷 19《习禅篇·释僧定传》，《大正新修大藏经》，第 50 册。
② 《续高僧传》卷 29《遗身篇·释普安传》，《大正新修大藏经》，第 50 册。
③ 《续高僧传》卷 12《义解篇·释道判传》，《大正新修大藏经》，第 50 册。
④ 《续高僧传》卷 8《义解篇·释昙延传》，《大正新修大藏经》，第 50 册。
⑤ 《续高僧传》卷 8《义解篇·释昙延传》，《大正新修大藏经》，第 50 册。
⑥ 《续高僧传》卷 2《译经篇·释彦琮传》，《大正新修大藏经》，第 50 册。
⑦ 《续高僧传》卷 8《义解篇·释慧远传》，《大正新修大藏经》，第 50 册。

　　子向泾河道，慧业日当新。

　　我住邗江侧，终为松下尘。

　　沉浮从此隔，无复更来因。

　　此别终天别，迸泪忽沾巾。①

昙迁的北上竟使江南僧人如此动情伤感，也说明他在南方佛教界中的影响。昙迁北上，先至徐州。开皇七年(587)，杨坚下诏，请昙迁入京。

　　当时，洛阳高僧慧远、魏郡高僧慧藏、清河高僧僧休、济阴高僧宝镇、汲郡高僧洪遵，全被杨坚请到长安，昙迁也率弟子到来。杨坚在大兴殿接见六大高僧，慰劳他们，并命人将他们安置在大兴善寺。杨坚虽然允许他们各带十个弟子，但又允许慕名而来的远方和尚前来拜谒，所以很多僧人不远万里，前来拜师。"于斯时也，宇内大通，京室学僧，多传荒远。众以《摄论》初辟，投诚请祈，即为敷弘，受业千数。沙门慧远，领袖法门，躬处坐端，横经禀义。自是传灯不绝，于今多矣"②。开皇十年(590)春，杨坚巡幸晋阳(今山西太原南)，昙迁随驾前往。一天夜里，杨坚召昙迁入御内，说："我巡幸至此，见到有许多私自出家的山僧，想成为国家僧人，我欲准之，如何？"昙迁说："自从周武废佛以后，众僧人有的遁迹山林，有的逃窜异境。陛下统临大运，更阐法门，佛门僧侣无不歌咏来归圣德。近来他们虽屡蒙招引度脱，但因来有先后，不能及时得到批准。天地覆载，莫非王民，至尊应普度万方，怎能仅使一方得庆？"杨坚采纳了昙迁之议，下诏说："自十年四月以前，诸有僧尼私度者，并听出家。"这一道诏书，便使全国受度僧人达数十万③。

　　杨坚通过名僧的影响，召纳旧众，剃度新侣，使佛教僧众数量在他在位期间迅速增长。

　　第三，恢复、保护佛像。北周武帝废佛，对佛像毁灭得很厉害。佛像被毁的程度，我们已很难从历史记载中详细发现，但我们从隋唐时流行的佛像故事中，可以看到佛像在周武帝时经历怎样的浩劫。

　　第一个故事发生在北周武帝建德三年(574)。这年周武帝宣布废佛，在荆州，上开府长孙哲听说当地佛寺中有大佛像，就下令将其毁掉。州中百姓及被废的僧人尼姑听到这个消息，心中非常焦急。但毁像既是朝廷命令，谁又能违抗得了呢？很多人因佛像将被毁无法保护而伤心落泪。长孙哲见到这种情况，更加被激怒了，便逼着手下人迅速将佛像毁掉。一百多名士兵用很粗的绳索套在佛像的脖子上，然后一齐用力拉绳，试图将佛像拉倒。但是凭士兵们怎样使劲，佛像却纹丝不动。长孙哲说士兵们不用力气，便将他们杖责

①　《续高僧传》卷18《习禅篇·释昙迁传》，《大正新修大藏经》，第50册。

②　《续高僧传》卷18《习禅篇·释昙迁传》，《大正新修大藏经》，第50册。

③　《续高僧传》卷18《习禅篇·释昙迁传》，《大正新修大藏经》，第50册。

一顿，又增加一条绳索、一百名士兵。说也奇怪，二百多人还是拉不倒，佛像反而更加稳固。长孙哲又增加一百人，还是无济于事。当拉绳的士兵增加到五百人时，只听得轰的一声巨响，佛像被拉倒了，大地被砸得剧烈地抖动，好像地震一样。人们被这种异常现象惊呆了，心中非常恐惧。惟独长孙哲不信佛法，他感到一种胜利的满足，接着令人将佛像砸毁熔化。他亲自骑马到刺史处报功，但刚走出百余步，便从马上跌下来，目光呆滞，口不能言，四肢不能动，当夜便死去。

第二个故事发生在北齐。有一个和尚叫僧护，他曾发愿，要造一个身高丈八的石像，众人听了都奇怪他为什么要发此愿。后来，僧护在寺院北面的山谷中发现一块横放在地上的巨石，长正好一丈八尺左右。他便雇了石匠，就地雕凿。大约一周的时间，将佛像的头部、腹部凿好，而佛像仍是背部着地。人们用六匹马拉着，想把石佛翻过来，却翻不动。一夜过后，人们又惊奇地发现石佛却自己翻过来了。石匠便把佛像背部加工好，僧护让人将佛像移至佛堂内。577年，北周灭北齐，周朝士兵烧毁佛寺，唯独这尊佛像颜色不变。周军又想把佛像拉倒，但用了六十多头牛都没拉动。

第三个故事发生在周武帝死后。有一个叫姜明的人，住在陕西黄陵东南的山中。此人性格淳素，语言质朴，笃信佛道。他虽不懂经卷，却因虔诚向佛名著当时。有一天，姜明在一个山谷里发现有异光屡现，便循光寻找，最后在谷底发现有一石像座。在像座远处，有一巨石状如卧佛，半露在外。姜明便动手挖掘，果然挖出一座佛像。此像高三丈有余。当时，周武帝刚刚去世，其子宇文赟初登帝位，禁佛之令还未取消。姜明知道，如果官府知道这件事，自己就会被认为保存佛像而受到严惩。但他毫不惧怕，向长者询问此像来历，附近长者没有人能说出此像来自何方。姜明想，此地历来荒芜，没有寺院，这尊佛像当是阿育王遗像散在人间，便召集四方乡亲，想把佛像立起来。但此像太重了，众人用尽力气也不能将其抬起。姜明便焚香祈祷说："若佛法当重新振兴，使苍生有所依赖，就望佛显灵，助我们得遂心愿。"说也奇怪，姜明话音刚落，佛像突然变得轻起来。众人将其抬起，一直走到像座边，将其置于像座之上。大家深感惊奇，因为这种事以前从未遇到过。后来，周宣帝知道此事，认为这是祥瑞之兆，便将年号定名为大象。

这三个故事均载于《续高僧传·释僧明传》中。对其中所述的那些神奇情况，我们姑且不论，但从这些故事中，我们可以看出周武帝时毁佛像的三点情况：第一，毁佛像的时间和空间。第一个故事发生在北周境内，时间是建德三年，即周武帝亲政的第三个年头。第二个故事发生在北齐境内。第三个故事发生在周武帝死周宣帝即位之际。这正好说明从574年至579年的五六年内，在整个北方，佛像都遭到严重毁坏。第二，毁坏佛像的方式，一般是焚烧、熔化、拉倒、砸碎。第三，对保存佛像者的惩罚相当严厉。第三个故事中，姜明发现佛像后，有这样几句话："时周武已崩，天元（指周宣帝）嗣历，明（指姜明）情发增勇,不惧严诛,顾问古老,无知来者。"①这恰好说明北周对保存佛像者是要"严诛"的。

佛像在北周所遭的严重毁坏,给杨坚恢复佛教带来很大困难。寺院可以恢复,僧人可以召回,但佛像要一座一座地铸,一尊一尊地雕。况且,在隋朝刚建时,杨坚为革前朝弊端,大量地铸造新币,这又占去了相当大的人力物力。因此,隋初恢复佛像的速度不能适应复兴佛教的需要。所以,在开皇四年(584),杨坚特下一道恢复佛像的诏书:

> 周武之时,毁灭佛法,凡诸形象,悉遣除之,号令一行,多皆毁坏。其金铜等或时为官物。如有现在,并可付随近寺观安置,不得辄有损伤。②

杨坚这个诏书,对隋初恢复佛像显然有很大的促进作用。杨坚在恢复旧像的同时,也积极营造新像。比如扬州长干寺有佛像,在当地颇有名气,隋灭陈后,杨坚将其迎至大内供奉。此像为立佛,所以杨坚也站着侍奉,不敢对坐。后来,杨坚下敕说:"朕年老,不堪久立侍佛,可令有司造坐像。"③开皇十六年(596),杨坚巡幸齐州,得病,"王公以下奉造观音,并敕安济法供养"。仁寿元年(601),杨坚又令"造等身释迦六躯,敕令置于藏师住寺"④。

开皇十三年(593),杨坚外出巡幸,来到岐州(治所在今陕西凤翔),僧人昙迁、杨坚的儿子蜀王杨秀都随驾前往。在岐州,杨坚带杨秀等人布围射猎。一只野兽冲出包围飞奔逃逸,杨秀见此,策马紧追。只见那只野兽跑进一所破窑中,杨秀进去一看,只见满窑都是破败的佛像,哪里还看得见野兽的踪影?杨秀回去后,将所看到的告诉了杨坚,僧人昙迁便说道:"自从周武废佛以来,灵塔圣仪被毁抛之沟壑者真是太多了。承蒙陛下兴建,营修了许多。但还有许多圣像的碎身遗影遍布原野。贫僧触目增恸,有心无事。"

杨坚听了,怅然很久,游猎的兴致早已被这消息扫得无影无踪。他像是在回答昙迁,又像是在向佛忏悔:"弟子庸朽,垂拱岩廊乃使尊仪冒犯霜露。如师所说,朕之咎也。"当即,杨坚便口拟诏书一道,令人传下。诏书说:

> 诸有破故佛像,仰所在官司,精加检括,运送随近寺内。率土苍生,口施一文,委州县官人检校装饰。⑤

---

① 《续高僧传》卷30《兴福篇·释僧明传》,《大正新修大藏经》,第50册。
② 《历代三宝记》卷12《译经·大隋》,《大正新修大藏经》,第49册。
③ 《续高僧传》卷30《兴福篇·释僧明传》,《大正新修大藏经》,第50册。
④ 《续高僧传》卷19《习禅篇·释法藏传》,《大正新修大藏经》,第50册。
⑤ 《续高僧传》卷18《习禅篇·释昙迁传》,《大正新修大藏经》,第50册。

通过杨坚一系列的恢复和保护措施,佛像的数量一天天地多起来。

第四,兴建佛塔。仁寿元年(601)六月,杨坚下一道《立佛舍利塔》诏:

> 门下:仰惟正觉。大慈大悲,救护群生,津梁庶品。朕归依三宝,重兴圣教,思与四海之内,一切人民,俱发菩提,并修福业,使当今现在,爰及来世,永作善因,同登妙果。

以上几句话,开宗明义,讲明了他为什么要修建舍利塔。接着,诏书就讲怎样做及要求:

> 宜请沙门三十人,谙解法相兼堪宣导者,各将侍者二人,并散官各给一人,薰陆香一百二十斤,马五匹,分道送舍利往前件诸州起塔。其未注寺者,就有山水寺所,起塔依前山。旧无寺者,于当州内清静寺处建立其塔。所司造样,送往当州,僧多者三百六十人,其次二百四十人,其次一百二十人。若僧少者,尽见在僧为朕、皇后、太子广、诸王子孙等,及内外官人、一切民庶、幽显生灵,各七日行道,并忏悔。起行道日打刹,莫问同州异州,任人布施。钱限止十文已下,不得过十文。所施之钱,以供营塔。若少不充,役正丁及用库物。率土诸州僧尼,普为舍利设斋,限十月十五日午时,同下入石函。总管刺史已下,县尉已上,自非军机,停常务七日,专检校行道及打刹等事。务尽诚敬,副朕意焉。[①]

此次建塔,包括三十个州的寺院,它们是:

雍州(治所在今陕西西安西北)仙游寺。

岐州(治所在今陕西凤翔)凤泉寺。

泾州(治所在今甘肃泾川北)大兴国寺。

秦州(治所在今甘肃天水)静念寺。

华州(治所在今陕西华县)思觉寺。

同州(治所在今陕西大荔)大兴国寺。

蒲州(治所在今山西永济西)栖岩寺。

并州(治所在今山西太原西南)无量寿寺。

定州(治所在今河北定州)恒岳寺。

相州(治所在今河南安阳南)大慈寺。

---

① 《广弘明集》卷17《立佛舍利塔诏》。

郑州（治所在今河南郑州）定觉寺。

嵩州（治所在今河南登封东南）嵩岳寺。

亳州（治所在今安徽亳州）开寂寺。

汝州（治所在今河南临汝）兴世寺。

泰州（治所在今山东泰安东南）岱岳寺。

青州（治所在今山东淄博）胜福寺。

牟州（治所在今山东莱州）巨神山寺。

随州（治所在今湖北随州）智门寺。

襄州（治所在今湖北襄阳）大兴国寺。

扬州（治所在今江苏扬州）。

蒋州（治所在今江苏南京清凉山）栖霞寺。

吴州（治所在今江苏苏州）会稽山寺。

苏州（治所在今江苏苏州）虎丘山寺。

衡州（治所在今湖南衡阳）衡岳寺。

桂州（治所在今广西桂林）缘化寺。

番州（治所在今广东广州）灵鹫山寺。

交州（治所在今越南境内）禅众寺。

益州（治所在今四川成都）法聚寺。

廓州（治所在今青海化隆西）连云岳寺。

瓜州（治所在今甘肃安西东南）崇教寺。

杨坚在三十州立塔，其主观动机我们将在后面分析，就其客观效果而言，确实极大地加强了佛教在全国的影响。隋朝人王劭曾记述各州迎接舍利时的盛况：

皇帝于是亲以七宝箱奉三十舍利自内而出，置于御座之案，与诸沙门烧香礼拜，愿弟子常以正法护持三宝，救度一切众生。乃取金瓶、琉璃各三十，以琉璃盛金瓶，置舍利于其内，薰陆香为泥，涂其盖而印之。三十州同刻，十月十五日正午入于铜函石函，一时起塔。诸沙门各以精勤奉舍利而行。初入州境，先令家家洒扫，覆诸秽恶，道俗士女，倾城远迎。总管、刺史诸官人夹路步引，四部大众，容仪齐肃，共以宝盖幡幢、华台像辇、佛帐佛舆、香山香钵、种种音乐，尽来供养，各执香花，或烧或散，围绕赞呗，梵音和雅。依阿含经舍利入拘尸那城法，远近翕然，云蒸雾会，虽盲躄老病，莫不匍匐而至焉。[①]

---

① 《广弘明集》卷 17《舍利感应记》。

从上述一系列记载中我们可以看到,凡舍利所至之州,全州百姓家家洒扫,户户出迎,地方的总管、刺史等行政长官,也要放下手中的政务去治理佛事。这种举州动员的盛大佛事活动,不是在一两个州内,而是整整三十个州! 它遍及了今天陕西、甘肃、山西、河北、河南、安徽、山东、湖北、湖南、江苏、广西、广东、四川、青海等省区。这种规模巨大的佛事活动确实盛况空前,但并未绝后。就在三十州建舍利塔的当年十二月,杨坚又下《再立舍利塔诏》:

> 朕祇受肇命,抚育生民,遵奉圣教,重兴像法。而如来大慈,覆护群品,感见舍利,开导含生。朕已分布远近,皆起灵塔,其间诸州,犹有未遍。今更请大德,奉送舍利,各往诸州,依前造塔。所请之僧,必须德行可表,善解法相,使能宣扬佛教,感悟愚迷。宜集诸寺三纲,详共推择,录以奏闻。当与一切苍生,同斯福业。①

第二年正月二十三日,用同样的规模、同样的仪式,又在五十一个州建立灵塔,并规定在四月八日午时,五十一个州同下舍利入塔。各州为了讨好杨坚,尽全力组织建塔,并且纷纷报告本州在舍利入塔时所发生的祥瑞之象。五十多个州,五十多份报告,我们仅举其中一份,以说明当时仪式场面的宏大:

> 魏州表云:所送舍利,数度放光,复有诸病人,或患眼盲,或患五内,发愿礼拜,病皆得愈。至四月八日,欲下舍利,午时,天忽有一片五色云,香馥非常,须臾之间,即降金花。至九日旦,复下银花,遍满城池。其花大者如榆荚,小者似火精,人人皆得,函盛奉献。其日,复有一黑狗,耽耳白胸,于舍利塔前,舒左肱,屈右脚,见人行道,即起行道,见人持斋,亦即持斋,非时与食不食,唯欲得饮净水,至后日旦起解斋,与粥始吃。且寺内先有数个猛狗,但见一狼狗,无不竞来吠啮。若见此狗入寺,悉皆低头掉尾。当尔之时,看人男夫妇女三十余万,尽皆不识此狗,未知从何而来。②

表中所言祥瑞之象,可视为为讨好杨坚所编的荒诞之言,但我们从表中可以看出,整个魏州三十万男女,人人向舍利奉献香火鲜花,顶礼赞拜,并持斋三日、唯饮净水的盛大仪式。

五十一个州,州州如此,弥补了杨坚建塔之州"犹有未遍"的遗憾,显示了杨坚号令全国的巨大权力,表现了杨坚对佛教的虔诚,把复佛兴佛推向了高潮。

---

① 《全隋文》卷 2。
② 《广弘明集》卷 17《庆舍利感应表》。

第五，尊佛礼僧。杨坚尊佛，表现在许多方面，最能体现他对佛的尊崇的是他所写的制塔铭文：

> 菩萨戒佛弟子大隋皇帝坚，敬白十方三世一切三宝弟子：蒙三宝福佑，为苍生君父，思与民庶共建菩提，今故分布舍利，诸州供养，欲使普修善业，同登妙果。[1]

封建社会最讲名讳，尤其是万民之主的皇帝，其名字是不能被随便称呼的，即使同音字，也要用别的字代替。但杨坚在铭文中称自己是佛之弟子，还直接称呼自己的名字，这种情况只有在下对上、贱对尊的关系中才可能出现。杨坚对高僧的礼遇，表现在他与他们的交往之中。灵藏和尚，为周、隋高僧，杨坚未称帝时，便与他为知友。杨坚称帝后，与他交往更深，礼让崇敬，超过对一般朝臣宰辅。他根据灵藏的意愿，在京师为其置大兴善寺，并经常派人带着美味佳肴前去慰问，还让左右仆射两天前往参见一次。为了能经常见到灵藏，杨坚还下令宫中诸门任灵藏往来，不得阻止。灵藏进宫，与杨坚坐必同榻，行必同舆，有时还住在宫中。开皇四年（584），京师大旱，杨坚领民前往洺州（治所在今河北永年东南）就食，令灵藏同行，并对他说："弟子是俗人天子，律师为道人天子，有乐离俗者，任师度之。"[2]结果有数万人被灵藏引度为僧。

第六，广求佛经。北齐后主武平六年（575），僧人宝暹、道邃、僧昙等十余人结伴西行往西域取经，历时数年，取梵文佛经二百六十部。时值北齐亡，他们便滞留于突厥。隋朝建立后，宝暹等人听说杨坚大兴佛教，立即携经前来。杨坚非常高兴，令有关部门组织人译经。开皇五年（585），担当翻译的僧人昙延等三十多人奏请杨坚将滞留在突厥的高僧阇那崛多请来主持译经。当时"新至梵本众部弥多，或经或书，且内且外，诸有翻传，必以崛多为主"[3]。不久，又在大兴善寺"召婆罗门僧摩笈多，并敕居士高天奴、高和仁兄弟等同传梵语。又置十大德沙门僧休、法粲、法经、慧藏、洪遵、慧远、法纂、僧晖、明穆、昙迁等监掌翻事，铨定宗旨，沙门明穆、彦琮重对梵本，再审覆勘，整理文义"[4]，组织起一个强大的译经班子。同时，杨坚"又敕崛多共西域沙门若那竭多、开府高恭、恭息（即高恭之子）都督天奴、和仁及婆罗门昆舍达等，于内史内省翻梵古书及乾文。至开皇十二年，书度翻讫，合二百余卷"[5]。除了翻译佛经之外，杨坚又组织人对佛经进行了大量抄写。据史书记载："京

---

① 《续高僧传》卷28《感通篇·释道密传》，《大正新修大藏经》，第50册。
② 《续高僧传》卷22《明律篇·释灵藏传》，《大正新修大藏经》，第50册。
③ 《续高僧传》卷2《译经篇·阇那崛多传》，《大正新修大藏经》，第50册。
④ 《续高僧传》卷2《译经篇·阇那崛多传》，《大正新修大藏经》，第50册。
⑤ 《续高僧传》卷2《译经篇·阇那崛多传》，《大正新修大藏经》，第50册。

师及并州、相州、洛州等诸大都邑之处,并官写一切经,置于寺内;而又别写,藏于秘阁。天下之人,从风而靡,竞相景慕,民间佛经,多于六经数十百倍。"①

　　杨坚兴复佛教的种种措施,不但使佛教得到巨大的发展,也证明了杨坚是个虔诚的佛门弟子。

---

① 《隋书》卷 35《经籍志四》。

第二节　道教信徒

看到这个题目之后,也许有的读者会产生这样的疑问:

杨坚不是佛门弟子吗? 怎么成了道教信徒? 一个虔诚的佛门弟子,能同时又笃信道教吗?

这在当时是完全可能的。我们从两个方面看这种可能性。

首先从佛、道两教的发展走向看。

道教是中国土生土长的宗教,在两汉时期还处于原始形态。东汉末黄巾起义,曾以道教作为联络动员群众的手段。黄巾起义失败后,原始道教也发生了变化,其中一个流派在群众中继续传播,以符水、方术等为人"消灾灭祸"。另外一个流派则专以炼丹、修仙为务,因而在封建社会上层广为传播。这种流派的区分,说明在人生目标追求上,道教出现了两个层次:一个层次是追求人世的现实利益,另一个层次是追求超人间的快活。而前一个层次的追求,主要是靠道教的占星、占卜、占梦、望气、风角、谶纬、相术等方术来承担的。这些方术又统称为"秘学",它的社会追求主要包括:预知社稷荣衰;预测战争胜负;预测命运穷达;预测人生贫富;预测人寿长短;预测事之吉凶;寻求去病消灾;寻找亡失之人;寻找遗失之物;询问生男生女;询问婚姻之事;相宅之吉凶;择吉祥墓地。从这些内容可以看出,作为道教一部分的秘学方术,不是指导人进入仙界以求生命的无限延长,而是帮助人在现世的有限生命中益寿延年;不是教人如何成仙以享受无忧无虑的快活,而是使人享受普通人避祸趋福的种种喜悦;不是进行超人间、超现实的追求,而是把人生的追求目标指向种种现世利益。这种追求,具有普遍性的特点。统治者固然希望成仙长生,但也关心社稷荣衰、战争胜负。至于命运穷达、人生贫富、寿命长短、事之吉凶、去病消灾、寻人觅物、生男生女、婚姻之事、修建房屋、选择墓地,则是与社会各个阶层直至个人生活紧密相关的事情。秘学方术的人生目标追求,是整个道教人生目标追求的一个层次,而秘学方术人生目标追求的普遍性特点,构成了道教最广泛、最深厚的社会基础。如果说道教是一个现实性很强的宗教,秘学方术正是这个特点最强烈、最集中的体现。

佛学东渐始于两汉,魏晋时期其流渐强。早期佛教主张的是出世思想,认为人生是一个苦海,里面充满了生老病死、怨恨离别、求取不得等苦恼,只有超脱出生命活动的过程,达到无生无死、无爱无忧的涅槃寂境,才能脱离苦海,取得永恒的快乐。佛教主张救苦救难,但不是解决现实生活中的苦难,而是使人们认识到生存本身就是苦难,只有摆脱了这种苦难,才能得到彻底解脱。按照这种观点,连生命和生存都成了可有可无的事情,寿之长短、命之贵贱、生之祸福、事之吉凶等问题还有什么关心的必要呢? 而魏晋南北朝时期严酷的社会环境,使人们摆脱现实困境的渴望比以往更加强烈。整个魏晋南北朝时期,政权更替频繁,各种政治力量的社会地位动荡变易,长期分裂割据以及阶级矛盾激化导致各种战争不断爆发,下层社会的庶民百姓不仅承受着各种战乱的痛苦,而且受着瘟疫、水旱等各种自然灾害的威胁。在这种环境中,除社稷荣衰、战争胜负、命运穷达为上层社会所关注外,人生贫富、寿命长短、前途吉凶、去病消灾等,也为社会各阶层人所普遍关心。而佛教普度众生于苦海达到彼世幸福的出世思想,与当时人们迫切需要取得现世利益的入世心态有较大的差距,所以在魏晋南北朝时期,曾经有人起来抨击佛教,认为它不能帮助现实生活中的人们避祸趋福,就吉去凶,休粮绝粒,长生久存。而这些正是道家所追求的。佛教为了站住脚跟,必须部分地改变自己,向道教靠拢。当然,佛教不可能从根本上放弃自己的教义,以成仙不死为追求目标而使自己面目全非。但部分地改变自己,以便在新的国度里立足,是完全必要和可能的。事实上,这种变化在西晋以后就大量出现了。《晋书·艺术传》载:"季龙尝昼寝,梦见群羊负鱼从东北来,寤以访澄。澄曰:'不祥也,鲜卑其有中原乎?'"季龙即十六国后赵主石虎,澄即佛图澄,是十六国时期的天竺高僧。他进入中原后,也玩弄起占梦的把戏以取信于后赵国主。《高僧传》记载,晋代有个名叫范材的人,"初为沙门,卖卜于河东市。徒跣弊衣,冬夏一服,言事亦颇时有验"[1];西晋永嘉年间,天下疫病流传,僧人安慧则"昼夜祈诚,愿天神降药以愈万民。一日出寺门,见两石形如瓮,则疑是异物,取看之,果有神水在内。病者饮服,莫不皆愈"[2];十六国时,南凉有僧人释昙霍,言人死生贵贱,多有灵验,"国人既蒙其佑,咸称曰大师,出入街巷,百姓并迎为之礼"[3]。

南北朝时,僧人懂道术的例子也很多。北魏大将奚康生信向佛道,他在四州任官,多建寺塔。他曾在南山立三层浮图,忽梦其崩坏。有个和尚为他占梦说:"檀越当不吉利。无人供养佛图,故崩耳。"[4]北魏王显为平民时,"有沙门相显后当富贵,诫其勿为官吏,吏官必败"[5]。

上述佛教僧人的所作所为,具有浓厚的道教色彩。他们用占卜、占梦、谶纬、相人等术言世人的吉凶贵贱,用神水、符咒为世人治病消灾,颇近于道教的方术。这说明佛、道二教有其相通之处,因此既信佛又向道同时发生在一个人身上是可能的。

其次,从当时所发生的历史事实看。

---

① 《高僧传》卷 11《神异下·竺法慧传附范材传》。
② 《高僧传》卷 11《神异下·安慧则传》。
③ 《高僧传》卷 11《神异下·释昙霍传》。
④ 《魏书》卷 73《奚康生传》。
⑤ 《魏书》卷 91《术艺列传·王显传》。

南朝梁武帝萧衍，是儒、道、佛三者皆通的人物。他曾写过一首《述三教诗》：

少时学周孔，弱冠勤六经。

孝义连方册，仁恕满丹青。

践言贵去伐，为善在好生。

中复观道书，有名与无名。

妙术镂金版，真言隐上清。

密行贵阴德，显证在长龄。

晚年开释卷，犹月映众星。

苦集始觉知，因果方昭明。

示教唯平等，至理归无生。

分别根难一，执著性易惊。

穷源无二圣，测善非三英。

大椿径亿尺，小草裁云萌。

大云降大雨，随分各受荣。

心想起异解，报应有殊形。

差别岂作意，深浅固物情。①

这些诗句叙述了萧衍学习儒、道、佛的一生。北魏皇帝多信道教，太武帝拓跋焘曾"亲至道坛，受符箓。备法驾，旗帜尽青，以从道家之色也。自后诸帝，每即位皆为之"②。孝文帝元宏迁都洛阳后，"踵如故事。其道坛在南郊，方二百步，以正月七日、七月七日、十月十五日，坛主、道士、哥人一百六人，以行拜祠之礼"③。元宏不但信奉道教，对佛教也十分推崇。史载他"善谈《庄》《老》，尤精释义"④。在他在位期间，兴建寺塔，度民间男女为僧尼，召集高僧讲习佛经，研究佛教理论。他多次下诏大兴佛教，如《以僧显为沙门都统诏》《立僧尼制诏》《听诸法师一月三入殿诏》《令诸州僧众安居讲说诏》《赠徐州僧统并设斋诏》《岁施道人应统帛诏》《为慧纪法师亡施帛设斋诏》等⑤。

当我们考察了魏晋南北朝时期佛教、道教的发展走向，又看到此时期出现的佛、道双

① 逯钦立：《先秦汉魏晋南北朝诗·梁诗》卷1《梁武帝萧衍》，中华书局1983年版。
② 《魏书》卷114《释老志》。
③ 《魏书》卷114《释老志》。
④ 《魏书》卷7《高祖纪下》。
⑤ 《广弘明集》卷24《褒扬僧德诏七首》。

修的皇帝以后,就可以理解为什么杨坚既是佛门弟子又是道教信徒了。

杨坚与道教的密切关系表现在以下几个方面。

第一,取法道经,建元开皇。杨坚代周建隋,建年号为开皇。开皇是道教一个劫数的名称。《隋书·经籍志》说:

> 道经者,云有元始天尊,生于太元之先,禀自然之气,冲虚凝远,莫知其极。所以说天地沦坏,劫数终尽,略与佛经同。以为天尊之体,常存不灭。每至天地初开,或在玉京之上,或在穷桑之野,授以秘道,谓之开劫度人。然其开劫,非一度矣,故有延康、赤明、龙汉、开皇,是其年号。其间相去经四十一亿万载。

道教经典《灵宝略纪》说:

> 述曰:经法元起量世,所谓与虚空齐量,信不可计。劫劫出化,非所思议。过去有劫,名曰龙汉。爱生圣人,号曰梵气天尊出世,以灵宝教化度人无量,其法光显大千之界。龙汉一运,经九万九千九百九十九劫,气运终极,天沦地崩,四海冥合。乾坤破坏,无复光明。经一亿劫,天地乃开,劫名赤明,有大圣出世,号曰元始天尊,以灵宝教化,其法兴显,具如上说。赤明经两劫,天地又坏,无复光明。具更五劫,天地乃开,太上大道君以开皇元年托胎于西方绿那王国。①

从以上两段记载来看,可知"开皇"年号与道教的密切关系。杨坚建隋取年号为开皇,究竟是巧合还是取法道教?有一件事或可以对这个问题进行解答。隋朝有个人叫王劭,被杨坚任命为著作郎,主持撰修国史工作。这人特别会揣摩杨坚的心思,说话做事很合杨坚心意。有一次,杨坚感叹儿子中有出息者不多,王劭就说:"自古圣帝明王,皆不能移不肖之子。黄帝有二十五子,同姓者二,余各异德。尧十子,舜九子,皆不肖。夏有五观,周有三监。"②还有一次,杨坚作了个梦,梦见要上一座高山,怎么也上不去,最后靠一个叫崔彭的臣僚捧着脚,一个叫李盛的臣僚扶着胳膊才登上去。杨坚特别迷信,他对崔彭说:"我可能要与你一起死。"而王劭听后却说:"此梦大吉。上高山者,明高崇大安,永如山也。彭犹彭祖,李犹李老,二人扶侍,实为长寿之征。"③一番话说得杨坚喜见容色。由于他说话多合杨坚心思,所以多次受到赏赐。杨坚初建年开皇时,王劭曾对杨坚大谈符瑞,他援引《河图帝

---

① 《云笈七签》卷 3《道教本始部·灵宝略纪》,中华书局 2003 年版。
② 《隋书》卷 69《王劭传》。
③ 《隋书》卷 69《王劭传》。

通纪》中"协灵皇"三个字说："协灵皇者,协,合也。言大隋德合上灵天皇大帝也。又年号开皇,与《灵宝经》之开皇年相合,故曰协灵皇。"①杨坚听后"大悦,以劢为至诚,宠赐日隆"②。可见王劢把开皇与道教联系起来很对杨坚心思,否则杨坚不会如此高兴。

第二,保护道家经像。开皇二十年(600)十二月,杨坚下了一道《禁毁盗佛道神像诏》:

> 佛法深妙,道教虚融,咸降大慈。济度群品,凡在含识,皆蒙覆护。所以雕铸灵相,图写真形,率土瞻仰,用中诚敬。其五岳四镇,节宣云雨,江、河、淮、海,浸润区域,并生养万物,利益兆人,故建庙立祀,以时恭敬。敢有毁坏偷盗佛及天尊像、岳镇海渎神形者,以不道论。沙门坏佛像,道士坏天尊者,以恶逆论。③

在杨坚看来,道教与佛教虽然各有特点,但都是"济度众生""覆护生灵"的慈悲之教,谁要毁坏佛、道神像,便处以不道、恶逆之罪,这反映了他对道教的诚信态度。

第三,笃信道教方术。杨坚对道教的推崇,当然是要利用它去实现自己的目的。关于这一点,我们在下一节将细谈。然而,就杨坚对道教的态度而言,他仅仅是利用呢? 还是笃信不疑呢?

史书上说杨坚"雅好符瑞"④,又说他"以年龄晚暮,尤崇尚佛、道,又素信鬼神"⑤。这些评价说明了杨坚对道教的态度。

开皇十五年(595)六月,宫人向杨坚报告,说宫门前多次发现野鹿。杨坚以为是祥瑞之兆,便下《鹿祥制》说:

> 朕比临朝听政,乃有群鹿来游,驯扰宫门,前后非一,逼近人众,安然不惊。但往经离乱,年世久远,圣人之法,败绝不行,习俗生常,专事杀害。朕自受灵命,抚临天下,遵行圣教,务存爱育。由王公等用心,助朕宣扬圣法,所以山野之鹿,今遂来驯。⑥

这个制书,是对杨坚雅好祥瑞的具体说明。

杨坚有五个儿子:长子杨勇,次子杨英,三子杨俊,四子杨秀,五子杨谅。勇即勇武;

---

① 《隋书》卷69《王劢传》。
② 《隋书》卷69《王劢传》。
③ 《隋书》卷2《高祖纪下》。
④ 《隋书》卷2《高祖纪下·史臣曰》。
⑤ 《隋书》卷25《刑法志》。
⑥ 《历代三宝纪》卷12《译经·大隋》,《大正新修大藏经》,第49册。

英、俊、秀都是出众的意思;谅即信实之意。杨坚给儿子们起这些名字,显然寄托了让他们超凡出众的希望。曾经有人给杨坚上书说:"勇者一夫之用。又千人之秀为英,万人之秀为俊。这些名字对平民百姓来说是很美的称呼,但对帝王来说就不算是好名字。"杨坚对这种奏议理也不理,可见杨坚对这些名字的偏爱。后来有一个人对杨坚说:"陛下给晋王起名杨英,此名不祥。""噢?为什么?"杨坚立即对此表示了极大的关注。

"陛下不可能不知,人们多把姓杨呼为姓赢。杨英与殃赢字音相谐,反过来就是赢殃二字。这在说姓杨的要遭殃啊!"

杨坚听了大惊失色,半晌闷闷不乐,最后,他下令将杨英改名为杨广[①]。

杨坚对杨英的名字喜爱之深,以至于有人说是布衣平民之名他也不为所改;但一番吉凶祸福的议论,却使他立即为其子改名。其实,劝杨坚为其子改名的那个人,所用的方法就是道家方术常用的谐音法。这种方法在隋以前就非常流行,但都是牵强附会,没有什么科学根据,而当时人却对此深信不疑。杨坚为其子改名这件事,也说明他对道家方术的笃信态度。

来和是北周及隋时有名的术士,在北周时,他曾以道家方术助杨坚解脱困境,这件事在第二章第二节中已经讲过。杨坚建隋后,对来和十分优厚,封他为子爵,以后又进其位为开府。杨坚之所以优待来和,固然与他曾受过来和道术的帮助有关,但不能排除他对来和道术的笃信。杨坚曾对他的儿子们寄予很大希望,为了考察他们是否有出息,曾令来和秘密为所有儿子看相。来和看后对他说:"晋王(指杨广)眉上双骨隆起,贵不可言。"[②]如果不是对来和道术的信任,杨坚怎能利用相术来对自己的亲生儿子进行鉴别呢?

杨坚代周以后,看到长安旧城破旧不堪,意欲营建新都。一天晚上,杨坚把高颎、苏威召入宫中,一起商议迁都之事。第二天早上,杨坚就接到术士庾季才的一封奏书,奏书说:

> 臣仰观玄象,俯察图记,龟兆允袭,必有迁都。且尧都平阳,舜都冀土,是知帝王居止,世代不同。且汉营此城,经今将八百岁,水皆成卤,不甚宜人。愿陛下协天人之心,为迁徙之计。[③]

杨坚看完奏书,不禁一愣,心想,我们夜里商议的事情,怎么庾季才这么快就知道了?想到这里,禁不住说道:"庾季才之术真是神了!"后来,他见到庾季才就说:"朕自今以后,信有天道矣。"其实,像迁都这样的大事,不可能事先一点风声都不透露出去。庾季才只不过是

---

① 《隋书》卷 22《五行志上》。
② 《隋书》卷 3《炀帝纪上》。
③ 《隋书》卷 78《艺术列传·庾季才传》。

以方术的方式进行迁都的劝说，杨坚却以此为神，这也说明杨坚对道家方术的态度。

杨坚不但迷信方术，而且还对某些方术颇为精通。他经常为臣下看相。河东人赵绰，在隋初任大理丞，掌管刑狱之事。由于处法平允，考课之绩连连第一，被转为大理正、刑部侍郎、大理少卿等职。杨坚因其有诚直之心，"每引入阁中，或遇上与皇后同榻，即呼绰（指赵绰）坐，评论得失。前后赏赐万计"[①]。但赵绰没有做到治理刑狱的最高长官大理卿，杨坚对他说："我不是舍不得把高官给你，而是你的骨相使你不当贵。"[②]天水人李景，容貌奇伟，膂力过人，须髯俊美，骁勇善射。他在平定尉迟迥、征伐南陈、平定江南之乱等战役中均立有战功，杨坚奇其壮武，便让他脱去上衣，观其相表，对他说："卿相表当位极人臣。"[③]可见杨坚对相人之术颇为熟知。

人类社会是复杂的，生活在社会中的人，也往往出现复杂的甚至是矛盾的行为表现。《隋书·高祖纪》载，开皇十三年（593），杨坚下令"私家不得隐藏纬候图谶"。开皇十八年，又下诏"畜猫鬼、蛊毒、厌魅、野道之家，投于四裔"。《隋书·经籍志》又说："高祖（指杨坚）雅信佛法，于道士蔑如也。"

看到上述记载，人们不禁要问，杨坚既然信道教，为什么要视道士蔑如？既然笃信道术，为什么要禁纬候图谶、野道之家？这不是太矛盾了吗？

其实并不矛盾。

首先，杨坚并不是轻视所有道士。京兆杜陵人韦鼎，"少通悦，博涉经史，明阴阳逆刺，尤善相术"[④]。他长期生活在南朝，陈朝被灭后，杨坚派人将他请来，"授上仪同三司，待遇甚厚"，"每与公王宴赏，鼎（指韦鼎）恒预焉"[⑤]。京兆人临孝恭，"明天文算术，高祖（指杨坚）甚亲遇之。每言灾祥之事，未尝不中，上因令考定阴阳。官至上仪同"[⑥]。荥阳人刘祐，善占候，杨坚特别看重他，"开皇初，为大都督，封索卢县公"[⑦]。"魏郡道士仇岳，洞晓《庄》《老》，文皇（指杨坚）钦重，入京造展，共谈玄理"[⑧]。杨坚所重用的苏威、杨素等人也与道教关系密切。《续高僧传·释彦琮传》载："开皇三年，隋高祖幸道坛，见画老子化胡象，大生怪异，敕集诸沙门道士，共论其本。又敕朝秀苏威、杨素、何妥、张宾等有参玄理者，详计奏闻。"通过以上诸事实可以看出，杨坚并非蔑视所有道士。

①　《隋书》卷62《赵绰传》。
②　《隋书》卷62《赵绰传》。
③　《隋书》卷65《李景传》。
④　《隋书》卷78《艺术列传·韦鼎传》。
⑤　《隋书》卷78《艺术列传·韦鼎传》。
⑥　《隋书》卷78《艺术列传·临孝恭传》。
⑦　《隋书》卷78《艺术列传·刘祐传》。
⑧　《续高僧传》卷18《习禅篇·释昙迁传》，《大正新修大藏经》，第50册。

其次，杨坚冷遇某些道士，禁绝道术，都是为帝位的巩固及自身的安全。北周武帝废佛时欲保存道教，便下令召集僧人、道士，让他们互争长短，优长者留，庸浅者废。于是华野高僧、方岳道士、千里外有妖术者大集于京师。周武帝在太极殿陈设高座，亲自出席，辨其优劣。

辩论开始，只听周武帝漫不经心地说了一句："让道家先讲。"话虽不多，却显出他的倾向。周武帝话音刚落，一个道士马上站起来，滔滔不绝地讲论起道家的长处。这个说话的道士，名叫张宾。

这次辩论，佛道虽然未分出高下，最后同归于废，但张宾作为道士，其活动仍未停止。在北周末期，张宾与杨坚关系非常密切，他曾对杨坚说："公当为天子，善自爱。"[1]果然，杨坚后来取代了北周，做了大隋天子。这种预言与现实的巧合，自然使张宾得到了好处。杨坚称帝后，任张宾做华州刺史。但是，"福兮祸之所伏"，道士张宾的下场也终于应了道家鼻祖老子的这句名言。杨坚做皇帝后，重用高颎、苏威，引起了另一个功臣卢贲的不满。卢贲勾结刘昉、元谐、李询、张宾等，策划废黜高颎、苏威，由他们五人共同辅政。另外，卢贲等人看出杨坚宠爱次子晋王杨广，便图谋策动杨坚废掉太子杨勇，立杨广为太子。但卢贲怕得罪杨勇，又跑去对杨勇说："我们多次前来拜谒殿下，怕因此受到今上的谴责；希望殿下体察我们的区区之心。"[2]卢贲等人的一系列活动被杨坚知道了，杨坚大怒，下令要将此事追查到底，但结果却十分令人玩味。刘昉将责任一股脑地推到卢贲、张宾身上，将自己和元谐、李询洗了个清清白白。公卿议二人之罪，认为当处死。杨坚因与二人有龙潜之旧，不忍加诛，特开恩将二人除名为民。一年多以后，卢贲又官复原职，而张宾却早已死掉。

整个事件的结果，只有张宾一个人倒霉。这可以看作是杨坚轻蔑道士的一个表现。

但为什么会出现这个结果呢？关键就在"龙潜之旧"这几个字上。杨坚与卢贲的"龙潜之旧"，是在杨坚未做皇帝时卢贲用武力护送他登上帝位。而杨坚与张宾的"龙潜之旧"，是在他龙潜之时，张宾用道术帮助他龙登九五。杨坚在对付来自武力方面的威胁是有极大自信的，这从他平定三方之乱中可以看出来。但对来自道术方面的威胁杨坚却十分惧怕，因为道术可上通天曹，祈恩请福，非人力所能战胜。杨坚对道术的惧怕，正是源于他对道术的笃信。张宾的下场，不仅不能说明杨坚不信道教，反而证明他对道教方术的崇信。

杨坚所慢怠的方术之士，还有一个叫卢太翼的。卢太翼是河间人，七岁时开始上学，

① 《隋书》卷78《艺术列传·来和传附张宾传》。
② 《隋书》卷38《卢贲传》。

日诵数千言,州里人都称他为神童。长大以后,卢太翼不求荣利,博览群书,对佛、道之学也非常精通。他尤其擅长占候、算历之术。后来,他隐居于白鹿山,几年以后,又迁往林虑山茱萸涧。前来向他求学的人一天比一天多,到后来他终于感到应接不暇,便又逃往五台山。那里山深林密,卢太翼便与几个徒弟在山中庐居采药,萧然绝世,修炼求仙,过上了隐居道士生活。那时杨勇还是皇太子,听说卢太翼善于占候,便把他召到身边。卢太翼认识到杨勇必然不能承嗣帝位,便对所亲近的人说:"我被太子拘逼而来,不知将来吉凶止泊在何处。"果然,杨勇后来被废,卢太翼作为太子身边的道士当被处死,杨坚对他还算特别开恩,将其配为官奴。后来,卢太翼虽被免奴为民,但不久就因长期为奴而双目失明①。杨坚之所以这样对待卢太翼,恐怕也是惧怕他用道术帮助杨勇的缘故,而这种对道术威胁的恐惧心理,也正反映了他对道术的笃信。

关于杨坚与道教的关系,还有一个传说:杨坚辅政时,益州总管王谦因自己是北周旧臣,勋名素重,害怕杨坚加害,便据蜀地起兵。杨坚派兵征伐,但屡战不能平定,兵士多病,死者相枕藉。杨坚见此情况,便在内殿修起黄箓道场,祈求天神保佑出师大捷。杨坚在道场中一连祈祷三天,这天夜里,杨坚忽听得天上隐隐约约传来一阵悠扬的乐声,以为是错觉,顺着声音在天上寻觅,忽然看见一个神人从天而降,对他说:"帝王上承天命,下顺人心,天人合符,然后有国。如今陛下代周立隋,是天所命也。王谦一方之力,怎能敌得四海之力?"杨坚忙说:"我出兵攻蜀,使民众伤亡,实在是万不得已的事情。只是我出兵不利,主帅及士兵多染疾疫,我正为此事发愁呢!"神人说:"莫愁,军士之所以染病,是由于他们不堪那里的瘴毒。你道坛中的法水可救亿兆之众,何况一支军队呢!"说完,只见那神人从怀中取出一个碗,将坛中法水舀出来,含一口在嘴里,向西南方向一喷,然后说:"兵士疾病,雨至即愈,无烦圣虑也。子日进军,必当克蜀。"杨坚听了大喜,连忙对神人揖拜道谢,待他抬起头来看时,哪里还有神人的影子!杨坚心中一急,不由醒来,原来是南柯一梦!但是,不久益州前线便传来消息,说某夜雷雨突至,普降营垒之中,军队中染疾将士皆病愈。后来,益州前线又传来消息:王谦授首,益州平定。这一天正是子日②。

这无疑是个道教神话。这个神话一直流传了四百多年,最后被宋人张君房收录在道教典籍中。这不正好说明杨坚同道教的关系吗?

<hr />

① 《隋书》卷78《艺术列传·卢太翼传》。
② 《云笈七签》卷120《道教灵验记部·王谦据蜀隋文帝黄箓斋克平验》,中华书局2003年版。

第三节 现世追求

欧洲的一位哲人说过:"我们不应认为宗教的和世俗的领域之间存在着根本的区别。宗教的领域当然在天上,而世俗的领域自然在凡间的万有中。可是人们却察觉到,宗教的幻想、它的天堂、它的创造精神,尽管具有假想的夸大性,却仍是世俗的想象。"[①]

这位哲人用哲学语言,表述了宗教与世俗的关系。

杨坚对佛教、道教的信仰是虔诚的。当我们进一步考察杨坚为什么会对佛、道有如此态度时,却发现这个答案与上述欧洲哲人的概括有着吻合与相似之处。

杨坚崇拜释迦牟尼,主要目的不是追求涅槃境界;信奉元始天尊,主要的追求不是道家的清虚缥缈;他信奉佛、道,追求的主要还是现世利益。

首先,杨坚想利用佛、道二教证明他政治行为的合理性。

杨坚的皇位,是从北周宇文氏手中"禅代"过来的。我们在前面曾指出,魏晋以来的禅代,都是一个政权内的某一权臣,经过一定时期的准备,手中的权力绝对超过皇权的结果。但是权力只具有使人屈服的力量,不能使人诚服。在传统的封建社会,君权神授的观念已经在人们心中牢牢扎根,因此,禅代一个政权,不仅要有权力的力量,也要有宗教的力量。魏晋南北朝时,许多禅代者都在使用权力的同时也借助于神力。曹魏代汉是如此,司马氏代魏亦是如此。权力加神力,这是大多数禅代者所使用的手段,杨坚也不例外。

《隋书·礼仪志》说:"初,帝(指杨坚)既受周禅,恐黎元未惬,多说符瑞以耀之。其或造作而进者,不可胜计。"

《续高僧传·道密传》记载杨坚出生后被神尼智仙收养的情形说:

> 太祖(指杨忠)乃割宅为寺,内通小门,以儿委尼,不敢名问。后皇妣来抱,忽见化而为龙,惊惶堕地。尼曰:"何因妄触我儿,遂令晚得天下。"及年七岁,告帝曰:"儿当大贵,从东国来,佛法当灭,由儿兴之。"而尼沉静寡言,时道成败吉凶,莫不符验。初在寺养帝,年十三方始还家,积三十余岁略不出门。及周灭二教,尼隐皇家,内著法衣,戒行不改。帝后果自山东入为天子,重兴佛法,皆如尼言。及登祚后,每顾群臣,追念阿阇梨,以为口实。又云:"我兴由佛法。"而好食麻豆,前身似从道人里来。由小时在寺,至今乐闻钟声。乃命史官王劭为尼作传。

---

① 〔德〕狄慈根:《哲学的成就》第10章。

这段记载中有两点值得我们注意：第一，通过女尼智仙之言，宣扬杨坚代周做皇帝是早已注定的，称帝兴佛，是神佛赋予杨坚的两项互为关联的使命。这样，当僧俗大众对杨坚兴佛复道之举称颂拥戴的同时，也就理所当然地承认了杨坚代周称帝的合理性。第二，杨坚让王劭为神尼智仙立传。杨坚为什么让王劭为智仙立传呢？王劭是什么样的人呢？

王劭字君懋，太原晋阳（今山西太原西南）人。其父亲王松年，在北齐时任通直散骑侍郎。王劭自幼不好言谈，话虽说得不多，但读书却很用功。在他二十多岁时，就被北齐尚书仆射魏收任为参开府军事，后来又迁为太子舍人，待诏文林馆。当时祖珽、魏收、阳休之等人都是北齐的博学之士，他们一起议论历史时，有时有的事记不清楚了，查书又不方便，便问王劭，每遇到这种情况，王劭总能把时间、地点、人物都说出来，事后查对史籍，竟无一点差错，因此大为当时人所赞许，称赞他的广阅博识。北齐灭后入周。杨坚代周称帝后，王劭因其才学被授著作佐郎之职。不久，王劭的母亲去世，按照当时的规定，王劭便辞官回家，为母亲守孝三年。居丧期间，王劭便在家从事《齐书》的写作。不料，这下闯下大祸。原来，杨坚十分反对私人随便撰写史书。一个叫李元操的人向杨坚报告了王劭私撰史书的事。杨坚果然大怒，他派人将王劭抓起来，将他所著之书没收。

王劭因私撰史书而得罪皇上，却又因所著之书的内容而转祸为福。杨坚拿到《齐书》后，越看火气越小，到最后竟转怒为喜。这究竟为什么，史书上没说，分析起来，大概有两个原因：一个原因，隋朝承自北周，则北齐是北周的敌国，自然被杨坚认为是僭伪之国。王劭所撰《齐书》，记载北齐历史"长于叙事"，"抗词不挠"，说了北齐政治许多昏庸之处。再一个原因，王劭写书，"好诡怪之说，尚委巷之谈"，"经营符瑞，杂以妖讹"①。这一点很重要，因为杨坚正需要有人用诡怪之说、符瑞之言为其代周建隋提供神学依据。于是杨坚下令释放王劭，并任他为员外散骑侍郎，负责修撰皇帝《起居注》。

王劭也的确聪明，他通过修史这件事很快地明白了杨坚需要什么、喜欢什么。他充分发挥了善言诡怪符瑞的特长，编造了一件又一件的荒诞之事，也一次又一次地得到了杨坚的奖赏。

王劭说杨坚有"龙颜戴干之表"。什么是"戴干"呢？戴干，即首戴干戈之意，指头部有两块像角一样的突起之肉。据说这是一种圣人之像，很难想象一个人的脑袋上会生出角状的突起之肉。因此，所谓戴干，只不过是方术之人捏造出来的看起来似乎存在的相貌。王劭说杨坚有戴干之表，并装模作样地指给群臣看，群臣只得随声附和，杨坚却非常高兴，并赐予王劭织物数百段，并拜他为著作郎。

王劭又利用河清二字大作文章。据说562年农历五月五日，青州境内的黄河突然变

---

① 《隋书》卷69《王劭传·史臣曰》。

清,清澈如镜足有十里之长。这一年是北周的保定二年,北齐以为是自己祥瑞之兆,遂改年号为河清。也就是在这年这月,杨坚以大兴公的身份做了随州刺史。王劭附会说,五月五日里有两个五,合起来为十;十里河清,又一个十,一共是二十。大兴公做随州刺史,有"兴隋"二字。这个现象是说明,二十年后要有大隋兴起。"河清"的现象,实际上是大隋兴起的祥瑞之兆。

凡此种种神话附会,王劭还编了许许多多,杨坚听了自然高兴异常,认为王劭对他至诚,因此对其宠赐日隆。

王劭受到恩宠,对杨坚帝位的神化更加卖力,他"采民间歌谣,引图书谶纬,依约符命,捃摭佛经,撰为《皇隋灵感志》,合三十卷,奏之"。杨坚令宣示天下。

王劭对符瑞图谶如此热衷,杨坚对王劭如此恩宠赏识,正好反映了杨坚利用道教神学为自己代周称帝制造天命根据的用心。

杨坚让王劭为神尼智仙立传,其用心也是如此。王劭所撰《智仙传》我们已不能见到,但我们仍能从王劭所撰《舍利感应记》中看到它的影子:

> 皇帝(指杨坚)昔在龙潜,有婆罗门沙门来诣宅,出舍利一裹,曰:"檀越好心,故留与供养。"沙门既去,求之不知所在。其后皇帝与沙门昙迁各置舍利于掌而数之,或少或多,并不能定。昙迁曰:"曾闻婆罗门说,法身过于数量,非世间所测。"于是始作七宝箱以置之。神尼智仙言曰:"佛法将灭,一切神明今已西去,儿当为普天慈父,重兴佛法,一切神明还来。"其后,周氏果灭佛法,隋室受命,乃兴复之。皇帝每以神尼为言,云:"我兴由佛。"故于天下舍利塔内各作神尼之像焉。①

王劭所作这篇散记,与前面所说《续高僧传·道密传》内容大致相符。王劭是隋朝人,《续高僧传》的作者道宣和尚是唐朝人,应该说这个神话的写作应该始于王劭。但这篇神话的始作俑者似乎更应该是杨坚。史书记载:王劭任著作郎:"将二十年,专典国史,撰《隋书》八十卷。多录口敕,又采迂怪不经之语及委巷之言,以类相从,为其题目,辞义繁杂,无足称者,遂使隋代文武名臣列将善恶之迹,湮没无闻。"②当然,这里说的是王劭撰《隋书》的态度。撰写国史尚且如此,那么,王劭所撰《舍利感应记》,怎能保证不是录自杨坚的口敕呢?

还有一个传说,也是神化杨坚帝位的。在北周时期,都城长安附近有一个村叫杨兴村。村前有棵大树,枝叶繁茂,浓荫蔽天,每到炎夏季节,村民们都爱在树下乘凉聊天。长

---

① 《广弘明集》卷 17《舍利感应记》。
② 《隋书》卷 69《王劭传》。

安城内有一个怪和尚,叫枳公,此人说话乍听起来近似疯语,但事后却往往应验。有一天,杨兴村的村民正在树下聊天,枳公和尚疯疯癫癫地从远处走来。村民们见他走得疲倦,便招呼他坐下歇歇。不料,枳公不但不坐,反而大声喝斥道:"你们好大胆子,竟敢坐在这里!"村民们一愣,不知坐在这里会有什么灾难。

枳公见众人不明白,便解释说:"此为天子坐处,汝等何故居此?"众人听罢大笑,都认为这简直是不着边际的疯话。有一个人甚至半开玩笑地说:"喂!疯和尚,你是不是要把我们吓走,你好一人在此独享凉爽?"

枳公理也不理,径自赶路,似乎是在证明他无意将众人骗走,自己独居此处。

不久以后,周朝便被杨坚取代。后来,杨坚决意迁都,建筑新的长安城,地址就选在杨兴村,而杨坚经常坐的朝堂,不偏不斜,正好盖在当年村民们经常坐的地方。

这是一个神话,它流传了四百多年以后,被记录在宋代的《太平广记》中。但这个神话的产生,应该是在杨坚做了皇帝并迁进新都城以后。这个神话中,说话的是个和尚,但其预言前途,未卜先知,却近似道家方术。这同当年杨坚用佛、道二教神化自己的做法十分近似。想当初,杨坚为使百姓信服其代周是应天受命,"多说符瑞以耀之",这个神话,会不会是杨坚自己或者让别人制造的符瑞之一呢?

寻求精神寄托,是杨坚信奉佛、道的第二个原因。

开皇初期,隋朝政权未稳,边境之患未除,南朝政权未灭,国家百业待兴。此时的杨坚,正是踌躇满志,思想充实,克勤克俭,励精图治的时期。大约在开皇九、十年间,这种情况开始变化。

经过近十年的励精图治,隋朝的国力大增,政权已经巩固,安边平患也取得了显著成绩,特别是在开皇九年(589)灭掉南陈,杨坚统治下的隋朝已是一个统一南北的封建大帝国了。于是,杨坚的精神世界也开始悄悄地发生变化。

开皇九年十二月,杨坚下了一道诏书。诏书说:

> 朕祗承天命,清荡万方。百王衰敝之后,兆庶浇浮之日,圣人遗训,扫地俱尽,制礼作乐,今也其时。朕情存古乐,深思雅道。郑、卫淫声,鱼龙杂戏,乐府之内,尽以除之。今欲更调律吕,改张琴瑟。且妙术精微,非因教习,工人代掌,止传糟粕,不足达神明之德,论天地之和。区域之间,奇才异艺,天知神授,何代无哉!盖晦迹于非时,俟昌富于所好,宜可搜访,速以奏闻,庶睹一艺之能,共就九成之业。①

---

① 《隋书》卷2《高祖纪下》。

诚然,杨坚诏书中明确反对郑、卫淫声、鱼龙杂戏;诚然,音乐在古代被认为有重要的治国功能。但比音乐重要的事情还有许多,他为什么如此急于搜寻音乐方面的奇才异艺呢?这个诏书,露出了杨坚盛世天子的一丝心态。

开皇十三年(593),杨坚下诏修建仁寿宫,令杨素监营。杨素便"夷山堙谷,营构观宇,崇台累榭,宛转相属"①。在修建仁寿宫的工程中,杨素为赶工程,让工匠日夜不停地劳作,很多人被活活累死。杨素便把他们的尸体推填到坑坎之中,覆以土石,将坑坎筑为平地。当时的死者数以万计。宫殿盖成后,很多死人枕藉于道路之上,而杨坚马上就要前来视察新宫,杨素便把死者尸体集中,加以焚烧,致使夜幕之中,宫殿周围磷火弥漫。杨坚来到新宫参观,望见宫殿壮丽,夸奖杨素忠诚。这表明杨坚建国初期那种"如临深渊、如履薄冰"的勤政之心已经没有了,开始向享受倾斜。

开皇九年六月,当群臣们劝杨坚到泰山附近举行封禅大礼时,杨坚还下诏说:"岂可命一将军,除一小国,遐迩注意,便谓太平。以薄德而封名山,用虚言而干上帝,非朕攸闻。而今以后,言及封禅,宜即禁绝。"②此时的杨坚,还心怀惕励,不敢以太平自居。到开皇十四年(594),群臣又请封禅,杨坚的儿子杨广"率百官抗表固请",于是,杨坚便让有关部门起草封禅的仪式。牛弘、辛彦之、许善心、姚察、虞世基等人制定了封禅礼文。第二年,杨坚便行幸至兖州,来到岱岳,拜泰山。名为拜,实质上就是封禅。杨坚命人制定封禅礼仪,又往泰山进行封拜,太平盛世天子的风仪俨然矣!

杨坚的上述种种变化,都发生在开皇九、十年以后。事情往往如此,当一个人处于为某些目标殚精竭虑、苦苦奋斗之时,他往往是充实的,向上的。一旦这些目标实现,与之俱来的是意志的消沉和精神的空虚。杨坚此时的心态也是如此。开皇十年(590),杨坚巡幸并州,在宴会上,他作了一首四言诗:

红颜讵几,玉貌须臾。
一朝花落,白发难除。
明年后岁,谁有谁无?③

这首诗的调子是低沉的。一切目标都实现后,一切追求也就消失了。他需要寻求精神寄托。

当然,我们并不是说杨坚是在意志消沉和精神空虚的情况下才转向佛教、道教的。杨

---

① 《隋书》卷24《食货志》。
② 《隋书》卷2《高祖纪下》。
③ 《隋书》卷22《五行志上》。

坚本来就是佛门弟子、道教信徒,但我们不能忽视一个现象,杨坚掀起大规模佛教高潮正是在开皇十年以后。

开皇十一年(591),杨坚下《营建功德制》:

> 门下:如来设教,义存平等,菩萨用心,本无差别。故能津梁庶品,济度群生。朕位在人王,绍隆三宝,永言至理,弘阐在乘,诸法豁然,体无彼我,况于福业,乃有公有私。自今已后,凡是营建功德,普天之内,混同施造,随其意愿,勿生分别。庶一切法门,同归不二,十方世界,俱至菩提。①

这个制书,宣扬佛门普度众生,要求众生普营功德,无疑是在全国范围内大兴佛教的总动员。

在此前后,杨坚与佛教界僧人的往来非常频繁。开皇十年(590)他下诏给智舜和尚说:

> 皇帝敬问赵州房子界嶂洪山南谷旧禅房寺智舜禅师:冬日极寒,禅师道体清胜,教导苍生,使早成就,朕甚佳焉。朕统在兆民之上,弘护正法,夙夜无怠。今遣开府卢元寿指宣往意,并送香物如别。②

同年,又给智顗和尚下诏说:

> 皇帝敬问光宅寺智顗禅师:朕于佛教,敬信情重。往者周武之时,毁坏佛法,发心立愿,必许护持。及受命于天,仍即兴复。仰凭神力,法轮重传,十方众生,俱获利益。比以有陈虐乱,残暴东南,百姓劳役,不胜其苦。故命将出师,为民除害。吴越之地,今得廓清,道俗乂安,深得朕意。朕尊崇正法,救济苍生,欲令福田永存,津梁无极。师既已离世网,修己化人,必希奖进僧伍,固守禁戒,使见者钦服,闻即生善,方副大道之心,是为出家之业。若身从道服,心染俗尘,非直含生之类无所归依,抑恐妙法之门更来谤嚣。宜相劝励,以同朕心。春日渐暄,道体如宜也。③

开皇十一年(591),又诏问灵裕和尚说:

---

① 《全隋文》卷3。
② 《续高僧传》卷17《习禅篇·释智舜传》,《大正新修大藏经》,第50册。
③ 《全隋文》卷3。

敬问相州大慈寺灵裕法师:朕遵崇三宝,归向情深,恒愿阐扬大乘,护持正法。法师梵行精纯,理义渊远,弘通圣教,开导聋瞽,道俗钦仰,思作福田,京师天下具瞻,四方辐凑。故远召法师,共营功业。宜知朕意,早入京也。①

同年,又诏问智聚和尚说:

法师栖身净土,援志法门,普为众生,宣扬正教,勤修功德,率励法徒,专心讲诵,旷济群品。钦承德业,甚以嘉之。②

开皇十二年(592),杨坚又给智颛和尚写信说:

暌觐稍久,惟用倾结,道体康念,动寂怡神,路首促忽,岂复委宣。今贶乌纱蚊帱一张、郁泥南布袈裟一缘、紫绖靴一量、南榴枕一枚。③

开皇十三年(593),杨坚又给荆州玉泉寺题写匾额,并附信说:

皇帝敬同修禅寺智颛禅师:省书具至意。孟秋余热,道体何如? 熏修禅悦,有以怡慰。所须寺名额,今依来请。智邃师还,指宣往意。④

杨坚给诸僧人的这些诏书,主要有三个内容:第一,表示他对佛教僧人的关心;第二,表示他对佛教事业的热心;第三,表示以卫佛护法为己任的决心。

开皇十三年十二月八日,杨坚向佛献上了忏悔文,文中说:

隋皇帝佛弟子姓名敬白:十方尽虚,空遍法界,一切诸佛、一切诸法、一切诸大圣贤僧,仰惟如来慈悲,弘道垂教,救拔尘境,济度含生,断邪恶之源,开仁善之路,自朝及野,咸所依凭。属周代乱常,侮蔑圣迹,寺塔毁废,经像沦亡,无隔华夷,扫地悉尽,致使愚者无以导昏迷,智者无以寻灵圣。弟子往藉三宝因缘,今应千年昌运,作民父母。思拯黎元,重显尊容,再祭神化。颓基毁迹,更事庄严,废像遗经,悉令雕撰。虽

---

① 《续高僧传》卷9《义解篇·释灵裕传》,《大正新修大藏经》,第50册。
② 《全隋文》卷3。
③ 《全隋文》卷3。
④ 《全隋文》卷3。

尘心恳到,犹恐未周,故重勤求,令得显出。而沉顿积年,污毁非处,如此之事,事由弟子。今于三宝前,志心发露忏悔。周室除灭之时,自上及下,或因公禁,或起私情,毁像残经,慢僧破寺。如此之人,罪实深重,今于三宝前,悉为发露忏悔。敬施一切毁废经像,绢十二万匹。皇后又敬施绢十二万匹。王公已下,爰至黔黎,又人敬施钱一文。愿一切诸佛、一切诸法、一切诸大贤圣僧为作证明,受弟子忏悔。①

杨坚这个忏悔文,大致讲了四个内容:第一,阐述了佛法的无边威力;第二,为自己做天子之后未能将复佛之事做得尽善尽美而向佛忏悔;第三,代表北周时一切有毁像废佛行为的人向佛忏悔;第四,自己带头,并要求全国以实物敬施佛门以赎罪悔过。

杨坚在开皇九年统一全国,开皇十年以后便开始掀起佛教高潮,这二者之间是有联系的。开皇九年以前,杨坚把一切心思都放在代周建隋、巩固皇基、统一南北上,他在为实现这些目标的种种努力中使自己的精神也有了寄托,而当这一切已经实现或基本实现后,以前的种种努力已经不再必要,处处如愿的太平盛世反倒使他精神上感到无所依托。他要寻求还不满意的东西,并为之尽善尽美而奋斗。这个不令人满意的东西杨坚找到了,这就是忏悔书中所表示的复兴佛教还未尽善尽美。他要为"一切法门同归不二,十方世界俱至菩提"而奋斗。所以开皇十年以后,杨坚广营功德,频繁与僧人往来,普建寺塔,大修经像。杨坚在这一系列的努力中,也寻找到了精神寄托。杨坚一生做了三件大事:代周建隋、统一南北、大兴佛教。这三件事相继伴随杨坚度过一生,也是杨坚精神生活的主要寄托所在。

寻求心灵的慰藉,是杨坚信奉佛教的第三个原因。

开皇元年八月,杨坚即位的第一年,便下一道诏书,令在相州当年与尉迟迥争战之地建立佛寺。诏书说:

> 门下:昔岁周道既衰,群凶鼎沸,邺城之地,实为祸始,或驱逼良善,或同恶相继。四海之大,过半豺狼,兆庶之广,咸忧吞噬。朕出车练卒,荡涤妖丑,诚有倒戈,不无困兽。将士奋发,肆其威武,如火燎毛,殆亡遗烬。于时朕在廊庙,任当朝宰,德渐动物,民陷网罗。空切罪己之诚,惟增见辜之泣。然兵者凶器,战实危机,节义之徒,轻生忘死,干戈之下,又闻俎落。兴言震悼,日久逾深,永念群生蹈兵刃之苦,有怀至道兴度脱之业。物我同观,愚智俱愍。
>
> 思建福田,神功佑助,庶望死事之臣,菩提增长,悖逆之侣,从暗入明,并究苦空,

---

① 《全隋文》卷3。

咸拔生死。鲸鲵之观，化为微妙之台，龙蛇之野，永作玻璃之镜。无边有性，尽入法门。可于相州战地，建伽蓝一所，立碑纪事。①

杨坚下诏在相州战地立寺，其目的是要超度在平定尉迟迥战争中死去的亡灵，所超度的对象，既包括死事之忠臣，又包括悖逆之叛侣。

为什么杨坚在隋初百业待兴之际提出要在相州立寺？

在与突厥的战争、平定南陈战争中，死人可谓多矣，为什么杨坚没有立寺超度，而仅仅超度相州战场的亡灵？

杨坚在诏书中说得很轻松：相州之战时，自己只是在朝中任辅宰之职，看着兵民陷入战争的生死网罗，空有罪己之诚，而不能脱他们于苦海。似乎这些被涂炭的生灵，都是为大周的兴亡而去蹈兵刃之苦的。

其实，轻松只是假象，轻松的深处是难以忘却的沉重。

杨坚比谁都明白，三方之乱的兴起，不是为了别人，正是杨坚自己！

在平定三方之乱的战争中，相州战场历时最长，死人最多，也最残酷。

《隋书·五行志·夜妖》记载："周大象二年，尉迥（即尉迟迥）败于相州。坑其党与数万人于游豫园，其处每闻鬼夜哭声。"

游豫园大屠杀，那是多么惨烈的一幕！有关史籍是这样记载的：

> 初以隋运创临，天下未附，吴国公（当为蜀国公）蔚迥（即尉迥），周之柱臣，镇守河北，作牧旧都。闻杨氏御图，心所未允，即日聚结，举兵抗诏。官军一临，大阵摧解，收拥俘虏，将百万人。总集寺北游豫园中，明旦斩决。园墙有孔，出者纵之，至晓使断，犹有六十万人，并于漳河岸斩之。流尸水中，水为不流，血河一月。夜夜鬼哭，哀怨切人。②

尉迟迥的起兵，完全是为了反对杨坚独揽北周的朝政；杨坚讨伐尉迟迥也完全是为了巩固自己的地位。所以，数万人的死亡，包括忠臣和叛逆，全都与杨坚有关。对于忠臣的阵亡，杨坚自然痛心，对于叛军的死亡，杨坚也感到心中不安。当他听说游豫园附近夜中鬼哭时，对臣下说："此段一诛，深有枉滥，贼止尉迟，余并被驱，当时恻隐，咸知此事。国初机候，不获纵之。可于游豫园南葛萎山上立大慈寺，折三爵台以营之，六时礼佛加一拜，

---

① 《广弘明集》卷 28《相州战场立寺诏》。
② 《法苑珠林》卷 67《怨苦篇·感应缘·唐国初相州大慈寺群贼共停相杀污寺现验》。

为园中枉死者。"①这段话，足以反映出杨坚当时的心情，他在游豫园立寺，主要为园中枉死者。他希望通过立寺超度枉死者的亡灵，以使自己的沉重之心得到解脱。杨坚是个笃信佛教的人，从佛教立场出发，他想到无数为他战死的忠魂及被他杀死的屈死之鬼，绝不会心安理得。更何况，围绕杨坚代周问题上被杀者，不止游豫园的枉死者，还有宇文氏宗族。他笃信佛教能使这些亡灵得以超度，正是由于这一点，当他修寺立塔普营功德时，也同时感到自己心灵得到了慰藉。

<hr />

① 《法苑珠林》卷 67《怨苦篇·感应缘·唐国初相州大慈寺群贼共停相杀污寺现验》。

第八章
命终仁寿

第一节　致命弱点

开皇二十年(600)隆冬的一个深夜,北风凄厉地号叫着。废太子杨勇的东宫,早已不见了昔日人来客往的热闹,寂静、阴冷、萧条,宛若阴森的死囚牢。

宫中一棵千年古树矗立在庭院内,光秃秃的树枝在寒风中瑟瑟抖动。突然,一个人影从宫中跟跟跄跄地走出来,直奔大树下。只见他顺着树干爬上枝头,站在上面,朝着皇宫的方向大声呼喊:"父皇,儿臣要见您一面,儿臣冤枉……"①

一阵狂风掠过,将这凄惨的叫声撕成碎片,抛向高空,抛向荒野。

这个人,就是被杨坚所废的太子杨勇。

这个结果,对杨勇来说,无疑是他个人的悲剧。这个结果,对杨坚来说,也是他个人悲剧的序幕。四年以后,杨坚终于明白了自己的废立行为是一个绝大的错误。然而当他明白了的时候,已大错铸成,无可挽回了。杨坚带着对自己所犯错误的懊悔和不能挽回错误的遗憾离开了人世,这对杨坚来说不能不是个更大的悲剧。

如果我们从杨坚个人品质的角度去追根寻源,不难发现,这个悲剧的酿成与杨坚自身的几个致命弱点有着必然的联系。

杨坚的弱点之一,是他佞信数术。史书上说他"好为小数,不达大体","雅好符瑞,暗于大道"②。本来,喜好符瑞数术不应算是一个人的弱点,但杨坚对数术符瑞信好之深,足以影响他的情绪,影响他处理一些政治问题的态度。这对一个君主、一个政治家来说,不能不是个致命弱点。

数术符瑞可以使杨坚喜出望外。

隋朝有个专门考定古今阴阳书籍的人,叫萧吉。此人原为南朝人,是梁武帝之兄萧懿的孙子。史书上说他"博学多通,尤精阴阳算术"③。梁元帝时,江陵被西魏攻破,萧吉被虏至北朝。北周时任仪同,杨坚代周后又被进为上仪同。萧吉性格孤僻,与朝中公卿往来不多,又加上与朝中权贵杨素不和,所以一直受到冷落,郁郁不得志。萧吉对自己的如此处境与地位是不甘心的,他时时盘算着怎样取得杨坚的宠信,以提高自己的地位。

机会终于来了。

开皇十四年(594),这一年按中国古代的干支纪年是甲寅年。这一年的十一月初一日,按传统的干支纪日为辛酉日,这一天正好是冬至。第二年是乙卯年,而这一年的正月

---

① 《隋书》卷45《文四子列传·房陵王勇传》。
② 《隋书》卷2《高祖纪下》。
③ 《隋书》卷78《艺术列传·萧吉传》。

初一为庚申日。杨坚出生于541年，按干支纪年也是辛酉年。这里面有一系列巧合，萧吉利用这些巧合，向杨坚举出了一系列的吉祥之兆：

第一个吉庆，萧吉说，有一本谶纬书叫《乐计图征》，书上说："天元十一月朔旦冬至，圣王受享祚。"如今圣主在位，而朔旦（即初一日）冬至，正与谶书相合。第二个吉庆，辛酉之日，与杨坚的本命相合。诸如此类的附会，萧吉一共举了五条，全都是为取悦杨坚而编的鬼话，杨坚听后非常高兴，对其大加赏赐，有事常顾问于他①。

还有一个人叫袁充。此人本为南朝陈人，陈朝灭亡后入隋，历任蒙州司马、鄜州司马等职。因性好道术，颇晓占候之术，后领太史令。他也时时寻找机会用符谶取悦于杨坚。开皇十九年(599)，他见杨坚废太子杨勇之意已明，便进言说："我近来仰观天象，有皇太子当废之象。"开皇二十年，杨坚废太子杨勇后，袁充又上表言日长之瑞说："大隋启运，上感乾元，影短日长，振古希有。"杨坚非常高兴，对百官说："影长之庆，天之佑也。今太子新立，当须改元，宜取日长之意，以为年号。"于是将开皇二十一年改为仁寿元年。杨坚改元以后，袁充又列举了六十多条关于杨坚的本命与阴阳律吕相吻合的符瑞，并上表说：

> 皇帝载诞之初，非止神光瑞气，嘉祥应感，至于本命行年，生月生日，并与天地日月、阴阳吕律运转相符，表里合会。此诞圣之异，宝历之元。今与物更新，改年仁寿，岁月日子，还共诞圣之时并同，明合天地之心，得仁寿之理。故知洪基长算，永永无穷。②

袁充为人，只求自身得到皇帝宠幸，得到升迁进位，史书上说他"乾没荣利，得不以道"③。而且事实上，杨坚改元仁寿的第四年便一命归天，他的儿子杨广即位仅十四年，便彻底断送了隋朝的基业，哪里有什么洪基长算，永永无穷！所以，无论从袁充的人品来看，还是从事实的发展来说，袁充的进言都不过取悦求荣的鬼话。而杨坚听到这番话后，却喜出望外，对袁充"赏赐优崇，侪辈莫之比"④，可见杨坚对符瑞数术迷信到了何种地步。

数术符瑞又可使杨坚怒不可遏。

王谊在北周时，与杨坚是太学同学，有布衣之好。杨坚辅政期间，王谊曾任郑州（治所在今河南许昌）总管。司马消难起兵反对杨坚时，王谊曾任行军元帅，率四总管进行征讨。可以说，于公于私，王谊都是隋朝的功臣。但在隋朝建立之初，却被杨坚赐死于家。

---

① 《隋书》卷78《艺术列传·萧吉传》。
② 《隋书》卷69《袁充传》。
③ 《隋书》卷69《袁充传》。
④ 《隋书》卷69《袁充传》。

　　杨坚为什么要杀死王谊?

　　有人说,杨坚杀王谊是出于对功臣的不容。"飞鸟尽,良弓藏,狡兔死,走狗烹",历代帝王在天下已定之后,诛杀功臣是常有的事。但是,杨坚杀王谊,是在开皇五年(585),此时,杨坚取得帝位不久,北边突厥未定,南边陈朝未服,正是他用人之际,还未达到"飞鸟尽""狡兔死"的太平。显然,用杀功臣的常理解释杨坚杀王谊,有难以令人信服之处。

　　史书上记载:"于时上柱国元谐亦颇失意,谊(即王谊)数与相往来,言论丑恶。胡僧告之。"①"胡僧告之",这四个字很关键,王谊与元谐说了些什么,杨坚不可能亲自听到,全凭胡人和尚的告发。这个胡人和尚到底向杨坚说了些什么,史书上没有记载。但在第七章第二节中我们已经讲过,佛教为了在中原立足,不得不向道教靠拢,很多僧人也熟习道家方术。这个胡人和尚是不是也利用了方术来激怒杨坚呢?

　　很有可能!

　　这决不是无端乱猜,杨坚关于处死王谊的诏书,为这个结论提供了有力的证据。诏书说:

> 谊(即王谊),有周之世,早豫人伦,朕共游庠序,遂相亲好。然性怀险薄,巫觋盈门,鬼言怪语,称神道圣。朕受命之初,深存诫约,口云改悔,心实不悛。乃说四天王神道,谊应受命,书有谊谶,天下谊星,桃、鹿二川,岐州之下,岁在辰巳,兴帝王之业。密令卜同,伺殿省之灾。又说其身是明王,信用左道,所在诖误,自言相表当王不疑。此而赦之,将或为乱,禁暴除恶,宜伏国刑。②

很明显,王谊说自己应受天命,有当帝王的相表等鬼言怪语,都是通过胡人和尚的嘴传入杨坚耳朵的。

　　还有一个功臣元谐之死,也是杨坚深信数术的结果。

　　元谐也从小与杨坚同在国子学学习,二人甚相友爱。后来因立军功,逐渐升到了大将军的地位。杨坚辅政时,常常把元谐召到左右,问计问策。尉迟迥起兵,进攻小乡,元谐曾率兵将其击退。杨坚代周后,封元谐为上大将军。开皇初年,吐谷浑进犯西境,元谐为行军元帅,率步骑数万击之,大败吐谷浑军,使吐谷浑王公百余人各率所部来降。杨坚非常高兴,专门下诏,说他"识用明达,神情警悟,文规武略,誉流朝野。申威拓土,功成疆场。深谋大节,实简朕心"③,可见杨坚对元谐是很赏识的。可是在不久以后,元谐却被卷入了

---

　　①　《隋书》卷40《王谊传》。
　　②　《隋书》卷40《王谊传》。
　　③　《隋书》卷40《元谐传》。

王谊谋反案中,胡人和尚告发王谊同时,也告发了元谐。虽然当时杨坚没有将元谐治罪,但几年以后,元谐及其堂弟元滂,还有临泽侯田鸾、上仪同祁绪等人都被治为谋反之罪而诛杀。当时有关部门宣布元谐等人的罪状是这样的:

> 谐(指元谐)谋令祁绪勒党项兵,即断巴、蜀。时广平王雄(指杨雄)、左仆射高颎二人用事,谐欲谮去之,云:"左执法星动已四年矣,状一奏,高颎必死。"又言:"太白犯月,光芒相照。主杀大臣,杨雄必当之。"谐尝与滂同谒上,谐私谓滂曰:"我是主人,殿上者贼也。"因令滂望气,滂曰:"彼云似蹲狗走路,不如我辈有福德云。"①

上述诸条罪状,也多是元谐用方术谋反。

王世积之死,更是与方术有关。王世积在北周时就因军功被拜为上仪同。杨坚辅政时,王世积随从韦孝宽讨伐尉迟迥,每战都立功,被拜为上大将军。在平陈战役和平定江南之乱中,王世积都为隋朝立有战功。杨坚对他特别看重。王世积有个亲信名叫皇甫孝谐,后来犯罪被官府追捕。他跑到王世积处请求保护,被王世积拒绝。后来,皇甫孝谐终于被捕,被发配到桂州(治所在今广西桂林)。他恨透了王世积,就向朝廷举告说:

> 世积尝令道人相其贵不,道人答曰:"公当为国主。"谓其妻曰:"夫人当为皇后。"又将之凉州,其所亲谓世积曰:"河西天下精兵处,可以图大事也。"世积曰:"凉州土旷人稀,非用武之国。"②

结果,王世积被杀,皇甫孝谐因检举有功被拜为上大将军。

杨坚甚至因方术惩治自己的亲生儿子。

杨秀是杨坚的第四子,被封为蜀王。杨坚废掉太子杨勇立杨广为太子后,杨秀对杨广的所作所为非常不满。当然,杨秀有他的毛病,如奢侈、讲排场,杨坚对他很反感。但这还构不成杨坚对他治罪的原因。杨秀被其父剥夺王位、废为庶人,主要是由于杨广对他的陷害。杨广见杨秀对立自己为太子不满,生怕他日后对自己不利,便让杨素罗织杨秀的罪状,加以陷害。杨广又暗中做了一个木头人,在上边写上杨坚及汉王杨谅的名字,用绳子将木人捆住,又在木人心脏的位置钉一颗钉子,叫人将木人秘密地埋在华山之下。然后,又让杨素当众将其挖出来,说是杨秀所为。杨坚闻此大怒,下令将杨秀废为庶人,关进内

---

① 《隋书》卷 40《元谐传》。
② 《隋书》卷 40《王世积传》。

侍省,不许他与妻子儿女相见,又下诏数其罪说:

> 　　汝地居臣子,情兼家国,庸蜀要重,委以镇之。汝乃干纪乱常,怀恶乐祸,睥睨二宫,伫迟灾衅,容纳不逞,结构异端。我有不和,汝便觇候,望我不起,便有异心。皇太子,汝兄也,次当建立,汝假托妖畜,乃云不终其位。妄称鬼怪,又道不得入宫,自言骨相非人臣,德业堪称重器。妄道清城出圣,欲以己当之,诈称益州龙见,托言吉兆。重述木易之姓,更治成都之宫,妄说禾乃之名,以当八千之运。横生京师妖异,以证父兄之灾;妄造蜀地征祥,以符己身之箓。汝岂不得国家恶也,天下乱也?辄造白玉之斑,又为白羽之箭,文物服饰,岂似有君?鸠集左道,符书厌镇。汉王于汝,亲则弟也,乃画其形像,书其姓名,缚手钉心,枷锁杻械。仍云请西岳华山慈父圣母神兵九亿万骑,收杨谅魂神,闭在华山下,勿令散荡。我之于汝,亲则父也,复云请西岳华山慈父圣母,赐为开化杨坚夫妻,回心欢喜。又画我形像,缚手撮头,仍云请西岳神兵收杨坚魂神。如此形状,我今不知杨谅、杨坚是汝何亲也?①

杨坚所数杨秀的这些罪状,绝大部分是杨广、杨素等人为陷害杨秀而编造的,杨广亲自做木偶人埋在华山之下。然后加在杨秀头上这件事,足以说明这点。问题是,杨广欲害杨秀,为什么偏偏用方术左道的手段?

其实,不仅杨秀,前述王谊、元谐、王世积等人被人陷害,也都是因同样原因。这说明,利用方术来激怒杨坚是一个行之有效的方法。之所以有效,是因为杨坚对方术左道的惧怕。这种惧怕有两个含义:第一,杨坚对方术影响的惧怕。方术对杨坚取得帝位曾经起过很大作用,他曾经利用方术影响当时人们的思想,取代了北周朝的天下。如今,他也惧怕别人用方术的影响取代他的天下。第二,杨坚对方术本身效验的害怕。杨坚诛王谊,怕他真有应天之命,真有帝王骨相。杨坚杀元谐,怕他真有福德之云。杨坚杀王世积,也害怕他的帝王之相果真应验。不论是何种含义的惧怕,实质上都说明杨坚对方术的笃信。

作为一个皇帝,信好方术到了这种程度,带来的后果是严重的。因为有人说影短日长,杨坚大喜,改元仁寿,"将作役功,因加程课,丁匠苦之"②。因为有人说王世积曾找人相面,相者说他有贵相,杨坚就大怒,疑其谋反,将其诛杀而后安。可见他一些政治措施的决定常在喜怒之间,而这种喜怒,常受方术符瑞的影响,而利用方术制造符瑞的,常是那些怀有一定目的的人。

---

① 《隋书》卷 45《文四子列传·庶人秀传》。
② 《隋书》卷 69《袁充传》。

杨坚的弱点之二,是惧内,怕老婆。

自从仁寿宫建好之后,杨坚经常来仁寿宫居住。有一次,杨坚来到仁寿宫,发现一个美女,一下就喜欢上了。一问,才知道是尉迟迥的孙女。尉迟迥死后,她被收入宫中,充当宫女,如今长大,出落成一个窈窕女子。尽管她是叛逆之后,杨坚并不在意。这个尉迟氏不但貌美,且十分乖巧,很会讨人喜欢。从此二人如胶似漆,经常在一起。

一天,杨坚照例临朝听政。散朝以后,他回到后宫,听到一个令他吃惊的消息:他的美人尉迟氏被人杀了。下令杀她的人不是别人,正是杨坚的结发妻子、当今的皇后独孤氏。杨坚怒火中烧,若是别人,他就会动雷霆之怒,单单是独孤氏,使他有火不敢发,有气不敢出。然而,独孤氏杀死的,毕竟是他的心爱之人,这口气怎能咽得下!他觉得自己快要憋死了,便跨上一匹马,一个人走出宫来,任骏马在野外奔驰。他想以此使自己的怒气发泄出来。不知过了多长时间,也不知骑马走了多长的路,当杨坚从激怒的情绪中解脱出来时,他发现自己已经骑着马走在山谷中了。夜幕徐徐降临,他望着四周黑魆魆的山峰,心中不由生出一丝悲凉与孤独之感。

忽然,背后传来一阵熟悉的喊声:"陛下!陛下!"

原来是高颎、杨素等人策马追来。他们来到杨坚马前,翻身下马,拉着杨坚的马缰,苦苦劝他回去。

"陛下",杨素说:"您已经出来快三个时辰了,快回去吧。"

杨坚没有动,他仍觉得心里窝火。

"陛下,皇后也是为了您好,您多想想皇后的好处,火气就会小了。"不知谁说了一句。

这句话果然勾起了杨坚的许多回想。他想到刚刚把独孤氏娶进家门时,她还是个十四岁的小姑娘。她是那样天真、漂亮,又是那样的柔顺、恭孝。他又想起与独孤氏在一起时,曾向她发誓,终生只爱她一人。想到这里,杨坚顿觉理亏,火气也小多了。他叹了一口气,说道:"没想到我贵为天子,还这么不自由!"

高颎见杨坚口气有所缓和,便趁热打铁,劝道:"陛下怎能因为一个妇人而把天下之重看轻呢?"

杨坚见众人如此劝解,便答应和他们一起回去。当君臣一行回到宫中时,已经是深夜了。皇后独孤氏早已在阁内等候,她见杨坚回来,痛哭流涕,深表后悔。高颎、杨素等人又从中进行和解,一场风波总算过去了[①]。

从这场风波中,可以看出杨坚对独孤氏的畏惧。

杨坚对独孤氏的"惧",一半是出于对她的敬。

---

① 《隋书》卷36《后妃列传·文献独孤皇后传》。

杨坚敬独孤氏深明大义。有一次,北方的突厥与中原做买卖。当时突厥人有一盒明珠,价值八百万。幽州总管阴寿劝独孤氏将其买下,独孤氏说:"如今北方边境不安,守边将士辛苦疲劳,不如将这八百万分赏给那些有功的守边将士。"还有一次,独孤后的外甥崔长仁犯了法,当处以斩刑,杨坚因为独孤氏的关系准备免去崔长仁之罪。独孤后知道后,对杨坚说:"国家之事,焉可顾私!"①最后,崔长仁还是被处死。

杨坚敬独孤氏生活俭约。杨坚性本俭约,不好奢侈,独孤氏也夫唱妇随。有一次,杨坚得了痢疾,需要用一两胡粉配药。胡粉是女人用的一种化妆品,杨坚想皇后处一定有,便派人去寻,不料却连一两也找不到。

杨坚敬独孤氏有见识。史称独孤氏"雅好读书,识达古今,凡言事皆与上意合,宫中称为二圣"②。杨坚每次临朝,独孤氏都与他"方辇而进,至阁乃止。使宦官伺帝,政有所失,随则匡谏,多所弘益"③。

杨坚对独孤氏的惧,还有一半是出于对她的愧疚。

杨坚建隋代周,受损失的不仅仅是北周皇室宇文氏,因为他与宇文氏有姻亲关系,所以自身的利益也受到一些触及。比如,杨坚的大女儿杨丽华嫁给了周宣帝,宣帝死后,静帝即位,杨丽华便成了北周的皇太后。而杨坚废掉静帝后,北周已不复存在,杨丽华的皇太后名号与地位自然也跟着消失。对这种变化,最不满意的还是杨丽华本人。史载:

> 初,宣帝不豫,诏隋文帝入禁中侍疾。及大渐,刘昉、郑译等因矫诏以隋文帝受遗辅政。后(指杨丽华)初虽不预谋,然以嗣主幼冲,恐权在他族,不利于己,闻昉、译已行此诏,心甚悦。后知隋文有异图,意颇不平。及行禅代,愤惋愈甚。隋文内甚愧之。④

杨丽华由喜到怨,再到愤,这个变化说明她对失去皇太后的名号和地位是多么不满。而最疼女儿的,是她的母亲独孤氏。在北周宣帝时,因为宣帝昏庸暴虐、喜怒无常,杨丽华曾对他劝导,宣帝却大发雷霆,声言要治她死罪,杨丽华仍进止详闲,辞色不挠,没有一点屈服的表示。宣帝大怒,下令赐杨丽华死,逼其自杀。独孤氏听到消息后,"诣阁陈谢,叩头流血",使杨丽华免于一死⑤。独孤氏为救自己女儿,连自己的生死都置之度外,她宁愿用自

① 《隋书》卷36《后妃列传·文献独孤皇后传》。
② 《北史》卷14《后妃列传下·隋文献皇后独孤氏传》。
③ 《北史》卷14《后妃列传下·隋文献皇后独孤氏传》。
④ 《北史》卷14《后妃列传下·宣皇后杨氏传》。
⑤ 《北史》卷14《后妃列传下·宣皇后杨氏传》。

己死来换取女儿的生。而杨坚代周后,独孤氏自己成了皇后,女儿却失去了皇太后身份,独孤氏心中怎能平静呢?

杨坚夫妇的得与女儿的失,是绝不可调和的矛盾,杨坚必须在得失之间进行选择。事实上,杨坚只有让女儿作出牺牲了,为此,杨坚深怀愧疚。与其说杨坚对女儿愧疚,不如说他对妻子愧疚。因为独孤氏太爱自己的女儿了,这个最终的取舍,无疑对独孤氏的母爱是个不可避免的打击。

杨坚想尽一切办法对女儿进行补偿,因为他觉得补偿了女儿,也就补偿了妻子。

杨丽华失去皇太后之号后,被封为乐平公主,她的一切要求,杨坚尽力满足。

杨丽华有个女儿,名叫娥英,到了出嫁年龄,杨丽华要为她找个婆家,杨坚答应了。杨丽华要亲自选一个女婿,杨坚也答应了。

杨坚下了一道敕令,让所有贵公子会集弘圣宫,前来者每天都有几百。杨丽华坐在帷帐中,让他们一个个走过,并试其技艺,凡是看不中的,当时就让他出去,最后,她选中了一个叫李敏的人。

这个李敏,是勋贵子弟。他的从祖父,就是当初支持杨坚代周的李穆。他的父亲李崇,在与突厥作战时阵亡。杨坚因为李崇为王事而死,便把其子李敏留养在宫中。后来,李敏长大了,姿仪美、善骑射,歌舞管弦,样样精通。他在杨丽华面前大显身手,当下便被看中。后来,李敏将要参加杨坚所设的宴会,杨丽华对他说:"我已经将天下给了我父亲,现在,只有你这么个女婿,我要为你求个柱国的官职。如果皇上给你别的官职,你千万不要谢恩。"

在宴会上,杨坚为使女儿高兴,亲自为李敏弹琵琶,让李敏且歌且舞。又问杨丽华:"李敏现任何官?"

杨丽华说:"不过一个白丁罢了。"

杨坚便对李敏说:"现在我授你仪同之职。"

李敏站在那里,没有任何表示。

杨坚笑了,说:"看来你对此封尚不满意,那么就授你个开府吧!"

李敏还是没有谢恩。

"也罢!公主对我有大功,我怎能对她的女婿吝啬官职呢,就授你为柱国吧!"

李敏这才跪下谢恩①。

其实杨坚这样做,完全是为了使女儿高兴,因为使女儿高兴,也就使独孤氏那颗受伤的心得到补偿和慰藉。

---

① 《隋书》卷 37《李穆传附李敏传》。

　　不管是出于敬,还是出于愧,杨坚对独孤氏言听计从、百般依顺,是在历史上出了名的。唐代史家对杨坚有如下评价:

　　　　雅好符瑞,暗于大道,建彼维城,权侔京室,皆同帝制,靡所适从。听哲妇之言,惑邪臣之说,溺宠废嫡,托付失所。①

这正道出了他的两个致命弱点。

_____

① 《隋书》卷 2《高祖纪下》。

第二节　废立风波

杨坚有五个儿子,其中杨勇最大。早在北周时,杨勇就因其祖父杨忠的军功被封为博平侯。

杨坚很喜欢这个儿子,在他作北周的辅政大臣时,就拜杨勇为大将军、左司卫,封为长宁郡公,立他为世子。为了锻炼他的才干,树立他的威信,杨坚让他出外做洛州总管、东京小冢宰,总统北齐旧地。当杨勇再一次被征回京城时,已经被进位为上柱国、大司马、领内史御正,总管所有禁卫了。

581年,杨坚建隋称帝,杨勇由世子变为太子,也就是说,将来的帝位,要由杨勇来继承。从此,军国政事以及尚书上奏的死罪以下的重大事情的决断,全都有杨勇参与。

在杨坚的有意栽培下,杨勇在政治方面成长很快。隋初,山东(即今河北、河南、山东一带)地区流民很多,杨坚想把这些流民迁徙到北方以充实边境。杨勇劝阻说:“我以为改变百姓的生活习俗应当采取逐渐的方式,不能一下子改变。百姓历来有怀旧恋土的传统,他们的流动离乡,是迫不得已的。山东地区在北齐统治时就主暗时昏,北周平齐后,又虐待百姓,致使他们逃亡,不是他们厌恶本土,愿意羁旅他乡。又加上尉迟迥在去年叛乱,虽然将其平定,但战争给此地造成的创伤还未复愈。我以为几年以后,随着社会的安定,他们会归还本土。更何况我们的北部边境虽然屡遭突厥侵扰,但城镇峻崄,所在严固,用不着迁徙流民。”杨坚见杨勇对国家大事能有自己成熟的看法,并对形势有正确的认识,非常高兴,便接受了他的意见。从此以后,杨勇见时政有所不善之处,常常提出自己的意见,也常常被杨坚采纳。

史载杨勇“好学,解属词赋,性宽仁和厚,率意任情,无矫饰之行”①,这似乎是在褒扬杨勇的人品。但杨勇倒霉就倒在“率意任情,无矫饰之行”上。

杨坚对奢侈行为很反感,不论是臣下还是子女,只要有此行为他都不能容忍。杨勇有一副铠甲,装饰得非常漂亮、华丽。这使杨坚很不高兴,将他训诫一番,并送他几套自己过去穿过的衣服和几把用过的刀,以警其行。

杨坚对臣下违礼越制的言行极为敏感。而杨勇在冬至这天,派人去请朝中百官到东宫,祝贺节日,一时东宫鼓乐齐鸣,百官皆贺。杨坚知道这件事后,便问朝臣:“我听说冬至那天,内外百官都到东宫朝拜太子,这是什么礼呀?”

太常少卿辛亶一听话音不对,赶快解释说:“我们到东宫应该说是祝贺节日,不是

---

① 《隋书》卷45《文四子列传·房陵王勇传》。

朝拜。"

"是吗?"杨坚冷冷地说,"祝贺节日,去个三几个、十数个人,不就行了? 就是去,也应随各个人的心意,为什么要派专人征召、百官皆至? 为什么太子还要穿上礼服,奏乐接待他们? 太子这样做,太悖礼制了。"后来,杨坚因此下诏说:

> 礼有等差,君臣不杂,爰自近代,圣教渐亏,俯仰逐情,因循成俗。皇太子虽居上嗣,义兼臣子,而诸方岳牧,正冬朝贺,任土作贡,别上东宫。事非典则,宜悉听断。[①]

杨坚传下此诏,实际表达了对杨勇的不满和猜疑。

杨勇的母亲独孤皇后非常关心杨勇的婚事,她看中了元家之女,并为杨勇娶为正妃。但杨勇根本不喜欢元氏,另外纳了许多宠妾,在众多的内宠中,尤其喜欢昭训云氏。如果是善矫言饰行之人,对于母后亲自选中的媳妇,即使不喜欢,也要装装样子。而杨勇却"率意任情",不喜欢就淡而处之。后来元氏得了心脏病,突然死去。这一下引起了独孤皇后的疑心,她怀疑元氏是被人害死的,从此对杨勇也不满起来。

这一切都被杨广看在眼里,多年来觊觎太子之位的居心,使他敏锐地察觉到:取代哥哥地位的机会来了!

杨广取代杨勇,有很多有利条件。

首先,从兄弟行次讲,他是家中的老二,姿仪秀美,机敏聪慧,也好学,尤其擅长诗文,杨坚及独孤氏特别喜爱他。如果将杨勇搞掉,太子之位自然就会落到他的头上。

其次,他不像杨勇那样率意任情,而是善于矫情饰行,给人以假相,将真相隐藏得很深。有一次,他知道父皇要到他的住处,特意做了一番布置,他让人把乐器的弦扯断,又在上边撒满尘土。杨坚到来之后,见此荒败景象,不由感慨万端。杨广趁机说:"父皇不必感伤,只不过儿臣终日忙于政务,无声妓之好,所以才致此。"[②]杨坚听了非常高兴,认为他的生活作风很像自己。从此,杨广更加注意装饰自己,每次入宫朝见,"车马侍从,皆为俭素,敬接朝臣,礼极卑屈,声名籍甚,冠于诸王"[③]。他见母后独孤氏不喜欢杨勇姬妾成群,便反其道而行之,与其他姬妾都不接触,只和萧妃住在一起。独孤氏见此,更加喜欢杨广。

第三,杨广很会笼络人心。有一次他带人出去打猎,不料突然下起雨来。左右见此,急忙把雨披拿出来给杨广披上。不料杨广推开雨披,说:"士兵们都在雨地里淋着,我为什

① 《隋书》卷 45《文四子列传·房陵王勇传》。
② 《隋书》卷 3《炀帝纪上》。
③ 《隋书》卷 45《文四子列传·房陵王勇传》。

么要独自穿雨披呢!"①在场的士兵对杨广此举大为感动。开皇八年(588)冬,杨坚派兵大举伐陈,杨广被任为长江下游的行军元帅。隋军攻下建康后,活捉了陈湘州刺史施文庆、散骑常侍沈客卿、市令阳慧朗、刑法监徐析、尚书令暨慧。这几个人都是有名的误国殃民的奸佞之臣,江南百姓也对他们没有好感。杨广立即宣布将这五个人斩首,以示自己为民除害。然后又将陈朝府库封闭,资财丝毫不取,人们都称他是个贤达之人。

杨广苦心经营,取得了不少政治资本和好名声。如今,太子杨勇失意于父皇母后,这对杨广废兄夺宗的努力无疑是如鱼得水。从此,杨广加快了争位的步伐。

尽管杨坚对杨勇开始怀疑、不满,但废掉杨勇太子之位的决心是不那么容易下的。爱子之心,人皆有之。作为一个父亲,他不得不考虑亲生儿子的前途。杨勇尽管有令他失望之处,但毕竟是他的儿子,毕竟辛辛苦苦地栽培了他这么多年。一旦将他的太子之位取消,政治上的失意,地位的下降,说不定毁了儿子的终生前途。作为父亲,他又不得不考虑轻易废立所带来的严重后果。他曾向妻子独孤氏发誓,自己的孩子都是一母同胞,决不同别的妃妾有孩子。他不但这样说,也这样做了,五个儿子,都是独孤皇后所生。他这样做的目的,一方面是表明他对独孤氏的钟爱,另一方面是用最亲最近的血缘关系为纽带,将孩子们拢在一起。如果太子在位,别的兄弟的妄想自然而绝;如果太子之位虚而待人,那么,兄弟之间为争位而自相残杀之事在历史上可太多了。同胞的血缘纽带在对权力地位的欲望面前,到底会有多大的维系力量呢?

然而,作为一个政治家,他又不得不考虑江山社稷的前途。十几年来,他含辛茹苦将开皇基业创至如此辉煌的程度也不容易。而太子生活奢侈、沉溺姬妾、妄自尊大等毛病,使他对把江山社稷交给这样的人也真感到不放心。

杨坚遇到了巨大的矛盾,这个矛盾是常人的理智难以解决的。于是杨坚想到了神灵。

隋朝有一个能掐会算的人,名叫韦鼎,史书上说他"博涉经史,明阴阳逆刺,尤善相术"②。这个人起初生活在南朝,传说他通过望气的方术,预测到陈霸先当代梁建陈;后来又预测到陈朝的灭亡。陈朝被隋灭亡后,韦鼎被迁到隋都长安。

韦鼎到长安后,杨坚听说他通晓占卜,测事如神,便把他召来,授给他上仪同三司之职,对其待遇甚厚。杨坚在废立问题上进退维谷时,又找到韦鼎。他问韦鼎:"我这几个儿子谁可以继承皇位?"

"至尊、皇后所最爱者,即当与之,非臣敢预知也。"韦鼎答道。

---

① 《隋书》卷3《炀帝纪上》。
② 《隋书》卷78《艺术列传·韦鼎传》。

杨坚见他答得圆滑,无奈地笑笑说:"先生怕是不肯明告我吧?"①

杨坚又把善相者来和找来,让他秘密给诸子相面。来和看过后,对杨坚说:"晋王(指杨广)眉上双骨隆起,贵不可言。"②

两个人的答复,一个含混,一个明确。来和之所以敢明确回答,是因为他久与杨坚接触,对杨勇与杨广之间势力的消长,以及杨坚的心态了如指掌。

就在杨坚举棋不定时,社会上又风传着这样一件事:在繁昌县(今安徽繁昌附近)有一个叫杨悦的人,一天他到山中采药,忽然看见天空飘来片片白云。白云越积越厚,从白云后面又冒出两只动物,样子很像两只公羊,呈黄色,大小就像刚生下来的小狗。这两只羊一样的东西在天上厮打着,一只掉到地上。杨悦赶紧跑过去抓住,另一只却不见了。他把抓到的那只抱回家去饲养,但几十天后却不见了踪影。这个故事就像长了翅膀一样,一传十,十传百,越传越广。当这个故事传到京城时,除了故事本身以外,又加上许多牵强附会的东西。有人说,云体掩蔽,这是邪佞之象。这东西像小狗一样大小,又像公羊一样的形状,是两只羊羔之象。"羊"即暗指一个"杨"字;羊羔,即杨子。这表明两个皇子有一个要从上边落下来③。

只要稍加分析,不难看出这是杨广在利用神学逼迫其父杨坚快下废掉太子的决心。

首先从地点上看。上述传说是从繁昌县传出的。繁昌县的位置在当时扬州总管的管辖之内。而在平定江南之乱以后,杨广长期任扬州总管,在扬州植根很深。两羊相斗的传说源于繁昌绝非偶然。

再从时间上看。杨坚问韦鼎谁可继承皇位的时间大约是开皇十一年(591),《隋书·艺术列传·韦鼎传》记载:

> 时兰陵公主寡,上为之求夫,选亲卫柳述及萧玚等以示予鼎。鼎曰:"玚当封侯,而无贵妻之相。述亦通显,而守位不终。"上曰:"位由我耳。"遂以主降述。上又问鼎:"诸儿谁得嗣?"答曰:"至尊、皇后所最爱者,即当与之,非臣敢预知也。"上笑曰:"不肯显言乎?"

在这段记载中,杨坚向韦鼎询问将公主嫁谁和谁将继承帝位这两件事似乎在同时,起码相距时间不远。因此只要知道杨坚将女儿嫁给柳述的时间,就可以知道杨坚询问继承人的

---

① 《隋书》卷78《艺术列传·韦鼎传》。
② 《隋书》卷3《炀帝纪上》。
③ 《隋书》卷23《五行志下》。

时间。兰陵公主嫁给柳述,时年十三岁①,死于隋炀帝大业元年(605),时年三十二岁,可知兰陵公主嫁给柳述的时间正好是开皇十一年(591),正是杨坚在废立太子问题上心情极度矛盾的时期。而第二年就出现了两只羊羔相斗,一只羊羔坠地的传说和利用谐音及附会的方法进行的诠释,这难道是偶然巧合吗?

最后再从杨广的处世人品看。前面已经说过,杨广为了坐稳太子的宝座,不惜用方术激怒其父杨坚,以除掉弟弟杨秀。难道他就不能为了登上太子宝座,用方术促进其父废掉哥哥杨勇吗?

杨广这一招的确厉害,他抓住了其父的一个致命弱点:笃信数术。他也抓住了一个非常难得的时机,这就是其父正在企图求助神灵解脱面临的矛盾。

杨广不但知道杨坚笃信数术,还知道杨坚对独孤氏的畏惧。他知道,如果废掉杨勇的事得到她的支持,那自己登上太子宝座就十拿九稳了。

独孤氏对杨勇虽然不满,但不满到什么程度呢? 会不会决定她对废立太子的态度呢? 杨广利用进京朝见的机会进行了一次实质性的试探。朝见完毕,在回扬州的前一天,杨广来到后宫向母后辞行。他跪在地上,向皇后行过礼,目光里充满了眷恋之情。

"母后!"杨广无限深情地说:"儿臣镇守地方,归期已被限定,马上又要离开您了,臣子之恋,实结于心。我这一走,又不能侍奉您了,不知什么时候再能见到您。"

说完这番话,杨广早已是泪流满面、泣不成声了。

听到这些话,独孤后也说:"你在方镇,我又年老,今天一别,我的恋子之情比往常离别更觉深切。"说到这里,独孤氏也潸然泪下。

母子感情沟通到这种程度,杨广觉得说什么也不为过了,即使母后不爱听,也不会对他有所责怪,便大着胆子说:"儿臣性识愚下,始终恪守兄弟之间的情意。但不知我犯了什么罪过,惹得太子对我如此怨恨,常常对我大发盛怒,欲加陷害屠戮。我常常害怕太子对我进行谗毁,又怕他对我进行毒害,所以勤忧积念,惧履危亡!"

"可不是!"杨广这番话引起了独孤氏的共鸣,"这个睍地伐真让我不能容忍!"睍地伐是杨勇的小名。她见杨广正在聚精会神地听着,便继续说:"我好不容易为他娶了元家之女,指望他能兴隆大隋基业。然而他竟不与之作夫妻,却专宠阿云。元氏本无疾病,忽然暴亡,分明是太子派人下药,将其毒死。事已如此,我也不再深究了。怎么现在又想对你下毒? 我活着他还这样,我死后他还不把你吃了? 我常常想,太子连个正妻都没有,至尊千秋万岁之后,你们兄弟向阿云前拜候问讯,这是多么痛苦的事啊!"说到这里,独孤氏伤

---

① 《隋书》卷80《列女列传·兰陵公主传》。

心得已泣不成声了①。

杨广表面装出十分悲伤的样子，心里却得意得很，他已经将独孤氏对杨勇的不满了解得清清楚楚了。一个夺取太子之位的阴谋开始策划并付诸实施。

隋朝有个人叫宇文述，此人在平定尉迟迥时立有战功，平陈战役中，在杨广手下任行军总管，战功卓著。他与杨广关系一直很密切，杨广任扬州总管后，为了拉拢宇文述，举荐他为寿州(治今安徽寿县)刺史总管。杨广决意夺太子位，便向宇文述问计。宇文述说："皇太子早就不被今上所喜爱了，也没有什么美德令天下人佩服。而大王您以仁孝著称，才能盖世，多次领军，数立大功。主上与内宫对您很钟爱，四海之望皆归之于您。但是废立是国家的大事，像我们这样处在太子与主上父子关系之间的一般人，要想帮您谋太子之位是很难的。能够使主上改变主意的臣子只有杨素，而杨素所信的谋臣，只有其弟杨约。杨约与我关系很好，请让我进京朝拜，与杨约相见，共同图谋废立之事。"杨广听后大喜，给了宇文述许多金宝，让他以朝拜的名义进京。

宇文述进京后，经常把杨约请到住处，有时与他畅饮，席间将所带宝物出示给他，见他喜欢，就慨然相送。有时又与杨约一起赌博，故意将财宝输给他。渐渐地，杨广让宇文述所带财宝，大多转到杨约手中。

杨约也不是傻子，他见宇文述如此大方，知道其中必有文章。一天，他来到宇文述处，进门就向他道谢。宇文述佯装糊涂，问："先生为何谢我？"

杨约说："自然是为了先生所赠珍宝了！"

宇文述说："先生谬谢了，我哪里有这么多东西送人。实不相瞒，这些都是晋王(指杨广)所赐，是他让我带给您的。"

杨约大惊，问："晋王此举为何？"

宇文述说："欲与先生图大事，以保先生的终身之安。"

杨约说："先生之言我不甚明了，我有何危？"

宇文述说："您的兄长杨素，功名盖世，在朝中长期大权在握，朝中大臣被令兄所得罪的有多少，您能数得过来吗？这是一危也。"

"还有其他危险吗？"

"还有。皇太子因为不能为所欲为，常归罪于您兄弟二人，对您恨得咬牙切齿。您现在虽然受着主上的重视，但欲危害您的人可谓多矣。主上一旦千秋，谁还来庇护您呢？"

杨约听着宇文述的分析，不住点头称是，然后问道："先生有何见教？"

宇文述说："如今皇太子失爱于皇后，主上也有废掉太子之意，这您是知道的。如今，

---

① 《隋书》卷45《文四子列传·房陵王勇传》。

请皇上立晋王为太子,就在贤兄的口舌之功。如果您真能在此时立此大功,晋王对您的感激一定会刻骨铭心。这样,您就可以避开累卵之危,成就泰山之安了。"

杨约被宇文述一番话强烈震撼着,他很同意宇文述的分析,决意说服哥哥拥戴杨广为太子。

杨约的哥哥杨素,有大功于朝廷,在隋朝既有高贵地位,又受宠幸待遇。杨约找到杨素,对他说:"如今对于皇后之言,主上没有不听从的,我们应该抓住机会,早点与她交结,这样不但可以长保荣禄,还可以遗福于子孙。再说,晋王倾身礼士,声名日盛,躬履节俭,有主上之风。我预料他将来必能安天下。兄若迟疑,万一有变,让现在的太子当政,我们就要大祸临头了。"①

杨素虽喜欢结党,对杨约的话一般也很信服,但废立之事毕竟非同一般,他非得亲自知道独孤氏的态度不可。几天以后,杨素入宫内侍奉皇后宴席,他对独孤氏说晋王孝悌恭俭,有当今皇上的风格。杨素表扬杨广,意在揣测皇后态度。一说到杨广,独孤氏又伤心起来,对杨素说:"公言是也。我儿杨广真是个大孝子。他在扬州,每当听到至尊和我派遣的内使将到,便派人前去迎接。每当与我们分别时,总是痛哭流涕。他的媳妇也太可怜了,我常派婢女前去,与她同寝共食。谁像那个眼地伐(即杨勇),整日与阿云坐在一起,酣宴作乐,昵近小人,疑阻骨肉。我之所以更加怜爱阿䴥(杨广的小名),就是怕杨勇派人将他暗杀。"②

皇后对太子杨勇的不满已经表示得再清楚不过了,杨素便就着皇后的话,盛言太子不才,不堪承嗣大任。他建议皇后向皇上进言,废掉太子杨勇,立晋王杨广。

杨广通过杨素不断地向独孤氏灌输杨勇如何不才,再通过独孤氏向杨坚施加影响。杨坚废长立幼的倾向也越来越明显了。

自从杨坚、独孤氏表现出废长立幼的倾向后,太子杨勇所住的东宫即处在各方面的监视之中。

杨素先被派去观察杨勇。杨素来到东宫,故意迟迟不进去。杨勇冠帽束带,恭候许久,仍不见杨素来,不由火起,怒形于色,怨现于言。不料这正中杨素诡计,他赶快回去报告杨勇如何不满及怨恨。

皇后独孤氏也派人秘密探听杨勇的言行,纤介小事,都被经过加工和夸大报告给杨坚。杨坚听后,对杨勇更加疑心,从玄武门到至德门一线布满密探,随时向他报告杨勇的一言一行。为了提防杨勇,他又下令将东宫的宿卫及侍官归皇宫的卫府管辖,东宫卫队中

① 《隋书》卷61《宇文述传》、卷48《杨素传附杨约传》。
② 《隋书》卷45《文四子列传·房陵王勇传》。

勇健之士全部换掉。

杨广也开始在东宫内部布置心腹。他派一个叫段达的人找到东宫的幸臣姬威,用大量金宝财货将其收买,让他探听报告太子的消息,并威胁他说:"太子的罪过,主上全都知道了,晋王已经得到皇上的密诏,废立之事已经定局。如果你能告发太子,定能享受富贵。"这样,姬威又成为杨广打入东宫最深的密探。

来自各方面的监视,使杨勇处于"内外喧谤,过失日闻"①的境地中。

开皇二十年(600)九月二十六日,杨坚从仁寿宫回来,第二天在宫中大兴殿召见近臣。杨坚对他们说:"我刚刚回到京师,应该觉得很开心,很高兴,不知为什么,不但没有这种感觉,反而觉得愁苦?"

杨坚说这番话,有他的用意。他以为,他所听到的关于杨勇的罪行朝臣们都知道。他这样问,希望能从朝臣的嘴里听到一些关于杨勇的过失。

不料,吏部尚书牛弘站出来回答:"这全都是由于臣等不称职,故使至尊忧劳。"

对于牛弘的回答,杨坚既不满意,也不爱听。他怒气冲冲地转向东宫太子左庶子唐令则说:"仁寿宫离京城不远,而我每次从那里回来,你们都严备仗卫,使我如入敌国。我近来患痢疾,昨夜睡在后房,因那里去厕所方便。而你们却说为防紧急情况,让我回到前殿。这难道不是你们这些人要坏我国家吗?"说完,便下令将唐令则等人抓起来,严加拷问。

群臣们见皇上今天突然大找起东宫的毛病,有的感到很惊讶。杨坚见此情况,便让杨素把近来太子杨勇的一些不法言行通报给众人。杨素便对众人说:"我奉皇上敕令,回京令皇太子审讯刘居士②的余党。不料太子奉诏,大发雷霆,声色俱厉地冲我吼道:'刘居士之党全都伏法,让我到何处穷讨?你身为右仆射,肩负重任,应当亲自追察,关我何事?'又说:'当初皇上代周,若大事不成,兄弟中我先被杀。如今他做了天子,竟让我不如诸弟,我感到太不舒服了!'"

杨素这一番话,别人还没来得及有什么反应,杨坚却早已怒不可遏了。他对众人说:"我早就觉得这个孩子不胜太子之任了,皇后常劝我将他废掉,我一直想他是我为布衣时所生,又是长子,指望他慢慢改掉坏毛病,所以一直隐忍至今。"

他扫了众人一眼,语气里更加愤怒:"谁知他越来越不像话!前不久,他从南兖州来,对他的从弟卫王说:'阿娘不给我一个好女子,真令人遗憾。'他又指着皇后的侍女们说:'这些都是我的。'他的媳妇元氏死后,我就怀疑是被毒死的,曾经责问过他,不料他竟对我说:'我还要杀她的父亲呢!'这不是欲害我而迁怒于他人吗!"

---

① 《隋书》卷45《文四子列传·房陵王勇传》。
② 刘居士,隋左武卫大将军刘昶之子,因谋反被杀。其事详见第六章第二节。

说到这里，杨坚气得声音都有些颤抖，他停住话头，缓了一下情绪，以免自己因激怒而在众人面前失态，然后又用较平和的语气继续说："当初，他的长子长宁王刚生下来时，我和皇后将其抱走抚养。谁知他竟与我们隔心，连连派人来要。况且，他的宠姬阿云，是在外与他私合而生，由此想来，这个孩子也并不一定是杨家血脉。昔日晋太子娶屠家女，其儿即好屠割。如今，这个孩子倘若非类，便乱了宗庙社稷。再有，那个叫刘金骢的，是个谄佞之人，竟敢称呼阿云的父亲为亲家翁，阿云的父亲还真承认，可见他们云氏父女的愚下。我虽没有尧舜之德，但也不能将天下交给不肖之子。这个杨勇，使我常畏其加害，如防大敌，我想把他废了，以保天下之安。"①

这是杨坚首次公开向众臣表达他的废太子之意。当时就有人不顾杨坚的盛怒极力劝说，但无济于事。

几天后，杨坚又接到杨勇的近臣姬威揭发杨勇的表文。共有五点：

第一，皇太子意在骄奢，想把从樊川到散关的大片土地划为太子苑囿，并说："过去，汉武帝准备建上林苑，东方朔谏之。武帝不但接受，还赐他黄金百斤。这多么可笑！我可没有东西赐这种人。如果有人谏我，我就把他杀了，杀他几百个人，劝谏自然会平息。"

第二，苏孝慈被解左卫率之职，皇太子气得奋髯扬肘，说："大丈夫总有一天会出头，终不忘之。"

第三，东宫领取所须之物，尚书多执法不与。皇太子怒道："仆射以下，我当杀他一个两个，让他们知道怠慢我的结果。"

第四，皇太子在宫苑内筑一小城，春夏秋冬，作役不辍，营起亭殿，朝造夕改。还常说："至尊嗔怪我姬妾多，庶子多，北齐的亡国之君高纬、陈朝的亡国之主陈叔宝倒不是庶子，照样断送江山。"

第五，皇太子曾让术士卜吉凶，对我说："至尊忌在十八年，此期促矣。"

杨坚听到这些揭发，更加愤怒，当即下令将杨勇及其诸子禁锢起来。

开皇二十年十月初九日，杨坚戎服陈兵，亲临武德殿，召集百官及所有宗亲。百官站在西厢，宗亲站在东厢。

这个场面，这个规模，预示着将要决定或者处理重大事情了。

杨坚一声令下，太子杨勇及其诸子被带到殿前，上开府、内史侍郎薛道衡受命宣御制废太子杨勇诏：

> 太子之位，实为国本，苟非其人，不可虚立。自古储副，或有不才，长恶不悛，仍令

---

① 《隋书》卷45《文四子列传·房陵王勇传》。

守器,皆由情溺宠爱,失于至理,致使宗社倾亡,苍生涂地。由此言之,天下安危,系乎上嗣,大业传世,岂不重哉!皇太子勇,地则居长,情所钟爱,初登大位,即建春宫,冀德业日新,隆兹负荷。而性识庸暗,仁孝无闻,昵近小人,委任奸佞,前后愆衅,难以具纪。但百姓者,天之百姓,朕恭天命,属当安育,虽欲爱子,实畏上灵,岂敢以不肖之子,而乱天下?勇及其男女为王、公主者,并可废为庶人。顾惟兆庶,事不获已,兴言及此,良深愧叹!

宣诏毕,薛道衡又传皇上言说:"尔之罪恶,人神所弃,欲求不废,其可得耶?"①

杨勇初被传入殿中,自以为必死无疑,现只废他为庶人,尚留一条性命,所以只有感恩的分儿。

十一月初三日,杨坚的次子杨广被立为皇太子。

一场废立风波终于尘埃落定。

于是,东宫内便出现了本章开始的那一幕。不过,这只是这场风波过后的涟漪。

---

① 《隋书》卷 45《文四子列传·房陵王勇传》。

第三节　噬脐莫及

杨坚自信,自己废掉太子杨勇之举是没有错的,他不相信,也不接受任何不同意见。

杨广为晋王时,杨坚为他选妃,找了很多女人,但经过占卜都不吉,只有后梁萧岿之女吉,于是便为杨广娶之。这个萧氏,性婉顺,有智有识,好学善文,又颇知占候。杨坚很信任她。太子杨勇失宠以后,萧氏曾说晋王命贵,将来必有天下。杨坚对此很相信,废立之意萌生。有一次,他对大臣高颎说:"晋王妃有神凭之,言王必有天下,若之何?"高颎听出杨坚有废太子之意,便扑通一声跪下,劝阻说:"兄弟间长幼有固定顺序,太子怎能废呢?"①杨坚虽然没再说话,但心中对高颎的话很不以为然。

杨坚向群臣宣布自己决意废掉太子时,左卫大将军、五原公元旻当时就劝道:"废立大事,天子无二言,诏旨若行,后悔无及。谗言罔极,惟陛下察之。"②而杨坚却怀疑他是太子同党,最后将他治罪。

杨坚废掉杨勇之后,文林郎杨孝政上书说:"皇太子为小人所误,宜加训诲,不宜废黜。"杨坚见书后却大怒,将其抓来痛打一顿③。

杨坚废黜太子杨勇、蜀王杨秀及大臣高颎后,贝州长史裴肃遣使上书说:"臣下听说事奉君主的道理,宁肯冒犯也不隐瞒真言,所以我心里想的,不敢不对君主言明。我认为高颎是个天挺良才、元勋佐命,陛下对他也很优宠。但是,鬼瞰高明,世疵俊异,有多少人在瞪着眼睛找他的毛病!希望陛下记其大功,忘其小过。我又听说,古代的先圣,讲教化而不事诛杀,陛下至慈,度越先圣。杨勇、杨秀获罪已久,怎能没有改过之心?愿陛下弘君父之慈,顾天性之意,将二人各封给小国,观其所为。如果他们能改过,就渐渐给他们加封;如果不改,再贬削也不晚。如今这样做,使自新之路永绝,愧悔之心不见,这怎不令人悲哀!"裴肃这封上书没有使杨坚发怒,反而使杨坚觉得他忠诚。杨坚便把他召进京来,对他说:"吾贵为天子,富有四海,后宫宠幸,不过数人。自勇(即杨勇)以下,并皆同母,非为爱憎轻事废立。"④这番话的意思,是说废立的决定不是轻易做出的,所以也不能轻易改变。杨坚对裴肃虽然客气,但并没接受他的意见。

杨坚对自己立杨广为太子之举是很得意的,他认为这样一来,就可以使隋朝国祚永延。在立杨广的第二年,就将年号改为"仁寿",希望隋朝基业永传,无穷无尽。他对杨广

---

① 《隋书》卷41《高颎传》。
② 《隋书》卷45《文四子列传·房陵王勇传》。
③ 《隋书》卷45《文四子列传·房陵王勇传》。
④ 《隋书》卷62《裴肃传》。

寄予厚望,因为自己以大兴公的身份成就帝业,所以在册封杨广为太子之前,特意让他住在大兴县,希望他像自己一样成就一番辉煌的帝业。

与其说是杨坚自信,倒不如说是一意孤行。杨坚的得意,也必然要导致最后的失意。因为杨广的品质,远不如杨坚想象的那么好,他平时给人的实在是假像。

杨广善于结党营私。史书上说,杨广"自以藩王,次不当立,每矫情饰行,以钓虚名,阴有夺宗之计"①。为了达到这个目的,他一方面伪装自己,讨皇帝皇后的欢心;另一方面,网罗党羽,"大臣用事者,倾心与交"②。

大臣杨素,功高权重,深受杨坚信任。开皇二十年(600),杨广出任灵朔道行军元帅,杨素任长史,杨广借此机会,卑躬厚礼,与之相交。

杨素的异母弟杨约,是杨素信得过的心腹,杨广采取种种手段与之交结。这一点在上一节已有详述。

太原介休人郭衍,在杨坚辅政时,从韦孝宽平尉迟迥,赞成杨坚诛灭宇文氏,深被杨坚亲昵。开皇十年(590),郭衍随从杨广出镇扬州。在此期间,郭衍欺下媚上,深得杨广喜欢,成为杨广党羽。后来,郭衍迁为洪州(治所在今江西南昌)总管,一直还和杨广秘密交通。杨广准备夺取太子之位,把郭衍当成心腹之人,派宇文述将自己的打算告诉他。郭衍听后立即表示支持,并说:"如果所谋之事成功,您就是当然的皇太子。如果万一不成,也可据淮、海之地,割据梁、陈旧境,自立为帝。"杨广听后非常高兴,打算把郭衍调到身边,共同谋划。杨广非常狡猾,他知道,地方长官之间的秘密往来是朝廷所决不容许的,万一被朝廷知道,就会偷鸡不成蚀把米,被治以谋逆之罪。怎样使与郭衍的往来不被人怀疑呢?杨广又想出一个花招。他向杨坚谎称郭衍的妻子患了咽喉疾病,说话困难,而他的妃子萧氏有治这种病的办法,请求杨坚准许郭衍带妻子定期到扬州治疗。这一招,既使皇上感到杨广具有仁爱之心,又使郭衍与杨广的经常接触避免了人们的怀疑,真可谓一箭双雕。对杨广的"仁义"之举,杨坚自然应允。从此,郭衍带着妻子合法地经常往来于洪州与扬州之间③。

杨广还工于陷害异己。

高颎是隋朝著名的开国良相,曾冒灭族之险支持杨坚建隋代周,忍辞母之情领兵讨伐叛军;隋朝建立后,为杨坚的开皇之治立过不少汗马功劳,为讨平南朝出过不少奇谋良策。很多人向杨坚说高颎的坏话,杨坚一概不听。高颎多次表示功成身退之意,杨坚一概不允。

① 《隋书》卷 4《炀帝纪下》。
② 《隋书》卷 4《炀帝纪下》。
③ 《隋书》卷 61《郭衍传》。

但是,终于有一天,皇后独孤氏出来说高颎的不是了,杨坚也失去以前的坚决态度,对高颎渐渐疏远。

事情是由高颎的弄璋之喜开始的。有一天,高颎的爱妾生了一个男孩。在以男性为中心的封建社会,生男孩是家中值得大喜大庆之事,高颎自然高兴,他把这事报告给杨坚,杨坚也"闻之极欢"。

而皇后独孤氏却显出了极不高兴的样子。

杨坚大感不解,忙问何故。皇后说:"陛下怎么还这样信任高颎? 当初陛下要为高颎娶妻,而他却心存爱妾,当面欺骗陛下。"

一席话一下子令杨坚想起了那件往事。那是高颎的夫人死后不久,独孤后对杨坚说:"高仆射太不幸了,年纪渐渐老了,夫人又丧,陛下何不为他再娶一个?"

杨坚认为有理,便找到高颎对他说了皇后的意思。高颎听后,流涕谢曰:"臣今已老,退朝回家以后,惟斋居读佛经而已。虽然陛下对我垂爱至深,但臣还是不愿再娶。"

杨坚想到这里,心里不禁愤愤然:什么斋居读佛经! 居然读出了个儿子! 从此以后,杨坚对高颎的信任感越来越淡了。

从表面看,高颎的失宠是由于独孤氏讲了他的坏话,和杨广似乎没有关系。但我们还要进一步问:独孤氏为什么要讲高颎的坏话? 唯一合理的解释是,高颎不同意废掉太子杨勇。"独孤皇后知颎不可夺,阴欲去之"①。但就这件事而言,最恨高颎的,不应该是独孤氏,而是杨广。因为杨广觊觎太子之位不是一天两天,杨勇被废与否关系到他的立与否。高颎反对废掉杨勇,无疑是杨广爬上太子之位的最大障碍。对这个障碍,杨勇能不恨吗?

除太子废立这件事外,还有一件事使杨广一直耿耿于怀。开皇九年(589),隋朝大举伐陈,杨广任长江下游的行军元帅,高颎任元帅长史,三军咨禀,皆取断于高颎。攻下陈都建康后,士兵们俘虏了陈后主及其宠姬张丽华。杨广是个好色之徒,他见到张丽华貌美,便要据为己有。高颎说:"古时候武王灭商,诛戮纣王的宠妃妲己,如今我们平陈,也不应纳张丽华。"便命人将张丽华斩首②。这件事使杨广非常不高兴,对高颎一直怀恨在心。

自从杨广探明皇后对杨勇不满以后,便利用各种机会和途径讲太子坏话。他在讲杨勇坏话时,会不会也同时诋毁高颎呢? 很有可能。因为第一,他恨高颎。第二,高颎的儿子娶了杨勇的女儿,二人是儿女亲家。诋毁杨勇时扯上高颎,皇后也自然相信。第三,高颎反对废掉杨勇的太子之位,这正是证明二人勾结的绝好材料。

我们说杨广陷害高颎,绝不是无端猜疑。除上述三点原因外,还有一件事可作为旁

---

① 《隋书》卷41《高颎传》。
② 《隋书》卷41《高颎传》。

证。高颎后来被杨坚罢职为民,却"欢然无恨色,以为得免于祸"①。高颎这种心情可以理解,自从他身任重职以来,不断有人对他进行诽谤,虽然杨坚常常表现出对他的绝对信任,惩治那些诽谤之人,但高颎却常常惴惴不安。他担心不定哪一天皇上的这种信任淡薄了,自己的末日也就来了。果然,自从他表示了反对废杨勇的态度后,这种信任便日淡一日,最后终于落得削职为民的下场。虽然丢掉了一切官职,却保住了一条性命,高颎怎能不高兴呢?但是杨广即帝位以后,又提拔他做太常,而不到三年的时间,就以谤讪朝政的罪名将他诛杀。史书上说:高颎"有文武大略,明达事务。及蒙任寄之后,竭诚尽节,进引贞良,以天下为己任"。又说:高颎"当朝执政二十年,朝野推服,物无异议。治致升平,颎之力也,论者以为真宰相。及其被诛,天下莫不伤惜,至今称冤不已"。

高颎之死确为历史上一大冤案。我们可以看看高颎"谤讪朝政"的几条"罪行":

第一,杨广下诏征集北周、北齐时的老乐工和天下散乐。高颎说:"此乐久废,今若征之,恐无识之,徒弃本逐末,递相教习。"

第二,杨广即位后,生活侈靡,沉溺声色,高颎非常担心,曾对太常丞李懿说:"过去,北周宣帝就因好乐而亡,前车之鉴并不遥远,怎能还如此呢?"

第三,杨广对突厥启民可汗恩礼甚厚,高颎非常担心,便对太府卿何稠说:"这个人屡次来到中原,对我们的虚实和山川地形太熟悉了,恐怕将来会成为中原之患。"

第四,高颎曾对杨雄说过:"近来朝廷殊无纲纪。"②

这四件事,正反映了高颎对国家政治的关心,根本谈不上是对朝政的谤讪。换一个角度去看,如果高颎不被杨广重新起用,仍作为平民百姓,高颎就没有权力,也没有机会去"谤讪"朝政了,也就不会被诛杀了。可见杨广提拔高颎的动机非常值得怀疑,他提拔高颎,就是为了给他罗织罪名提供方便,他是一定要置高颎于死地而后快的。

结党营私,排斥异己,生活奢靡,虚伪狡诈,这是杨广处世为人的四个特点。

杨广的虚伪,使他追求享乐的欲壑像一个幽深的水潭,让人们看不出真实的底细。

杨广的虚伪,把他追求享乐的本性强烈地压抑过,为求得名声,他必付出违背其本性而生活的代价。而一旦所求的东西到手,他必然会要求对以前付出的代价进行补偿。这种补偿心理,使他追求享乐的本性急剧膨胀起来。

自从仁寿宫建好以后,杨坚几乎每年都要去那里居住。仁寿四年(604),六十四岁的杨坚又来到仁寿宫居住。不久,他就在仁寿宫下诏,令赏罚支度,事无巨细,全都由皇太子处理。这个诏书非常奇怪,大有托付后事的味道,似乎杨坚预感到他此次住进仁寿宫将再

---

① 《隋书》卷41《高颎传》。
② 《隋书》卷41《高颎传》。

不能返回了。

这年四月,杨坚在仁寿宫染病,便决定在此休养治疗。然而,杨坚的病情不见好转,一天比一天严重。

随着杨坚病情的逐渐恶化,杨广也逐渐脱去伪装,日益纵情,无所忌惮。当时,入宫侍疾的有杨素、兵部尚书柳述、黄门侍郎元岩。杨广也以关心父亲疾病为由,住进了仁寿宫的大宝殿。但是,杨广所真正关心的不是皇上的身体,而是自己怎样及早登上帝位。此时,他早已与杨素等人结为死党。他见杨坚病情日益严重,就亲自给杨素写信,询问杨素一旦皇上去世,自己登位后该先做什么。杨素便写了一封回信,为杨广设计了一整套计划,俨然把杨广看成已登位的皇上。不料,宫人误以为这封信是给杨坚的,便把它送到了杨坚手中。杨坚见信后,知道杨广竟无仁孝之心,心里非常气愤,病情更加恶化①。就在这个时候,又发生了一件令杨坚绝不能容忍的事情。

杨坚有一个宠妃,姓陈,是南朝陈宣帝的女儿。此人生性聪慧,姿貌奇美。隋灭陈后被掠至长安,杨坚看中了她,便把她选入后宫。当时后宫中有地位的人,除了独孤氏,就要数陈氏了。杨广任晋王时,因争夺太子位的需要,对陈氏也倍献殷勤,经常给她送去丰厚的礼物和稀世珍宝。所以在皇太子废立这件事上,除了独孤氏,陈氏也起了很大作用。仁寿二年(602),独孤皇后死后,陈氏被进位为贵人,"专房擅宠,主断内事,六宫莫与为比"②。杨广对陈氏也更加殷勤,陈氏也以为杨广是个大孝子。殊不知,杨广所看中的不仅是她的地位,更是她的美貌。就在杨坚重病于仁寿宫时,有一天早晨,侍奉一夜病人的陈氏离开杨坚的卧室,回到自己寝宫准备换件衣服。突然一个人不知从什么地方猛地窜出,一把将陈氏抱住,狂吻起来。陈氏万万没有想到,在此宫禁之处,竟敢有人对皇帝的宠妃无礼。她一把将那人推开,定睛一看,原来是太子杨广。

"你……"陈氏又惊又气,竟说不出话来。

"嘘!"杨广把手放在嘴边,说了一句:"别声张,叫别人知道不好。"然后又向陈氏丢了一个富有挑逗性的眼神,走了。

此时,陈氏心中又气又怕。气的是,她一向视为大孝子的杨广,对她竟怀有这分心思;怕的是,万一皇上不测,杨广不定会生出什么事来。当她再次回到杨坚身边时,还没有从这种心情中解脱出来。杨坚见她神色异常,便问她出了什么事。陈氏见杨坚一问,委屈、气愤、恐惧一齐袭上心头,眼泪像断线珠子潸然落下,只说了一句"太子无礼",便说不下去了。

---

① 《隋书》卷48《杨素传》载:"及上不豫,素与兵部尚书柳述、黄门侍郎元岩等入阁侍疾。时皇太子入居大宝殿,虑上有不讳,须豫防拟,乃手自为书,封出问素。素录出事状以报太子。宫人误送上所,上览而大恚。"

② 《隋书》卷36《后妃列传·宣华夫人陈氏传》。

顿时,杨坚什么都明白了,他恨自己耳朵软,听信别人谗言将太子杨勇废掉,他恨自己眼睛瞎,没看出杨广是这么个东西。极度气愤中,他说出了自废掉杨勇以来的第一句明白话:"杨广这个畜生,怎能将国家大事交给他! 独孤老妇真把我坑苦了。"

他把柳述、元岩召进来,吩咐说:"拟诏,宣我儿前来。"

柳述问:"是召太子吗?"

"不是。是杨勇。"杨坚说。

盛怒中的杨坚此刻觉得自己的头脑从未这样清醒过。他为看清了杨广的本性而感到庆幸,他要趁自己还有口气,召杨勇进宫,重新进行废立,以弥补以前的错误。

然而,杨坚醒悟得太晚了,早就有人把皇上召杨勇的事告诉了杨素。杨素派人假称诏旨,将柳述、元岩二人逮捕,把诏书截获,交给了杨广。

杨广见此情形,索性又发一道假诏书,宣东宫的兵士到仁寿宫负责宿卫,将杨坚的宿卫全部换掉,严禁各种人等出入。卫士由党羽左卫将军宇文述、左宗卫率郭衍统率。到皇帝身边侍疾的人,也换成自己的党羽张衡①。

杨坚的仁寿宫已被杨广完全控制。

杨坚在病中急切地等待着杨勇进宫,然而,杨勇始终却未能前来。

仁寿四年(604)七月十三日,杨坚在绝望中,带着懊悔和遗憾死去。终年六十四岁。

关于杨坚之死,正史上的记载是自然死亡。《隋书·艺术列传·卢太翼传》记载:

> 仁寿末,高祖将避暑仁寿宫,太翼固谏不纳,至于再三。太翼曰:"臣愚,岂敢饰词,但恐是行,銮舆不反。"高祖大怒,系之长安狱,期还而斩之。高祖至宫寝疾,临崩,谓皇太子曰:"章仇翼,非常人也,前后言事,未尝不中。吾来日道当不反,今果至此,尔宜释之。"

这段记载中,高祖即杨坚,皇太子即杨广,章仇翼即卢太翼。杨坚临死前,还要求杨广即位后,不要杀卢太翼,因为他预言很准。

《隋书·高祖纪》也这样记载:

---

① 《隋书》卷36《后妃列传·宣华夫人陈氏传》载:"初,上寝疾于仁寿宫也,夫人与皇太子同侍疾。平旦出更衣,为太子所逼,夫人拒之得免,归于上所。上怪其神色有异,问其故。夫人泫然曰:'太子无礼。'上恚曰:'畜生何足付大事,独孤诚误我!'意谓献皇后也。因呼兵部尚书柳述、黄门侍郎元岩曰:'召我儿!'述等将呼太子,上曰:'勇也。'述、岩出阁为敕书讫,示左仆射杨素。素以其事白太子,太子遣张衡入寝殿,遂令夫人及后宫同侍疾者,并出就别室。俄闻上崩,而未发丧也。夫人与诸后宫相顾曰:'事变矣!'皆色动股栗。晡后,太子遣使者赍金合子,帖纸于际,亲署封字,以赐夫人。夫人见之惶惧,以为鸩毒,不敢发。使者促之,于是乃发,见合中有同心结数枚。诸宫人咸悦,相谓曰:'得免死矣!'陈氏恚而却坐,不肯致谢。诸宫人共逼之,乃拜使者。其夜,太子烝焉。"

秋七月乙未,日青无光,八日乃复。己亥,以大将军段文振为云州总管。甲辰,上以疾甚,卧于仁寿宫,与百僚辞诀,并握手歔欷。丁未,崩于大宝殿,时年六十四。遗诏曰:

嗟乎!自昔晋室播迁,天下丧乱,四海不一,以至周、齐、战争相寻,年将三百。故割疆土者非一所,称帝王者非一人,书轨不同,生人涂炭。上天降鉴,爰命于朕,用登大位,岂关人力!故得拨乱反正,偃武修文,天下大同,声教远被,此又是天意欲宁区夏。所以昧旦临朝,不敢逸豫,一日万机,留心亲览,晦明寒暑,不惮劬劳,匪日朕躬,盖为百姓故也。王公卿士,每日阙庭,刺史以下,三时朝集,何尝不罄竭心府,诚敕殷勤?义乃君臣,情兼父子。庶藉百僚智力,万国欢心,欲令率土之人,永得安乐。不谓遘疾弥留,至于大渐。此乃人生常分,何足言及!但四海百姓,衣食不丰,教化政刑,犹未尽善,兴言念此,唯以留恨。朕今年逾六十,不复称夭,但筋力精神,一时劳竭。如此之事,本非为身,止欲安养百姓,所以致此。

人生子孙,谁不爱念,既为天下,事须割情。勇及秀等(指杨勇和杨秀),并怀悖恶,既知无臣子之心,所以废黜。古人有言:"知臣莫若君,知子莫若父。"若令勇、秀得志,共治家国,必当戮辱遍于公卿,酷毒流于人庶。今恶子孙已为百姓黜屏,好子孙足堪负荷大业。此虽朕家事,理不容隐,前对文武侍卫,具已论述。皇太子广,地居上嗣,仁孝著闻,以其行业,堪成朕志,但令内外群官,同心戮力,以此共治天下,朕虽瞑目,何所复恨。

但国家事大,不可限以常礼。既葬公除,行之自昔,今宜遵用,不劳改定。凶礼所须,才令周事。务从节俭,不得劳人。诸州总管,刺史已下,宜各率其职,不须奔赴。自古哲王,因人作法,前帝后帝,沿革随时。律令格式,或有不便于事者,宜依前敕修改,务当政要。呜乎,敬之哉!无坠朕命!①

上面所引两条材料,一条是说,杨坚在弥留之际,还和杨广在一起谈话。另一条是杨坚遗诏全文,其中一大段是谈杨勇如何不堪大任,杨广如何贤明,可承父皇遗志。

这两条记载十分令人怀疑。

如前所述,杨广在杨坚病重期间,曾对杨坚的宠妃陈氏非礼;又和杨素互通消息,被杨坚发觉。杨坚看清了杨广的本质,决意要召回杨勇,废掉杨广。这些事也分别记载在《隋书·后妃列传·宣华夫人陈氏传》和《隋书·杨素传》中。同是《隋书》所载,前后矛盾之处就出现了:

---

① 《隋书》卷2《高祖纪下》。

第一，杨坚在其生命的最后时刻，对杨广失望之极，愤怒之极，又怎能把杨广叫到身旁，将身后之事嘱托给他呢？

第二，杨坚既然已经看出了杨广不足委以大事，又怎能在遗诏中说杨广是好子孙，足堪负荷大业呢？退一步讲，即使这个遗诏是杨坚认清杨广之前所写，那么，他在认清之后，为什么不把遗诏修改或销毁呢？

答案只有一个：上引两处文字，是杨广授意篡改的。

杨坚既然不是自然死亡，那么，他死时的真正情形是怎样的呢？《隋书·杨素传》记载：

> 及上（指杨坚）不豫，素（指杨素）与兵部尚书柳述、黄门侍郎元岩等入阁侍疾。时皇太子入居大宝殿，虑上有不讳，须豫防拟，乃手自为书，封出问素。素录出事状以报太子。宫人误送上所，上览而大恚。所宠陈贵人，又言太子无礼。上遂发怒，欲召庶人勇（即杨勇）。太子谋之于素，素矫诏追东宫兵士帖上台宿卫，门禁出入，并取宇文述、郭衍节度，又令张衡侍疾。上以此日崩，由是颇有异论。

这里所说的"异论"，显然指对杨坚之死的不同说法。这些"异论"我们在正史中不可能见到，幸而北宋时司马光所撰《通鉴考异》及胡三省注《资治通鉴》中，为我们留下了详细记载。《通鉴考异》载：

> 赵毅《大业略记》曰：高祖在仁寿宫，病甚，追帝（指杨广）侍疾，而高祖美人尤嬖幸者，唯陈、蔡二人而已。帝乃召蔡于别室，既还，面伤而发乱。高祖问之，蔡泣曰："皇太子为非礼。"高祖大怒，啮指出血，召兵部尚书柳述、黄门侍郎元岩等令发诏追庶人勇（指杨勇），即令废立。帝事迫，召左仆射杨素、左庶子张衡进毒药。帝简骁健官奴三十人，皆服妇人之服，衣下置杖，立于门巷之间，以为之卫。素等既入，而高祖暴崩。[1]

这里明确指出，杨坚是在准备废杨广时，被杨广派人毒死的。马总《通历》则记载：

> 上（指杨坚）有疾，于仁寿殿与百僚辞诀，并握手歔欷。是时唯太子（指杨广）及陈宣华夫人侍疾，太子无礼，宣华诉之。帝怒曰："死狗，那可付后事！"遽令召勇（指杨

---

[1]　《资治通鉴》卷180《隋纪四·文帝仁寿四年》注。

勇）。杨素秘不宣，乃屏左右，令张衡入拉帝，血溅屏风，冤痛之声闻于外，崩。①

上述两个记载，虽不尽相同，但有两点是一样的：第一，杨坚非自然死亡，是被杨广派人害死的。第二，具体执行杨广命令的，是右庶子、领给事黄门侍郎张衡。

上述两个结论是可信的，因为它解决了我们前面所指出的《隋书》中的两个矛盾，是事情发展的顺理成章的必然结果。

我们说上述两个结论是可信的，还有两件事可以证明：

一件事是宣华夫人陈氏被杨广占有。《隋书·后妃列传·宣华夫人陈氏传》载：

> 太子（指杨广）遣张衡入寝殿，遂令夫人及后宫同侍疾者，并出就别室。俄闻上（指杨坚）崩，而未发丧也。夫人与诸后宫相顾曰："事变矣！"皆色动股栗。晡后，太子遣使者赍金合子，帖纸于际，亲署封字，以赐夫人。夫人见之惶惧，以为鸩毒，不敢发。使者促之，于是乃发，见合中有同心结数枚。诸宫人咸悦，相谓曰："得免死矣！"陈氏恚而却坐，不肯致谢。诸宫人共逼之，乃拜使者。其夜，太子烝焉（即儿子奸淫庶母）。

从这段记载中可以看出，杨坚死那天，诸宫人及爱妃都在身边，并没有垂危的迹象。张衡等人进入杨坚寝殿，将陈夫人及诸宫人赶到别的屋子里，接着就传出了杨坚的死讯。陈夫人听说杨坚死讯，吓得双腿哆嗦，面色大变。接到杨广送来的盒子后，以为是要毒杀自己，这正说明杨坚死于他人之手。如果杨坚是自然死亡，陈夫人不会吓成那样。

第二件事是张衡被杀。张衡与杨广关系极密。隋初，杨广为河北行台，张衡历任刑部、度支二曹郎。行台机构被撤后，杨广任并州总管，张衡任总管掾。后来，杨广转为扬州总管，张衡又作为掾属跟至扬州。史载："王甚亲任之。衡亦竭虑尽诚事之，夺宗之计，多衡所建也。"②杨广即帝位后，又任张衡为给事黄门侍郎，进位银青光禄大夫，不久又迁其为御史大夫。张衡是河内郡（治所在今河南沁阳）人，大业三年（607），杨广外出巡幸，还专门从山西太原修了直通河内的御道，到张衡家中留宴三日。张衡受此殊宠，与他帮助杨广夺宗登位有很大关系。张衡"以藩邸之旧，恩宠莫与为比，颇自骄贵"，渐渐引起杨广的不满。杨广曾对其侍臣说："张衡自谓由其计画，令我有天下也。"③从此，渐渐对其冷淡，最后把他削职为民，放还田里。大业八年（612），又以"心怀怨望""谤讪朝政"之罪，将他赐死。张衡

① 《资治通鉴》卷180《隋纪四·文帝仁寿四年》注。

② 《隋书》卷56《张衡传》。

③ 《隋书》卷56《张衡传》。

临死时高声喊道："我为人作何物事,而望久活!"①意思是,我做了那种事情,根本没指望活得长久。吓得监刑者塞耳,"促令杀之"②。张衡所说的"何物事",显然是他受杨广之命杀杨坚之事。这件事是杨广最不能公开的秘密,也是张衡得以受宠保命的一张王牌。张衡不到万不得已,是不会打出这张王牌的。只有在两个条件下张衡才会把此秘密张扬:一个是他不想活了,另一个是杨广不让他活了。现在是杨广不让他活了,他想把这个秘密公布于众。但是监刑者不想死,他知道,如果杨广知道这个最大秘密泄露给他,他也就活不成了,于是便掩耳盗铃,将张衡杀死交差。

　　杨广篡改了历史,自以为从此就能以"足堪负荷大业好子孙"的名声永垂青史。但我们仍能从墨写的谎言中发现零零碎碎血的事实,并通过分析、推理等方法,将其还原成一幅较真实的滴血的历史图画。

　　杨坚死了。

　　他是被儿子杨广派人杀死的。

　　他是带着对自己所犯错误的懊悔和不能挽回错误的遗憾死的。

---

　　① 《隋书》卷 56《张衡传》。
　　② 《隋书》卷 56《张衡传》。

第四节 盖棺论定

杨坚是中国历史上的著名人物,他的名字和他所创建的皇朝,在中国历史的座标系上都具有显赫的位置。

杨坚也是世界历史上的著名人物。一位名叫麦克·哈特的美国人写了一本书,书名是《人类百位名人排座次》,一共收集了一百位世界名人,杨坚的名字在第八十二位。

杨坚是因为他的帝业出名的,他对历史的贡献主要也是称帝以后作出的。因此我们对这样一位中外名人,主要也是作为一个皇帝加以评价。

他是一位划时代的皇帝。

他所生活的时代,是中国历史上第二次民族融合已达到炉火纯青的时代,经过四百多年的交往与碰撞,中原汉族与周边民族磨掉了对立的楞角,扩大了接触面。共同的政治、经济、文化生活,把他们紧紧地联系在一起。

他所生活的时代,是中国再一次大一统的条件已经基本成熟的年代。经过四百多年的分裂、割据、南北对峙,南北双方不仅日益加强着政治、经济的联系,而且在形成不同特点的基础上,进一步趋向心理的、文化的认同。

杨坚是这个时代的骄子,他顺应了这个时代的要求,结束了长达近四百年的分裂,建立起强大、统一的隋帝国。隋朝建立以后,直到宋、金、元对峙以前,中国基本上没有出现长时期的分裂(唐以后的五代十国仅有五十多年的历史);并出现了在其后的封建社会的又一个高峰——唐朝。这说明中国封建社会进入了成熟期。杨坚正是站在封建社会幼稚与成熟之间的一代君主。

他是一位有作为的皇帝。

在他当政期间,定三方之乱,克长江之险,兴均田之业,承府兵之制,创后世不移之政治,立后人依照之法令,成就了仓廪实、法令行、人殷物阜、四海晏如的开皇治世。

他是一位在许多方面都有突出表现的皇帝。

他勤于政事,史载他"每旦听朝,日昃忘倦","自强不息,朝夕孜孜"[1]。这与历代以勤政著称的封建帝王相比毫无逊色之处。

他不尚奢华,不但自己"居处服玩,务存节俭"[2],对自己家人要求也严。太子杨勇,生活不俭朴,杨坚见而不悦,诫之曰:"我历观前代帝王,未有奢华而能长久者。汝当储后,若不上称帝心,下合人意,何以承宗庙之重、居兆人之上?吾昔衣服,各留一物,时复看,以自

---

① 《隋书》卷 2《高祖纪下》。
② 《隋书》卷 2《高祖纪下》。

警戒。又拟分赐汝兄弟。恐汝以今日皇太子之心,忘昔时之事,故令高颎赐汝我旧所带刀子一枚,并菹酱一合,汝昔作上士时所常食如此。若存忆前事,应知我心。"①另一个儿子杨俊,生活奢侈,违犯制度,出钱求息。杨坚派人调查其事,惩罚了与之关联的一百多人。在屡教不改的情况下,杨俊终于被杨坚免官②。

他持法严峻,对亲生儿子也不宽贷。其子杨俊被免官时,大臣杨素说他过错不应至此。杨坚说:"我是五儿之父,非兆人之父。若如公意,何不别制天子儿律! 以周公为人,尚诛管、蔡。我诚不如周公远矣,安能亏法乎!"③

他不像一般帝王那样嫔妃成群、庶子众多,而是始终信守与结发妻子所立誓言,不与别的女人有孩子。他的五个儿子,全是独孤皇后所生,无一庶出,这在历代帝王中是罕见的。

他在位期间,所行仁政颇多。"乘舆四出,路逢上表者,则驻马亲自临问。或潜遣行人采听风俗,吏治得失,人间疾苦,无不留意。尝遇关中饥,遣左右视百姓所食。有得豆屑杂糠而奏之者,上流涕以示群臣,深自咎责,为之撤膳不御酒肉者殆将一期。及东拜泰山,关中户口就食洛阳者,道路相属。上敕斥候,不得辄有驱逼,男女参厕于仗卫之间。逢扶老携幼者,辄引马避之,慰勉而去。至艰险之处,见负担者,遣令左右扶助之"④。上述行为,诚属于小恩小惠。春秋时,曹刿就曾说过:"小惠未遍。民弗从也。"⑤意思说,小恩小惠不能使人民普遍得到好处,人民还是不拥护你。但是,小恩小惠总比无恩无惠强。对百姓连小恩小惠都不肯给的人,对百姓生活漠不关心的人,很难指望他能给人民带来更大的利益。

他是一位有严重缺陷的皇帝。

他天性沉猜,独断专行,没有政治家从谏如流的气度,缺乏知人善任的睿智。像高颎那样的名臣最终被他废黜,像史万岁那样的良将最终被他诛戮。

他素无学术,不悦诗书,没有良好的文化修养,所以在个性上苛酷任情、喜怒无常,常在律外另立酷法,过于杀戮。

他好为小术,雅信符瑞,又听无知之言,惑邪臣之说。致使杨广利用这些夺兄弟之宗,篡太子之位,断送了隋朝的基业。

人无完人,这对所有的人来说莫不如此。但每个人的长短优劣又不尽相同。正是上述一切,构成了历史上独一无二的杨坚。

①　《北史》卷71《隋室诸王列传·文帝四王传·房陵王勇》。
②　《北史》卷71《隋室诸王列传·文帝四王传·秦王俊》。
③　《北史》卷71《隋室诸王列传·文帝四王传·秦王俊》。
④　《隋书》卷2《高祖纪下》。
⑤　《春秋左传》卷8《庄公十年》。

附录
隋文帝大事年表

西魏文帝大统七年、东魏孝静帝兴和三年、梁武帝大同七年(541)　1岁

　　六月癸丑日晚,杨坚诞生于冯翊(今陕西大荔)般若寺。父亲杨忠,此时任西魏左光禄大夫、洛州刺史,深受西魏执政宇文泰的赏识。宇文泰颁行六条诏书。当年又增加新制十二条。东魏群官于麟趾阁议定法制,谓之麟趾格。李骞出使南朝梁。朝廷规定新绢调规格,以四十尺为一匹。

西魏文帝大统八年、东魏孝静帝兴和四年、梁武帝大同八年(542)　2岁

　　二月,西魏初置六军。

　　四月,东魏使臣李绘出使南朝梁。

　　八月,南朝梁以开府仪同三司、吏部尚书侯景为兼尚书仆射、河南道大行台。

　　十月,东魏高欢自将攻西魏玉璧,无功而还。

　　十一月,宇文觉出生。

　　十二月,东魏遣兼散骑常侍杨斐出使南朝梁。南朝梁刘敬躬起兵反叛,改元永汉。

西魏文帝大统九年、东魏孝静帝武定元年、梁武帝大同九年(543)　3岁

　　三月,高欢、宇文泰战于洛阳,宇文泰败退关中。

　　四月,清水氏帅李鼠仁反西魏,不久又降魏。西魏徙氏豪千余人并部落于华州。东魏遣兼散骑常侍李浑出使南朝梁。

　　十一月,东魏筑长城,西至马陵,东至土墱。

西魏文帝大统十年、东魏孝静帝武定二年、梁武帝大同十年(544)　4岁

　　正月,南朝梁李贲称越帝,置百官,改元大德。

　　三月,东魏高欢巡行冀、定二州,校定河北户口。梁武帝至北固楼,更名北固。

　　五月,东魏遣散骑常侍魏季景出使南朝梁。

　　七月,西魏更度量衡制,又损益所颁律令三十六条为五卷颁发施行。

　　十月,东魏以孙腾、高隆之为括户大使,分行诸州,得无籍之户六十余万。

　　十一月,东魏高欢袭破汾州稽胡,俘万余户配诸州。

西魏文帝大统十一年、东魏孝静帝武定三年、梁武帝大同十一年(545)　5岁

　　正月,东魏遣兼散骑常侍李奖出使南朝梁。仪同尔朱文畅谋杀高欢,事泄,被处死。

　　二月,西魏宇文泰遣酒泉乎安诺盘陀与突厥通使。

　　六月,宇文泰命苏绰作《大诰》,宣示群臣,以之为文章楷模。东魏高欢遣使至柔然,为世子高澄求婚。梁武帝遣交州刺史杨瞟讨伐李贲。

十月,东魏遣中书舍人尉瑾出使南朝梁。高欢请以邙山之役所获战俘配民间寡妇。

十二月,西魏于长安城南筑圜丘。

西魏文帝大统十二年、东魏孝静帝武定四年、梁武帝中大同元年(546) 6岁

正月,南朝梁杨瞟攻克李贲嘉宁城,李贲逃奔新昌。

二月,西魏凉州、瓜州反叛,不久即平定。

三月,南朝梁武帝至同泰寺舍身。

七月,东魏遣散骑常侍元廓出使南朝梁。

八月,东魏高澄将洛阳石经迁至邺城。

九月,东魏高欢围西魏玉璧城。玉璧城在今山西稷山西南,城周八里,四面并临深谷,形势险要,故西魏在此筑城以防御东魏,东魏高欢屡攻玉璧而不克。此次交战,东魏死伤七万人,无功而还。

十一月,西魏苏绰卒,宇文泰亲自祭奠。

西魏文帝大统十三年、东魏孝静帝武定五年、梁武帝太清元年(547) 7岁

正月,东魏高欢卒。东魏河南道大行台侯景投降西魏,封上谷公;侯景又投降梁朝,受封为河南王。

三月,南朝梁武帝至同泰寺舍身。

四月,东魏遣兼散骑常侍李系出使南朝梁。

五月,西魏以开府仪同三司独孤信为大司马。西魏以援助侯景为名,出兵东下。西魏将领任约率部下千余人投降侯景。

七月,戊戌日,东魏以高澄为使持节、大丞相、都督中外诸军、录尚书事、大行台、勃海王;澄启辞爵位。壬寅日,诏令太原公高洋摄理军国大事。东魏静帝谋划除掉大将军高澄,事泄,魏静帝被幽禁,同谋者被杀。

八月,南朝梁武帝下诏伐东魏。

十一月,梁军大败,萧渊明被俘,亡失士卒数万人。

西魏文帝大统十四年、东魏孝静帝武定六年、梁武帝太清二年(548) 8岁

正月,东魏慕容绍宗大败侯景,景逃奔寿阳,投奔南朝梁。

三月,南朝梁交州司马陈霸先讨平李贲余众,被任为西江都护、高要太守、督七郡军事。

五月,西魏以丞相宇文泰为太师。

八月,南朝梁侯景于寿阳宣布叛梁。

九月,侯景进至慈湖,建康大骇。

十月,侯景率大军围攻梁都建康。

西魏文帝大统十五年、东魏孝静帝武定七年、梁武帝太清三年(549) 9岁

二月,侯景伪请和,梁拜侯景为大丞相。

三月,侯景复反,攻破建康城。

五月,南朝梁武帝饥病交集,逝于台城,时年八十六岁。西魏文帝诏太和中代人改姓者皆恢复其旧姓。

六月,东魏高澄率大军攻取颍川。

八月,东魏高澄被部下所杀。东魏攻陷司州,于是尽有淮南之地。

十一月,南朝梁岳阳郡王萧詧与湘东王萧绎为敌,恐不能自存,遣使求救于西魏,请为附庸。西魏丞相宇文泰想要经略江、汉,以开府仪同三司杨忠都督三荆等十五州诸军事,镇守穰城。攻梁齐兴郡及昌州,皆攻克。梁陈霸先起兵讨伐侯景。东魏高岳等于去年四月攻西魏颍川,不克,大将军高澄益兵助之,道路相继,逾年犹不下。

十二月,西魏宇文泰命杨忠率大军南伐,攻取随郡,俘获随郡太守桓和。

西魏文帝大统十六年、东魏孝静帝武定八年、梁简文帝大宝元年(550) 10岁

正月,西魏杨忠围攻安陆(今湖北安陆),梁将柳仲礼急驰救援,被杨忠击败俘获,其部众亦皆被俘获,汉东之地尽入于西魏。东魏以高洋为丞相、都督中外诸军、录尚书事、大行台、齐郡王。南朝梁南康王、郢州刺史萧恪推戴邵陵王萧纶为假黄钺,都督中外诸军事,承制置百官。梁简文帝改元大宝。

二月,西魏杨忠到达石城,欲进逼江陵(今湖北江陵)。梁湘东王萧绎与杨忠盟曰:"魏以石城为封,梁以安陆为界,请同附庸,并送质子,贸迁有无,永敦邻睦。"杨忠还师,进爵为陈留郡公。

五月,高洋称帝,是为北齐显祖文宣皇帝,改元天保,东魏亡。

六月,西魏封梁岳阳郡王萧詧为梁王。萧绎任陈霸先为豫州刺史,领豫章内史。

八月,北齐始立九等户制,富者税其钱,贫者役其力。

九月,西魏自长安发兵攻齐。南朝梁湘东王萧绎攻邵陵王萧纶,纶败,请附于北齐,齐封纶为梁王。侯景为相国,封汉王。

十一月,西魏退师,洛阳以东尽入于齐。侯景自称宇宙大将军,都督六合诸军事。

十二月,西魏宇文泰派杨忠率万人救援安陆。西魏作府兵制,凡十二大将军,陈留公杨忠为十二大将军之一,宇文泰任总百揆,督中外诸军。北齐行宋景业造《天保历》。

西魏文帝大统十七年、北齐天保二年、梁简文帝大宝二年(551)　11 岁

二月,西魏杨忠围攻汝南(今河南汝南)。乙亥日,克,执邵陵王萧纶,杀之。南朝梁陈霸先奉命取江州,任江州刺史。

三月,西魏文帝死,太子元宝钦即位,是为西魏废帝。南朝梁萧绎承制,总百揆。

五月,陇西公李虎卒。

七月,南朝梁陈霸先兵至巴丘,以三十万石粮资助溢城王僧辩军。

八月,侯景废梁简文帝,立豫章王萧栋为帝,改元天正。

十一月,侯景称帝,国号汉,建元太始。

西魏废帝元钦元年、北齐天保三年、梁元帝承圣元年(552)　12 岁

二月,南朝梁陈霸先、王僧辩会师白茅湾,合力东讨侯景。

三月,王僧辩、陈霸先等攻破建康,侯景东走,不久被部下杀死。

五月,西魏攻陷梁南郑。

十一月,南朝梁萧绎即皇帝位于江陵,改元承圣。

西魏废帝二年、北齐天保四年、梁元帝承圣二年(553)　13 岁

正月,北齐改铸"常平五铢"钱。

二月,西魏宇文泰为都督中外诸军事。

三月,西魏攻梁益州(今四川成都)。

八月,西魏攻克益州。

西魏恭帝元廓元年、北齐天保五年、梁元帝承圣三年(554)　14 岁

杨坚被西魏京兆尹薛善辟为功曹,始入仕途。

正月,西魏执政宇文泰废元钦,立齐王元廓为帝,是为元恭帝,去年号,称元年。

三月,西魏遣宇文仁恕出使南朝梁。北齐魏收撰《魏书》。

四月,南朝梁使臣庾信出使西魏。

五月,西魏直州人乐炽等起事,兵败投降,巴濮民夷皆降魏。

十月,西魏大举发兵攻梁。

十一月,西魏军攻入江陵,梁元帝投降,不久被杀。

十二月,西魏以荆州之地予梁王萧詧,大掠江陵,虏数万口为奴婢,屠老弱。

西魏恭帝二年、北齐天保六年、梁敬帝绍泰元年(555)　15 岁

杨坚因杨忠的功勋授散骑常侍、车骑大将军、仪同三司,封成纪县公。

正月,梁王萧詧称帝于江陵,改元大定,称藩于西魏,史称后梁。

九月,南朝梁陈霸先袭杀王僧辩,废贞阳侯渊明。

十月,陈霸先立晋安王方智为帝,改元绍泰,仍称藩于齐。陈霸先为尚书令,都督中外诸军事。

是岁,西魏诸王降爵为公。

西魏恭帝三年、北齐天保七年、梁敬帝太平元年(556)　16 岁

杨坚迁骠骑大将军,加开府。又任右小宫伯,进封大兴郡公。宇文泰见杨坚而感叹说:"此儿风骨,不似代间人。"

正月,西魏仿周礼建六官。

三月,齐大举发兵攻梁。

六月,齐军至建康,陈霸先大败齐军,俘齐将帅四十六人。

九月,南朝梁改元太平,以陈霸先为丞相、录尚书事、镇卫大将军、扬州牧、义兴公。

十月,西魏太师宇文泰死,其子宇文觉嗣立。

十一月,北齐主下诏并省三州一百五十三郡。

十二月,庚子日,西魏恭帝"禅位"于宇文觉。

北周孝闵帝宇文觉元年、北周明帝宇文毓元年、北齐天保八年、陈高祖永定元年(557)　17 岁

正月,西魏周公宇文觉称天王,是为孝闵帝;以西魏恭帝为宋公,不久将其杀死,西魏亡。

三月,北周宇文护逼独孤信自杀。

四月,北齐遣使至北周请和。

六月,南朝梁陈霸先遣侯安都、周文育等讨伐王琳。

九月,北周晋公宇文护废天王宇文觉为略阳公,不久将其杀死,立宁都公宇文毓为天王,是为世宗明皇帝。

十月,南朝梁陈霸先进爵陈王,不久称帝,改元永定,是为高祖武皇帝,以梁帝为江阴王,不久将其杀死。

是岁,杨忠任为小宗伯,因与北齐作战有功,进位柱国大将军。

北周明帝二年、北齐天保九年、陈高祖永定二年(558) 18 岁

三月,北齐北豫州刺史司马消难奔北周,达奚武、杨忠率军迎之。

五月,南朝陈武帝舍身于大庄严寺。

北周明帝武成元年、北齐天保十年、陈高祖永定三年(559) 19 岁

杨忠进封随国公,食邑万户,别食竟陵县一千户,收其租赋,寻治御正中大夫。

正月,北周宇文护上表归政,犹总军旅之事。

三月,吐谷浑侵扰北周边境,周大败之,拔二城,立为洮州。

六月,陈武帝死,临川王陈蒨嗣立,是为世祖文皇帝。

八月,北周天王始称皇帝,建元武成。

十月,北齐文宣帝死,太子高殷嗣立,是为废帝。

北周武成二年、北齐乾明元年、陈文帝天嘉元年(560) 20 岁

杨坚迁左小宫伯,出任随州刺史,进位大将军。

正月,北齐改元乾明。陈文帝改元天嘉。

二月,北齐常山王高演杀大臣,自为大丞相、录尚书事。

四月,北周晋公宇文护杀周明帝,立鲁公宇文邕为帝,是为高祖武皇帝。

八月,北齐常山王高演为帝,改元皇建,是为肃宗孝昭皇帝。

北周高祖武帝宇文邕保定元年、北齐武成帝太宁元年、陈文帝天嘉二年(561) 21 岁

正月,北周改元保定。

三月,北周改八丁兵为十二兵丁制。

六月,北周遣殷不害出使南朝陈。

十一月,北齐孝昭帝死,高湛立,改元太宁,是为世祖武成皇帝。陈文帝以黔中及鲁山郡赠北周,换取安成王陈顼回国。

北周武帝保定二年、北齐河清元年、陈文帝天嘉三年(562) 22 岁

正月,北周凿河渠于蒲州、龙首渠于同州。陈顼从北周回到南朝陈。

闰二月,后梁宣帝死,皇太子岿立,改元天保,是为世宗孝明皇帝。

四月,北周杨忠迁任大司空。北齐武明娄太后卒。北齐改元河清。

九月,北齐遣兼散骑常侍封孝琰出使南朝陈。

北周武帝保定三年、北齐河清二年、陈文帝天嘉四年(563) 23 岁

十月,北周以杨忠为元帅,大举伐齐,大将军杨纂、李穆等十余人皆隶属于杨忠,席卷二十余镇,大破齐兵。突厥以十万骑兵与杨忠所率大军相会合,共同伐齐。

六月,北齐遣兼散骑常侍崔子武出使南朝陈。

北周武帝保定四年、北齐河清三年、陈文帝元嘉五年(564) 24 岁

正月,初一,北周杨忠统率大军攻晋阳(今山西太原市南),北齐守军以精锐出击,突厥骑兵不肯参战,杨忠部将达奚武未能按预定日期到达,杨忠班师,齐军不敢追击,突厥骑兵大肆劫掠而还。班师后,周武帝想要以杨忠为太傅,因晋公宇文护反对,任命杨忠为泾州刺史,总管泾州等六州诸军事。

三月,北齐颁行新修律令,敕仕门子弟常讲习之。北齐颁均田法。北齐遣兼散骑常侍皇甫亮出使南朝陈。

十月,北周晋公宇文护与杨忠率大军联合突厥攻齐,无功而还。杨忠因政绩可称,诏赐钱三十万,布五百匹,谷二千斛。

北周武帝保定五年、北齐天统元年、陈文帝元嘉六年(565) 25 岁

二月,北周派大臣前往突厥,迎可汗女为后。

四月,北齐武成帝禅位于皇太子高纬,改元天统,是为齐后主。

五月,突厥遣使至北齐。北齐主遣兼散骑常侍王季高出使南朝陈。

北周武帝天和元年、北齐天统二年、陈文帝天康元年(566) 26 岁

正月,北周改元天和,派使臣聘于陈。

二月,南朝陈改元天康。

四月,陈文帝死,皇太子伯宗嗣立,是为陈废帝。

六月,北齐遣兼散骑常侍韦道儒出使南朝陈。

十一月,北周遣使至南朝陈。

北周武帝天和二年、北齐天统三年、陈废帝光大元年(567) 27 岁

正月,南朝陈改元光大。

二月,南朝陈诛右卫将军韩子高。

三月,南朝陈湘州刺史华皎叛陈入后梁,陈遣吴明彻、淳于量、杨文通等率军讨之。华皎求救于北周,北周遣军援之。陈军与北周军大战于沌口,陈军大胜。

四月,北齐遣散骑常侍司马幼之出使南朝陈。

北周武帝天和三年、北齐天统四年、陈废帝光大二年(568)　28岁

正月,北齐遣兼散骑常侍郑大护出使南朝陈。

二月,突厥备礼送女于北周,与北周通婚。

三月,北周主于长安行迎亲之礼。北周燕文公于谨去世。南朝陈吴明彻乘沌口之胜进攻江陵,不克,退保公安。

七月,杨忠病卒,终年六十二岁,赠太保。子杨坚嗣立,袭爵随国公。

八月,北齐遣使至北周请和,北周遣军司马陆程出使北齐。

九月,北齐遣侍中斛斯文略回聘。

十一月,北周遣开府仪同三司崔彦等聘于北齐。北齐遣兼散骑常侍李谐出使南朝陈。

北周武帝天和四年、北齐天统五年、陈宣帝太建元年(569)　29岁

正月,南朝陈安成王陈顼称帝,改元太建,是为陈宣帝。

二月,北齐遣侍中叱列长叉出使北周。

十二月,北周遣御正大夫杜杲出使南朝陈,为华皎之乱周陈交恶后的首次交好。

北周武帝天和五年、北齐武平元年、陈宣帝太建二年(570)　30岁

正月,北齐改元武平。遣兼散骑常侍裴谳之出使南朝陈。

五月,北齐遣使至南朝陈吊唁章太后去世。北齐攻占北周汾北地。

十二月,北周迫使越嶲夷降,设置西宁州。

北周武帝天和六年、北齐武平二年、陈宣帝太建三年(571)　31岁

正月,北齐遣兼散骑常侍刘环俊出使南朝陈。北齐败北周于汾北。

四月,北周取齐宜阳等九城。北齐遣使聘于陈。

五月,北周遣纳言郑诩出使南朝陈。

六月,北齐取北周汾州,又取北周四戍。

十月,北周遣右武伯谷会琨等出使北齐。北齐遣侍中赫连子悦出使北周。

北周武帝建德元年、北齐武平三年、陈宣帝太建四年(572)　32岁

二月,北周遣司宾李除、小宾部贺遂礼出使北齐。

三月,北周武帝杀晋公宇文护及其诸子,改元建德。

四月,北周遣工部成公建、小礼部辛彦之出使北齐。立宇文赟为太子。

八月,北周遣司城中大夫杜杲出使南朝陈。南朝陈遣使至北周。

北周武帝建德二年、北齐武平四年、陈宣帝太建五年(573)　33岁

正月,北齐遣崔象出使南朝陈。

二月,北周遣司会侯莫陈凯等出使北齐。

三月,南朝陈大举攻北齐,连克数十城戍。

六月,北齐遣开府仪同三司王纮出使北周。

八月,北周太子宇文赟娶杨坚之女。

十月,南朝陈攻克北齐寿阳。

十二月,南朝陈恢复江北及淮、泗诸地。北周武帝集群臣及沙门、道士,辨三教之先后。

是岁,突厥求婚于北齐。

北周武帝建德三年、北齐武平五年、陈宣帝太建六年(574)　34岁

四月,北齐遣侍中薛孤康买吊唁北周叱奴太后去世。

五月,北周禁佛、道二教,毁经像,勒令僧道还俗。

六月,北周立通道观以统一圣贤之教。

十月,北周遣御正杨尚希、礼部卢恺出使北齐。

北周武帝建德四年、北齐武平六年、陈宣帝太建七年(575)　35岁

七月,丁丑日,北周武帝下诏书大举伐北齐,各路大军齐头并进。其中,随公杨坚、广宁公薛迥率舟师三万人自渭水进入黄河,破北齐师于河桥。

八月,北周遣使至南朝陈。

九月,北周取北齐三十余城。

闰九月,南朝陈大败北齐军于吕梁。

北周武帝建德五年、北齐隆化元年、陈宣帝太建八年(576)　36岁

二月,北周进攻吐谷浑,无功而还。

十月,己酉日,北周武帝亲自统帅大军伐北齐,以越王盛、杞公亮、随公杨坚为右三军,谯王俭、大将军窦泰、广化公丘崇为左三军,齐王宪、陈王纯为前军。周攻取平阳,北齐帝率兵来救,大败。杨坚因军功进位柱国。

十二月,北周徙并州军民四万户于关中。北齐改元隆化。北齐安德王高延宗称帝于晋阳。周攻陷晋阳,俘延宗。

北周武帝建德六年、北齐承光元年、陈宣帝太建九年(577)　37岁

正月,北齐后主高纬传帝位于太子高恒,是为齐幼帝,改元承光,高纬自为太上皇帝。北周攻陷邺城,北齐太上皇帝等逃奔青州。北齐幼帝禅位于任城王高湝,尊太上皇帝为无上皇,幼帝为守国天王。周师追至青州,俘齐太上皇帝及幼帝等。

二月,北周攻陷齐瀛州,俘任城王高湝,齐五十州、三百八十县尽入北周版图。杨坚转任亳州总管。

十月,南朝陈宣帝诏吴明彻率军进攻北周徐兖地区。

十一月,北周武帝下诏免奴婢为民。初行《刑书要制》。

十二月,高绍义称帝于和龙,改元武平,突厥可汗举兵助之。

北周武帝宣政元年、陈宣帝太建十年(578)　38岁

二月,北周军大败陈军,吴明彻被俘,将士三万及器械辎重俱没于北周。

三月,北周改元宣政。

六月,北周武帝宇文邕死,皇太子宇文赟即位,是为周宣帝。宣帝立杨坚女为皇后,杨坚以皇后的父亲征拜上柱国、大司马。

北周宣帝宇文赟大成元年、北周静帝宇文阐大象元年、陈宣帝太建十一年(579)　39岁

正月,北周始服汉魏衣冠朝贺,改元大成。

二月,北周以洛阳为东京,发山东兵治宫室,常役者四万人。北周与突厥和亲。周宣帝自称天元皇帝,传位太子阐,是为周静帝,改元大象。

五月,突厥掠夺北周并州。

六月,北周发山东民修长城。

七月,杨坚任大前疑。南朝陈初用六铢钱。

八月,陈宣帝阅武于大壮观。

十月,北周弛造佛及尊像之禁。

十一月,北周铸永通万国钱,一当千,与五铢大布并行。

十二月,北周取南朝陈北徐州,于是江北、淮南之地尽入北周版图。

北周静帝大象二年、陈宣帝太建十二年(580)　40岁

二月,突厥遣使于周,迎千金公主。

五月，北周宣帝死，静帝年幼，刘昉、郑译矫诏以杨坚为假黄钺、左大丞相，总揽军政大权，百官总己以听。

六月，北周相州总管尉迟迥起兵讨伐杨坚。

七月，青州总管尉迟勤、郧州总管司马消难皆起兵响应尉迟迥。北周赵王宇文招等人谋杀杨坚，事败而死。北周将贺若谊买通突厥可汗，俘获高绍义，送至长安，北齐亡。

八月，司马消难请救于南朝陈，陈遣将助之。北周益州总管王谦起兵反杨坚。杨坚派韦孝宽讨伐尉迟迥，尉迟勤及尉迟迥兵败自杀，司马消难逃奔陈国。

十月，王谦兵败而死。

十一月，北周相州总管郧公韦孝宽卒。

十二月，北周杨坚为相国，总百揆，进爵为随王。

隋高祖文皇帝杨坚开皇元年、陈宣帝太建十三年（581）　41 岁

二月，甲子日，北周静帝逊居别宫，随王杨坚即皇帝位，改元开皇，是为隋高祖文皇帝。以周静帝为介公，北周灭亡。立独孤氏为皇后，立世子杨勇为太子，诸子皆为王。隋文帝尽火宇文氏之族，李德林谏争而文帝不听，周太祖以下子孙皆死。以高颎为尚书左仆射兼纳言，赵煚为尚书右仆射，虞庆则为内史监兼吏部尚书，李德林为内史令。

三月，戊子日，隋以贺若弼为吴州总管，镇守广陵，以韩擒虎为庐州总管，镇守庐江，为平定南陈而预先部署。戊戌日，以太子少保苏威兼纳言、度支尚书。

四月，南朝陈散骑常侍韦鼎、兼通直散骑常侍王瑳出使隋。

五月，隋文帝派人将北周静帝害死。

九月，隋铸五铢钱。

十月，隋初行新律，废前代酷刑。

十二月，听任百姓出家，大造佛像，民间佛书多于经书数十百倍。

隋文帝开皇二年、陈宣帝太建十四年（582）　42 岁

正月，陈宣帝死，太子陈叔宝即位，史称陈后主。陈请和于隋。

四月，隋破突厥于鸡头山及河北山。

五月，突厥人入长城，隋败之于马邑及可洛峐。

六月，遣使至南朝陈吊唁宣帝去世。隋作新都于龙首山，名大兴城。

隋文帝开皇三年、陈后主至德元年（583）　43 岁

正月，南朝陈改元至德。

二月,南朝陈遣兼散骑常侍和彻等聘于隋。

三月,南朝隋减丁役制,诏令购求天下遗书,隋迁新都。

四月,隋大举发兵从八道进击突厥,突厥遣使于隋。

六月,隋破吐谷浑。

十一月,隋罢郡为州。南朝陈遣散骑常侍周坟、通直散骑常侍袁彦聘于隋。陈后主见袁彦带回来的杨坚画像,大骇,亟命人拿走。

十二月,隋公布《开皇律》,凡十二卷,五百条,自是刑网简要,疏而不失。诏令禁止正月十五燃灯游戏。

隋文帝开皇四年、陈后主至德二年(584)　44岁

正月,后梁帝朝于隋。

二月,突厥苏尼部及达头可汗降于隋。

四月,隋破吐谷浑,杀男女万余口。

六月,隋自大兴城至潼关凿广通渠三百里以通漕运。

七月,南朝陈遣兼散骑常侍谢泉等聘于隋。

九月,突厥沙钵略可汗请和亲于隋。

十一月,隋遣兼散骑常侍薛道衡聘于南朝陈。陈遣使聘于隋。

是岁,南朝陈后主起临春、结绮、望仙三座楼阁,自居临春阁,使张贵妃居结绮阁,龚、孔二贵嫔居望仙阁,日与众文士游宴、饮酒、赋诗。

隋文帝开皇五年、陈后主至德三年(585)　45岁

正月,隋颁行新修五礼。

五月,隋置义仓。隋检核户籍,得新附一百六十余万口。隋遣使通于西突厥阿波可汗。

七月,突厥沙钵略可汗称藩于隋。南朝陈遣散骑常侍王话等聘于隋。

十月,南朝陈傅绰被赐死狱中。

隋文帝开皇六年、陈后主至德四年(586)　46岁

正月,党项羌附于隋。

二月,隋发丁十五万于朔方东筑城数十座。

四月,南朝陈遣周磻等聘于隋。

隋文帝开皇七年、陈后主祯明元年（587）　47 岁

正月，隋令诸州岁贡士三人。南朝陈改元祯明。

二月，隋发丁男十余万人筑长城，二旬而罢。南朝陈遣兼散骑常侍王亨等聘于隋。

八月，隋征后梁帝入朝。

九月，隋废后梁帝，后梁亡。

隋文帝开皇八年、陈后主祯明二年（588）　48 岁

正月，南朝陈遣散骑常侍袁雅等聘于隋。又遣散骑常侍九江周罗黄侵隋峡州。

三月，隋遣兼散骑常侍程尚贤等聘于南朝陈。杨坚下诏暴陈后主二十恶，写诏书三十万纸，遍谕江南。

十一月，隋大举发兵攻陈，以晋王杨广为元帅，左仆射高颍为元帅长史。

十二月，突厥莫何可汗死，兄子都蓝可汗继位。

隋文帝开皇九年、陈后主祯明三年（589）　49 岁

正月，隋将贺若弼、韩擒虎率军攻入建康，俘陈后主，陈亡。

二月，隋五百家置乡正，百家置里长。宇文述攻破陈会稽，擒获扬州刺史萧岩。高凉郡冼夫人降隋。南朝陈三十州、一百郡、四百县尽入隋王朝版图。

隋文帝开皇十年（590）　50 岁

五月，诏令罢军府，军人并籍于州县，与民相同。

六月，诏民年五十免役。

十一月，陈之故地多处反隋，大者有众数万，小者数千。诏以杨素为行军总管征讨之，当年平定。

隋文帝开皇十一年（591）　51 岁

正月，高句丽遣使朝见。

二月，吐谷浑遣使奉献。

四月，突厥遣使朝见。

五月，高句丽遣使奉献。

隋文帝开皇十二年（592）　52 岁

八月，诏死罪移大理复案，诸州不得专决。

十二月,诏河北、河东田租三分减一,兵减半功,调全免。遣使均田。

隋文帝开皇十三年(593)　53 岁

二月,于岐州修建仁寿宫,丁夫死者数万。

五月,禁止私撰国史。

七月,修定雅乐,销毁前代金石乐器以息异议。

隋文帝开皇十四年(594)　54 岁

四月,诏行新乐,禁民间流行音乐。

六月,诏废公廨钱制,公卿以下皆给职田。

八月,关中大旱,民饥,隋文帝率民就食于洛阳。

十一月,诏州县佐吏三年一代,不得重任。

隋文帝开皇十五年(595)　55 岁

正月,隋文帝东巡,祀于泰山。

二月,诏除关中缘边外,禁止私藏私造兵器。

十二月,诏盗边粮一升以上者斩。

隋文帝开皇十六年(596)　56 岁

六月,诏制工商不得仕进。

八月,诏令死罪三奏,然后行刑。

十一月,以光化公主妻吐谷浑世伏可汗。

隋文帝开皇十七年(597)　57 岁

二月,南宁州夷帅爨翫抗命,派兵击降之,虏二万余口。

七月,以宗室女妻突厥突利可汗,都蓝可汗怨怒,渐扰边境。

隋文帝开皇十八年(598)　58 岁

二月,隋发水陆大军征伐高句丽。

九月,征高句丽之师无功而还,高句丽王元遣使谢罪。

隋文帝开皇十九年(599)　59岁

二月,突厥内讧,突利可汗奔隋,隋大破达头可汗。

十月,以突利可汗为启民可汗,于朔州筑大利城以处之。

十二月,突厥都蓝可汗被部下人所杀,余部多附启民可汗。

隋文帝开皇二十年(600)　60岁

正月,高丽、契丹遣使奉献。

四月,隋遣将分道击西突厥,大破之。

十月,废皇太子杨勇为庶人。

十一月,立晋王杨广为皇太子。

十二月,诏令禁毁佛、道像。

隋文帝仁寿元年(601)　61岁

正月,改元仁寿。突厥步迦可汗扰边。

五月,突厥男女九万口降隋。

六月,废太学、四门学及州县学。

十一月,遣将助启民可汗击步迦可汗。

隋文帝仁寿二年(602)　62岁

三月,突厥步迦可汗败逃碛北。

八月,独孤皇后病死。

闰十月,定五礼。

隋文帝仁寿三年(603)　63岁

九月,置常平官,掌管义仓。

突厥步迦可汗所部大乱,铁勒、仆骨等十余部降于启民可汗,启民尽有步迦之众。

隋文帝仁寿四年(604)　64岁

隋文帝临幸仁寿宫。

四月,乙卯日,隋文帝患病。

七月,甲辰日,隋文帝病重,卧与百官辞诀。

七月,丁未日,隋文帝驾崩于仁寿宫大宝殿,终年六十四岁。

七月,乙卯日,皇太子杨广即皇帝位,是为隋炀帝。